Maja Heiner
Marianne Meinhold
Hiltrud von Spiegel
Silvia Staub-Bernasconi

Methodisches Handeln
in der Sozialen Arbeit

Maja Heiner
Marianne Meinhold
Hiltrud von Spiegel
Silvia Staub-Bernasconi

Methodisches Handeln
in der Sozialen Arbeit

Lambertus

Die Deutsche Bibliothek – CIP-Einheitsaufnahme

Methodisches Handeln in der Sozialen Arbeit /
Maja Heiner ... – 4., erw. Aufl. – Freiburg im
Breisgau : Lambertus, 1998
ISBN 3-7841-1083-5

4. erweiterte Auflage 1998
Alle Rechte vorbehalten
© 1994, Lambertus-Verlag, Freiburg im Breisgau
Umschlaggestaltung: Christa Berger, Solingen
Umschlagfoto: Uwe Stratmann, Wuppertal
Satz: ARGUS DTP, Schliengen-Liel
Herstellung: Franz X. Stückle, Ettenheim
ISBN 3-7841-1083-5

Inhalt

Einführung

Der kritische Blick auf die Methoden hat seit den 70er Jahren unsere Aufmerksamkeit auf die beunruhigende Tatsache gelenkt, daß gut gemeintes Intervenieren wirkungslos bleiben oder sogar schädliche Folgen haben kann. Doch solche Beunruhigungen rechtfertigen nicht vereinfachende Schwarz-Weiß-Malereien und Entweder-Oder-Polarisierungen in den daraus gezogenen Schlußfolgerungen. Eine platte Alternative wie „intervenieren – nicht intervenieren" liefert den unter Handlungsdruck stehenden Praktikerinnen keine Handlungsorientierung.

Die Frage, wie kritisches Engagement die Handlungsfähigkeit erweitern kann, anstatt sie zu beschränken, hat eine kleine Gruppe von Interessentinnen im Jahre 1987 dazu veranlaßt, die Arbeitsgruppe „Methoden" in der Kommission Sozialpädagogik der Deutschen Gesellschaft für Erziehungswissenschaft unter dem Motto „Methodenentwicklung als Forschungsaufgabe" neu zu beleben. Das Motto „Forschungaufgabe" hatten wir zunächst gewählt, um der Arroganz einiger skeptischer Kollegen begegnen zu können, die meinten, Methodenentwicklung sei so etwas wie Häkeln oder Pizzabacken. Wir bemerkten sehr schnell, daß Methodenentwicklung nicht allein eine Forschungsaufgabe für Hochschulangehörige, sondern ebenso für sogenannte Praktikerinnen sein kann und bleiben muß und daß dieses forschende Methoden-Entwickeln auch längst schon in der Praxis geschieht. Unsere Arbeit wurde von dem Wunsch geleitet, diese Arbeitsteilung zwischen Theoretikerinnen und Praktikerinnen wenigstens in Teilbereichen zu überwinden, indem wir zeigen, wie die Reflexion der eigenen Arbeit zum Erkenntnisfortschritt in der Sozialen Arbeit beitragen kann.

Kurt Lewin wird der Satz zugeschrieben: „Nichts ist praktischer als eine gute Theorie". Diesem Satz möchten wir den folgenden als gleichberechtigt an die Seite stellen: „Nichts bereichert eine Theorie mehr als eine gute Praxis".

Bislang kreisen die Theorie-Praxis-Diskussionen vorzugsweise um die Frage, wie die Ergebnisse theoretischen Arbeitens – also Theorien, Konzepte oder Modelle – in der Praxis wirksam werden können und – so heißt dies meistens – wie sie von ihr übernommen werden können.

Eine radikal entgegengesetzte Position vertritt der Innovationsforscher Thierry Gaudin (1981, 23), der für den Bereich technischer Erfindungen die Behauptung vertritt:

> „Die Praxis geht der Theorie voraus. ... Die Dampfmaschine geht der Thermodynamik, die eine theoretische Interpretation der Dampfmaschine ist, ... um einige Jahrzehnte voraus. ... Man kann das Verhältnis zwischen Theorie und Praxis sehr

wohl mit dem Verhältnis zwischen Traum und Wachen vergleichen. Im Traum bringt man wieder Ordnung in die Gedanken über die wichtigsten Erlebnisse des abgelaufenen Tages. Auf die gesellschaftliche Ebene übertragen heißt dies: Die Forschung (der Traum) wendet sich bevorzugt jenen Bereichen zu, in denen bereits Innovationen erfolgt sind (die Ereignisse des abgelaufenen Tages)."

In beiden Vorstellungen bewegt sich der Wissenstransport gewissermaßen auf einer Einbahnstraße, sei es von der Theorie zur Praxis, sei es von der Praxis zur Theorie. Eine Überwindung solch eindimensionaler Sichtweisen bietet die Methode des sogenannten „evaluativen Disurses", die Thomas Kirusek (1984) vorschlägt, um das Ineinandergreifen von Theorie und Praxis anzubahnen. Es wäre ein fundamentales Mißverständnis, in „evaluativen Diskursen" aufwendige und komplizierte Verfahren zu sehen. Im Prinzip kann jede Kommunikation zwischen überwiegend theoretisch arbeitenden und überwiegend praktisch arbeitenden Menschen Merkmale eines evaluativen Diskurses annehmen. Wenn beispielsweise Mitarbeiterinnen eines Teams im Rahmen von Praxisberatung oder Begleitforschung darüber berichten, wie sie sich bei ihrer Arbeit an einem bestimmten theoretischen Begriff orientieren, erfährt die theoriebezogene Begleitforscherin etwas über die praktische Bedeutung dieses Begriffs. Dieses Wissen könnte die Begleitforscherin zu einer minimalen Revision des Begriffs nutzen; sie könnte aber auch in Diskussionen mit den Mitarbeiterinnen des Teams deren Wissen über abweichende Bedeutungen des Begriffs erweitern und sie zum Experimentieren oder zu partiellen Änderungen ihrer Tätigkeiten anregen.

Wie kompliziert und aufwendig evaluative Diskurse verlaufen, hängt von den Fragestellungen und Wünschen der Beteiligten ab. Alle Verfahren, die in den vier Beiträgen dieses Bandes zur Planung, Begleitung und Auswertung methodischen Handelns vorgestellt werden, eignen sich prinzipiell auch für evaluative Diskurse. Wir stellen uns solche evaluativen Diskurse als Übersetzungsarbeit vor, die eine Annäherung zwischen theoriebezogenen Forscherinnen und praxisbezogenen Forscherinnen erleichtern. Anders als beim Übersetzen eines fremdsprachlichen Textes verändert der Übersetzungsprozeß, von dem hier die Rede ist, den „Text", also die Theorie oder das Konzept und reichert sie mit Bedeutungen an. Es geht dabei nicht einfach um die Anwendung einer Theorie oder eines Konzeptes in der Praxis, sondern um die Erarbeitung ihrer möglichen Bedeutungen für einen bestimmten Kontext. Je mehr unterschiedliche kontextspezifische Bedeutungen eine Theorie oder ein Konzept konkretisieren, desto reichhaltiger werden sie.

In jedem der vorliegenden Beiträge wird versucht, gewissermaßen den Weg zu verfolgen, den einzelne Theorien oder Konzepte vom Schreibtisch hin in spezifische Praxisbereiche zurücklegen und wie sie dabei angereichert werden. Die Anwendung und deren Dokumentation und Auswertung erweitern wiederum das Wissen derjenigen, die die Theorien und Konzepte erfunden haben. Allen Beiträgen ist dabei gemeinsam, daß sie versuchen, die gesamte Bandbreite von Überlegungen zur Gestaltung der Praxis miteinzubeziehen: von grundlegenden theoretischen Vorüberlegungen und Konzepten, Arbeitsprinzipien und Handlungsmodellen bis hin zu ganz konkreten Verfahrensweisen im Einzelfall. Die zentralen Grundbegriffe sind in einem Glossar im Anhang (S. 323 ff.) erläutert.

Silvia Staub-Bernasconi geht in ihrem Beitrag (S. 11 ff.) von Sozialen Problemen als Gegenstand einer Theorie Sozialer Arbeit aus, um von diesem konzeptuellen Bezugsrahmen aus problembezogene Arbeitsweisen zu begründen. Eine dieser Arbeitsweisen bezieht sich auf den Umgang mit Macht und Machtstrukturen. Einer dieser Aspekte, nämlich der Umgang mit Machtquellen im Zusammenhang mit der Ermächtigung von Frauen, wird von ihr im zweiten Teil des Beitrags näher beschrieben.

Maja Heiner versucht in ihrem Beitrag (S. 138 ff.) im Sinne einer Propädeutik einige Prinzipien für die Reflexion methodischen Handelns zu formulieren und theoretisch zu fundieren. Die daraus abgeleiteten Grundregeln gelten für die Planung und Auswertung des eigenen beruflichen Handelns und werden an drei Beispielen konkretisiert.

Marianne Meinhold stellt in ihrem Beitrag (S. 220 ff.) einen Rahmen zum methodischen Handeln vor, der sowohl bei Planungs- als auch bei Auswertungsarbeiten ordnungsstiftend wirken kann. Des weiteren werden Regeln und Beispiele zum flexiblen Umgang mit den Elementen dieses Rahmens beschrieben. Der Rahmen liefert das Rohmaterial, das für jede methodische Aufgabe weiterentwickelt, ausdifferenziert und mit Bedeutungen für den Einzelfall angereichert werden kann. Dabei entscheiden die Praktikerinnen selbst, welche Aspekte des Rahmens sie verwenden, abwandeln oder vernachlässigen und damit – sofern sie ihr Vorgehen dokumentieren – zur Methodenentwicklung beitragen wollen.

Hiltrud von Spiegel beschreibt in ihrem Beitrag (S. 254 ff.) vier ausgearbeitete Instrumentarien, die helfen sollen, sich dem beruflichen Alltag in der Sozialen Arbeit aus unterschiedlichen Perspektiven zu nähern: Mit dem „Instrumentarium zur Analyse von Arbeitsaufträgen" lassen sich die Voraussetzungen und die strukturellen Elemente der Institution in den Blick nehmen; das „Instrumentarium zur Analyse von Handlungsmodellen" richtet sich auf das, was die Fachkräfte ungeachtet von Konzeptionen und Zielbestimmungen tatsächlich tun; mit dem „Instrumentarium zur Situationsanalyse" soll die Diagnose der Ausgangssituation eines beruflichen Handelns genauer bestimmt werden; das „Instrumentarium zur Analyse der Handlungsplanung" zielt auf die Vorbereitung von Interventionen. Alle „Instrumente" sind darauf angelegt, schriftlich bearbeitet zu werden; sie können gleichzeitig als Ausgangspunkt für selbstevaluative Bemühungen gelten. Eine Übersicht über 18 methodische Möglichkeiten der Selbstevaluation schließt sich an.

Soziale Probleme – Soziale Berufe – Soziale Praxis

Silvia Staub-Bernasconi

Verfolgt man die Diskussionen zur Theorie- und Methodenfrage in der Sozialen Arbeit, so könnte man meinen, es handle sich um eine Form von „Nullsummenspiel": Wer Handlungs- und Praxisrelevanz fordert, kann nicht theoretisch-wissenschaftlich sein oder ist gar theoriefeindlich, und wer Wissenschaftlichkeit und Theoriebildung fordert, kann nicht praktisch sein, intellektualisiert am Alltag vorbei, sofern er diesen nicht zwangsläufig kolonisiert, – oder noch schlimmer: er hat noch nicht gemerkt, daß sich wissenschaftlich erzeugtes Wissen gar nicht anwenden läßt. Dieser Beitrag ist in der Absicht geschrieben, solche Vorstellungen abzubauen, ohne sich der Illusion hinzugeben, daß dies ohne weiteres möglich ist; denn sie haben zu komplexe Gründe, als daß man sie nur mittels rationaler Argumentation korrigieren könnte (hierzu: Staub-Bernasconi 1993, 1994b, 1994c).

Methodisches Arbeiten in der Sozialen Arbeit setzt gemäß der hier vertretenen Auffassung *Handlungstheorien* voraus. Und diese verknüpfen folgende *Wissensformen* miteinander: Beschreibungswissen (phänomenologisches Wissen), in unserem Falle Wissen über Probleme, die Menschen haben können; Erklärungswissen im Hinblick auf diese Probleme und ihre Veränderbarkeit durch menschliche Einwirkung; Wertwissen als Basis für Zielformulierungen; Akteur-, Regel- und Verfahrenswissen als Interventionswissen zur Erreichung von Veränderungen. Der Beitrag behandelt diese Themen auf folgende Weise:

In einem ersten Teil stelle ich eine begriffliche Beschreibung des Problemfeldes der Sozialen Arbeit als Ergebnis eines über zwanzigjährigen „evaluativen Diskurses" mit Studentinnen und Praktikerinnen vor (Abschnitt 1.). Es ist zugleich der Gegenstand im engeren Sinne einer Theorie und Wissenschaft Sozialer Arbeit.

Hernach zeige ich, wie dieses so konzeptualisierte Problemfeld sowohl als Basis für die Verortung der Sozialen Arbeit in der Gesellschaft als auch für die Verortung der verschiedensten sozialen Tätigkeiten, Berufe und Professionen dienen kann. Dies geschieht in der Hoffnung, daß mit der vorgeschlagenen Strukturierungshilfe Fachkräfte der Sozialen Arbeit – weil sie ihren sozialen und fachlichen Standort kennen – bewußter, ja selbstbewußter mit anderen Akteurinnen des Sozialwesens zusammen Arbeitsaufträge formulieren, diskutieren und arbeitsteilig kooperieren können (Abschnitt 2.).

Zu einer ihrer selbst bewußten professionellen Identität gehört nun aber nicht nur eine begrifflich faßbare Gegenstands-, mithin eine Problem- und

Arbeitsfeldbeschreibung. Mit dem Begriff „problembezogene Arbeitsweisen" verbindet sich die Vorstellung der Verknüpfung von Problembeschreibungs-, Problemerklärungs- und Problemlösungs- oder Interventionswissen, und zwar unabhängig davon, ob es sich um Alltags- oder wissenschaftlich gewonnenes Wissen handelt. Letzteres versucht, sofern es nicht für Machtzwecke mißbraucht wird, über die physischen, psychischen, sozialen und kulturellen Interessenbindungen und Begrenzungen des Alltagswissens aufzuklären und aufgrund des momentanen Wissensstandes zu überwinden. Das schließt mit ein, daß es, wenn immer möglich, auch den AdressatInnen Sozialer Arbeit zugänglich gemacht werden muß. Problembezogene Arbeitsweisen leiten entsprechend die diskursive wie systematische Suche nach vorhandenem und neu zu erschließendem Wissen an (Abschnitt 3.).

Daß Entwicklung und Verwendung von Wissen keine Einbahnstraße ist, sollte im letzten Teil (Abschnitt 4.) besonders deutlich werden. Dort stelle ich zwei „Entdeckungskarten" als Instrumente für Theorie-Praxis- und Praxis-Theorie-Diskurse vor. Sie sollen einerseits zu Denkbewegungen zwischen konkreter Information, theoretischen Begriffen und Hypothesen anregen und anderseits die Entdeckung von subjektiv Ausgeblendetem, d. h. von reduktionistischen Problemformulierungen und -erklärungen ermöglichen. Am Beispiel einer Machtproblematik, innerfamiliale Gewalt an Frauen, versuche ich schließlich darzulegen, wie aufgrund von forschungsmäßig evaluierter Praxis im Zusammenhang mit dem dargestellten begrifflichen Bezugsrahmen Handlungsregeln abgeleitet werden können.

Für weitere Beiträge im Bereich Problemerhebung und -interpretation, Auftrags- und Zielbestimmung, Arbeitstechniken und Evaluation verweise ich auf die Beiträge der Mitautorinnen dieses Bandes.

1. SOZIALE PROBLEME ALS GEGENSTAND EINER THEORIE SOZIALER ARBEIT

Wenn ich im folgenden eine mögliche Antwort auf die Frage nach dem „Gegenstand" Sozialer Arbeit als Theorie und Wissenschaft zu geben versuche, dann muß ich mich im Rahmen dieser Ausführungen auf die Darstellung von Ergebnissen beschränken. Ich kann also nicht zugleich den langen Weg über zahllose „Theorie-Praxis-Diskurse" nachzeichnen, der zu diesen Ergebnissen geführt hat. Ebenso wenig kann ich die Forschung sowie die systemische Metatheorie, die ihnen zugrundeliegt, explizieren. Hier sei lediglich auf folgendes hingewiesen: Ausgangspunkt meiner Überlegungen ist eine prozeß- und systemtheoretische Perspektive, wie sie in einer frühen Form von Lud-

wig von Bertalanffy (1968), Ervin Laszlo (1963, 1972), später von Mario
Bunge (1974–1989, mit zahlreichen Literaturhinweisen) und für den hu-
man- und sozialwissenschaftlichen Bereich in differenzierter Weise von
Werner Obrecht (1994) ausgearbeitet wurde (für eine Kurzfassung im Zusammenhang mit einer Theorie der Sozialen Arbeit siehe: Staub-Bernasconi
1994a).[1] Die Gegenstandsbestimmung einer Theorie Sozialer Arbeit ergibt
sich aus Antworten auf Fragen der Entstehung, des Aufbaus sowie der Veränderung von physikalischen, chemischen, biologischen, psychischen, sozialen und kulturellen Systemen, insbesondere nach der Entwicklung der Menschen mit ihren hochplastischen Regionen des Zentralnervensystems und
den über einen langen Evolutionsprozeß entstandenen psychischen Funktionen. Sie fragt nach unterschiedlichen menschlichen Bedürfnissen, nach ihrem Lern-, Handlungs- und Arbeitsvermögen und zugleich nach den inner-
psychischen sowie den sozialstrukturellen, kulturellen Begrenzungen und
Behinderungen von Bedürfnisbefriedigungs- und Lernprozessen. Im weitern behandelt sie Formen und Normen der Interaktion bzw. des Austausches
von Gütern, Selbst- und Fremdbildern, von Wissen, vergesellschafteten
Werten und Normen. von Deutungsmustern, aber auch von Kompetenzen
zwischen Menschen. Sodann erfaßt sie die daraus entstehenden stabilen und
institutionalisierten Erwartungen, Rechte (Status) und Pflichten (Rollen).
Dabei fragt sie, wer aus welchen Gründen in den Genuß welcher Rechte
kommt, wer aus welchen Gründen in die Pflicht genommen wird und welchen Einfluß dies auf die Struktur und Dynamik irgendeines sozialen Systems hat, sei dies die Familie, eine Gruppe oder eine Organisation. Dies
führt weiter zur Bestimmung von Differenzierungen im sozialen Bereich,
wie beispielsweise der unterschiedlichen Verteilung von Ressourcen oder
sozialen Positionen, kurz: sie fragt nach Gleichheit oder Ungleichheit zwischen Menschen und Menschengruppen und den sie stützenden Regeln und
kulturellen Deutungs- und Sanktionsmustern.
Die begriffliche Beschreibung und Erklärung dieser und zahlloser weiterer
Sachverhalte im weitesten Sinn ist Sache der Natur-, Human-, Sozial- und
Kulturwissenschaften. Eine Theorie Sozialer Arbeit wird sich für ein engeres

---

1   Weshalb die vor allem im deutschsprachigen Raum im Bereich der Systemtheorie
bekannten Namen wie Watzlawick, von Foerster, Glasersfeld, Maturana und Varela,
Luhmann, Willke, Baecker u. a. m. in diesem Text nicht zu finden sind, kann hier nicht
erörtert werden. Für eine Kritik des von diesen Autoren vertretenen holistisch-funk-
tionalistischen, teilweise physikalisch oder biologisch reduktionistischen, teilweise
idealistischen Ansatzes siehe: Girgensohn-Marchand (1992), Nüse et al. (1991);
Obrecht (1991); Staub-Bernasconi (1994b). Für eine informative Übersicht über Systemtheorien in der Sozialen Arbeit siehe: Hollstein-Brinkmann (1993).

Spektrum von Fragestellungen interessieren, allerdings nicht ohne den Bezug zu den verschiedenen Teiltheorien und Disziplinen sowie ihre Forschungsergebnisse zu verlieren. Ich gehe davon aus, daß in all den skizzierten Bereichen Probleme auftreten können, da Menschen mannigfache Bedürfnisse und Wünsche haben und zu deren Befriedigung auf Ressourcen angewiesen sind, die in den sozialen Systemen, deren Mitglieder sie sind, unterschiedlich knapp sein können. Zu diesen Bedürfnissen gehören unter anderem physische Bedürfnisse aufgrund von Stoffwechsel- und Selbsterneuerungsprozessen, das Bedürfnis nach physischer Integrität, Unversehrtheit und nach sexueller Aktivität, sensorische Bedürfnisse, das Bedürfnis nach emotionaler Zuwendung, Abwechslung, Orientierung, nach Regeln und Normen, das Bedürfnis nach Einzigartikeit oder Unverwechselbarkeit (Identität), nach Sinn (im Sinne von selbstgewählten Werten und Zielen), nach Freiheit und möglichst großen Handlungsspieräumen, nach sozialer Zugehörigkeit (Mitgliedschaften) und sozialer Anerkennung (Rang), nach einem Gleichgewicht zwischen Geben und Nehmen (Austauschgerechtigkeit) (Obrecht 1994; für frühe Beiträge siehe: Arlt 1921; Towle 1956). Zudem können Menschen als lernfähige, (selbst)bewußte Individuen zwischen wahr und falsch, richtig und falsch unterscheiden und entsprechend auch das Richtige oder Falsche, in unserem Falle das Menschenfördernde oder -verachtende wählen und tun.

Die Tatsache, daß Menschen für ihr Überleben, ihre Existenzsicherung und ihr Wohlbefinden nicht nur auf eine natur- und menschengerechte ökologische Umwelt, sondern auch auf eine menschengerechte Gesellschaft angewiesen sind, ist nicht nur die Basis für Probleme der individuellen Bedürfnis- und Wunscherfüllung (*Ausstattungsprobleme*), sondern auch Ausgangspunkt für Probleme der Kooperation, der Verständigung, des symmetrischen wie asymmetrischen Austausches zwischen Menschen (*Austauschprobleme*) sowie für Probleme der abgesicherten Besitznahme, der unfairen Arbeitsteilung und Herrschaft (*Machtprobleme*) in sozialen Systemen. Die dabei entstehenden Regeln des Zuganges zu und der Verteilung von Ressourcen, sozialen Mitgliedschaften und Positionen sowie die Werte, Verfahren und vergesellschafteten, öffentlichen Kriterien, welche die entstanden Verteilungsmuster legitimieren und stützen (*Kriterienprobleme*), sind für eine Gegenstandsbestimmung Sozialer Arbeit ebenfalls von Bedeutung.

Im folgenden erläutere ich die genannten vier Problemkategorien näher; denn: Soziale Arbeit ist, betrachtet man ihr historisches und aktuelles Arbeitsfeld, in unterschiedlicher Weise mit diesem Problemspektrum konfrontiert.

14

1.1. Ausstattungsprobleme

Soziale Ausstattungsprobleme sind zunächst einmal Probleme, die mit der unterschiedlichen *Teilhabe von Individuen* an den gesundheitsbezogenen, *medizinischen, psychischen, sozialen und kulturellen Ressourcen* oder *Errungenschaften einer Gesellschaft* zusammenhängen. Als im Hinblick auf Soziale Arbeit zentrale Ausstattungsdimensionen eines Menschen bezeichne ich die folgenden:

(a) Die *körperliche Ausstattung*: Dazu gehören nicht nur Eigenschaften wie Gesundheit, Unversehrtheit, Geschlecht, Größe, Gewicht, Alter, Hautfarbe, physische Attraktivität usw., sondern auch Gehirnstrukturen, im besonderen das Zentralnervensystem mit seinen plastischen Teilbereichen als Grundlage für die psychischen Prozesse der Informationsverarbeitung (siehe unten Buchstabe c, d, e).

(b) Die *sozioökonomische und sozialökologische Ausstattung*: Ersteres bezieht sich auf Bildung, Arbeit, Einkommen, Vermögen. Davon ableitbar ist (erstens) die gesellschaftliche Position auf der Bildungs-, Beschäftigungs- und Einkommensdimension und (zweitens) ein bestimmtes Konsum- und Komfortgüterniveau, ein soziales Sicherheitsniveau, eine bestimmte Wohnsituation und Wohnumwelt usw. Bildungsniveau, Art und Qualifikationsniveau der Arbeit (auch in Form von Hausarbeit), Einkommens- und Kapitalhöhe sind zugleich die zentralen Hinweise (Indikatoren) für die gesellschaftliche Position, mithin für die strukturelle Integration oder fehlende strukturelle Integration (Erwerbslosigkeit) eines Menschen in einer modernen Industriegesellschaft. Ebenso zu berücksichtigen sind hier die Ausstattung des jeweiligen Kontextes, etwa des bewohnten Stadtteils mit infrastrukturellen Einrichtungen für Gesundheit, Mobilität, Erholung, soziale Kontaktaufnahme, Kulturgüter, Bildungs- und Arbeitsplätze usw., und je nachdem ist auch zu berücksichtigen die jeweilige Ausstattung des individuellen Arbeits- oder (Aus-)Bildungsplatzes, des Alters- und Pflegeheims usw.

(c) Die *Ausstattung mit Erkenntniskompetenzen*: Grundlage hiefür ist das Gehirn, im besonderen das Zentralnervensystem und die von ihm ausgehenden Gehirnfunktionen, d. h. die Prozesse des Empfindens, Fühlens, der Aufmerksamkeit, des Gedächtnisses, der Wahrnehmung, des Lernens, Denkens, der Begriffsbildung und -verknüpfung einschließlich des Bewertens von Sachverhalten, der Bildung von Zielen und Plänen – und schließlich als übergeordnete Funktion: die Ermöglichung von (Selbst)Bewußtsein (für eine differenzierte, systematische Darstellung auf dem Hintergrund psychobiologischer Forschungsergebnisse siehe: Obrecht 1994). Darüber hinaus lassen sich diesen psychischen Funktionen übergeordnete *Grundorientie-*

rungen oder Erlebensmodi im Hinblick auf den Umgang mit Information unterscheiden.

So kann (in Anlehnung an Obrecht 1994; Bunge/Ardila 1990; aber auch Weber 1972; Parsons 1986) zwischen einem *ästhetisch-emotionalen*, einem *normativen* und einem *kognitiven Umgang mit Gegebenem und Vorgängen* (Sachverhalten) gesprochen werden.

Die erste Grundorientierung oder Erlebensweise beschränkt sich auf sinnlich Wahrnehmbares und den ästhetisch sowie emotional-affektiven Empfindungen, die damit verknüpft sind. Sie können lustvoll-angenehm oder unlusterzeugend-unangenehm, auch angstbesetzt sein.

Die zweite, normative Grundorientierung beschränkt sich auf die Frage nach der normativen Angemessenheit (moralisch-ethisch richtig oder falsch) von Sachverhalten.

Und die dritte, die kognitive Grundorientierung oder Erlebensweise fragt nach der sachbezogenen Angemessenheit (wahr oder falsch) im Sinn von: „Was ist tatsächlich der Fall?", das heißt: „Was ist die Struktur und Dynamik von Dingen, welche die Welt ausmachen? Was sind ihre Determinanten und Folgen?"

Von *Erkenntniskompetenzen* spreche ich dann, wenn diese Grundorientierungen oder Erlebensweisen über Sozialisationsprozesse weiterentwickelt und gefördert worden sind. Ihre Produkte sind Bilder (phänomenologische, begriffliche Beschreibungen), Codes (Aussagesysteme, Theorien), Werte, Pläne und Normen.

(d) Die *symbolische Ausstattung*: Gemeint ist mit diesem Terminus die Verfügung über Begriffe, Aussagen und Aussagesysteme. Dabei lassen sich verschiedene Wissensformen unterscheiden, nämlich: Bilder als Beschreibungswissen; Codes als Erklärungswissen; Werte/Ziele als Wertwissen; Pläne, Normen/Regeln als Handlungswissen usw. Bilder beziehen sich auf partikuläre Dinge, Codes auf Klassen von Dingen. Als Selbstbilder sind es beispielsweise Elemente der Selbstdefinition (Identität); dazu kommen Fremdbilder, Bilder und Theorien über andere Menschen, Gesellschaft, Natur, Gottheiten usw.

(e) Die *Ausstattung mit Handlungskompetenzen*: Handeln ist ein kognitiver Prozeß, in dessen Rahmen motorische Operationen erzeugt und sequenziert werden. Die Operationen sind genetisch vorgegeben. Was veränderbar ist, ist ihre Zusammensetzung und Abfolge. Auch hier unterscheide ich drei Grundorientierungen oder Handlungsweisen: *routinisiertes*, *rollenbezogenes* und *kognitiv gesteuertes Verhalten*.

Routinisiertes Verhalten wird mittels starrer, motorischer Operationen physiologisch oder sozial vorgegebene Zwecke realisiert, die dem Bewußtsein nicht (mehr) zugänglich sind; rollenbezogenes, vornehmlich durch soziale Normen gesteuertes Handeln ist auf die mehr oder weniger flexible Erfüllung gesellschaftlicher Rollenerwartungen und kollektiver Ziele ausgerichtet; die Merkmale des überwiegend kognitiv gesteuerten, kreativen Handelns sind: komplexe Situationsanalysen, bewußt reflektierte, individuelle wie soziale Werte, flexible, mehrheitlich selbstdefinierte Ziele und Regeln und die Nutzung von Handlungsspielräumen.

Von *Handlungskompetenzen* spreche ich dann, wenn diese *Handlungsweisen* über Sozialisationsprozesse weiterentwickelt und gefördert worden sind.

(f) Und schließlich die Ausstattung mit verschiedenartigen *zugeschriebenen* sowie *frei gewählten (erwerbbaren), informellen und formellen sozialen Beziehungen und Mitgliedschaften.*

Ausstattungsprobleme sind – in ihrer Gesamtheit betrachtet – *Probleme beeinträchtigter Bedürfniserfüllung*, durch was diese Beeinträchtigungen auch immer entstanden sind und welche Folgen sie auch jeweils haben mögen. Aufgrund von zahllosen Forschungsergebnissen kann nachgewiesen werden, daß psychische Einbrüche, geistige Desorientierung, selbstzerstörerisches, abweichendes Verhalten, soziale Isolation und Apathie dann entstehen, wenn menschliche Grundbedürfnisse nicht erfüllt werden können und/oder solche Bedürfnisse durch Lernprozeße kulturell über- bzw. verformt werden (für eine erste systematische Ausformulierung dieser theoretischen Vorstellung im Rahmen sozialarbeiterischer Theorietradition siehe: Arlt 1921, 1953). *Grundbedürfnisse* sind Bedürfnisse, die unabhängig von der Frage, ob wir dies als (sozial-)politisch wünschbar betrachten oder nicht, befriedigt werden müssen. Darüber hinaus gibt es Dispositionen, die sich weder direkt auf physisches Überleben noch auf psychisches Wohlbefinden oder auf Formen sozialer Anerkennung beziehen. Wir nennen solche Dispositionen „Wünsche". *Wünsche* sind – wie sich bei der Analyse von Fantasien, Träumen, Utopien feststellen läßt – grenzenlos. Vor allem berücksichtigen sie keine realen Ressourcenknappheiten. Aus diesem Grunde muß die Frage nach ihrer Legitimität theoretisch, ethisch und sozialpolitisch diskutiert werden. Wünsche sind in psychischer Hinsicht legitime Wünsche, wenn sie zur Gesundheit und zum psychischen Wohlbefinden des einzelnen Menschen beitragen. Wünsche sind in sozialer Hinsicht legitim, wenn ihre Erfüllung möglich ist, ohne die Befriedigung der Grundbedürfnisse anderer Menschen zu beeinträchtigen und ohne die ökologischen Systeme als zentrale Voraussetzung psychobiologischer Bedürfnisbefriedigung zu gefährden. Die Maximierung individueller Bedürfnisbefriedigung und Wunscherfüllung ist nur in einem Schlaraffenland der unbegrenzten und jederzeit erneuerbaren Ressourcen realisierbar – ganz abgesehen von der Frage ihrer Wünschbarkeit (ausführlicher hierzu: Bunge 1989; Staub-Bernasconi 1991).

Soziale Probleme im Ausstattungsbereich lassen sich vorerst summarisch als *qualitative wie quantitative Ausstattungsdefizite bzw. -überschüsse* primär von Individuen, sekundär von sozialen Systemen wie Familien, Organisationen oder Nationen bezeichnen. Der Defizitbegriff bezieht sich hier nicht auf persönliche oder gar moralische Mängel, wie dies oft unterstellt wird, sondern (erstens) auf das Problem beeinträchtigter Bedürfniserfüllung (individueller Aspekt) und (zweitens) auf das damit zusammenhängende Problem ungleich verteilter Ressourcen (gesellschaftlicher Aspekt im Hinblick auf eine bestimmte Güterverteilung).[2] Wenn man den Begriff weit faßt, so wäre von Armut in bezug auf den sozialökologischen Kontext, die Teilhabe an sozioökonomischen Gütern, ferner von Armut des Erlebens, Erkennens, der Symbolwelt sowie des befriedigenden, erfolgreichen Handelns und schließlich von Beziehungsarmut zu sprechen.

Geht man von einem Zusammenhang zwischen beeinträchtigter Bedürfniserfüllung und Ressourcenverteilungsstruktur aus, so sind nicht nur Defizite, sondern auch qualitative und quantitative Überschüsse auf dem Hintergrund illegitimer Interessendurchsetzung im Hinblick auf knappe Güter zu definieren und problematisieren. Hierher gehört etwa die Diskussion über die Manager- und Ärzteeinkommen und -vermögen. Das brisanteste Beispiel ist vermutlich die Problematisierung des Reichtums und der Ressourcen- und Konsumverschwendung der Nationen der internationalen Oberschicht, des Aufbaus von Überkapazitäten und der Beibehaltung von Überproduktion in Landwirtschaft und Industrie, der spektakulären Unter-

---

2 Siehe hierzu auch den Beitrag von Marianne Meinhold in diesem Band, S. 220 ff. Sie weist mit Recht darauf hin, daß die Verwendung eines ungeklärten, auf persönliches Versagen hin orientierten Defizitbegriffs problematisch ist, ja stigmatisierend sein kann, und zwar nicht zuletzt dann, wenn er den Blick auf die persönlichen und kontextuellen Ressourcen, die den KlientInnen trotz „Defiziten" zur Verfügung stehen, verbarrikadiert. Dazu ist festzuhalten, daß der von mir eingeführte Defizitbegriff ein „Verteilungsterminus" ist, der eine soziale Realität mit der Vorstellung sozialer Ungleichheit charakterisiert, in welcher Menschen höchst unterschiedlich an gesellschaftlichen Errungenschaften teilhaben. Dabei darf Ungleichheit nicht automatisch mit Ungerechtigkeit gleichgesetzt werden. Der Defizitbegriff bezieht sich also auf verschiedenartigste, qualitativ und quantitativ unterschiedlich verteilte gesellschaftliche Ressourcen. Diese Sichtweise dürfte im vierten Abschnitt meines Beitrages noch klarer werden, wo ich auf dem Hintergrund realer, objektiver Defizite von Frauen an ökonomischen Ressourcen, Bildung und Einkommen, Kenntnis alternativer Lebensentwürfe, aber auch an außerfamilialen Beziehungen zeige, wie sich die Suche nach Ressourcen und Machtquellen methodisch bewußt gestalten läßt.
Man kann die Ablehnung des Defizitbegriffs so weit treiben, daß alle Probleme – eingeschlossen Arbeitslosigkeit, Macht, Gewalt und Folter – nur noch beliebige Konstruktionen von KlientInnen, ihrer sozialen Umwelt oder gar von TheoretikerInnen sind, die sich – ganz einfach – durch eine andere mentale, eine „alternative Wirklichkeitskonstruktion" (Herwig-Lempp in Hollstein-Brinkmann 1993, 16) „lösen" lassen.

nehmensgewinne bei gleichzeitiger Entlassung von Personal und Inkaufnahme von Dauerarbeitslosen.

Verschiedene Studien über und mit Armen, Alleinerziehenden, Erwerbslosen, Straffälligen, Drogenabhängigen, Gewalttätigen, psychisch Kranken usw. zeigen immer wieder sehr ähnliche *Muster* von Ausstattungsproblemen und zugleich weisen sie auf „gesellschaftliche Orte" hin, wo nicht nur vereinzelte, sondern mehrfache Defizite von Individuen festgestellt werden müssen.[3] Das heißt mit anderen Worten, daß materielle Defizite mit erkenntnisbezogenen, erkenntnisbezogene mit solchen des Ich- oder Umwelt-Bildes (Identität), Identitätsbeeinträchtigungen mit solchen des Handelns sowie der Beziehungsfähigkeit als auch des Beziehungsnetzes einhergehen können. Gelingt es den Individuen nicht, ihre Ausstattung und gesellschaftliche Position zu verbessern, kann ein „sich selbst-stabilisierendes" und je nachdem „sich positiv verstärkendes System" von Ausstattungsdefiziten entstehen (siehe auch den Abschnitt 2.).

Damit haben wir aber erst Probleme beschrieben, die sich auf Individuen beziehen. Als Ausstattungsprobleme von Familien, Gruppen, Organisatio-

---

[3] Bei Kögler (1976, 31 ff.) finden wir beispielsweise folgende empirische Ergebnisse über Merkmale von Randständigen: *Sozialökologische und sozioökonomische Ausstattung*: Einkommensschwäche, unterdurchschnittlicher Vermögensbestand, niedriges Niveau der Ausstattung mit langlebigen Konsumgütern, unterdurchschnittliche qualitative und quantitative Wohnversorgung, Unterversorgung mit Infrastruktureinrichtungen, niedrige Schulbildung/fehlender Schulabschluß, geringe berufliche Qualifikation/niedriger beruflicher Status, defizitäre (Aus-)Bildung, Fortbildungsmöglichkeiten und -chancen, unzureichende Integration in den Produktionsprozeß; *Ausstattung mit Erlebensweisen/Erkenntniskompetenzen*: Resignation und Apathie, Normenkonflikte/geringe Verbindlichkeit allgemein anerkannter Normen, eingeschränkte Perzeption der sozialen Umwelt, geringe psychosoziale Kompetenzen zur Bewältigung komplexer Situationen; *Ausstattung mit Deutungsmustern*: Gegenwartsorientierung und Verkürzung der Zeitperspektive, dichotomes Gesellschaftsbild, Existenz überdurchschnittlich ausgeprägter Entfremdungssyndrome; *Ausstattung mit Handlungsweisen/Handlungskompetenzen*: Dominanz von affektiv gesteuertem gegenüber instrumentell-rationalem Verhalten, eingeschränkte familiale Sozialisations- bzw. Erziehungskompetenzen, allgemeiner Mangel an Handlungskompetenzen; *Ausstattung mit sozialen Beziehungen/Mitgliedschaften*: individuelle Isolation, unterdurchschnittliche politische Partizipation.
Solche und weitere Befunde lassen sich in zahllosen Studien über Arme, Alleinerziehende, Arbeitslose, Straffällige, Drogenabhängige, Gewalttätige, psychisch Kranke u. a. nachweisen; um hier nur einige zu nennen: Arlt (1921, 1953); Jahoda/Lazarsfeld/Zeisel (1975/1933); Kögler (1976); Piven/Cloward (1977); Caplovitz (1979); Guillemard (1984); Kickbusch/Riedmüller (1984); Stolk/Wouters (1987); Rosenfeld (1989); Geiser (1991); Tobias/Böttner (1992); Rubin (1993/1976); Bourdieu (1993), Mäder (1994).

nen und Nationen bezeichnet man in der Regel aggregierte ökologische und sozioökonomische Ressourcen (z. B. Haushaltbudget, Rohstoffvorkommen, geographische Lage, Bruttosozialprodukt, Patente, Kapital und Gewinn); dazu kommt, was die Mitglieder eines Teilsystems an Bildung, Arbeitsvermögen, Eigenvermögen, Erkenntnis- und Handlungskompetenzen, Wissen, sozialen Beziehungen einbringen oder eben nicht einbringen.

Jeder Mensch ist, um seine Bedürfnisse zu erfüllen, nun aber auch abhängig von anderen Menschen, mithin zugleich Mitmensch und Interaktionspartner in einem bestimmten sozialen und kulturellen Kontext. Er nimmt damit an einem bestimmten formellen wie informellen sozialen Beziehungsnetz teil. Ausmaß und Art der Teilnahme sind nicht nur durch die individuelle Ausstattung, sondern auch durch die soziale Position in diesem Beziehungsnetz mitbestimmt. Das Ausmaß läßt Schlüsse auf den sozialen Isolations- bzw. (Des-)Integrationsgrad zu. Das ist zunächst eine rein quantitative Größe. Für den Säugling reicht für die allererste Lebenszeit eine einzige Beziehung. Bei einsam Sterbenden fehlt oft sogar diese. Man kann aber auch trotz vieler sozialer Beziehungen psychisch sehr einsam sein. Dies zeigt, daß nicht nur die *Quantität*, sondern die *Qualität der Beziehungen* betrachtet werden muß. Sie steht im nächsten Abschnitt zur Diskussion.

1.2. Austauschprobleme

Ausgangspunkt dieser Probleme ist die bereits mehrfach erwähnte Tatsache, daß Menschen zur Befriedigung ihrer Bedürfnisse und Wünsche in bezug auf Nahrung, Sexualität, Kleidung, Wohnung, Bildung, physische und soziale Sicherheit, medizinische Versorgung, aber auch in bezug auf alle weiteren psychischen, sozialen und kulturellen Bedürfnisse existentiell auf andere Menschen und deshalb auf Austauschbeziehungen angewiesen sind (Kropotkin 1920; Homans 1968; Bott 1971; Marx in Most 1972; Günter 1973; Gouldner 1984; Sahle 1987; Keupp/Röhrle 1987; Harris 1989; Mayr-Kleffel 1991; Dux 1992; Brändle-Ströh 1992; Bourdieu 1993/1980).[4] Dies gilt, ob ihnen diese Tatsache bewußt ist oder nicht. Eine moderne Gesellschaft, wel-

---

4   Zu diesem Thema gibt es eine unübersehbare, sowohl ethnologisch-sozialanthropologische als auch sozialpsychologische bzw. mikrosoziologische Literatur. Dazu kommen die marxistischen Beiträge zum Problem des Tausches von Waren und Geld bzw. Arbeitskraft und Kapital und die neuere Literatur über soziale Netze. Letztere bezieht sich auf die Neuentdeckung von Austauschverhältnissen in modernen Gesellschaften, die vom ökonomischen Markt unabhängig sind. Dazu gehört schließlich die moderne Vorstellung gleichwertiger – ehelicher – Partnerschaft zwischen Frau und Mann (siehe: die im Text genannten Quellen).

che als zentralen Wert die Vorstellung eines autonomen, nutzenmaximierenden Individuums kulturell und ökonomisch stützt, wird in diesem Bereich erhebliche Unbewußtheit über diesen Sachverhalt produzieren. Dies beginnt bereits bei der gesellschaftlich unsichtbaren, in keinem Bruttosozialprodukt aufscheinenden Familien-, Haushalt-, Pflege- und psychischen Unterstützungsarbeit der Frauen.

Man stelle sich – um nur ganz „einfache" Beispiele zu nennen – vor, wie viele Menschen weltweit an der Zulieferung eines einzigen Hektoliters Heizöl, an der Bereitstellung von Nahrung, am Bau von Straßen und Häusern, an der Ausbildung für überlebensnotwendige Operationen beteiligt sind oder wieviele genannte und ungenannte Menschen an der Entwicklung der Relativitätstheorie, an der Entdeckung des Aids-Virus gearbeitet haben, wieviele Menschen einen pannenfreien Verkehr zu gewährleisten versuchen und wieviele Menschen einem Heranwachsenden, einem Ehepartner emotionale Zuwendung schenken oder befriedigende Lern- und Kommunikationsprozeße ermöglichen.

Ausstattungsmerkmale und die damit zusammenhängenden Ressourcen werden in diesem Zusammenhang zu *Tauschmedien*. Zu nennen sind hier im besonderen biologische Ressourcen, sozioökonomische Güter im weitesten Sinn, symbolische Ressourcen (verschiedene Wissensformen), Gefühle, normative und kognitive als auch Handlungskompetenzen (Know-how). Aber auch soziale Beziehungen können in einen Austausch eingebracht werden. Die Austauschbeziehungen sind nun Quelle sowohl von Kooperation und Solidarität als auch von Konflikt und Instrumentalisierung zwischen Menschen (Hondrich/Koch-Arzberger 1992). Am eindrücklichsten läßt sich dies wohl am Thema der Geschlechterbeziehungen zeigen.

Liebe, ob als Möglicheit, Bedürfnisse anzumelden und einzulösen, ob als romantische oder gar als geistig-verklärte Liebe verstanden, bedeutet Gleichwertigkeit zwischen Menschen. Wäre dem wirklich so, müßte in solchen Beziehungen immer wieder Gleichheit und Gleichwertigkeit hergestellt werden, was Arbeitsteilung zwischen den Geschlechtern nicht von vorneherein ausschließt. Die Frage, wie es möglich ist, daß ein Verhältnis, das über Bedürfnisse der gegenseitigen Zuneigung und Wertschätzung gebildet wird, pervertiert werden kann, beantwortet Günter Dux in seiner historisch-ethnologischen Studie „Über den Ursprung der Ungleichheit zwischen Frau und Mann" (1992, 17) dahingehend, daß Macht immer wieder neu in dieses Verhältnis eingedrungen ist und auf „Vormacht und schließlich auf Unterwerfung (zielte)."

Die *Gegenseitigkeits*- und *Gleichwertigkeitsnorm* ist in einem solchen Fall der *Maßstab*, an dem sich das Problem des asymmetrischen Austausches unter Menschen bemißt. Mit Gleichheit ist hier die fundamentale Ähnlichkeit aller Menschen gemeint, was ihre organismische und psychische Struktur und damit ihre Grundbedürfnisse anbelangt. Sie verlangt die gleichzeitige, genaue Analyse der Unterschiede, die sie aufgrund ihrer unterschiedlichen Erfahrungen, Rollen- und Statuszuweisungen in unterschiedlichen soziokulturellen Kontexten voneinander trennen. Ein Austauschverhältnis ist mehr oder weniger symmetrisch, wenn es auf dem Gegenseitigkeitsprinzip (Reziprozitätsprinzip als ideales Marktprinzip der Passung zwischen Bedürfnisnachfrage und Bedürfnisangebot) und der Gleichwertigkeit des Ausgetauschten beruht.

Problematisierbar wird eine solche Beziehung dann, wenn dieses Prinzip nicht eingehalten wird und/oder das Ergebnis der verschiedenen Austauschprozeße so aussieht, daß der eine Partner über die Zeit hinweg immer weniger hat, also aufgrund des Austausches laufend verliert, dieweil der oder die andere PartnerIn immer wieder neu Nutzen und Gewinn daraus zu ziehen vermag. Solche *Asymmetrien* des Gebens und Nehmens können in sehr verschiedenen Bereichen auftreten:

(a) Wo es um Beziehungen zur Befriedigung der vorhin erwähnten physischen und sozioökonomischen Bedürfnisse geht (sexuell-erotisches Unbefriedigtsein, sexuelle Belästigung am Arbeitsplatz; ungleicher Güter-/Ressourcenaustausch, z. B. bezüglich Weiterbildungsmöglichkeiten eines Paares);

(b) wo es um das Erlernen und die Abstimmung von emotionalen, normativen und kognitiven Erlebensweisen/Erkenntniskompetenzen geht (man denke etwa an die in Konflikt- und Beratungssituationen zwischen Paaren häufige Tatsache, daß die Frau ihre Probleme emotional und moralisierend und die Männer die ihren unter Auslassung der Gefühle intellektuell-distanzierend darlegen und sagen, „was Sache ist");

(c) wo es um den Austausch von Wissen, Einsichten, Theorien, Plänen, Wünschen geht (etwa wenn dabei der eine Partner seine/ihre Vorstellungen immer durchzusetzen vermag, währenddessen der andere seine Inhalte aufgeben oder widerwillig anpassen muß);

(d) wo es um das gegenseitige Abstimmen und die Vermittlung von Handlungsweisen/-kompetenzen geht (man denke etwa an die Situation, in welcher der eine Partner sein kognitiv-kreatives Handlungspotential gezielt einzusetzen vermag, währenddessen der andere auf den Einsatz rein technischen Könnens und sozial normierter, ausführender Arbeiten festgelegt wird).

Solche Asymmetrien sind leichter zu „ertragen", wenn man weiß, daß sie innerhalb eines kulturell vorgeschriebenen Zeitraumes wieder ausbalanciert werden (z. B. als Generationenvertrag; als Möglichkeit, vom Schüler zum Lehrenden, vom Hilfebedürftigen zum Helfenden zu werden; als Möglichkeit der Rotation von Aufgaben, Rechten und Pflichten usw.). Das gleiche gilt, wenn sie nicht gleichzeitig in allen Bereichen auftreten und vor allem nicht immer den gleichen Tauschpartner „treffen". Wie dieses Ausbalancieren vor sich geht, kann man bei spielenden Kindern, funktionierenden Nachbarbeziehungen, befriedigenden Freundschaften, bei konfliktfähigen Ehe-, Ausbildungs- oder Arbeitspartnern oder bei fairen Handelsbeziehungen beobachten. Berücksichtigen wir aber den Umstand, daß es Menschen mit mehrfachen Ausstattungsdefiziten gibt (siehe Abschnitt 1.1.), so heißt dies in unserem Zusammenhang, daß sie als TauschpartnerInnen sehr unattraktiv sein können. Sorgt nun nicht eine strenge Solidarnorm, z. B. im Rahmen der Familien-, Stammes-, Gruppen-, Standesehre, für einen Ausgleich (Sahle 1987; Hondrich/Koch-Arzberger 1992), werden sie im Rahmen sozialer Beziehungsnetze immer wieder „den Kürzeren ziehen".

In einer solchermaßen stabilisierten asymmetrischen Interaktionssequenz sind die *Ressourcen bzw. Tauschmedien dank des Gefälles zu Machtquellen* geworden. Dies wird dann zum Problem, wenn die Ressourcen knapp sind, wenn im weiteren mit dem Mehrbesitz an Ressourcen keine Anerkennung besonderer Leistungen verbunden ist, sondern „natürliche" Besitzansprüche darauf erhoben werden (siehe Abschnitt 1.3.2.) und schließlich wenn dank der dadurch erworbenen Autonomie die Bedürfnisse anderer Menschen nicht mehr berücksichtigt werden müssen. Letzteres ist deshalb möglich, weil man dank Ressourcenvorsprung auf ihre Leistungen und Angebote nicht mehr angewiesen ist oder die Definitionsmacht und Position hat, sie unsichtbar zu machen. Der mit reicheren Quellen versehene Partner erhält dadurch die Chance, Ausstattung, Verhalten und Beziehungen seiner Tauschpartner in seinem Sinne, genauer: zu seinen Gunsten zu steuern und zu kontrollieren.

Diese Prozesse setzen entweder bereits voraus, daß Menschen nicht nur Austauschpartner, sondern zugleich soziale Positionsinhaber und Mitglieder von sozialen Systemen sind; oder sie führen zur Besetzung einer bestimmten sozialen Position und zur sozialen Systembildung. Das heißt, daß über die Reziprozitäts- und Gleichwertigkeitsnorm hinaus neue Eigenschaften, im besonderen Normen und Regeln entstehen, die mit bestimmten Positionen und Rollen eines Systems und den dazugehörigen Rechten und Pflichten verknüpft werden. Gelingt es – beispielsweise besonders reich ausgestatteten Systemmitgliedern mit guten Austauschpositionen – weiterhin Macht zu akkumulieren und zugleich die Regeln des Zugangs zu bestimmen und zu kontrollieren, kann man von einem Steuerungszentrum des Systems, d. h. von einem kollektiven Akteur sprechen. Diese Regeln stehen nun, als Eigenschaften des Sozialen, im nächsten Abschnitt zur Diskussion.

1.3. Machtprobleme

Bereits einfache, aber erst recht komplexe Gesellschaften sind durch unterschiedliche Verteilungsmuster von sozioökonomischen Gütern (Kasten, Stände, Klassen, Schichten), eine Gliederung oder Differenzierung in territoriale, politisch organisierte Teilsysteme (Familien, eventuell Stadtteile, ferner Gemeinden, Regionen, Nationen, Kontinente, Weltgesellschaft) und funktionale Teilsysteme (Familie, Bildung/Wissenschaft, Wirtschaft, Politik, Kultur usw.) charakterisierbar. Darüber hinaus gibt es Differenzierungen nach sozialen Kategorien, nämlich nach Geschlecht, Alter, Beruf, ethnischer oder religiöser Zugehörigkeit. Der Zugang zu sozioökonomischen und weiteren Ressourcen als auch zu Teilsystemen ist nicht nur von menschlichen Bedürfnissen und Fähigkeiten, sondern auch von der Verfügung über Machtquellen abhängig. Machtquellen sind begehrte Ressourcen und mithin Ausstattungselemente oder Tauschmedien, die von Menschen zum Aufbau und Abbau von Einfluß und Machtstrukturen eingesetzt werden. Das führt zu vertikalen Differenzierungen, was heißt, daß die einen mehr, die anderen weniger haben, die einen Ziele und Befehle durchsetzen können, die anderen Befehle ausführen müssen usw. Dies kann mit, aber auch gegen den Willen anderer erfolgen.[5] Die wichtigsten *Machtquellen* sind: Körper (physische Stärke, Demonstrationen, Absentismus, Hungerstreiks usw.), sozioökonomische Ausstattung (Boden, ökonomisches Kapital und Bildungskapital), Erkenntnis- inklusive Sprachkompetenzen (Artikulationsmacht), Bedeutungssysteme (Definitions-, Modellmacht oder symbolisches Kapital), Handlungskompetenzen (Positionsmacht, funktionsbezogene Autorität), soziale Beziehungen (Organisationsmacht oder soziales Kapital) (siehe auch Bourdieu 1983; Staub-Bernasconi 1994b).

Es gibt nun Auffassungen und theoretische Positionen, wonach jede sozioökonomische Ungleichheit, jede Bündelung von sich unterscheidenden Aufgaben (Arbeitsteilung), jede hierarchische Über- und Unterordnung von

---

[5] Zu erinnern ist hier an Max Webers Defintion von Macht, die – entgegen ihrer weiten Verbreitung und postulierten Allgemeinheit – sich nicht auf Vorstellungen über soziale Strukturregeln, sondern auf eine Situation der strukturellen Chancenergreifung und interaktionellen Enflußnahme bezieht: „Macht bedeutet jede Chance, innerhalb einer sozialen Beziehung den eigenen Willen auch gegen Widerstreben durchzusetzen, gleichviel, worauf diese Chance beruht." (Weber 1956, 28). Chance steht hier für Machtquellen. Was diese Definition ausblendet, ist der große Bereich strukturell abgesicherter Macht, die sich auf Ressourcenverteilungs-, Menschenanordnungs-, Arbeitsteilungs-, Legitimationsideen und -regeln bezieht (siehe meine Ausführungen im Text).

Menschen, jeder Einfluß auf das Denken, Verhalten und die Lebenssituation von Menschen prinzipiell behindernd und deshalb problematisch sind, weil es sich um Macht von Menschen über Menschen handelt. Es gibt wohl keine Abhandlung über Soziale Arbeit, welche nicht auf dieses Problem aufmerksam macht, beispielsweise in Begriffen des unauflösbaren Widerspruchs zwischen Hilfe und Kontrolle, zwischen Verstehen und Kolonisieren der Lebenswelt (Böhnisch/Losch 1979; Thiersch 1986; Sahle 1987). In der Regel folgen dann Vorschläge, wie man entweder dank Supervision mit diesem Dilemma umgehen soll oder so sanft kontrollieren kann, daß es die Klientel (fast) nicht merkt oder gar als Hilfe erfährt (Peters/Cremer-Schäfer 1976). Maja Heiner weist darauf hin, daß Eskimos aus verständlichen, d. h. existentiellen Gründen sechs Wortbedeutungen für die Farbe „weiß" und bekanntlich noch mehr für „Schnee" entwickelt haben, um ihr Überleben in Schnee und Eis zu sichern (S. 141). Entsprechend erstaunlich ist es, daß Theoretiker einer Sozialen Praxis, in welcher ihre AkteurInnen tagtäglich mit fremder und eigener Macht und Ohnmacht sowohl als Problem als auch als Ressource konfrontiert sind, kaum über die eine Bedeutung von Macht als soziale Kontrolle hinausgekommen sind – und zwar soziale Kontrolle als Durchsetzung einer Norm gegen einen Normbrecher unter Rückgriff auf die Machtressourcen und bürokratischen Regeln von Organisationen. Was die Frauenbewegung einbrachte, ist die Erweiterung der Diskussion im Hinblick auf verschiedenste Formen von Gewalt. Anstatt nun aber die allgemeinen wie besonderen Machtverhältnisse als Hindernis für eine Professionalisierung zu betrachten (Peters 1968), ginge es darum, sich theoretisch und professionell mit Macht als einer der wichtigsten Aspekte des „Sozialen" zu beschäftigen. Für eine realitätsgerechte, differenzierende und nicht klischeebesetzte Auseinandersetzung mit Machtproblematiken brauchen Sozialtätige aber nicht nur zwei, sondern über ein Dutzend Begriffe.

Ob Macht problematisch ist, hängt, wie ich zeigen möchte, von der Art der Prinzipien, genauer: der Regeln ab, mit denen Ressourcen/Güter, Menschen/ Positionen, Ideen bzw. Werte wie Erzwingungsmittel (Belohnungen und Bestrafungen) mehr oder weniger stabil miteinander verknüpft und kontrolliert werden. Diese Regeln normieren den Zugang zu und die Verteilung von Gütern (Schicht als Anordnung von Gütern) sowie die Verteilung von Positionen (Arbeitsteilung und Hierarchisierung als Anordnung von Menschen). Sie regeln aber auch die Wahl der allgemeinsten, „obersten Ideen" zur Legitimation von Schichtung und Hierarchisierung (Anordnung von Ideen/Werten) bis hin zum Verfahren, wie die Zustimmung zu diesen Ideen erwirkt und wie mit Dissidenten, Abweichenden umgegangen werden soll. Damit meine ich Regeln der Konsensfindung, des Umgangs mit sozialer Kontrolle und Dissens.

Im folgenden versuche ich, verschiedene Machttheorien so miteinander zu verknüpfen, daß klar wird, auf welchen sozialen Realitätsausschnitt sie sich beziehen. Die Analyse menschenverachtender Machtverhältnisse und der sie stützenden Behinderungsregeln war meistens Sache von SoziologInnen (Addams, Bourdieu, Brückner, Coleman, Dahrendorf, Foucault, Galtung, Galbraith, Giddens, Heintz, Lenski, Marx, Sennett, Weber, Wittvogel u. a.). Die Frage nach bedürfnis- und mithin menschengerechteren Machtstrukturen und den dazugehörigen Begrenzungsregeln fällt wiederum eher in den Bereich der Sozial-, Staats- und Rechtsphilosophie (Ahrendt, Aristoteles, de Beauvoir, Dewey, Diderot, Freire, de Gouges, Habermas, Hegel, Höffe, Kant, Marx, Montesquieu, Nietzsche, Plato, Rousseau, Toqueville, Rawls, Weil u. a.).[6] So wie ich nun aber die Reziprozitätsnorm im Abschnitt 1.2 nicht als unerreichbares Ideal, sondern als konkrete Norm von Individuen behandelt habe, die Individuen teilen und deshalb bei ihrer Mißachtung psychische und soziale Spannungen erfahren können, so gehe ich ebenfalls davon aus, daß beide der hier diskutierten Machttypen und Sets von Regeln real sind. Das heißt, daß sie in den Köpfen von Menschen, aber auch als teilweise konkretisierte, soziale Anordnungsmuster in sozialen Systemen existieren und Menschen behindern oder begrenzen. Entsprechend kann nicht von vorneherein von einer unvermeidbaren – von sozialen Systemen ausgehenden Herrschaft ausgegangen werden, die zwangsweise Alltagsstrukturen und Lebenswelt zerstört, um diesem Sachverhalt – kontrafaktisch, wie es in der Habermasschen Terminologie heißt – ein Ideal von Herrschaftsfreiheit gegenüberzustellen.[7] Vielmehr läßt der konzeptuelle Bezugsrahmen die Frage nach dem *realen Mischverhältnis zwischen Regeln zu, welche Menschen in ihrer Bedürfnisbefriedigung und Entwicklung behindern oder begrenzen.* Für eine erste Ausarbeitung dieser Vorstellung innerhalb sozialarbeiterischer Theoriebildung verweise ich auf Jane Addams (1907), die dafür das Be-

---

6   Auch hier ist die Literatur unübersehbar. Ich beschränke mich auf zwei Übersichtswerke, die auch für Studierende geeignet sind. Für eine Übersicht über sozialwissenschaftliche Machttheorien siehe: Burkolter-Trachsel (1976); für eine Übersicht über sozialphilosophische Beiträge siehe: Kondylis (1992). Als Einstieg in die Diskussion eignet sich ganz besonders Popitz (1976).

7   Es würde den Rahmen dieser Arbeit sprengen, die Probleme der Habermas'schen Vorstellung zum – kontrafaktischen – herrschaftsfreien Diskurs zu diskutieren. Hier sei lediglich angemerkt, daß ich dieser, einer idealistischen Ontologie entspringenden Vorstellung, die Gesellschaft letztlich auf Erkenntnis- und Kommunikationsprozesse reduziert, kritisch gegenüberstehe. Das verhindert nicht, daß die von Habermas vorgeschlagenen Diskursregeln – im Sinne einer Handlungstheorie – im Rahmen von Arbeitsweisen, die den Umgang mit Macht zum Thema haben, diskutiert und versuchsweise angewendet werden können.

griffspaar „positive" und „negative Macht" einführte. Die Identifikation dieses jeweiligen Verhältnisses muß (erstens) im Hinblick auf die gesamtgesellschaftliche Position und Struktur, in welcher sich Klientel und SozialarbeiterInnen befinden und (zweitens) hinsichtlich der Mitglieder und Organisationsstruktur, also der hierarchischen Niveaus der auftraggebenden Organisation(en) bestimmbar sein. Nur auf diese Weise läßt sich ein Diskurs über legitime und illegitime Macht zwischen KlientIn, KlientInnensystem, SozialarbeiterInnen und Auftraggeber führen, ohne von dauernden Ohnmachts- oder Schuldgefühlen geplagt zu werden, die uns das im Rahmen der sozialarbeiterischen/sozialpädagogischen Theoriebildung schlecht verwaltete Erbe der 68er Diskussionen hinterlassen hat (siehe dazu auch die grundsätzlichen und methodischen Ausführungen von Heiner, Meinhold und von Spiegel zu diesem Thema in diesem Band). Die Klärung dieser Fragen könnte dazu führen, daß auch Sozialtätige am öffentlichen und theoretischen Diskurs über Macht teilnehmen. Dies wäre umso wünschbarer, als zur Zeit, nach dem „Sieg des privatkapitalistischen Liberalismus über den staatskapitalistischen, sowjetischen Sozialismus" – dieser Diskurs im Schatten eines Anspruchs auf eine neue Weltordnung, merkwürdige Blüten treibt.[8]

Im Zuge der Abrechnung mit dem Marxismus wird nicht nur übersehen, daß der „Niedergang einer Gesellschaftstheorie" nicht automatisch die Bestätigung einer anderen nach sich zieht. Noch weniger wird beachtet und diskutiert, daß Liberalismus und Sozialismus beides zu Konsenstheorien zwischen Mächtigen in Wirtschaft, Staat und Partei geworden sind. Das heißt, daß man sie ohne angemessene, empirische Überprüfung ihrer Prämissen und Folgen für Mensch und Natur für wahr hält. Vom Liberalismus wird angenommen, daß er quasi automatisch soziale Gerechtigkeit herstellt; vom Sozialismus wird angenommen, daß er quasi automatisch die vielfältigen Bedürfnisse und subjektiven Wünsche des Individuums, auch diejenigen nach Freiheit und Leistung, zumindest nach der wahren Revolution gewährleistet (Bartoli 1991; Staub-Bernasconi 1991). Aufgrund der weltweiten Entwicklungen nach 1989 dürfte es eine Frage der Zeit sein, bis sich nicht nur für den sowjetischen Sozialismus, sondern auch für den ökonomistischen Neoliberalismus erwiesen hat, daß ihre Menschen- und Gesellschaftsbilder und -theorien einer Realitätsprüfung (im Sinne einer Korrespondenztheorie der Wahrheit) nicht standhalten. Diese Diskussion wird zur Zeit durch die mehr oder weniger große konzeptuelle und theoretische Ratlosigkeit der „Verliererseite" verhindert. Das Loch wird entweder durch eine Verabsolutierung des Individuums und seiner Nutzenmaximierung oder über den neu belebten Diskurs über „Gemeinschaft" (Brumlik/Brunkhorst 1993; siehe auch Scherpner 1962), also austauschtheore-

8 Für gut informierte und dokumentierte, internationale Diskurse zu diesem Thema siehe die Monatszeitung „Le Monde diplomatique", insbesondere das Sonderheft „ Les frontières de l'économie globale", Manière de voir, vom 18. Mai 1993, oder den Beitrag von Frédéric F. Clairmont und John Cavanagh „Sous les ailes du capitalisme planétaire" im Märzheft 1994.

tisch gefüllt. Ihr Hauptproblem ist die Entdifferenzierung des Bildes von Gesellschaft und die Leugnung oder Privatisierung von Rechts- und Schutzfunktionen, die alle Menschen, und nicht nur diejenigen, die einer bestimmten „Gemeinschaft" angehören, betreffen (kritisch dazu Marshall 1992/1981; Nussbaum 1993). Dazu kommt die Denunzierung des Staates als Machtmoloch bei gleichzeitiger, ungehemmter, weltweiter Wirtschaftsexpansion und Kapitalkonzentration.

Das Positive dieser Sachlage mag sein, daß man gezwungen ist, die gesellschaftliche Machtthematik und die sich darauf beziehenden Regeln der Machtverteilung auf einer allgemeineren, positionsübergreifenden konzeptuellen Basis zu formulieren, was ich in den nächsten Teilabschnitten versuche. Dabei gehe ich davon aus, daß Regeln im Zusammenhang mit Machtproblemen empirisch ermittelbare Vorschriften, also präskriptive Aussagen zu folgenden Fragen sind:

(a) Wie sollen welche Ressourcen zur Bedürfnisbefriedigung wem zugänglich gemacht werden? Wie und an wen sollen Ressourcen, die nicht der Bedürfnisbefriedigung, sondern der Wunscherfüllung dienen, verteilt werden?
(b) Wie sollen Menschen problem- bzw. aufgabenbezogen, d. h. funktional und zugleich menschen-, d. h. bedürfnisgerecht angeordnet werden?
(c) Mit welchen vergesellschafteten Werten als kollektiv geteilte Kriterien und welchen Konsensbildungsverfahren sollen diese Verteilungs- und Anordnungsvorschriften begründet und gerechtfertigt werden?
(d) Mit welchen Mitteln, positiven wie negativen Sanktionen und von welchen sozialen Kontrollinstanzen und -apparaten sollen diese Vorschriften durchgesetzt werden?

Die Antworten auf diese verschiedenen Fragestellungen sind Beschreibungen von realen oder wünschbaren Machtstrukturen. Sie können sich beziehen:

(a) auf Anordnungs- und Verteilungsmuster von Menschen als TeilhaberInnen von Ressourcen (Kasten, Klassen Schichten),
(b) auf Anordnungs- bzw. Verteilungsmuster von Menschen als InhaberInnen von sozialen Positionen (Hierarchien, Herrschaftsformen),
(c) auf Anordnungsmuster von Werten bzw. Menschen als TrägerInnen von „obersten Ideen", welche die Rechtmäßigkeit der Regeln rechtfertigen (Legitimationsmuster) und schließlich
(d) auf die Formen der Machtstrukturerhaltung durch soziale Kontrolle (Durchsetzung der Begrenzungs- und Behinderungsregeln).

Im folgenden beschreibe ich zwei Sets von Regeln, von denen das eine Set menschengerechte bzw. legitim begrenzende (Abschnitt 1.3.1.), das andere menschenbehindernde, illegitime Machtstrukturen (Abschnitt 1.3.2.) konsolidiert.

1.3.1. Begrenzungsregeln und Begrenzungsmacht

(1) Begrenzungsregeln im Zusammenhang mit der Verteilung von Ressourcen: faire Schichtung: Die Grundfrage ist hier: Was steht wem zu und weshalb? Und wie werden gegebenenfalls knappe Ressourcen verteilt? Dabei wird mit Hilfe von Regeln folgendes gewährleistet:

(a) Die Ressourcen werden zugänglich, knappe Ressourcen womöglich weniger knapp gemacht und für die Grundbedürfnisse und optimale Lebensgestaltung aller Menschen eingesetzt (Bedürfnisbefriedigungsprinzip; Prinzip der gleichen Chancen);

(b) die Regeln sehen vor, allen Menschen das Recht auf Nutzung der ökologischen, ökonomischen, kompetenzbezogenen und kulturellen Ressourcen ihrer (der) Gesellschaft sicherzustellen, aber zugleich auch allen Menschen die Pflicht aufzuerlegen, ihr bestes zu tun, um für sich und Abhängige (Kinder, Alte, Kranke, Behinderte) zu sorgen und mithin zu ihrem Wohlbefinden beizutragen (Sorge-, Solidaritätsprinzip);

(c) sie sorgen im weitern dafür, daß Menschen ihre Ausstattung nicht auf Kosten von andern Menschen auf- und ausbauen können. Mit anderen Worten begrenzen sie die im Prinzip grenzenlosen Expansionswünsche, die Menschen und Gruppen von Menschen in bezug auf irgendein Gut oder irgendeinen Wert haben können (Prinzip der Begrenzung von Ansprüchen);

(d) umgekehrt sehen sie vor, daß bestimmte Leistungen besonders belohnt werden (Leistungs-, Wettbewerbsprinzip).

Soziale Schichtung als Unterschiede in der Verfügung über sozioökonomische Ressourcen ist also nicht von vorneherein zu problematisieren. Sie kann auf die Belohnung eines „Mehr" an Leistung, Verpflichtung und Verantwortung zurückgeführt werden.

(2) Begrenzungsregeln im Zusammenhang mit der Verteilung von sozialen Positionen soziale Heterarchien oder Holarchien (Koestler 1970):[9] Hier geht es um die Verteilung von Positionen mit Rechten und Pflichten, unter anderem aufgrund von Aufgaben, Erkenntnis- und Handlungskompetenzen. Die Grundfragen sind hier: Welche Formen von Arbeits- und Machtteilung und

---

9 Interessant ist hier die Tatsache, daß für den Ex-Kommunisten Arthur Koestler – eines seiner Werke trägt den Titel „Ein Gott, der keiner war!" – die Unterscheidung zwischen Atomismus/Individualismus, Holismus und Systemismus zentral wurde (für diese Unterscheidung im Hinblick auf Wirklichkeitstheorien und ihre Folgen für die Theorien Sozialer Arbeit siehe auch: Staub-Bernasconi 1994a).

welche kooperativ-kompetitive Anordnung von Menschen gewährleistet die beste, optimale Aufgabenbewältigung und Produktivität? Es sind also Regeln im Zusammenhang mit Problem- und Aufgabenbewältigungsprozeßen und der dazugehörigen Struktur. Diese Regeln sind darauf ausgerichtet, daß Menschen diese Arbeitsteilung menschengerecht gestalten, was folgendes heißt:

(a) Es sind sowohl die Bedürfnisse nach Schutz, Solidarität, Gerechtigkeit als auch diejenigen nach Leistung, Freiheit, Kontrolle und relative Autonomie bei der Bildung von sozialen Organisationsformen in Betracht zu ziehen (Prinzip der Ausbalancierung von Freiheit und Obhut);

(b) die entwicklungsstimulierenden, attraktiven, komplexen und die entwicklungshemmenden, inattraktiven, monotonen, gefährlichen Aufgaben sind prinzipiell auf alle Menschen zu verteilen; Neigung und Eignung sind zusätzliche Kriterien für die Übernahme von Aufgaben und das Arrangement von Rollen (Prinzip der Ausbalancierung von Neigung, Eignung und funktionalen Erfordernissen);

(c) dort, wo die Aufgabenbewältigung keine menschengerechte Arbeitsteilung im obigen Sinne zuläßt, sollen die Menschen im Rahmen der hierarchischen Ebenen wie der Aufgaben „sozial wandern" und sich weiterqualifizieren können (horizontale und vertikale Mobilität) oder besonders entschädigt werden (Prinzip der Durchlässigkeit der Struktur);

(d) Interaktion und Kommunikation wird gefördert (Prinzip der Ausbalancierung von Kooperation und Wettbewerb);

(e) Begrenzungsregeln schreiben zudem vor, daß für jede Position soziale Pflichten (Leistungen, Verantwortung, Ansehen/Prestige) mit sozialen Rechten (Anrechten, Belohnungen, Macht/Mitbestimmung) ausbalanciert sein müssen und umgekehrt (Prinzip des Gleichgewichtes zwischen Rechten und Pflichten);

(f) sie sorgen dafür, daß Entscheide und Kontrolle von oben und unten her möglich sind; sie geben zudem an, wer, welches Gremium, welches Verfahren für einen definitiven Entscheid, auch bei einer Pattsitutation, bei welcher die Parteien gleich stark sind, verantwortlich ist. Die Einfluß- und Kontrollrichtung verläuft also von „oben nach unten" wie von „unten nach oben" (Prinzip partizipativer Führungsstruktur);

(g) es besteht die Möglichkeit, bei ungerechter Behandlung und anderen Problemen den Dienstweg – beispielsweise über eine Ombudsstelle bzw. Spezialbeauftragte, einen Rechtsdienst – „außer Kraft zu setzen" (Gewaltenteilungsprinzip).

Mit anderen Worten: diese Regeln begrenzen eine zu weitgehende Spezialisierung oder Individualisierung, die stabile Zuweisung inattraktiver Aufgaben an Mitglieder der Unterschicht, an ein Geschlecht, eine bestimmte ethnische Gruppe usw. Und schließlich begrenzen sie eine zu große Machtkonzentration an der Spitze eines (Teil-)Systems. Anstatt von Hierarchie könnte man von „Holarchie" (Koestler 1970) oder Heterarchie sprechen, um diese Form der sozialen Differenzierung und Strukturierung zu bezeichnen.

(3) Begrenzungsregeln im Zusammenhang mit „obersten Ideen" oder Werten zur Legitimation von Schichtung, Arbeitsteilung und Kontrollhierarchie: Hier geht es um die Grundfrage: Wie sind Gleichheit und Ungleichheit, Schichtung und Hierarchie und damit zusammenhängende Befehlsketten zu rechtfertigen? Wer darf aus welchem Grund mehr als andere haben? Wer darf, z. B. bei fehlendem Konsens oder nicht eindeutigen Mehrheitsverhältnissen, über was entscheiden und andere kontrollieren, und warum? Die damit verbundenen Regeln gewährleisten, daß

(a) menschliche Grundbedürfnisse als Legitimationsbasis für eine egalitäre Verteilung, also Gleichheit dienen, daß aber darüber hinaus
(b) menschliche Leistungen, die aufgrund ihres sozialen Nutzens soziale Wertschätzung verdienen, zusätzliche Belohnungen, also soziale Ungleichheit rechtfertigen.

Letzteres ermöglicht auch die Erfüllung individueller, legitimer Wünsche, die über die Bedürfnisse hinausgehen.

Von besonderem Interesse ist hier, daß beide Vorstellungen, nämlich Gleichheit und Ungleichheit, in der „Erklärung der Menschen- und Bürgerrechte" von 1789 „beieinander" waren. Ihr erster Artikel hat folgenden Wortlaut: „Die Menschen sind und bleiben von Geburt frei und gleich an Rechten. Soziale Unterschiede dürfen nur im gemeinen Nutzen begründet sein". Und Olympe de Gouges ergänzte 1791: „Die Frau ist frei geboren und bleibt dem Manne gleich in aller Rechten". In der „Allgemeinen Erklärung der Menschenrechte" der UNO von 1948 ist die Begründung von sozialen Unterschieden ersetzt durch den Satz, daß die Menschen „einander im Geist der Brüderlichkeit begegnen sollen." Dieser Passus lädt zu einer breiten Palette von projektiven Uminterpretationen geradezu ein.

Die „obersten Ideen", die eine bestimmte Ressourcenverteilung zu rechtfertigen vermögen, sind also im Fall von Begrenzungsmacht universell nachweisbare menschliche Bedürfnisse (Arlt 1921; Bunge 1989; Nussbaum 1993; Obrecht 1994) und individuelle oder kollektive Leistungen. Es geht hier nicht um einen unqualifizierten Egalitarismus, wie er immer wieder als Schreckgespenst einer kollektiv-totalitären Zwangsbeglückung beschworen wird, sondern um gleiche Chancen und gleiches Anrecht auf die Befriedigung von Grundbedürfnissen und die Erfüllung individueller Wünsche, aber gleichzeitig um ungleiche Belohnungen für Verdienste für das Wohlbefinden von Mitmenschen, das Überleben von Natur und Mensch sowie den sozialen Fortschritt der Menschheit. Mit anderen Worten: diese Regeln begrenzen die zugelassenen Grundideen zur Rechtfertigung von Gleichheit und Ungleichheit auf zugegebenermaßen drastische Weise. Zugleich fordern sie ein partizipatives Zustimmungsverfahren. Als zentrale, vergesellschaftete, d. h. von vielen Menschen geteilte Ideen und Werte sind sie Elemente der Kultur.

(4) Begrenzungsregeln zweiter Ordnung im Zusammenhang mit der Durchsetzung der Begrenzungsregeln: Macht heißt schließlich, die Chance zu haben sicherzustellen, daß Regeln auch gegen den Willen von Menschen durchgesetzt werden können (Max Weber; siehe auch Anm. 5, S. 24), also Gehorsam erzwungen werden kann. Begrenzungsregeln stellen hier sicher, daß zur Durchsetzung der Regeln keine direkte Gewalt gegen Menschen und Dinge eingesetzt wird. Nicht nur aus rechtsstaatlichen, sondern auch aus Gründen der Alltagspraxis Sozialer Arbeit ist es absolut notwendig, zwischen legitimer Erzwingung und illegitimer direkter wie indirekter, das heißt struktureller Gewalt unterscheiden zu können.

Fazit: Eine Machtstruktur, die aufgrund solcher Begrenzungsregeln konstruiert wurde bzw. funktioniert, kann als bedürfnisnahe und deshalb menschengerechte Machtstruktur bezeichnet werden. Sie entspricht einer systemischen Vorstellung von sozialer Realität, welche weder „die Gesellschaft" und deren sogenannten funktionalen Erfordernisse (Holismus/Ganzheitsbzw. Totalitätsdenken) noch „das Individuum" und seine Autonomie-, Freiheits-, Wert- sowie grenzenlosen Nutzenmaximierungs- und Selbstverwirklichungswünsche (Atomismus/Individualismus) absolut setzt. Unterschiede zwischen Menschen sind hier nicht das Resultat von Regeln systematischer Benachteiligung und Privilegierung und/oder Herrschaftserhaltungsregeln, sondern das, was als „integrierter Pluralismus" (Laszlo 1972; Staub-Bernasconi 1983) oder „unbeherrschte Diversität" („undominated diversity") bezeichnet werden kann (Ackerman 1980, zit. in Bunge 1989, 182). Ich meine also, daß Macht in dieser Ausprägung zu bejahen ist, weil sie menschliches Zusammenleben aufgrund fairer Regeln ermöglicht und eine positive Konkretisierungsform von Multikulturalität hervorbringt. Erst im Zusammenhang mit Behinderungsmacht spreche ich vom „Sündenfall der Machtnahme" (Popitz 1968, 41).

1.3.2. Behinderungsregeln und Behinderungsmacht

Behinderungsregeln sind sozial selektiv: Sie beschränken und disziplinieren nach unten und entgrenzen, deregulieren nach oben im Sinne einer „freien Bahn" für Menschen, Menschengruppen, Dinge und Wissen und eine Umverteilung von Ressourcen nach oben.

(1) Behinderungsregeln im Zusammenhang mit der Verteilung von Ressourcen: Kaste, Klasse, unfaire Schichtung: Die wichtigsten Regeln sind darauf ausgerichtet,

(a) daß die Ressourcen – ob knapp oder nicht – schlecht und/oder selektiv zugänglich sind (Prinzip ungleicher Chancen);
(b) daß diese Ressourcen durch einige wenige kontrolliert, nach Belieben ausgeweitet oder auch fiktiv knapp gemacht werden können (unfaires Knappheitsprinzip);
(c) daß die Pflicht, für Abhängige zu sorgen, einseitig verteilt ist oder durch Betonung von Autonomie, Eigenleistung und Privatrisiko in Abrede gestellt wird (Entsolidarisierungsprinzip);
(d) dazu können Leistungs-, Nutzen- oder Gewinnmaximierungsregeln kommen, die keiner Begrenzung unterliegen (Nutzenmaximierungsprinzip).

Dadurch gelingt es einzelnen Menschen oder Gruppen, die bestehenden Ausstattungsunterschiede und Beziehungsasymmetrien zu ihren Gunsten zu funktionalisieren und zu stabilisieren und damit ihre eigene Ausstattung zu maximieren. Je knapper die Ressourcen, desto eher geht dies auf Kosten anderer Menschen und Gruppen.

Die sozialen Probleme, die sich im Zusammenhang mit diesen sozialen Strukturierungsregeln ergeben, bezeichne ich als *Benachteiligung bzw. Bevorzugung (Privilegierung)* – und zwar

(a) beim Zugang zu materiellen und symbolischen Gütern und Vorräten;
(b) im Hinblick auf Lernchancen zur Entwicklung von emotionalen, moralischen und kognitiven Erkenntniskompetenzen;
(c) beim Zugang zu Informationen, angemessenen Realitätsbildern, bei der Entwicklung und Verbreitung von Wissen, Bildern, Theorien, Werten und Plänen usw.;
(d) im Hinblick auf Lernchancen für routinisierte, rollenbezogene wie kognitiv-kreative Handlungskompetenzen;
(e) und schließlich beim Zugang zu sozialen Beziehungen, Mitgliedschaften in gesellschaftlichen Gruppen, sozialen Teilsystemen.

Wichtig in diesem Zusammenhang ist noch folgender Hinweis: Diese Behinderungsregeln schränken die Bedürfnisse und Wünsche von Menschen ein, ohne daß hiefür direkte Interaktionen zwischen Behinderern und Behinderten notwendig sind. Schichtung stabilisiert sich nicht über direkte Herrschaftsbeziehungen. Sie kristallisiert sich einerseits über das Ziel der unteren PositionsinhaberInnen, an den Ressourcen, dem Ansehen und der Macht der oberen PositionsinhaberInnen vermehrt teilzuhaben, und anderseits durch das Ausweichen auf alternative Werte und entsprechende neue Statuslinien (Alter/Anciennität, Geschlecht, Ethnie/Rasse, Nation/Territorium). Dies sind alles zugeschriebene Merkmale, die klare, neue sinnstiftende und dadurch zugleich spannungsvermindernde, soziale Zuordnungen und Abgrenzungen erlauben. Letzteres entsteht, wenn die Hoffnung aufgegeben wird, das ursprünglich Gewünschte durch eigene Leistung oder die kollektiven Anstrengungen der Mitglieder des Systems oder Kontextes, zu dem man gehört (Familie, Region, Nation) zu erreichen. Der Aufstieg wird hier gleichsam durch einen symbolischen Akt der Selbsterhöhung über Werte „geschafft", die einem niemand wegnehmen kann: Wenigstens bin ich ein Mann! Ein Franzose! Ein Weißer! Bekanntlich kann die Steigerung dieser Selbsterhöhung zur Entwertung, ja Entmenschlichung anderer Menschen und Gruppen führen, die einen anderen, gegengesetzten oder komplementären Wert auf der gleichen Merkmalsdimension besetzen (z. B. Frau, Neuzuzüger, Ausländer, Schwarzer, Nicht-Europäer). Durch diese Besetzung von alternativen Wertdimensionen und den dazugehörigen Kulturmustern wird in der Regel nicht mehr erkennbar, daß ihr ein großes gesamtgesellschaftliches, organisationelles oder familiales Machtgefälle zugrundeliegt. Eine Folge davon ist die Kulturalisierung von sozioökonomischen Ressourcen- und Verteilungsproblemen – beispielsweise in Form einer Weiblichkeits- und Männlichkeitskultur oder in Form „ethnisch reiner Kulturen" usw.

(2) Behinderungsregeln im Zusammenhang mit der Verteilung von sozialen Positionen: Herrschaft: Das zweite Set von Behinderungsregeln läßt sich wie folgt charakterisieren:

(a) Es fehlt jede bewußte Rücksichtnahme auf menschliche Bedürfnisse. Primat hat die Funktion des sozialen Gebildes, deren Machtzentrum sich als „Ganzheit" oder „Gemeinschaft" versteht; die Organisationsmitglieder haben die gesetzten Zwecke über Pflichterfüllung und Loyalität zu garantieren (organisationszentriertes Funktionalitätsprinzip; holistisches Prinzip);
(b) einzelnen Menschen oder Gruppen werden die immer gleichen attraktiven bzw. unattraktiven Aufgaben zugewiesen; sie bleiben so gewissermaßen „lebenslänglich" auf dem gleichen Niveau, ob hoch, mittel oder tief, fixiert; die strukturellen Aufstiegschancen konzentrieren sich in den ober(st)en Hierarchiestufen (strukturelle Benachteiligung vs. Privilegierung);
(c) die Mitglieder des „sozialen Gebildes" kommen nur in den Genuß symbolischer Belohnungen (z. B. Stolz, einer großen, angesehenen Organisation anzugehören) (Prinzip der symbolischen Partizipation):
(d) ferner behindern oder unterbinden sie Interaktionen auf dem gleichen sozialen Niveau, fördern einseitig Wettbewerb auf Kosten von Kooperation,

was zur Fragmentierung und Entsolidarisierung führt (Prinzip des Teile und Herrsche);

(e) die Regeln sehen zudem vor, daß die Einflußnahme zwischen Niveaus immer nur von „oben nach unten" stattfinden kann (autokratisches Führungsprinzip; Top-down-Modell);

(f) schließlich verhindern sie, daß Mitglieder der unter(st)en sozialen Ebenen auch bei schwersten Beeinträchtigungen und Unrechtserfahrungen Zugangsmöglichkeiten zur Spitze, zum Entscheidungszentrum haben (Prinzip der Machtkonzentration und Abschottung gegen Ansprüche von unten).

1.4. Vergesellschaftete Werte – Kriterienprobleme

Ausgangspunkt dieser Problematik ist die Vorstellung, daß alle Menschen das real Existierende kognitiv zu transzendieren, sich bessere Welten vorzustellen vermögen und entsprechend „Wert-TrägerInnen" und „Ideal-SucherInnen" sind. Dabei können sie die Diskrepanzen zwischen Ideal und Realität, zwischen „Jetzt" und „Noch-Nicht", zwischen Wunsch als bewußtem Bedürfnis, Ziel und mithin Soll- im Unterschied zum Ist-Zustand als mehr oder weniger schmerzlich und mithin als Problem erfahren. Sie stellen also die Frage nach dem „gerechten Haben", dem „Schönen", „Richtigen" und „Wahren", dem „Wohlsein", der „menschengerechten Sozialstruktur" – sei es im Zusammenhang mit Bedürfnissen, Ausstattungsunterschieden, Austauschasymmetrien oder Machtkonzentrationen und entwickeln dabei individuelle wie gemeinsame Vorstellungen vom „Guten" als wünschbare Zustände und Prozesse. Diese Vorstellungen oder Bedeutungssysteme nennen wir Werte. Werte sind zunächst Dimensionen des Wissens von Individuen (siehe symbolische Ausstattung, S. 16). Werden Werte von (fast) allen, vielen oder einigen Menschen geteilt und weitergegeben, sind sie Teil der Kultur oder einer Subkultur. Kriterien sind nun diejenigen Werte, die im Rahmen von gesellschaftlichen Aushandlungsprozessen für alle oder bestimmte gesellschaftliche Gruppen, z. B. Arbeitgeber-Arbeitnehmer, Jugendliche, Sozialhilfeempfänger als verbindlich erklärt und mit einem mehr oder weniger ausgebauten Kontrollapparat durchgesetzt werden. In der Regel begründen sie ein Rechte-Pflichten-Verhältnis. Dies können Verfassungen und eine entsprechende Verfassungsgerichtsbarkeit, aber auch Arbeitsgesetzgebungen, das Jugendstrafrecht oder Sozialhilfegesetz usw. sein. So sind Kriterien vergesellschaftete Werte mit normativer Verhaltensrelevanz – dies im Unterschied zu Werten, die viele teilen können, ohne daß sie zwingend in Verhalten umgesetzt werden (so beispielsweise die Menschen- oder Sozialrechte). Und man muß sich einen meist langen, je nachdem höchst konfliktreichen öffentlichen Prozeß der Konsensbildung über den Wert per se und seine Operationalisierung sowie den vorzusehenden Kontrollapparat mit Fort-, Rück- und Nebenschritten vorstellen, bis es soweit ist, daß man von Kriterien sprechen kann. Ausnahmen sind die von Diktatoren oder über Notrecht durchgesetzten Werte und Kriterien. Der erwähnte Konsensbildungsprozeß ist vorläufig beendet, wenn es zu einer Institutionalisierung von Werten und Normen zu öffentlichen Deklarationen, Rechten und Pflichten, Gesetzen, Richtlinien, Verordnungen oder Statuten kommt.

In einfachen sozialen Systemen als Netzwerke komplexer verwandtschaftlicher und ritueller Beziehungen hat sich – wie bereits dargelegt – schon relativ früh die Vorstellung eines symmetrischen Gebens und Nehmens als implizite oder offene Reziprozitäts- und Gleichwertigkeitsnorm entwickelt (siehe hierzu und im folgenden Harris 1989, 122–150). Sie ist ein mehr oder weniger konsensuales Kriterium von Austauschgerechtigkeit: „Wie Du mir, so ich Dir", und zwar im Guten wie im Bösen. Dies konnte – historisch betrachtet – und kann auch heute allerdings nicht verhindern, daß Menschen, die aus irgendeinem Grund über mehr Machtquellen (Ressourcen, Positionsmacht) verfügen, behindernde asymmetrische Beziehungen aufbauen, um ihre über die unmittelbare Bedürfnisbefriedigung hinausgehenden Wünsche auf Kosten anderer zu befriedigen. Diese Entwicklung setzt vor allem beim redistributiven Tausch als Zwangstauschform ein, die den reziproken Tausch ergänzt(e). Beim redistributiven Tausch werden die Arbeitsprodukte mehrerer Personen an einen zentralen Ort gebracht, nach Art sortiert, gezählt und dann an ProduzentInnen und NichtproduzentInnen verteilt. Der damit verbundene organisatorische Aufwand wird von bestimmten Personen übernommen, die als Redistributoren tätig sind und versuchen, die Produktivität zu steigern, was wiederum ihr soziales Ansehen erhöht. In egalitären Gesellschaften wird nun die Redistribution von einer Person (einem Mann) durchgeführt, der für die Herstellung der zu verteilenden Güter härter als alle anderen gearbeitet hat, der selbst den allerkleinsten Teil oder überhaupt nichts abbekommt und der, wenn die Verteilung vorüber ist, weniger materielle Güter als die anderen, hingegen hohes Prestige besitzt. In geschichteten Gesellschaften behält der Redistributor den größten Teil für sich und verfügt schließlich über mehr materiellen Besitz als alle anderen. Die Ausdifferenzierung ökonomischer und politischer Systeme lassen sich größtenteils als eine Folge der Entstehung dieser Zwangstauschformen des redistributiven Tausches erklären.

Allgemeiner bzw. im Rahmen unseres theoretischen Bezugsrahmens formuliert: Unbefriedigte menschliche Bedürfnisse, knappe Ressourcen, Zwangstauschbeziehungen und größere Machtgefälle – so die hier vertretene These – sind eine wichtige Bedingung für den Aufbau ökonomischer und politischer Macht und zugleich die Suche nach Formen der Vergesellschaftung von Werten, welche über die Reziprozitätsnorm hinausgehen. So wurden und werden Verteilungsgerechtigkeit und Freiheit als Unabhängigkeit von illegitimen Machtverhältnissen zu zentralen öffentlichen Themen. Die konfliktreichen Prozesse im Zusammenhang mit der Ausformulierung der „Magna Carta" von 1215, der „Unabhängigkeitserklärung und Erklärung der Menschenrechte" der dreizehn englischen Kolonien in Amerika 1776, ferner die „Erklärung der Menschen- und Bürgerrechte" von 1789 sowie die „Erklärung der Rechte der Frau und Bürgerin" von Olympe de Gouges von 1791 im Rahmen der Französischen Revolution, aber auch das „Kommunistische Manifest" von 1848 sowie die „UNO-Deklaration der Menschenrechte" von 1948, die „Europäische Menschenrechtskonvention" von 1950 oder die „Europäische Sozialcharta" von 1961 sind hiefür gewichtige historische Beispiele. Aber zugleich gilt: je größer das Machtgefälle zwischen Menschen als Mitglieder von sozialen Systemen und je mehr soziale Barrieren, um diese zu überwinden, desto höher die Wahrscheinlichkeit der Entstehung subkultureller Werte, welche die bestehenden strukturellen Spannungen auf der psychischen Ebene bis zu einem gewissen Grade zu reduzieren vermögen (Lenski 1973; Heintz 1968, 1982; Hondrich/Vollmer 1983; siehe auch meine Ausführungen S. 32 f.).

Das entstehende und sich weiterentwickelnde Recht gibt einen Hinweis darauf, welche der möglichen Werte von einem Teil, vielen oder allen Gesellschaftsmitgliedern als besonders schützenswert betrachtet werden. Das Recht legt so die für alle oder einen Teil der Gesellschaftsmitglieder kulturell und sozial verbindliche Gestalt der Werte fest. Ihre Verbindlichkeit wird durch die Beauftragung wie Schaffung von Kontrollorganen verstärkt und durchgesetzt. Diese Kontrollapparate können äußerst schwach sein, so wie z. B. diejenigen, die für die Überwachung und Einhaltung der Sozial-, teilweise auch der Menschenrechte entstanden sind. Oder sie können äußerst gut ausgebaut sein, so wie z. B. der Justizapparat zum Schutz von Leben und Eigentum bis hin zum Gefängniswesen – im Unterschied zum Kontrollapparat bezüglich Wirtschaftskriminalität.

Im Zusammenhang mit dem hier entwickelten, konzeptuellen Bezugsrahmen läßt sich von folgenden Wertvorstellungen sprechen, welche die Diskrepanz zwischen Ist und Soll als Problem zu definieren vermögen; dabei beginne ich mit den Ausstattungsdimensionen:

(a) „Gesundheit" und „Unversehrtheit" in bezug auf Krankheit und physischer Behinderung;
(b) „bedürfnis- und leistungsgerechte Teilhabe" in bezug auf die Verfügung über Ressourcen sozio-ökonomischer und anderer Art;
(c) „Sorge um die Natur", „Nachhaltigkeit" und „Wirtschaftlichkeit" in bezug auf knappe, nicht erneuerbare Güter;

(d) „Genuß/Echtheit", „moralische Richtigkeit" und „kognitive Wahrheit" in bezug auf Erkenntniskompetenzen und ihre Produkte;

(e) „Sinn- und Zweckerfüllung", „Selbstverwirklichung", „psychische Sicherheit" oder auch „Zielerreichung" und „Zufriedenheit" im Hinblick auf Identitäts- und allgemeine Orientierungssuche;

(f) „Handlungsfreiheit", „Rollenfunktionalität/Wirksamkeit" und „Effizienz" in bezug auf Handlungskompetenzen;

(g) „soziale Integration" oder „Vernetzung" im Hinblick auf die Ausstattung mit menschlichen Beziehungen und sozialen Mitgliedschaften.

Was die menschlichen Austauschformen betrifft, so haben sich auch hier – über die Reziprozitätsnorm hinaus – Wertvorstellungen ausdiffereziert, nämlich

(a) „Austauschgerechtigkeit", „Nächstenliebe", „Solidarität", aber auch „Vertragsfreiheit" bezüglich der Teilhabe an Gütern und weiteren Ressourcen;

(b) „erotisch-sexuelle Lust" im Zusammenhang mit körperlichem Austausch;

(c) „Authentizität", „Aufrichtigkeit", „Intersubjektivität" im Rahmen von gemeinsamen Erkenntnisprozessen und intersubjektiver Wahrheitssuche;

(d) „Verständigung" im Sinne herrschaftsfreier Kommunikation;

(e) „Kooperation" oder „Ko-Produktivität" und „Partizipation/Teilnahme" im Rahmen projektbezogener Austauschformen.

Und schließlich läßt sich in bezug auf Machtthematiken pauschal von „Begrenzungsmacht" als positiver Wertvorstellung, differenzierend aber auch von folgenden Werten sprechen:

(a) „Verteilungsgerechtigkeit" oder „Fairness", „soziale Sicherheit" bezüglich benachteiligender und privilegierender Kasten-, Klassen- und Schichtungsstrukturen;

(b) „Emanzipation", „Herrschaftsfreiheit" und „integrale Demokratie" im Hinblick auf Herrschaftsstrukturen (Ausbeutung, Manipulation, Kolonialisierung usw.);

(c) „strukturelle Gewaltlosigkeit" in bezug auf vergesellschaftete Werte (oberste Ideen) als Grundlage für die Kriterienbildung und -institutionalisierung, die behindernde Schichtung und Herrschaft legitimieren; und schließlich

(d) „Gewaltlosigkeit" im Zusammenhang mit direkter Gewaltausübung.

Es kann sich hier um keine erschöpfende Aufzählung all jener Werte handeln, die im Verlaufe der Zeit zur Be- und Verurteilung unerwünschter Sachverhalte als individuelle und soziale Probleme entstanden sind. Es geht hier lediglich darum aufzuzeigen, daß die Suche nach einem für den gesamten Bereich der Sozialen Arbeit geltenden, obersten Wert müßig ist. Aber ebenso falsch wäre es, in bezug auf die Wahl von Werten von einer völligen Beliebigkeit auszugehen. Dieweil hier vor allem ihre Funktion hinsichtlich der Beurteilung unerwünschter Sachverhalte zur Diskussion steht, müßte eine weitergehende Analyse auch die Vorliebe bestimmter gesellschaftlicher Gruppen für bestimmte Werte und mithin Problemformulierungen aufzeigen.

Wie bereits erwähnt, ist der Vergesellschaftungsprozeß von Werten nicht nur von unterschiedlichen Interessen- und Machtkonstellationen wie Kulturmustern abhängig, sondern aus diesem Grund auch konfliktiv. Er ist voller Widersprüche und Konflikte, weil nicht alle Werte gleichzeitig voll realisierbar oder auch nur optimierbar sind, sei dies aus Ressourcen-, Zeit- oder Gründen ihrer relativen Unvereinbarkeit: So verlangt beispielsweise die Verwirklichung von Freiheits- und Selbstentfaltungswerten andere Institutionalisierungsformen und normative Festsetzungen als die Verwirklichung von Schutz im Sinne sozialer wie psychischer Sicherheit oder alltagsbezogener Verläßlichkeit (Sennett 1985). Die Suche nach Wahrheit folgt anderen Regeln als die Ausübung von Nächstenliebe (z. B. am Krankenbett). Die Forderung nach ökonomischer Rationalität, Wirtschaftlichkeit und Effizienz ist nicht ohne weiteres vereinbar mit der Forderung nach ökologischer, psychischer und sozialer Rationalität, Umweltverträglichkeit und Demokratie. Im Zusammenhang mit Wert- bzw. Kriterienthemen kann nun im engeren Sinn folgendes problematisiert werden (siehe hierzu auch Merton/Nisbet 1961; Stallberg/Stallberg 1976):

(a) die Schwierigkeit der Vergesellschaftung von Werten zu Kriterien, die sich von der Sache her mehr oder weniger ausschliessen oder im Verhältnis eines Nullsummenspiels zueinander stehen: so z. B. die gleichzeitige Verwirklichung von Obhut, Sicherheit und Autonomie;

(b) das Fehlen von Werten und mithin auch Kriterien und damit die Unmöglichkeit der Artikulation von unerfüllten Grundbedürfnissen, der Kritik an illegitimen Wünschen, Ungerechtigkeit, Ideologie und Lüge, Sinnlosigkeit, Unfreiheit usw.;

(c) die Nichterfüllung oder Mißachtung von bestehenden Kriterien und der dazugehörigen Normen: Es sind Rechte und Pflichten, die noch keinen Niederschlag im Familien-, Schul-, Arbeits- oder Wirtschafts-, Wissenschafts- und politischen Alltag gefunden haben und deshalb z. B. von benachteiligten Minderheiten, wie die Frauenbewegung oder die Bürgerrechtsbewegung der Schwarzen, angerufen werden;

(d) die willkürliche Anwendung von Kriterien und die strategische Umdefinition der dahinter liegenden Werte: Ich meine damit einerseits die amtswillkürliche Auslegung von Gesetzen und Verordnungen. Anderseits geht es um bestimmte „Vernebelungsstrategien" im Sinne von Rhetoriken der Macht. Sie verwenden das Prinzip der Verdunkelung, Ablenkung oder Umdefinition von Problemen und derjenigen Werte, die den unmittelbaren Interessenbereich des jeweiligen „Rhetorikers" berühren. So ruft man nach „Freiheit", wenn es um „Gerechtigkeit" geht, nach „Effizienz" und „Praktikabilität", wenn es um „Solidarität" oder gar „Wahrheit" ginge und umgekehrt. So schlägt man „Information und verbesserte Kommunikation" vor, wenn es um „Partizipation" geht oder beruft sich auf ästhetisch-emotionale Werte, auf unverbindlichen Meinungspluralismus und auf Lehrfreiheit dort, wo es um „Wahrheitsfindung" ginge;

(e) die aktive Dekonstruktion von bestehenden Werten und – je nachdem – der damit verknüpften Kriterien Sie kann sich als Lächerlichmachung von Werten äußern, z. B. von Fürsorglichkeitswerten als sentimentalen, weiblichen Schwächeanfall, als Dämonisierung von Werten, z. B. von sozialen Gerechtigkeitswerten als prinzipielle Gefahr für eine marktwirtschaftlich organisierte Gesellschaft usw. Aktive Destruktion wird aber auch dann betrieben, wenn empirische, faktenbezogene Wahrheit nichts mehr gilt, z. B. die Verbreitung der „Auschwitzlüge", wenn Werte nur so lange gelten, als sie eine Machtstruktur zu stützen vermögen, also instrumentalisierbar sind: Ein Beispiel sind Angriffe auf die parlamentarische Demokratie, sobald sie dem Wirtschaftswachstum und der globalen Wirtschaftsexpansion im Wege steht. Destruktion betreibt man im weitern, wenn soziale Glücksvorstellungen von Menschen unterschiedslos als totalitär kritisiert und positive Werte durch destruktive Werte ersetzt werden. Ich meine damit die öffentlichen, kalkulierten Tabubrüche: Ob beabsichtigt oder nicht, bewirken sie die Auflösung sozialer und psychischer Grenzziehungen, welche die Achtung vor dem Menschen sicherstellen: Dies beginnt bei einer Presse und Reklame, die Menschen, insbesondere Frauen und Mitglieder ethnischer Gruppen, systematisch entwürdigt, indem sie diese zum Beiwerk irgendwelcher „Sachen" degradieren. Und es endet bei der offenen Verherrlichung und Vermarktung von Brutaliät und technischer Gewalt gegenüber Menschen wie gegenüber der Natur. Achtung setzt voraus, daß man weiß, was Menschsein und Mensch-in-der-Gesellschaft-Sein ist. Wer dies nicht mehr weiß, wird sich bei einer aufkommenden Empörungswelle und Kritik als bedauernswertes Opfer von Moralaposteln, zimperlich-prüden Frauen, staatlichen Angriffen auf die Autonomie des Individuums, die verfassungsrechtlich geschützte Handels- und Gewerbefreiheit darstellen. Er wird solche Tabubrüche als Originalität, ja als notwendige Aufklärung über die „Realität" oder riskante avantgardistische Grenzüberschreitungen einfordern. Und er wird mit allen Mitteln versuchen, sein Tun im Gewande des einzig wahren Moralhüters und -verteidigers darzustellen, der als einziger noch weiß, was in einer freien Gesellschaft autonomer Individuen Informationspflicht und Meinungsfreiheit und wer ihre Feinde sind.

1.5. Folgerungen für die Theoriebildung und erste theoretische Hypothesen

Ich habe in diesem Abschnitt versucht, die innerhalb eines systemtheoretischen Bezugsrahmens konzeptualisierbaren, sozialen Problemdimensionen als Gegenstand Sozialer Arbeit auf knappem Raum zu skizzieren. Diese Dimensionen sind zugleich *Ausgangspunkt* oder Scharniere *für eine Erklärungs- und Handlungstheorie Sozialer Arbeit* und für Soziale Arbeit als Praxis. Ohne solche (oder andere, weitere) Bausteine läßt sich keine Theorie und Disziplin Sozialer Arbeit entwickeln – genauer: Ohne sie bleibt Sozialarbeitstheorie und -praxis ausschließlich abhängig von den Machtakteuren des Sozialwesens, ihren Funktions-, Wert- und Zieldefinitionen. Insofern unterstützen die nicht mehr überblickbaren theoretischen oder philosophischen Abhandlungen über die Funktion Sozialer Arbeit (als Sozialarbeit/Sozialpädagogik) diesen problematischen, normativen Zugang (Lukas 1993). Im Rahmen sozialarbeiterischer Theorietradition war Ilse Arlt (1921, 1953) eine der ersten, die erkannte, daß man eine Sozialarbeitswissenschaft nicht von einer Funktions- und Institutionen-/Organisationslehre aus begründen kann. Ohne eine funktions- und institutionsunabhängige Gegenstandsbestimmung bleibt der Problemblickpunkt immer auf die Klientel Sozialer Arbeit und kaum je auf die sozialen Systeme inklusive diejenigen des Sozialwesens fixiert, deren Mitglieder sie sind. Und Sozialtätige haben kaum eine ernstzunehmende Chance, sich eine minimale, theoretisch und wissenschaftlich abgestützte Problemdefinitionsmacht zugunsten der Klientel anzueignen, um sich als fachlich legitimierte PartnerInnen argumentativ in die unvermeidlichen Funktions-, Ziel- und Normenkonflikte hineinzubegeben, ja dezidiert einzumischen.

Im Sinne erster Umrisse einer zu entwickelnden Theorie Sozialer Arbeit, die mit der hier vorgeschlagenen Begrifflichkeit arbeitet, schlage ich folgende allgemeine *Hypothesen* vor: Die ökologische, psychische, soziale und kulturelle Ausgestaltung des Kontextes bestimmt – zusammen mit der individuellen Ausstattung der Menschen – die Lerngeschichte von Menschen. Produkte dieser Lerngeschichte sind Bilder und Codes, Werte, Pläne, Handlungsregeln und Verfahren. Diese wirken sich wiederum auf die aktuelle Informationsverarbeitung (Erkenntniskompetenzen) sowie auf die Handlungskompetenzen und -vollzüge aus. Die Ausstattung eines Menschen ist im weiteren bestimmend für seine Attraktivität als Beziehungsperson und Austauschpartner. Unterschiedliche Ausstattungen von InteraktionspartnerInnen führen – ohne Internalisierung und Kontrolle der Reziprozitäts- und Gleichwertigkeitsnorm – tendenziell zur Stabilisierung von Asymmetrien. Asymmetrien führen tendenziell zum Auf- und Ausbau von Machtstrukturen, und zwar durch Nutzung der Ausstattungsgefälle und Asymmetrien. Ob dabei behindernde oder begrenzende Machstrukturen entstehen, ist von den individuellen und kollektiv geteilten Bedürfnis- und Machtvorstellungen, den kulturellen Legitimationsmustern, den vorhandenen Machtquellen und damit den Machtverhältnissen zwischen Individuen und sozialen Gruppen und schließlich der Ausgestaltung des Kontrollapparates abhängig. Der letztere ist dafür verantwortlich, daß die sozialen Austausch- und Aushandlungsprozeße gleichförmig und erwartbar ablaufen, was die mehr oder weniger identische Reproduktion der Ausstattungsmuster und sozialen Strukturregeln gewährleistet. Macht ist tendenziell die wichtigste Möglichkeit, soziale Kausalität und damit – für die Verhältnisse von selbstwissensfähigen, bewußt und mit Eigensinn lernenden Menschen – erstaunlich hohe Erwartbarkeit herzustellen, ohne selber lernen zu müßen. Je größer die Ausstattungsunterschiede und Tauschasymmetrien und je behindernder die Sozialstruktur, umso größer die Wahrscheinlichkeit, daß sie von einem kleinen oder großen Teil der Menschen als unfair und ungerecht bewertet wird. Ob eine solchermaßen bewertete Struktur über individuelle und kollektive Prozesse verändert werden kann, hängt wiederum von der Größe des sozialen Systems, vom Ausmaß der institutionalisierten Behinderungsmacht, der Austausch- und damit Gesprächs- und Partizipationsbereitschaft der Akteure, den Diskursregeln und/oder der Verfügung über materielle und symbolische, d. h. auch kulturelle Machtquellen ab.

Ich werde diese Vorstellungen im Abschnitt 4. am Beispiel familialer Machtdifferenzierung und Gewaltausübung weiterdiskutieren, um aufzuzeigen, daß sich die hier präsentierten Gedanken nicht nur auf gesamtgesellschaftliche, territoriale oder organisationelle Machtdifferenzierungen beziehen. Eine derart breite Konzeptualisierung des Gegenstandes Sozialer Arbeit muß die Frage zulassen, wo die zur Bescheidenheit mahnenden Einschränkungen liegen: Eine erste geht von der Tatsache aus, daß Soziale Arbeit nicht die einzige Profession ist, die sich mit den genannten Problemdimensionen befaßt, was zur Arbeitsteilung zwischen sozialen Berufen geführt hat (siehe meine Ausführungen im Abschnitt 2.). Eine zweite Einschränkung des Gegenstandes liegt im gesellschaftlichen Ort, an dem Soziale Arbeit ausgeübt wird. Damit ist die überwiegende Zugehörigkeit der AdressatInnen, Zielgruppen zur Unterschicht angesprochen, was in der Regel mit beschränkten Ressourcen einhergeht. Die vorgelegte, relativ komplexe Problemsicht ist aber gleichzeitig eine Aufmunterung zur Unbescheidenheit, und zwar in Anbetracht dessen, daß es nur wenige Gruppen, Berufe oder gesellschaftliche

Akteure gibt, die soziale Dimensionen von Problemen artikulieren. Der öffentliche Diskurs über „Soziales" wird heute im gesellschaftlichen Makrobereich vornehmlich durch ökologische und universell verwendete ökonomische Kategorien, durch Probleme der Überbevölkerung und des Wertezerfalls, im sozialen Mikrobereich durch Drogen- (Aids-), Gesundheits- und psychische Sicherheitsprobleme beherrscht. Soziale Probleme in ihrer ganzen Komplexität öffentlich zu artikulieren hieße ja noch nicht, sie auch alleine angehen oder gar lösen zu müssen. Die Rückkehr der Sozialen Arbeit zu einer einsichts- wie spannungsreichen, aber nicht fremdverordneten Bescheidenheit erfolgt spätestens dann, wenn es um die konkreten AdressatInnen und Zielgruppen, die bescheidenen Ressourcen des Sozialwesens, die fast nicht-existente Forschung in diesem Bereich und die Entdeckung geht, in welchem Kontext Soziale Arbeit im Vergleich zu anderen Berufen anzusiedeln ist.

2. SOZIALE PROBLEME – SOZIALE BERUFE:
   VORSCHLÄGE ZUR PROFESSIONELLEN UND
   GESELLSCHAFTLICHEN VERORTUNG SOZIALER ARBEIT

Meine Eingangsfrage nach einem bestimmbaren Gegenstand Sozialer Arbeit soll hier unter dem Aspekt der funktionalen Differenzierung von sozialen Tätigkeiten aufgenommen werden, von denen sich im Laufe der Zeit verschiedene zu sozialen Berufen und Professionen mit entsprechender Ausbildung entwickelt haben. Von der Beantwortung dieser Frage erhoffe ich mir eine klarere professionelle Identität der Fachkräfte in der Sozialen Arbeit, die nicht von ängstlicher Abgrenzung, sondern von Offenheit und Dialog aufgrund eines klaren beruflichen Standortes lebt.

Schon in *einfachen Gesellschaften* gab es nicht nur die Verpflichtung zur Solidarität unter Familien- und Stammesmitgliedern. Darüber hinaus wurden – verstärkt im Zuge zunehmender Komplexität der Verwandtschafts- und Stammesbeziehungen – bestimmte Kompetenzen von Personen als „Problem-Diagnostiker", „Schiedsrichter" in Streitfällen und „Problem-(er)löser" in einer besonderen sozialen Rolle vereinigt und ausgesondert, wobei sie in der Regel für das gesamte Problemspektrum – bis hin zu der von den Göttern ausgeübten Allmacht – zuständig waren und sind: Heiler, Medizinmänner, Schamanen, Weise, Zauberer, PriesterInnen usw. (z.B. Sahle 1987; Harris 1989; Meier-Seethaler 1992).

In industrialisierten, funktional viel *stärker differenzierten Gesellschaften* ist nicht erst das „Tun", die durch Laien und BerufsträgerInnen ausgeübte Arbeit, sondern bereits die Wahrnehmung, Konzeptualisierung und Erklärung von Sozialen Problemen extrem arbeitsteilig. So geht diese heute so weit, daß sich die einen den gesundheitlichen (ÄrztInnen), andere den emotionalen (PsychologInnen), wieder andere den moralischen (SeelsorgerInnen) und wieder andere den Lern-, Ausbildungs- und Arbeitsproblemen (LehrerInnen, BerufsberaterInnen, ErwachsenenbildnerInnen) eines Menschen zuwenden. Im Bereich der Austauschprobleme gibt es solche, die sich schwergewichtig auf die Wahrnehmung und Behandlung von Arbeits- oder Kooperationsstörungen (Betriebs-, TeamberaterInnen in der Wirtschaft) oder auf Kommunikationsprobleme (FamilientherapeutInnen) oder auf Kulturvermittlungsprobleme (KulturarbeiterInnen) „spezialisiert" haben. Aber auch im Bereich der Machtprobleme gibt es eine Arbeitsteilung, und zwar zwischen solchen, die vor allem die Probleme im Zusammenhang mit der Einkommens- oder Ressourcendimension betonen (GewerkschafterInnen), solchen, die überwiegend Probleme der Herrschaft und Legitimation thematisieren (PolitikerInnen) und solchen, die schwerpunktmäßig versuchen, gesellschaftliche Zukunftsmodelle, Szenarien nach bestimmten Kriterien zu entwerfen (PublizistInnen, ZukunftsforscherInnen). Die funktionale Arbeitsteilung und Spezialisierung läßt sich unter anderem daran ablesen, daß all diese Berufsgruppen ihnen zuordenbare Wissenschaftsdisziplinen, besondere Ausbildungen in speziellen Ausbildungsstätten, Abteilungen oder Fakultäten institutionalisiert haben, eigene Kongresse organisieren, Fachvereinigungen pflegen und Fachzeitschriften herausgeben.

2.1. Arbeitsteilung sozialer Tätigkeiten und Berufe

Die markanteste, tiefgreifendste *Arbeitsteilung* in unseren westlichen Gesellschaften bezüglich psychosozialer Tätigkeiten und Berufe besteht *zwischen folgenden zwei Gruppen*:

(a) Tätigkeiten/Berufe/Professionen für den *sozialen Mikrobereich*, die sich eher mit den als privat definierten Nöten von Menschen, ihrer individuellen Ausstattung, eventuell ihren Beziehungs- und Austauschmustern, den dazugehörigen Kriterien sowie Problemlösungsangeboten (Sicherung der biopsycho-sozialen Integrität) befassen;
(b) Tätigkeiten/Berufe/Professionen für den *sozialen Meso- und Makrobereich*, die eher Probleme der Verteilung, Anordnung von Ressourcen, Menschen und Ideen, also Machtproblematiken im überindividuellen, außerfamilialen Bereich und den dazugehörigen Kriterien sowie den kollektiven Problemlösungsangeboten zum Gegenstand haben (Sicherung bedürfnis- bzw. menschengerechter gesellschaftlicher Strukturen).

Diese Arbeitsteilung bewirkt tendenziell, daß die von der jeweiligen Gruppe nicht bearbeiteten Problemdimensionen implizit oder explizit als vernachlässigbare Randphänome betrachtet werden oder der Anspruch erhoben wird, sie mit ihren Verfahren mitzulösen.

Ich versuche im folgenden, diese Thematik mittels einer Vier-Felder-Tafel (siehe Abbildung 1) darzustellen:

Abbildung 1: Soziale Tätigkeits- und professionelle Arbeitsfelder

Sozialer Meso-/ Makrobereich / Sozialer Mikrobereich		Begrenzungs- macht/Kriterien +	Behinderungs- macht/Kriterien −
Ausstattungs- dimensionen	+		
Austausch- dimensionen	+	Feld 1	Feld 3
Werte-/Krite- riendimensionen	+		
Ausstattungs- dimensionen (-probleme)	−		
Austausch- dimensionen (-probleme)	−	Feld 2	Feld 4
Kriterien- dimensionen (-probleme)	−		

(1) Die Konfiguration von *Feld 1* ist durch die Abwesenheit von Problemen, oder positiv formuliert: durch bedürfnisgerechte Ausstattungs-, Austausch- sowie Machtkonfigurationen gekennzeichnet. Sie kann – rückwärtsgewandt – als Sehnsucht nach dem „verlorenen Paradies", oder zukunftsorientiert als das „Noch-Nicht", als Realutopie oder Fantasie, als Bilder glücklicherer und freierer Menschen in menschengerechteren Strukturen umschrieben wer- den. Hier mag das „Land" sein, wo „Milch und Honig fließt". Hier werden

45

Freiheit und Gerechtigkeit, Freiheit und Partizipation, individuelle Bedürfnisse und gesellschaftliche Strukturen, Pluralismus und Integration nicht gegeneinander ausgespielt, sondern die Verwirklichung des einen Wertes hängt mit der Verwirklichung des anderen zusammen. In diesem Feld sind soziale Berufe und Professionen überflüssig oder höchstens dazu da, den besten Weg zur Verwirklichung von Idealen aufzuzeigen. Mit diesem Feld wird aber auch die Tatsache erfaßt, daß jede Problemartikulation, und sei sie noch so vage oder unbeholfen, von der Vision einer besseren Welt lebt.

(2) Das *Feld 2* ist dadurch charakterisierbar, daß hier Probleme der Ausstattung, des Austausches und der dazugehörigen Kriterien thematisiert werden, hingegen Machtprobleme eher ausgeklammert bleiben oder als irrelevant betrachtet werden. Dabei schlage ich folgende Zuordnung zwischen Problemdimensionen und den zu ihrer Lösung entstandenen helfenden Tätigkeiten wie Professionen vor:

(a) *Ausstattungsprobleme*: ÄrztInnen und alle paramedizinischen Berufe, Heil-/SonderpädagogInnen, Sport- und Fitneß-TrainerInnen, LehrerInnen, ErzieherInnen, SozialpädagogInnen (je nach Selbstverständnis auch unter b oder im Feld 4), BerufsberaterInnen, PsychotherapeutInnen, Betriebs- und ArbeitspsychologInnen usw.

(b) *Austauschprobleme*: GruppendynamikerInnen, FamilientherapeutInnen, AnimatorInnen, ErzieherInnen/SozialpädagogInnen im „offenen Milieu", Theater- und Museums-PädagogInnen, Freizeit- und Reise-AnimatorInnen usw.

(c) *Kriterienprobleme*: TheologInnen/PfarrerInnen, JuristInnen, PhilosophInnen, Individual- und Familien-EthikerInnen usw.

In der Regel werden hier, wie bereits erwähnt, strukturelle Machtproblematiken weder berücksichtigt noch bearbeitet. Ist dies dennoch der Fall, so besteht die Gefahr ihrer Individualisierung/Atomisierung durch Psychologisierung: Gesellschaft ist nicht nur etwas Äußerliches, sondern fast gleichbedeutend mit prinzipieller Gegnerschaft zum Individuum. Das Gesellschaftsbild ist dabei meistens konturlos-diffus: Es ist das überdimensionierte Vaterbild (Sennett 1985), das große, anonyme „Man", der ewige Störenfried oder das „rational-technokratisch soziale System" und damit die kalte Entfremdungsmaschinerie par excellence. Als Zwang zur „sozialen Maske", die man besser ablegen sollte, als Aufforderung zum uneigentlichen „Theaterspiel", das man durchschauen sollte, als Aufruf zur „Verleugnung des wahren Selbst" und damit zur „Uneigentlichkeit" ist sie permanenter Angriff auf die Person und ihre unmittelbare Lebenswelt. Gewinnt man der Gesellschaft trotzdem einen positiven Zug ab, wird sie – ebenso diffus – zum großen

Ressourcenpool, den man für die eigene Selbstverwirklichung und Autonomie kreativ nutzen oder auch plündern kann. Kurz: Es sind Aussagen, die Gesellschaft nicht qua Gesellschaft, d. h. als Gefüge sozialer Interaktionsfelder und Systeme und deren Mitglieder reflektieren, sondern relativ willkürlich ausgewählte, ausschließlich behindernde Wirkungen *der* Gesellschaft auf *die* Person festhalten. Oft kommt noch die Ablehnung jeglicher sozialer Kategorisierung von Menschen aufgrund ihrer sozioökonomischen Position, ihres Geschlechts, ihrer organisationellen oder nationalen Mitgliedschaften hinzu. Die auch in der Theoriebildung zur Sozialpädagogik/Sozialarbeit gepflegte Unterscheidung zwischen System und Lebenswelt, Systemzwängen/-imperativen und Alltag verstärkt und institutionalisiert diese Dichotomie. Die gleichen Interpretationsmuster führen zu einer nicht abbrechenden, undifferenzierten Kritik am Sozialstaat und an den SozialexpertInnen, die oft zu gefühl- und gedankenlosen SozialtechnokratInnen hochstilisiert werden.

Etliche der hier genannten, historisch älteren Tätigkeiten gehören zu den angesehenen, klassischen Professionen. Sie entwickelten sich auf dem Hintergrund der ebenso klassischen Professionalisierungspostulate der affektiven und/oder Wert- und/oder politischen Neutralität sowie der möglichst weitgehenden Privatisierung der Nöte sowie der ökonomischen Existenzbasis (Privatpraxis). Der machttheoretischen und politischen Abstinenz verdanken sie es unter anderem, daß sie es zum staatlich anerkannten Titelschutz brachten (Bourdieu 1988, 82 ff.).

(3) Im *Feld 3* finden wir Tätigkeiten und Berufsrollen, die sich mit Ressourcenverteilungs- bzw. Benachteiligungs- versus Privilegierungsproblemen, ferner Herrschaftsproblemen und den entsprechenden Kriterienproblematiken befassen. Dazu kommen Probleme der Erschöpfung und Ausbeutung natürlicher Ressourcen. Da dieses Feld weniger stark im traditionellen Sinne professionalisiert ist, ist die Zuordnung der hier entstandenen Hilfstätigkeiten schwieriger:

(a) Probleme der Ressourcenzuteilung und Zugangschancen (Kasten, Stände, Klassen, Schichten): UmweltexpertInnen, KonsumentenschützerInnen, ÖkonomInnen/SoziologInnen, ArchitektInnen und SozialplanerInnen (im sozialen Wohnungsbau), SozialökonomInnen und SozialpolitikerInnen, WohlfahrtsexpertInnen, GewerkschafterInnen und BerufsverbandssekretärInnen (Lohn-, Arbeitsplatzprobleme) usw.

(b) Probleme der Anordnung und Kooperation von Menschen (Herrschaft): PolitikerInnen, Betriebswirte, SozialmanagerInnen, GewerkschafterInnen (Mitbestimmungsprobleme), OrganisationsberaterInnen, SprecherInnen und/oder Hauptamtliche in BürgerInnen-Initiativen und sozialen Bewegungen, BerufsrevolutionärInnen usw.

(c) Gesellschaftliche Kriterienprobleme: JournalistInnen, PublizistInnen, FuturologInnen, JuristInnen (Gesellschafts-, Staats- und internationales Recht, insbesondere Völkerrecht); Menschenrechts-, Frauen-, Umweltbeauftragte; PolitologInnen, EthnologInnen, GesellschaftsphilosophInnen, SozialethikerInnen; VordenkerInnen in BürgerInnen-Initiativen und sozialen Bewegungen usw.

Im Unterschied zu Feld 2 haben wir hier tendenziell holistische Interpretationsmuster: Sie gehen von einem übergeordneten, umfassenden Ganzen oder „Wir" aus, blenden tendenziell individuelle, psychische sowie sozioökonomische Ausstattungs- und Austauschproblematiken aus oder betrachten sie als nicht problematisierungswürdig. Oft liegt ihnen ein undifferenziertes oder gar reduktionistisches Menschenbild zugrunde: Man denke an den spätmarxistischen „Homo Oeconomicus" oder an den Menschen, der praktisch vollständig von seiner Kultur oder Organisation geprägt sein soll.

Alle diese genannten Akteure konnten sich viel weniger eindeutig als „freie Berufe" oder „quasi-unabhängige" Professionen im vorhin beschriebenen Sinn etablieren. Für die meisten unter ihnen ist die Eröffnung einer Privatpraxis ausgeschlossen. Ihre professionelle Kompetenz steht vielmehr im Dienste unterschiedlich mächtiger bzw. ohnmächtiger Gruppen, denen sie oft nicht nur ihr Wissen, sondern auch ihre soziale Philosophie verpfänden, z. B. die Ökologin oder der Umweltbeauftragte in der chemischen Industrie oder bei Green Peace, der Jurist bei der Wirtschaftsförderung, einer Gewerkschaft oder beim Europäischen Gerichtshof. Entsprechend stehen sie – im Unterschied zu den etablierten Professionen – ständig unter dem Verdacht des Lakaientums im Dienste der Macht oder der Opposition und Subversion im Dienste der Machtlosen.

(4) Im *Feld 4* schließlich haben wir eine Konfiguration, die sich durch das sich gegenseitig verstärkende Zusammenwirken beider Problemfelder kennzeichnen läßt. Es sind Konstellationen, innerhalb denen prinzipiell alle Dimensionen, diejenigen aus dem Mikro- wie diejenigen aus dem Meso- und Makrobereich, latent oder manifest problematisch sein können. Es ist ein Bereich mehrfacher, genauer: kumulativer sozialer Probleme, mithin kumulativer sozialstruktureller sowie kultureller Marginalität. Man könnte ihn in Anlehnung an die in Frankreich entstandene, einzige weltweite Bewegung der Armen „ATD – Vierte Welt" (ATD = Aide à toute détresse) als „Vierte Welt" charakterisieren (Rosenfeld 1989). Bekanntlich werden auch die ärmsten Nationen der Weltgesellschaft als „Vierte Welt" bezeichnet (für eine neue Studie zu diesem Problemkreis siehe: Bourdieu 1993).

Wenn wir nun der Geschichte der Entstehung des sozialarbeiterischen/sozialpädagogischen Berufes nachgehen, so stellen wir fest, daß seine Vertreterinnen, ob als Gründerinnen oder Mitglieder der Settlementbewegung, ob als „Fürsorgerin"/„Ressourcenarbeiterin", „freundliche BesucherIn" in der staatlichen Armenpflege oder ob als „Armenerzieher", „Jugendpfleger" oder „Hortnerin", auf die kumulativen sozialen Probleme antworteten, die der Frühkapitalismus und die damit verbundenen Proletarisierungs- und urbanen Verelendungsphänomene mit sich brachten (Müller, C. W. 1988). Die vorhin beschriebene Arbeitsteilung zwischen Lösungen, die sich tendenziell eher am Individuum, der Familie und an Kleingruppen (z. B. von Jugendlichen) und solchen, die sich eher an größeren sozialen Systemen der Gesellschaft orientierten, setzte sich auch hier durch und spaltet die Profession teilweise bis heute. So entstanden einerseits „Rettungshäuser", „Armenerziehungsanstalten", die „Charity Organisations" mit ihrer an Individuen und Familien orientierten Fallarbeit und anderseits soziale Bewegungen, Parteien, Gewerkschaften als auch Settlementshäuser und Universitätsniederlassungen zur Lösung der „Sozialen Frage" (Müller, C. W. 1988). Was in der Aufarbeitung der Geschichte der Professionalisierung der Sozialen Arbeit zu wenig berücksichtigt wird (Sachße/Tennstedt 1983; Sachße 1986), ist, daß es in den Pionierjahren Beispiele Sozialer Arbeit gab, die beide Orientierungen auf professionelle Weise zu verbinden verstanden, also menschliches Leiden wie auch Probleme gesellschaftlicher Strukturen berücksichtigten und entsprechend „private und privatisierte Nöte" zu „öffentlichen Themen" machten. Die Verknüpfung von indviduellen Problemen mit einer professionellen Politik des Sozialen drängt sich auf, wenn man den Problemen des vierten Feldes gerecht werden will (Staub-Bernasconi 1989, 1991). Es braucht(e) die neue Frauenbewegung mit dem Dictum „Das Private ist politisch", um aufzuzeigen, wie sehr philosophisches, theoretisches und öffentliches Denken immer wieder versucht, einen falschen Dualismus zwischen privaten und öffentlichen Belangen zu konstruieren und mit allen Mitteln aufrechtzuerhalten.

Nach langen und harten Auseinandersetzungen zwischen Unternehmertum und stärker werdenden Gewerkschaften, die unter anderem zur Folge hatten, daß dem Staat die Funktion der kollektiven sozialen Sicherung gegenüber Lebensrisiken zugewiesen wurde, konnten viele Menschen das vierte Feld kumulativer Probleme verlassen. Es entstand eine obere Unterschicht oder untere Mittelschicht der Facharbeiter als auch eine relativ breite Mittelschicht. Nach dem Zweiten Weltkrieg führte das enorme ökonomische Wachstum der westlichen Industrienationen – vor allem in den skandinavischen Ländern mit ihrer starken, egalitaristischen Kulturtradition – zur Entwicklung eines gut ausgebauten sozialen Dienstleistungsstaates (Schunter-Kleemann 1992; Hernes 1989) als auch eines immer noch expandierenden freien Beratungs- und Therapiemarktes für Probleme der individuellen Ausstattung (Selbstverwirklichung) und des Austausches (Gruppendynamik,

Ehe- und Familientherapie, Freizeitverbringung usw.). Auch in der Sozialen Arbeit sprach man davon, daß die psychischen Probleme die soziomateriellen Problemlagen abgelöst hätten (Pfaffenberger 1974). Erst in den 70er Jahren wurde wieder auf neu-alte Armut, insbesondere auf Frauenarmut hingewiesen und geschlechtsspezifische Machtproblematiken thematisiert (Piven/Cloward 1986; Kickbusch/Riedmüller 1984; Leibfried/Tennstedt 1985; Ostner 1989, 1990; Schunter-Kleemann 1993). Dennoch sei festgehalten, daß in den hoch industrialisierten Ländern bis Ende der 70er Jahre die Zahl derjenigen Menschen kleiner wurde, die dem Feld 4 zugehörten, dieweil sich das zweite Problem- und Berufsfeld enorm ausdehnte.

Seit den 80er Jahren ist dieser Trend zum zweiten Feld nicht nur in Europa mit seinen zur Zeit über 30 Mio Arbeitslosen und über 50 Mio Armen rückläufig. Die gleiche „Rückwärtsentwickl ung" und „Tiermondisierung" war zuerst in Großbritannien und den USA zu beobachten, wo die schleichende Verarmung der Mittelschicht und die drastische Zunahme des Reichtums einer dünnen Oberschicht zu verzeichnen ist und sich Krankheiten wie Krätze, Tuberkulose, Cholera, Diphterie und Typhus wie „in alten Zeiten" unter den Armen verbreiten (siehe das bis hin zur USA-Präsidentenwahl einflußwie faktenreiche Buch von Reich 1992; für England: Düvell 1992).

International betrachtet haben wir zweifellos nach wie vor ein Überwiegen der kumulativen Problematiken des vierten Feldes. Klassen und Schichten existieren nämlich auch dann noch, wenn sie im Gefolge der Ansätze von Ulrich Beck, aber vor allem von Niklas Luhmann aus dem Bewußtsein von Soziologen verbannt wurden und diese – wie die Wirtschaftsführer – nur noch von Risiken und Anspruchsinflation sprechen und die Welt als ein Spielbrett für Kontingenz und Pluralisierung von Denk- und Lebensstilen betrachten. Auch wenn man entscheiden kann, welche Kleider und Haarfarbe man trägt, welches Verkehrsmittel man benützt, wie man die Wohnung einrichtet, die Kinder erzieht, die Freizeit verbringt und wie man liebt und stirbt, so heißt dies nicht, daß solche Entscheide nicht von wichtigeren Entscheiden und vor allem von strukturellen Chancen des Zuganges zu Bildung, zu gesellschaftlich geschätzten oder minderqualifizierten Berufen, zu (un-)gesicherter entlöhnter oder ehrenamtlicher Arbeit, zu einem Visum, zu einer (neuen) Staatsbürgerschaft abhängig sind.

Soziale Arbeit ist nun nicht nur historisch, sondern auch von den heutigen Zielgruppen und Arbeitsfeldern her betrachtet, diejenige Profession, die institutionell dem *Feld 4* zugeordnet ist. Dies gilt heute nicht nur für die industrialisierten Länder, sondern weltweit. Wer dies nicht wahrhaben will, lügt sich in die eigene Tasche. Gewiß gibt es ab und zu Vertreter anderer Professionen, z. B. Ärzte (bei den Médecins sans Frontières), Psychiater (im Asylbereich), Juristen (im Strafvollzug), Theologen, Soziologen (in Favelas und

Biddonvilles), die beispielsweise im Gefolge der 68er Bewegung oder aufgrund bestimmter persönlicher Erfahrungen und Überzeugungen in diesem Feld tätig sind. Doch wage ich die Behauptung, daß dies – positiv zu würdigende – Einzelfälle oder auch ganz einfach Phänomene konjunktureller Entwicklungen des Arbeitsmarktes sind. Doch wenn man genau hinschaut, bleiben die wenigsten auch wirklich in diesem Feld 4, und noch weniger vermögen sie ihre ganze Berufsgruppe auf dieses Problemfeld zu verpflichten. Erst dies käme ja einer Institutionalisierung dieser beruflichen Zuordnung gleich. Die hier vorgeschlagene gesellschaftliche Zuordnung der Sozialen Arbeit schließt nicht aus, daß viele Professionsmitglieder mit dem zweiten oder eventuell auch mit dem dritten Feld liebäugeln oder – aufgrund eines heute immer lauter artikulierten „Ausgebranntsein" – in diese „auswandern" (z. B. Marquard u. a. 1993). Wie weit diese Entwicklung in den Vereinigten Staaten fortgeschritten ist, haben jüngst Harry Specht/ Mark E. Courtney (1994) faktenreich belegt und mit einem dramatischen Appell verbunden, sich in einer Gesellschaft mit zunehmenden Drittweltproblemen nicht aus dem Staub zu machen. Der Boom der Privatpraxen und Managementkurse, der Trend zu marktkonformen Dienstleistungsangeboten für eine zahlende Mittelschichtklientel im Alters- und Pflegebereich, der den Therapieboom abzulösen scheint, dürfte ein weiterer Hinweis auf diese Fluchtproblematik sein. Zugegeben, der Ort im vierten Feld ist, gemessen an vorherrschenden gesellschaftlichen Werten, nicht attraktiv. Man ist geduldet, und für die 90er Jahre steht nicht der Aus-, sondern der Abbau des „Sozialen" zur Diskussion.

2.2. Folgerungen für die Soziale Arbeit als Berufspraxis

Welche Konsequenzen ergeben sich aus den Problemkonfigurationen des vierten Feldes für die Professionen in der Sozialen Arbeit?

(1) Das wichtigste Charakteristikum Sozialer Arbeit läßt sich von ihrem Gegenstand her bestimmen: Menschen als Mitglieder von sozialen (Teil-)Systemen mit mehrfachen, sich überlagernden und gegenseitig verstärkenden Ausstattungs-, Austausch-, Macht- und Kritierienproblematiken, die sie aufgrund der ihnen zur Verfügung stehenden Ressourcen nicht selber zu lösen vermögen. Die genannten Problematiken machen die erdrückende Komplexität und vielzitierte Diffusität des Alltags der KlientInnen und damit auch des sozialarbeiterischen/sozialpädagogischen Alltags aus. Allerdings läßt sich von diesem mit Hilfe der hier erläuterten Begriffe durchaus ein relativ präzises Bild der Problemsituation machen, ohne Stigmatisierungen zu begünstigen. Der gesellschaftliche „Ort" der Sozialen Arbeit ist also der Be-

reich kumulativer sozialer Probleme und damit die gesellschaftliche Peripherie. Die Ausdehnung dieses Ortes und damit Arbeitsfeldes kann je nach Gesellschaft sehr verschieden sein. Sie muß für jedes soziale System, ob Familie, Organisation, territoriales Gemeinwesen sowie Quartier, Region, Nation oder gar Weltgesellschaft im Zusammenhang mit internationaler Sozialarbeit, besonders bestimmt werden.

(2) Soziale Randständigkeit darf keinesfalls mit sozialer Auffälligkeit oder Abweichung gleichgesetzt werden. Soziale Devianz kommt an jedem gesellschaftlichen Ort vor, wo die Mitglieder eines sozialen Systems bestimmte Normen institutionalisiert haben und übertreten, also auch in Feld 2 und 3. Leider hat sich bis heute die Devianzforschung und Theoriebildung vor allem auf Normenverletzungen der unteren Schichten konzentriert. Außerhalb des vierten Feldes wird Devianz nun aber vornehmlich als Krise, Panne, Krankheit, Skurrilität, ziviles Wirtschafts- bzw. Kavaliersdelikt, soziales Risiko definiert, währenddessen sie im Feld 4 mehrheitlich als fürs „gesellschaftliche Ganze" zerstörerischer Regelverstoß identifiziert, etikettiert und entsprechend bestraft wird. Das damit verbundene Stigma kann wiederum zu sekundärer Devianz führen. Soziale Randständigkeit in der hier beschriebenen kumulativen Form und die damit zusammenhängende „Notwendigkeitskultur" (Bourdieu 1983) gibt es nur im vierten Feld.

(3) Die meisten sozialen und medizinisch-pflegerischen Berufe in einer arbeitsteiligen Gesellschaft verdanken ihr professionelles Ansehen und ihre Karrieremuster einer Reduktion von Komplexität bzw. einer Spezialisierung auf eine zentrale, relativ isolierbare Problemdimension, wie z. B. ein Karriere-, Ehe-, Kommunikations-, Finanzierungsproblem. Die hiefür notwendigen Ressourcen kann die Klientel in der Regel selber aufbringen. Soziale Arbeit kann sich keiner dieser Spezialisierungen unterordnen, ohne die Erfassung der Komplexität ihrer Alltagsrealität preiszugeben. Sie braucht aber auch nicht an der unentwirrbaren Diffusität ihres Gegenstandes zu zerbrechen, sofern sie sich an einem interdisziplinären, systemtheoretischen Bezugsrahmen zu orientieren wagt (Staub-Bernasconi 1994b).

(4) Soziale Arbeit hat es mit Menschen zu tun, die nicht nur im Rahmen einer Gesellschaft, einer Organisation, einem Quartier randständig, sondern ebenfalls in den Augen anderer Professionen, Berufe und sonstiger Akteure in vielerlei Hinsicht unattraktiv sind. Genauer: Fachkräfte in der Sozialen Arbeit befassen sich mit der Basis der „Klienten-Pyramide" von Professionellen, was ebenfalls zu ihrer gesellschaftlichen Ausgrenzung beiträgt. Soziale Arbeit befaßt sich namentlich mit denjenigen Menschen und Menschengruppen, die keinen Zugang zu den oft privaten und dadurch kostspieligen Dienstleistungen des Feldes 2 haben. Von gesprächsorientierten, therapeutischen Professionen werden sie als „unmotivierbar", „unspektakuläres Pati-

entengut", „untauglich für eine verbale, einsichtsreiche Auseinandersetzung mit sich selbst wie mit ihren Interaktionspartnern" oder kürzer: als „untherapierbar" bezeichnet. Für den Juristen sind es „kleine Fische" ohne jeden herausfordernden Charakter. In Freizeit- und Gemeinschaftszentren werden sie nicht gerne gesehen oder gar aktiv ausgeschlossen, da diese „für alle" da seien, was konkret heißt: für sozial unauffällige Menschen. Auch bei den vielen Angeboten für Erwachsenen- und Elternbildung fehlen sie, was zur immer wieder neuen Feststellung führt, daß diejenigen, die es wirklich nötig hätten, davon nicht Gebrauch machen. Es sind zum einen Menschen, die keinen Zugang zu den sozial und politisch organisierten Kollektiven haben, z. B. FremdarbeiterInnen in bezug auf die Gewerkschaften oder das politische System; BewohnerInnen von Quartieren, Siedlungen mit schlechter Bausubstanz, fehlender Infrastruktur in bezug auf die Behörden, GrundeigentümerInnen, VermieterInnen, StadtplanerInnen; AusländerInnen in bezug auf Gruppen und Organisationen von Einheimischen usw. Zum anderen sind es Menschen, die auch durch die Maschen des sozialen Sicherheitsnetzes fallen, weil viele Errungenschaften und Umverteilungsprozesse seit den 80er Jahren vor allem der Mittelschicht zugute kommen. Für die verschiedenen kollektiven Akteure des Feldes 3 sind sie ein uninteressantes Mitglieder- oder Wählerpotential, untauglich zur Reflexion und Aktion über Strukturprobleme. Man hat sie auch als „Lumpenproletariat" bezeichnet. Und es sind schließlich Menschen und Menschengruppen, die trotz verschiedenster Alternativ- und Anti-Angebote im Erziehungs-, Schul-, Psychiatrie-, Rechtshilfe-, Architektur- sowie Bürgerinitiativenbereich meist nicht erreicht werden, da ihnen die ökonomischen Ressourcen oder die erforderlichen minimalen sozialen Kompetenzen fehlen. Insofern läßt sich sagen, daß Soziale Arbeit nach- oder gar letzt rangige Problemlösungen anbietet (siehe den Beitrag von Maja Heiner, S. 138 ff.).

(5) Soziale Arbeit wird aber mit den vorhin erwähnten Professionen und Berufen der benachbarten Felder zusammenarbeiten müssen, sei dies, um den KlientInnen wichtige Ressourcen, Hilfeleistungen zukommen zu lassen, zu denen sie sonst keinen Zugang hätten (z. B. medizinische Spezialbehandlungen, wirtschaftliche Hilfe, Stipendien, Zusatzausbildungen, juristische Beratung usw.), sei es, um an der Änderung der Zugangsregeln (z. B. zu Therapien, Alters- und Pflegeheimen, Freizeit- und Kulturzentren, Vereinen, gewerkschaftlichen sowie politischen Gruppierungen) selber mitzuarbeiten, oder sei es, um den KlientInnen die persönliche Entscheidung für oder gegen eine soziale Mitgliedschaft in Organisationen oder Gruppierungen zu ermöglichen.

(6) Soziale Arbeit als Beruf wird erst dann überflüssig werden, wenn die multiplen Problematiken des Feldes 4 zu Problematiken des Feldes 2 oder 3

geworden sind. Angesichts der heutigen Entwicklung in den Industrienationen des Nordens wie auch in der sogenannten „Dritten Welt" muß diese Möglichkeit vermutlich ausgeschlossen werden. Eine andere Frage ist die, ob für die Ausübung dieses Berufes genügend Ressourcen bereitgestellt werden und bereitgestellt werden können oder ob auch für höchst komplexe Problematiken wieder vermehrt auf freiwillige, ehrenamtliche Hilfe abgestellt wird, wie sie seit Generationen von Frauen geleistet wurde (Nestmann/ Schmerl 1991).

Soziale Arbeit wird also in einem gesellschaftlichen Feld mit beträchtlichen Spannungen struktureller Art ausgeübt. Dies ist eine Belastung, die kein anderer Beruf mit sich bringt, außer er werde ebenfalls unter den Bedingungen des Feldes 4 ausgeübt. Ein Ausbrechen ist aus dieser Belastung heraus durchaus verständlich. Doch sollte man dazu stehen, daß man damit den Bereich der Sozialen Arbeit und denjenigen einer Klientenschaft verläßt, die sich keine Hilfe auf Honorarbasis leisten kann.

3. Soziale Probleme und problembezogene Arbeitsweisen: eine Übersicht, ein Entwicklungs- und Forschungsprogramm

Problembezogene Arbeitsweisen konkretisieren ein Postulat, über das in den Natur- und Humanwissenschaften sowie in professionellen Kreisen Konsens besteht, ohne daß es bis heute immer verwirklicht wäre, nämlich: Nicht die Methoden oder Verfahren sollten die Inhalte, Fragestellungen und Probleme, sondern die Inhalte bzw. Probleme die Wahl der Methoden bestimmen (siehe auch: Giovanelli-Blocher 1981; Stocker-Meier 1971). (Der Begriff „problembezogene Arbeitsweisen" steht dem Begriff „Arbeitsformen" in der Begriffserklärung, S. 323, am nächsten. Für die Erörterung seines Zusammenhanges mit anderen, in diesem Band verwendeten Begriffen, siehe dort). Eine klare, differenzierte Gegenstandsbestimmung Sozialer Arbeit ist die Basis für die Entwicklung problembezogener sowie wissenschafts-basierter Arbeitsweisen und Schlüsselqualifikationen. Sie ermöglicht Professionalität und damit eine von gesellschaftlich verordneten Funktionsbestimmungen und Problemdefinitionen zunächst unabhängige Wissensbasis. Zudem wird die Suche nach der allumfassenden „Supermethode" hinfällig. Denn die Mehrdimensionalität der Probleme wird auch eine mehrdimensionale Sicht von Arbeitsweisen und Handlungsregeln nach sich ziehen müssen.

Welche Schwierigkeiten sich aus meiner Sicht ergeben, wenn man *methodisches Arbeiten von anderen Bezugsgrößen* her begründet, kann hier nur kurz skizziert werden (ausführlicher: Staub-Bernasconi 1994b):

(a) Die primäre *Begründung über Werte* wie Selbstverwirklichung, Emanzipation, gelingenderer Alltag oder Hilfe zur Selbsthilfe ist so abstrakt und allgemein, daß sie kaum mehr als vage Hinweise geben kann, was in einer Situation wirklich zu tun ist. Werte wie Freiheit, Solidarität, Gerechtigkeit usw. erweisen sich bekanntlich als konsensual, solange sie abstrakt bleiben, hingegen als äußerst konfliktiv, sobald sie operationalisiert werden müssen. Zudem wird die Frage, auf welche menschlichen Bedürfnisse sie sich beziehen und aufgrund welcher realer Bedingungen und Gesetzmäßigkeiten sie verwirklicht werden können, meist gar nicht gestellt. Die Professionalisierungsdiskussion kann so in selbst- und fremdüberfordernde, moralische oder politische Dauerappelle einmünden.

(b) Eine methodische *Ausrichtung auf Zielgruppen* kann die soziale und subkulturelle Ghettoisierung von Randgruppen unterstützen und fördern. Diese Gefahr ist allerdings zu relativieren, wenn es darum geht, Mitgliedern unterdrückter wie benachteiligter, gesellschaftlicher Gruppen vorübergehend oder dauernd einen eigenen territorialen oder sozialen Raum zu beschaffen, um ihre Verletzungen überhaupt zur Sprache zu bringen und Aktivitäten in ihrem Interesse planen zu können.

(c) Auch die *soziale Ebene*, auf welcher gearbeitet wird, ist für die inhaltliche Bestimmung eines Verfahrens nicht hinreichend. Als nämlich in Europa die Kritik an den amerikanischen Methoden des Case-, Group- und Communitywork einsetzte, zeigte sich, daß unter den gleichen, aber nicht mehr mitgeführten Titeln mehrheitlich amerikanische Methoden Einzug hielten: nicht-direktive therapeutische Gesprächsführung (Rogers), Psychodrama (Moreno), Gestalttherapie (Perls), neurolinguistisches Programmieren (Bandler), Case-Management, Familientherapie (Satir, Watzlawick) für Einzelfall-, Gruppen- und Familienarbeit; Networking (Keupp), Anwaltschaftsarbeit, ökologische Sozialarbeit und Empowerment für Arbeit in und mit Gemeinwesen; Organisationsentwicklung und Sozialmanagement für Arbeit in und mit Organisationen usw. Sie wurden Teil von Schlüsselqualifikationen von Fachkräften in der Sozialen Arbeit. Daß unter dem Titel „Lebensweltorientierung" (Rauschenbach/Ortmann/Karsten 1993; Thiersch 1993) der definitive Abschied vom traditionellen „methodischen Dreigestirn" eingeläutet wird, um ein „allgemeines Gestaltungsprinzip einzuführen, das für viele Bereiche unserer Gesellschaft gilt oder gelten sollte", hat wohl mit dem zick-zackartigen Verlauf europäischer Sozialarbeits- und Sozialpädagogikgeschichte zu tun (Engelke 1992). Denn: was anderes sind „Bereiche in unserer Gesellschaft" als Organisationen der Justiz, Medizin, Umwelt- und Wohnungsbaupolitik, Nacherziehung (Heime), ferner Familien und ihre Nachbarn, Kindergruppen in Kindergärten, Siedlungen, Straßen, Pausen- und Arbeitsplätze (Thiersch 1993, 15–22)? So kommt interessanterweise dieses verabschiedete, aber historisch und praxisbezogen betrachtet, konstitutive Merkmal mehrniveaunaler Sozialer Arbeit (Staub-Bernasconi 1994b) zur lebensweltlichen Hintertüre wieder neu in die Diskussion herein. Ähnliches gilt für die Diskussion um den Fall- oder Feldbezug. Aber wie soll man sich ein Gestaltungsprinzip vorstellen, das für all diese sozialen Gebilde zu gelten hat?

(d) Problematisch sind im weiteren *Anleihen an andere Berufsrollen* wie Lehrer, Erzieher/Pädagoge, Berater, Therapeut, Animator, Organisator, Koordinator, neuerdings Manager usw. (z. B. bei Germain/Gitterman 1983). Die meist männliche Berufsbezeichnung macht bewußt, daß es offenbar keine klassischen weiblichen Berufe gibt, die sich als Identifikations- bzw. Rollenmuster für das, was von

Frauen als professionelles Handeln ausging und ausgeht, eignen. Soziale Arbeit wird so zum Mix von Dienstleistungen aus zusammengewürfelten, meist individuumzentrierten Professionen und entsprechend als „modern" ausgegeben. Zugleich heißt dies, daß sich keine eigene Funktion Sozialer Arbeit ausmachen läßt – ein wichtiger Grund für die andauernde theoretische und methodische Fremdbestimmung dieser Profession.

Die hier vertretene *Konzeption methodischen Arbeitens* geht vielmehr von folgenden *Voraussetzungen* aus: Aufgrund der Prozeßualität bzw. Systemizität der Wirklichkeit und zur Zeit bereits empirisch überprüfter Theorien kann angenommen werden, daß sich Einflußnahmen auf eine Problemkonfiguration auch auf „benachbarte", d. h. mit dem erfaßten Problem relativ eng zusammenhängende Merkmale und Sachverhalte auswirken. Das heißt: Eine Veränderung in der sozioökonomischen Ausstattung, der ökologischen Umwelt oder im körperlichen Bereich kann (muß aber nicht) über Wahrnehmungs-, bildgebende und deutende Prozesse des Zentralnervensystems zu Veränderungen in der neuronalen Vernetzung und bei den psychischen Funktionen, den Erkenntniskompetenzen oder dem Sprachvermögen führen; eine Veränderung in den psychischen Funktionen kann (muß aber nicht) zu einer Veränderung der Bilder, Theorien und Werte oder des offenen Verhaltens, der Handlungskompetenzen und Kommunikationsmuster eines Menschen führen; eine Veränderung der Handlungskompetenzen kann (muß aber nicht) zur Veränderung der sozioökonomischen Position, des Kontextes, des sozialen Netzes, der Austauschmuster, der Behinderungs- oder Begrenzungsregeln eines sozialen Systems führen. Oder umgekehrt: Die Veränderung der sozialen Strukturregeln eines sozialen Systems, einer Organisation kann wiederum (muß aber nicht) zu Veränderungen im Verhalten der Mitglieder dieses Systems führen. Solche Hypothesen zu verfeinern und zu überprüfen, ist Aufgabe der Human- und Sozialwissenschaften, und zwar als Grundlagen- und Evaluationsforschung.

Welche *Arbeitsweisen* Sozialer Arbeit gewählt werden, hängt einerseits vom realen Problemdruck, der Problemdefinition der Beteiligten und Kooperationsmotivation der KlientInnen, von der Interaktionsdichte und dem Kontext, dem Fachwissen sowie von den weiteren Ressourcen der Fachkräfte in der Sozialen Arbeit und schließlich von den Zielen der Trägerorganisation ab. Wenn immer möglich soll versucht werden, der Sichtweise der KlientInnen Priorität einzuräumen. Es wird also keineswegs ausgeschlossen, daß die AdressatInnen/KlientInnen ihre eigenen Bilder zur Situation haben, nun aber die verschiedenen Bilder diskursiv miteinander verglichen werden und zusammen nach Erklärungen sowohl für die unterschiedlichen Bilder als auch für die damit beschriebenen Sachverhalte gesucht und schließlich nach den (noch) vorhandenen persönlichen und kontextuellen Ressourcen gefragt wird. Für die ausführliche Erörterung der erkenntnis- und wissenstheoretischen Probleme, die sich mit der Abstimmung der verschiedenen Problemsichten und sich daraus ergebenden Zielsetzungen ergeben, verweise ich auf die Beiträge von Marianne Meinhold, Hiltrud von Spiegel und Maja Heiner in diesem Band. Zum gleichen Thema gehört die zur Zeit geführte Diskussion über hermeneutische Verfahren, stellvertretende Deutungen (Dewe u. a. 1993), Kunstlehren des Fallverstehens (Gildemeister 1993), die dokumentarische Methode (Schütze 1993) usw. Das Aushandlungsergebnis der drei Perspektiven – beschreibbar als „Die Klienten denken und wollen", „Die Mitglieder der Organisation denken und wollen", „Ich als Professionelle(r) denke und will!" – bezeichne ich als *Arbeitsauftrag*. Die Arbeitsweisen lassen sich miteinander kombinieren, entweder gleichzeitig oder nacheinander, als Haupt- und Teilverfahren. Sie erfordern das Erlernen eines Grundstockes an Erkenntnis- und Handlungskompetenzen, sogenannten Schlüsselqualifikationen, lassen aber auch Schwerpunkte oder gar Spezialisierungen zu – sei es nach Problembereichen, besonderen Verfahren oder Techniken, sozialem Niveau oder sei es aufgrund von Ziel- oder AdressatInnengruppen. Die Tatsache, daß Wissen nicht nur inhaltlich, sondern auch psychisch integriert werden muß, habe ich durch die Unterscheidung von Aussagen zum „Wissen" und solchen zur „Bewußtheit" kenntlich gemacht. Die Unterscheidung verschiedener Arbeitsweisen (in der Begriffserklärung: Arbeitsverfahren) nimmt nicht nur Rücksicht auf eine komplexe Realität, sondern soll vor dauernder Überforderung schützen. Ziele werden zu Teilzielen und können weniger aus den Augen verloren werden. Als fachlich begründete Teilziele sind sie die selbst-initiierbaren Ziele, wie sie Marianne Meinhold (in ihrem Beitrag S. 220 ff.) beschrieben hat. Sie machen auch ersichtlich, wann das Ziel erreicht ist und wann nicht, und erleichtern die Suche nach „Fehlerquellen bei der Beurteilung von Interventionsprozessen" (Heiner 1988a, 1988b und in diesem Band, S. 138 ff.). So kann aufgrund neuer Einsichten und Hypothesen eine andere Arbeitsweise oder Technik gewählt werden. Trotz Konkretheit und Spezifität bleibt ein großer Spielraum für sozial fantasievolle, kunstvolle Kombinationen von Arbeitsweisen, Ressourcen, Regeln und besonderen Verfahren.

Die folgenden Ausführungen zu den Arbeitsweisen können als ein Set von Arbeitshypothesen betrachtet werden, die soziale Probleme (siehe Abschnitt 1.), Ziele, Mittel, Verfahren und berufliche Qualifikationen hypothetisch miteinander verknüpfen. Damit ist mitgesagt, daß die Weiterentwicklung des Handlungswissens Sozialer Arbeit von der systematischen Evaluation der hier skizzierten Arbeitsprozesse abhängt, und zwar – wie Maja Heiner in ihrem Beitrag vorschlägt und detailliert ausführt – im Sinne einer hypothesentestenden Praktikerin und damit Forscherin in eigener Sache. Zugleich könnte man von hier aus sogenannte Schlüsselqualifikationen für Sozialarbeiterinnen konzipieren. Im einzelnen werden die Arbeitsweisen der Sozialen Arbeit in den folgenden acht Abschnitten vorgestellt (für detaillierte Literaturangaben zu jeder Arbeitsweise siehe: Staub-Bernasconi 1986).

3.1. Ressourcenerschließung

Ressourcenerschließung ist die „historisch-klassische" Arbeitsweise Sozialer Arbeit. Sie begann mit einem Versuch von Sozialarbeitstheoretikerinnen (Addams 1907; Salomon 1921, 1926; besonders Arlt 1921, 1953), Fürsorglichkeit als gesellschaftlich einzulösendes „Anrecht auf die Befriedigung von Grundbedürfnissen" anstatt als Aufgabe möglichst effizienter, vornehmlich wirtschaftlicher Ertüchtigung (Klumker 1917; Scherpner 1962) und Verhaltensdisziplinierung zu definieren

Die Arbeitsweise bezieht sich auf *Probleme* der körperlichen, der sozioökonomischen und schließlich der sozialökologischen Ausstattung (menschenverschleißende Arbeitsverhältnisse, fehlende oder unzumutbare sowie unzureichende Infrastruktur in den Bereichen „Gesundheit", „physische und psychische Sicherheit", „Soziales", „Kulturelles") (siehe auch Abschnitt 1.1.).

Ihr *Hauptziel* ist die ressourcenmäßige Besserstellung von Individuen, Familien, gesellschaftlichen Gruppen als auch von territorialen und organisationellen Gemeinwesen. Teilziele sind die gezielte Erschließung, Ausschöpfung, eventuelle Schaffung von direkt und/oder indirekt zugänglichen Ressourcen, im besonderen von materiellen und symbolischen Gütern, Begegnungs- und Zufluchtsstätten, Wissen über Anrechte und entsprechenden Verpflichtungen, Gesetzesnormen und Dienstleistungen. Dazu gehört auch die Ermöglichung des direkten Zuganges der Klientel zu diesen Ressourcen im Sinne der Selbsthilfe.

Hauptmittel der Ressourcenerschließung sind wirtschaftliche Hilfe, Arbeits-, Wohnraumbeschaffung, Entschuldungsaktionen, Vermittlung von Bildung und Weiterbildungsangeboten, Rechtsauskünften und Sozialinformation, Aufgabenhilfe, Haushalt- und Pflegeleistungen, Kulturtechniken wie Lesen und Schreiben u. a. m. Voraussetzung hierzu ist die Kenntnis der sozialen Geographie des Sozial- und Gemeinwesens. Erforderlich sind Bedürfnisabklärungen, Planungs-, Organisations-, Kooperations- und Koordinationskompetenzen, Aus- und Verhandlungstechniken mit Behörden sowie mit KlientInnen, Expertisen und Rechtsmittel. Da sich diese Arbeitsweise meistens auf knappe und deshalb konfliktträchtige Güter bezieht (Geld, Wohnraum u. a.), muß auch ein Diskurs über begrenzende sowie behindernde Macht geführt werden können, und zwar mit den Finanzgebern oder anderen Machtträgern sowie mit den KlientInnen.

Bei der Ressourcenerschließung im Zusammenhang mit territorialen Gemeinwesen, gesellschaftlichen Gruppen und Organisationen kommen die Mittel und Verfahren der Bedürfnisumfrage und -analyse, der Ermittlung von Interessenkonstellationen sowie der Zusammenstellung von und des Umgangs mit Arbeitsgruppen verschiedenster Art hinzu. Ressourcenerschließung wurde und wird im Rahmen der Sozialen Arbeit auf verschiedenen *sozialen Ebenen* praktiziert:

(a) Erfolgt sie mit und für Individuen und Familien oder Kleingruppen, so sprechen wir von Sachhilfe oder von Sozial- beziehungsweise wirtschaftlicher Hilfe.

(b) Wird sie auf der „Gasse" oder Straße ausgeübt, geht es meistens um erste Hilfe bei psychischen oder gesundheitlichen Zusammenbrüchen, ungeschütztem, gewalttätigem Geschlechtsverkehr und weiteren gewalttätigen Auseinandersetzungen, Obdachlosigkeit, Arbeitslosigkeit usw.

(c) Erfolgt sie mit dem und für das Gemeinwesen, für gesellschaftliche Gruppen wie beispielsweise Arbeitslose oder Flüchtlinge, so geht es um medizinische, soziale und kulturelle Versorgung und die entsprechende Infrastruktur, z. B. die Schaffung von neuen, unkonventionellen Arbeitsplätzen.

(d) Erfolgt sie innerhalb von und für Organisationen, so spricht man von Mittelbeschaffung als Teil des Sozial- und Projektmanagements.

(e) Ressourcenerschließung innerhalb eines internationalen Kontextes bezeichnet man als Entwicklungshilfe oder -zusammenarbeit.

Ressourcenerschließung kann – sozialstrukturell betrachtet – von unten oder von oben erfolgen:

(a) Geht sie von einer Bedürfnisartikulation und -erhebung mit und an der Basis aus, so spricht man von lokaler Arbeit auf dem „grassroot-level".

(b) Erfolgt sie auf dem politischen Parkett, begleitet von einem Verteilungsdiskurs, so spricht man von Sozialpolitik.

(c) Erfolgt sie auf dem Hintergrund bereits sozialpolitisch erwirkter und gesetzlich geregelter Ansprüche für Minderheiten, so spricht man von Sozialplanung. Diese schließt partizipative Feinverfahren für die Zuteilung der Ressourcen mit ein (rollende Planung, Feldorientierung, bürgerInnennahe Arbeit) (siehe auch die Arbeitsweise „Teilnahmeförderung", S. 63).

Diese Arbeitsweise verlangt von den Fachkräften der Sozialen Arbeit *Kenntnis* der menschlichen Bedürfnisse, wie sie untereinander zusammenhängen, was die Folgen ihrer Versagung sind und was Menschen tun oder unterlassen, um diese Folgen zu mildern. Sie verlangt in der aktuellen Situation hohe

Sensibilität für nicht verbalisierbare Grundbedürfnisse, begrabene Hoffnungen, problematische, der Not gehorchende Konformität oder Abweichung im Hinblick auf eine behindernde Sozialstruktur und legitime wie illegitime Wünsche. Dies soll durch Einsicht in die eigenen Formen der Bedürfnisbefriedigung und Reaktionen auf Bedürfnis- und Wunschversagung weiter erhellt werden. Zudem braucht es ein Unterscheidungsvermögen für fremde und eigene Behinderungs- und Begrenzungsmacht und den dazugehörigen Regeln. Dazu kommen große Beharrlichkeit und soziale Fantasie im Verfolgen von Zielen, aber auch Kooperations-, Verhandlungs- und Konfliktfähigkeit.

3.2. Bewußtseinsbildung

Bewußtseinsbildung als Arbeitsweise Sozialer Arbeit bezieht sich auf *Probleme* der Bildung von Begriffen, Bildern und Codes (Theorien) als Produkte des Zusammenspiels von niederen und höheren Gehirnfunktionen. Sie befaßt sich im besonderen mit Problemen der sozial und kulturell bedingten, also mit erlernten Beeinträchtigungen der emotional-ästhetischen, normativen und kognitiven Erkenntniskompetenzen als übergeordnete psychische Grundorientierungen oder Steuerungsfunktionen.

Ihr *Ziel* ist sowohl die Erweiterung, Differenzierung und Integration von Begriffen, Aussagen, Bildern und Codes (Theorien) zur persönlichen Situation, miteingeschlossen den sozialen und kulturellen Kontext als auch die Erhöhung von privaten und öffentlichen Artikulationschancen. Dies kann – im Sinne von Teilzielen – über die Verbalisierung von Gefühlen, Normen und Gesetzmäßigkeiten im Sinne von „Aha-Erlebnissen" und Einsichten geschehen.

Hauptmittel ist die dialogische rekonstruktive Entschlüsselung und Deutung von Alltagssituationen, Lebensphasen, kritischen Lebensereignissen, der Mitgliedschafts-, Status-, Rollen- bzw. Machtbiographie von Menschen mit Hilfe von generativen Themen, Begriffen und Bildern. Generativ sind Bilder, Begriffe usw. dann, wenn sie emotionale, normative sowie kognitive psychische Reaktionen und Handlungsimpulse auslösen, die mit einiger Wahrscheinlichkeit – eventuell durch Kombination mit „Handlungskompetenzförderung" (siehe Abschnitt 3.4.) – zu neuem Verhalten führen. Dazu gehören Verfahren der Entschlüsselung von Inhalten, die man als hermeneutisch bezeichnen kann, etwa narrative Interviews, Sprach- oder Textanalysen, Arbeitspanoramas, teilnehmende Beobachtung und Deutungen usw. In Anbetracht der (erlernten) Sprachlosigkeit und des stillen Leidens vieler AdressatInnen Sozialer Arbeit ist der Einsatz von Bildern – anknüpfend an die Techniken von Paolo Freire (1983) und Carl Rogers (1951) – eines der wichtigsten Mittel, um nicht bewußte, verdrängte Sachverhalte, Bedürfnisse und Wünsche behutsam zur Sprache zu bringen und sichtbar zu machen. Das Prinzip der nicht-direktiven Gesprächsführung läßt offen, welche gewonnenen Einsichten in Handlungen und neue Verhaltensweisen umgesetzt werden.

Bewußtseinsbildung ist – auch wenn man mit Familien, Gruppen, Organisationen oder territorialen Gemeinwesen arbeitet – immer Arbeit, die beim Bewußtsein des einzelnen Menschen, beim Menschen als Theoretiker seiner selbst und der Umwelt, ansetzt. Es gibt also kein „kollektives Bewußtsein".

Es gibt nur die Frage, ob und wie die Einsichten von einzelnen Menschen zu Problemdefinitionen, Bildern, Theorien, Werten und Plänen werden, die von mehreren geteilt oder eben nicht geteilt werden. Und solche, von vielen geteilte Einsichten können, aber müssen nicht zu kollektiv organisierten Handlungen oder gar sozialen Bewegungen führen.

Bei der Fachkraft im Sozialbereich setzt diese Arbeitsweise *Wissen* über Gehirnstrukturen und -funktionen, insbesondere Fühlen, Bewerten und Denken, deren Entstehung, deren symbolische Produkte (siehe Abschnitt 3.3.) und deren Beeinträchtigung durch physische, psychische und sozialkulturelle Determinanten voraus. Dazu kommt Wissen über die Bedingungen ihrer Veränderbarkeit. Sie verlangt *Bewußtheit* über die eigene Erkenntniskompetenz, Biographie und deren Zusammenhang mit der Umwelt, der gesellschaftlichen Position. Ebenso erfordert sie einen kompetenten Umgang mit nicht-direktiven Gesprächstechniken und Bildmaterial.

3.3. Modell-, Identitäts- und Kulturveränderung

Modell-, Identitäts- und Kulturveränderung als Arbeitsweise Sozialer Arbeit bezieht sich auf *Probleme* der Verfügung über Begriffe und Aussagen. Zu denken ist an Wissen über sich selbst und die Welt, namentlich Bilder, Codes (Theorien), Werte, Pläne und Verfahrensweisen als Produkte von Erkenntnisprozessen. Diese „symbolische Ausstattung" kann zu arm sein, um die eigene Situation und Biographie oder die Systemgeschichte zu erfassen. Es fehlen Begriffe zur Beschreibung und Erklärung der eigenen Situation. Es fehlen Glücks- und Zukunftsvorstellungen. Bei den vorhandenen Visionen fehlen Vorstellungen über deren Umsetzbarkeit in konkrete Handlungsfolgen. Die Bilder und Theorien können an- oder unangemessen, starr oder flexibel, für neue Erfahrung offen oder geschlossen oder ganz einfach falsch sein, z. B. Vorurteile als falsche Bilder oder Theorien über Menschen; falsche Alltagstheorien etwa über Fluchtgründe, Delinquenz, Arbeitslosigkeit. Sie können Produkt der Internalisierung von Stigmata im Rahmen von Etikettierungsprozessen sein. Und sie können der einen Gruppe Überlegenheits- und einer anderen Gruppe Unterlegenheits- oder Minderwertigkeitsmerkmale zuschreiben (Rassismus, Ethnozentrismus, Sexismus, Klassismus, Faschismus, Eurozentrismus, aber auch Überlegenheitsvorstellungen im Zusammenhang mit Stadt-Land-BewohnerInnen usw.).

Ziel dieser Arbeitsweise ist – im Unterschied zur nicht-direktiven Bewußtseinsbildung – die explizite Veränderung von (Leit-)Bildern, Begriffen, Begriffssystemen, aber auch von Werten und Plänen. Es geht um die Ausweitung und Bereicherung, Korrektur oder gar Ersetzung falscher Bilder inklusive Stigmata über sich selber, andere Menschen und die Beziehungen zu ihnen, die Gesellschaft und Natur usw. Es geht aber auch um die Veränderung von verallgemeinernden, falschen Vorstellungen über die Merkmale von Frauen und Männern, Schwarzen und Weißen, Angehörigen religiöser oder ethnischer Minderheiten, Mitglieder der Unter-, Mittel- und Oberschicht usw. Diese Arbeitsweise mit dem Vorwurf der „Kolonisierung der Lebenswelt" zu kritisieren kann man dann, wenn man von einer anti-realistischen erkenntnistheoretischen Position ausgeht, in der jede subjektive Deutung akzeptiert wird, weil sie subjektiv wahr ist, so beispielsweise auch geschlechtsbezogene Vorurteile und Rollenbilder, die Negation von historischen Fakten, die Verharmlosung von rassistischen Fantasien, faschistischen Alltagstheorien usw. Wer bei einer solchen Problematik dennoch Kolonisierung befürchtet, wird die Arbeitsweise „Bewußteinsbildung" wählen.

Hauptmittel dieser Arbeitsweise sind die folgenden: die Anerkennung der teilweise tiefen psychischen Verletzungen und Identitäts(zer)störungen, die durch falsche Bilder, stigmatisierende Fremd- und Selbstetikettierungsprozesse, Überlegenheits-/Minderwertigkeitstheorien entstanden sind; das Erkennen der realen wie irrealen Ängste derjenigen, die um den Verlust eines existentiell notwendigen Gutes oder eines Privilegs fürchten, welche Mittel sie auch immer einsetzen, um diese Bedrohung abzuwehren. Die Betroffenen sollten die Chance haben, ihre Situation zu schildern, nach Erklärungen dafür und einem eventuellen gemeinsamen Bewertungsmaßstab zu suchen. Hier eignen sich auch die nicht-direktiven Gesprächsregeln der Bewußtseinsbildung, die aber durch konfrontative Techniken ergänzt werden müssen. Solche Verständigungsprozesse können durch die Vermittlung neuer Erfahrungen, Interaktionschancen und Projekte unterstützt werden. Für die Anreicherung der Visionen des Wünschbaren, für die Einführung neuer Leitbilder eignen sich unter anderem Zukunftswerkstätten. Haben die Verdrängungs- und Deklassierungsängste – etwa bei Mitgliedern der Unterschicht – eine reale Grundlage, so müssen die damit einhergehenden Vorurteile, Wert- und Kulturkonflikte auch als Probleme der Sozialstruktur, mithin als Frage der sozialpolitischen Ressourcenerschließung definiert werden. Toleranz- und Verständigungsappelle erreichen meist nur die strukturell und kulturell nicht bedrohte Mittel- und Oberschicht und kaum je die AdressatInnen Sozialer Arbeit. So wird man nicht darum herumkommen, die Arbeitsweise der Modellveränderung mit derjenigen der Ressourcenerschließung, genauer: mit Sozialpolitik zu kombinieren.

Modell-, Identitäts- oder Kulturveränderung kann auf verschiedenen *sozialen Niveaus* erfolgen, wobei zu beachten ist, daß es sich immer um von mehr oder weniger Mitgliedern geteilte Wissensinhalte geht. So läßt sich zwischen Familien-, lokalen, regionalen Gemeinwesen- und Organisationskulturen (heute mit der neuen Bezeichnung „corporate identity") unterscheiden.

Bei den Fachkräften der Sozialen Arbeit setzt der Einsatz dieser Mittel *Wissen* über die sozio-strukturellen und -kulturellen und physisch-psychischen Determinanten und Folgen von kollektivierten Deutungsmustern, Stigmatisierungsprozessen sowie über die realen Bedingungen ihrer Veränderbarkeit voraus. Zu ergänzen ist dieses Wissen mit der *Bewußtheit* über den eigenen Deutungshorizont, seine Begrenzungen und Erweiterungsnotwendigkeit, die eigene, z. B. geschlechts-, ethno-/schichtspezifische kulturelle Identität, deren teilweise (Un-)Vereinbarkeit mit anderen Identitäts- wie Kulturmustern. Auch Sozialtätige sind nicht vor Ängsten und der kritiklosen Übernahme von Feindbildern, Überlegenheits- und Unterlegenheitsfantasien gefeit, vor allem wenn sie im Gewande der Kulturkritik am sogenannten Materialismus und Konsumismus, an den banalen Lebenszielen „Auto", „eigene vier Wände", „Mode", „Komfortgüter", an den sogenannt sinnlosen Freizeitbeschäftigungen oder neuerdings an der „Vollkasko-Mentalität" der Mitglieder der Unterschicht daherkommt. Eine andere Form ist die undifferenzierte Kritik an den Machtträgern der Gesellschaft, miteingeschlossen diejenigen des Sozialwesens und ihren durchwegs „bösen Absichten" (siehe: Sennett 1985) (für Erläuterungen zum Klassismus der gebildeten Schichten siehe: Bourdieu 1983; Meulenbelt 1988). Notwendig sind hier Gesprächstechniken der „versuchsweisen Deutung", der ethno-/kulturspezifischen, interkulturellen und transkulturellen Übersetzung und Konfrontation sowie Verhandlungstechniken zur fairen Austragung von Kultur- und Strukturkonflikten.

3.4. Handlungskompetenz-Training und Teilnahmeförderung

Veränderung der Handlungskompetenz und des Teilnahmeverhaltens als Arbeitsweise Sozialer Arbeit bezieht sich auf *Probleme* der Passivität oder Inkompetenz in bezug auf die individuelle oder kollektive aktive Gestaltung des Alltags. Dazu gehören auch die Probleme abweichenden Verhaltens, das selbst- oder fremdschädigend sein kann, beispielsweise (Aus)Bildungsabbruch, Absentismus am Arbeitsplatz, Vernachlässigung der elterlichen Sorge, Kriminalität, Gewalt, jugendliches Autocrashing. Auch hier gilt, daß sich Soziale Arbeit vor allem auf gesellschaftlich erzeugte, also erlernte Einschränkungen und Beeinträchtigungen von Handlungskompetenzen beziehen wird.

Ihre *Ziele* sind die Erweiterung, Differenzierung und Integration von Handlungskompetenzen, die Veränderung von Verhaltensmustern der Alltagsbewältigung und die Erhöhung von Teilnahmechancen (Partizipation, Mitbestimmung) in kleinen und größeren sozialen Systemen. Teilziele sind verbesserte kognitiv-kreative und/oder rollenangemessene Handlungskompetenzen, aber auch routinisiert-effizientes sowie virtuoses Verhalten. *Mittel* sind hier die Einübung und Vermittlung von bestimmten Verhaltens-/Verfahrensweisen, z. B. Arbeitstrainings, Anleitung zu selbständigem Wohnen bei physisch wie geistig Behinderten, Kranken, ferner zur Haushaltführung und Kindererziehung bei Paaren und Alleinerziehenden. Zu denken ist an Techniken des Rollenspiels und Soziodramas, an die Aufforderung zur Reflexion von Entscheidungs-, Planungs- und Machtausübungsprozessen und gleichzeitig an die Vermittlung organisatorischer, kooperativer sowie konfliktlösender Kompetenzen. Wichtig sind bei dieser Arbeitsweise auch verschiedenartige materielle, soziale und symbolische Belohnungen und ganz generell die Ermöglichung von Erfolgserlebnissen (Abenteuern).

Die Fachkräfte im Sozialbereich benötigen in diesem Zusammenhang *Wissen* über die psychobiologischen und soziostrukturellen sowie -kulturellen Determinanten des individuellen und kollektiven Handelns und über ihre Auswirkungen auf die Interaktionsprozesse und Struktur sozialer Systeme. Dazu kommt Wissen über schicht- und kulturspezifische Belohnungen, über Folgen und Determinanten abweichenden Verhaltens. Sozialtätige müßten sich ihrer eigenen Handlungskompetenzen bewußt werden. Dazu kommt *Bewußtheit* darüber, inwiefern ihr Befinden und ihr eigenes konformes oder abweichend-dissidentes Verhalten (auch) von verschiedenartigen Belohnungen abhängig sind und was sie unternehmen, wenn diese ausbleiben. Die gleichen Überlegungen müßten zu Einsichten in ihre Berufsmotivation und in ihr Engagement in ehrenamtlichen, politischen, kulturellen Freizeitaktivitäten führen. Dazu kommt die Aneignung von Techniken des Rollenspiels und Soziodramas, eventuell auch solchen der Verhaltensmodifikation, und schließlich hinreichend soziale Fantasie, um sich auch ungewöhnliche Formen von Belohnungen vorzustellen.

3.5. Soziale Vernetzung und der Ausgleich von Pflichten und Rechten

Soziale Vernetzung als Arbeitsweise Sozialer Arbeit bezieht sich zunächst auf *Probleme* der sozialen Isolation, also das in modernen Industriegesellschaften häufige Fehlen von befriedigenden, solidarischen mitmenschlichen Beziehungen. Dazu kommt die fortschreitende Auflösung und Zerstörung von sozialen Netzen und Solidarbeziehungen, die sich – wie eine reiche ethnologische Forschungsliteratur zeigt – aufgrund von Reziprozitäts- und Gleichwertigkeitsnormen mehr oder weniger selber regulieren und erhalten. Ein weiteres Problemfeld sind stabilisierte asymmetrische Austauschbeziehungen zwischen Menschen. Diese Tauschasymmetrien können sich auf den Austausch von körperlichen Berührungen, sozioökonomischen und symbolischen Gütern, Erkenntnis- und Handlungskompetenzen wie Deutungsmustern/Wissensformen beziehen.

Ziel ist im ersten Fall die soziale (Re-)Integration als Vernetzung über informelle oder formelle sozdale Mitgliedschaften, z. B. in der Nachbarschaft, am Arbeitsplatz, in der Schule, im politischen oder kulturellen Bereich. Im zweiten Fall ist es die (Wieder-)Herstellung von Symmetrie in Austauschbeziehungen.

Hauptmittel sind hier einerseits neue soziale Mitgliedschaften, anderseits Regeln des fairen Austausches, so beispielsweise Diskurs- und Kooperationsregeln, Regeln der interkulturellen Verständigung. Darüber hinaus sind informelle oder formelle Vereinbarungen, Verträge denkbar, beispielsweise bei Familienproblemen, Scheidungspaaren, zwischen Nachbarn, Mitgliedern von Organisationen. Vernetzungsarbeit fordert die Anerkennung sowie das Aufspüren von (Selbst-)Hilfepotentialen im Kontext von kleinen wie großen Gemeinwesen. Sie stellt tragfähige Austauschbeziehungen bei isolierten Betagten, Behinderten, gesellschaftlich stigmatisierten Kranken (z. B. HIV-Infizierte), entlassenen Psychiatriepatienten, Straffälligen usw. her. In Anbetracht der Tatsache, daß die KlientInnen der Sozialen Arbeit häufig inattraktive Tausch- und soziale VernetzungspartnerInnen sind, gilt es, die Gegenseitigkeit von Geben und Nehmen eventuell durch zusätzliche Ressourcen des Sozialwesens, und zwar als Belohnungen für denjenigen Partner, der mehr gibt als erhält, zu gewährleisten. Im Zusammenhang mit familialen Problemen versucht sie, befriedigendere Austauschformen herzustellen. Diese können sich auf Zärtlichkeit, Sexualität, Intimität und Liebe, Geld, Bildung und Wissen, Haushalt- und außerhäusige Aufgaben inklusive Erwerbsarbeit, Erziehungs-, Kontroll- und Kommunikationsstile beziehen. Hier können viele Techniken der Paar- und Familienberatung, der Vermittlung zwischen Konfliktparteien zur Anwendung kommen. Als berufliche Verfahren kommen hier motivierende Gespräche, Bewußtmachung der Gegenseitigkeitsnorm, faire Kommunikations- und Aushandlungstechniken, paradoxe Interventionen u. a. m. in Frage.

Von den Fachkräften der Sozialen Arbeit wird *Wissen* über die Grundformen, Determinanten und Folgen eines fairen Tausches gefordert, was auch Kenntnisse in Ethnologie/Sozialanthropologie, über Adapationsprozesse nach erfolgter Migration oder Flucht voraussetzt. Ebenso wichtig ist die *Bewußtheit* darüber, wie sehr der westliche Individualismus, d. h. die Vision von individueller Autonomie auch ihr eigenes Denken prägt. Es blendet all diejenigen aus, welche durch sozioökonomische und psychische Leistungen diese Autonomie – oft unter entbehrungsreichen bis unerträglichen Bedingungen – erst möglich machen. Wie sehr in der Sozialen Arbeit diese atomistisch-individualistische Grundfigur (Staub-Bernasconi 1994a) immer wieder neu bestärkt wird, zeigt sich darin, daß Autonomie – zum Beispiel im Unterschied zu Bedürfniserfüllung – in fast allen Theoriebeiträgen als oberstes Ziel und als „Kardinalfrage aller sozialpädagogischen Methodenfragen" (Müller, B. 1993, 58) bezeichnet wird. Zentrale Kompetenzen sind hier die Kunst des Interessenausgleichs, aber auch hohe Sensibilität für und Verbalisierung von Asymmetrien, insbesondere von Ungleichgewichten zwischen sozialen Rechten und Pflichten und die von den Partnern meist nicht erkannten Folgen der Verletzung von Reziprozitäts- und Gleichwertigkeitsnormen.

3.6. Umgang mit Machtquellen und Machstrukturen

Es handelt sich hier um ein Bündel von Arbeitsweisen, die einerseits von *Problemen* der individuellen Ohnmacht und anderseits der aktiven Ausübung und Institutionalisierung von Behinderungsmacht ausgehen. Behinderungsmacht kann sich auf Regeln der Verteilung von Ressourcen beziehen (Kaste und Klasse, ferner Schicht als Ergebnis von Privilegierung und Benachteiligung); auf Regeln der Verteilung von Positionen und damit der Anordnung von Menschen bezüglich Arbeitsteilung und Kontrolle (funktionale Differenzierung von Gesellschaft); auf Regeln der Anordnung bzw. Rangordnung von Ideen, welche Macht legitimieren und schließlich auf Erzwingungsmittel, die auch direkte Gewalt gegenüber Menschen und Dingen vorsehen (siehe Abschnitt 1.3.).
Ziel ist es, Befreiungsprozesse aus Abhängigkeiten zu ermöglichen und zu unterstützen, die Blockierung von legitimen Ansprüchen und Forderungen durch MachtträgerInnen abzubauen und behindernde Machtstrukturen, die der Sozialen Arbeit zugänglich sind, womöglich in begrenzende Machtstrukturen umzuwandeln. Mit zugänglichen sozialen Systemen meine ich Familien, Siedlungen, Stadtteile, Organisationen, insbesondere diejenigen des Bildungs-, (Nach-)Erziehungs-, Straf-, Gesundheits- und Sozialwesens. Im weiteren geht es um die Überwindung von Gewalt und um Friedenssicherung, und zwar ebenfalls in Bereichen, die den Fachkräften im Sozialbereich zugänglich sind. Dies kann in der Straßenbahn, im Schwimmbad,

auf dem Pausenplatz oder im Stadtteil beginnen und sich bis hin zu internationalen Organisationen fortsetzen. *Hauptmittel* sind die oben, in Abschnitt 1.3.1. festgehaltenen Begrenzungsregeln und deren womöglich konsensuale und partizipative Durchsetzung. Im besonderen geht es um Ermächtigungsstrategien sowie Machtquellen- und Machtstrukturanalysen und um die Ermöglichung des Zugangs zu Machtquellen; um Regeln und Maßnahmen des Teilens bzw. Umverteilens; um Regeln der arbeitsteiligen Neuanordnung von Menschen in sozialen Systemen und – damit verknüpft – um Gewaltenteilung und -kontrolle als auch die institutionalisierte Möglichkeit der Unterbrechung von Befehlsketten; ferner um die Bildung von Allianzen und Lobbys. Im weiteren geht es um die Veränderung von Legitimationsfiguren für Machtgefälle, den Entwurf neuer Gesellschafts- und Sozialverträge aufgrund von Grundbedürfnissen und Leistungen, durchgesetzt mit den Mitteln rationaler Überzeugung, Belohnungen, Vereinbarungen und Gesetzen als Möglichkeit zur gewaltlosen Erzwingung von Machtbegrenzung. Ebenso zentrales Mittel ist die Errichtung von Schutz-, Distanzierungs- und Besinnungsräumen für Verfolgte, Mißhandelte, kurz: für Gewaltopfer.

Bei den Fachkräften im Sozialbereich setzen diese Arbeitsweisen *Wissen* über Machtquellen, Prozesse der Machtstrukturierung und -erhaltung, innerpsychische und äußere Barrieren inbezug auf die Nutzung von Handlungsspielräumen, aber vor allem ein klares Unterscheidungsvermögen zwischen Begrenzungs- und Behinderungsmacht, Erzwingung und Gewalt voraus. Dazu gehört auch das Wissen um Identitätsveränderungen in der Auseinandersetzung mit MachtträgerInnen und -strukturen sowie um die Merkmale und Bedingungen erfolgreicher und erfolgloser sozialer Bewegungen. Zu fordern ist auch die *bewußte Auseinandersetzung* mit der eigenen Machtbiografie und die Reflexion der damit verknüpften Fantasien der Allmacht und der Ohnmacht (Staub-Bernasconi 1989). Auch die Konfrontation mit Gewalt verlangt Arbeit an sich selber, den Ängsten und der Abscheu, vielleicht auch der Faszination, um Verdrängung, Abstumpfung oder Zynismus zu vermeiden (Brändle-Ströh 1989). Machtveränderungsstrategien verlangen ferner ein überdurchschnittliches Beharrungs- und Durchsetzungsvermögen sowie Fähigkeiten des Interessenausgleichs bei mehr oder weniger großem Machtgefälle, also ungleich ausgestatteten Parteien. Er/sie muß auch fähig sein, ihre/seine eigenen Interessen zu durchschauen, Schwächen und Grenzen einzugestehen, vor allem dann, wenn die Thematisierung von Machtstrukturen Zivilcourage verlangt.

3.7. Kriterien- und Öffentlichkeitsarbeit

Kriterienarbeit bezieht sich auf den Umgang mit vergesellschafteten, allgemeinsten, mehr oder weniger akzeptierten oder abgelehnten Werten, die der Definition Sozialer Probleme zugrundeliegen. Sie können in sehr unterschiedlichen Wertlehren, Ethiken, Inventaren von Rechten und Pflichten und schließlich Gesetzgebungen konkretisiert sein. Ausgangspunkt dieser Arbeitsweise sind folgende *Grundproblematiken*: die Nichterfüllung proklamierter Werte (z. B. Menschen- und Sozialrechte) oder gesetzten Rechts; das Fehlen von Wertvorstellungen/Kriterien für einen bestimmten Sachverhalt (z. B. die Beurteilung der Folgen der Genforschung und -technologie, der Informatik beim Personaldatenschutz, die Beurteilung der Umwelt- und Sozialverträglichkeit eines bestimmten Herstellungsverfahrens oder Produktes); der willkürliche Umgang mit Werten und gesetztem Recht oder verbindlichen Normen (z. B. in der Rechtsprechung, in der Bemessung des sozialen Existenzminimums) sowie die aktive Dekonstruktion von Werten (z. B. individuelle Risikoabsicherung anstelle von solidarischer Gerechtigkeit bei der Sozialversicherung usw.).

Ziel der Arbeitsweise ist entsprechend den genannten Grundproblematiken die Verkleinerung der Diskrepanz zwischen Wert/Recht und mißachtetem Wert/Recht (z. B. Frauen- und Männerlöhne; BürgerInnenrechte von Minoritäten), die öffentliche Diskussion neuer Wertprioritäten und der Versuch, sie in neues Recht zu fassen (z. B. Sozialverträglichkeitsprüfungen), die Aufdeckung von Willkür und schließlich die aktive Rekonstruktion und Begründung von Werten.

Hauptmittel hierzu ist Öffentlichkeitsarbeit im weitesten Sinne, je nach Art und Schärfe des Problems untermauert durch Information (Betroffenenaussagen, Sozialenquêten, Forschungsergebnisse, Weiß- oder Schwarzbücher, LeserInnenbriefe usw.), Analysen, Stellungnahmen, Konferenzen, Resolutionen, aber auch aufdeckende Recherchen, Veröffentlichung von Mißständen, öffentliche Verurteilung (Tribunale) usw. Diese Arbeitsformen müssen jedoch vorher, während und nachher durch Gremienarbeit auf lokalem, regionalem und (über-)nationalem Niveau begleitet und unterstützt werden.

Das Heraustreten aus dem relativ geschützten Binnenraum (Büro, Heim, Siedlung) an die Öffentlichkeit ist für viele Fachkräfte im Sozialbereich ein Schritt mit beträchtlichen inneren wie äußeren Hürden. Die ungefestigte Berufsidentität und die gesellschaftliche und professionelle Position erschweren es, sich in öffentliche Diskurse mit einem professionellen Anspruch einzumischen und dadurch private Nöte zu einem öffentlichen Kriterienthema zu machen. Beratung, Begleitung und Netzwerkbildung können diesen Schritt erleichtern und zugleich die Standfestigkeit bei aufkommender Kritik erhöhen.

3.8. Sozialmanagement

Sozialmanagement hat im Rahmen der Arbeitsweisen eine *Sonderstellung*: Sie bezieht sich nicht auf die direkte Arbeit mit AdressatInnen und Zielgruppen, sondern auf die Träger der Sozialen Arbeit und ihr Personal, in der Regel private und staatliche Non-Profit-Organisationen des Sozial-, Erziehungs- und Gesundheitswesens.

Die *Aufgaben*, die unter anderem zu bewältigen sind, sind Organisationsplanung und -entwicklung; Personalrekrutierung, -führung und -qualifikation; Umgang mit Aufsichts- und Kontrollgremien; Suche, Sicherstellung und Allokation von Ressourcen; Konzertierung von Denk- und Arbeitsweisen, Ermöglichung von Denk- und Handlungsalternativen und mithin Innovation; Beurteilung von Zielerfüllung, Wirksamkeit und Effizienz; Zusammenarbeit mit anderen Organisationen, aber auch der Umgang mit Konflikten, die im Zusammenhang mit all diesen Aufgaben entstehen können.

Hauptmittel sind im Rahmen des Bezugsrahmens nicht nur betriebswirtschaftliches, sondern auch wirtschaftliches, rechtliches, (sozial-)politisches und psychologisches Wissen und Können. Dazu kommt, unverzichtbar, Wissen um das, was Soziale Arbeit ist und um das je individuelle berufliche Selbstverständnis der MitarbeiterInnen. Nur auf diese Weise kann eine Organisation so geleitet werden, daß ihre soziale Zielsetzung nicht wirtschaftlichen Zielen untergeordnet wird. Nur so haben Konflikte innerhalb und außerhalb der Organisation eine Chance, nicht systematisch auf Kosten der Klientel ausgetragen zu werden. Das zur Zeit aktuelle und wichtige Thema der Wirtschaftlichkeit, Effizienz und Kostentransparenz sozialer Dienste muß ergänzt werden durch das Thema der Sozialverträglichkeit von Wirtschaftsorganisationen (Staub-Bernasconi 1994b). Und in diesem Zusammenhang geht es auch darum, mit der MitarbeiterInnenschaft neue Formen organisationeller Anwaltschaft zu erproben (z. B. Taylor 1991).

3.9. Zusammenfassung

Diese Konzeption methodischen Arbeitens orientiert sich primär am *Wissen über Mensch und Gesellschaft*. Dies schließt allerdings nicht aus, daß sie auch *auf institutionell vorgegebene Ziele Rücksicht nimmt*. Die Umsetzung dieser Konzeption im Alltag ist kontextuell tatsächlich mehr oder weniger eng in asymmetrische Interaktionsprozesse und behindernde sowie begrenzende Machtstrukturen, auch solche des Sozialwesens, eingebettet. Erst durch die klare Trennung zwischen klientenbezogenen, professionellen und gesellschaftlich geforderten Problemlösungen werden Diskrepanzen, illegitime Zumutungen aber überhaupt bewußt und öffentlich diskutierbar. Nur dadurch ließen sich auch Verantwortlichkeiten nach dem sozialen Verursacherprinzip festmachen: „…die ‚Last der großen Hoffnungen zu tragen' und trotzdem handlungsfähig zu bleiben, ohne zynisch zu werden" (Müller, C. W. 1993, 89) gehört wohl zu den wichtigsten Herausforderungen Sozialer Arbeit. Mit dieser Vorstellung von methodischem Handeln verbinde ich zudem die Hoffnung, daß Soziale Arbeit trotz ihrer historisch tradierten Tendenz zur „SelbstlosigkeitM" – und zwar als Ich-Einschränkung und Ich-Aufgabe – nicht dauernd andere fragen muß, was sie darf und nicht darf, und sich so auf zermürbende Weise endlos mit ihrer theoretischen und praktischen Abgrenzung gegenüber anderen sozialen Berufen beschäftigen muß. Es ist die Hoffnung, daß sie sich aufgrund ihres zu entwickelnden Fachwissens „selbstbewußt" der Linderung anstehender sozialer Probleme widmen, aber ebenso fachbewußt Verhindertes, Verunmöglichtes zur Diskussion stellen kann. Und da gibt es von der individuellen, lokalen bis hin zur internationalen, globalen Ebene wahrhaftig genug zu tun.

4. Lehren und Lernen von Arbeitsweisen

Die Frage, wie man mit dieser aspektreichen Sicht der Dinge in Lehre und Praxis umgeht, ist mehr als berechtigt. Allseits bekannt ist das klassische „Theorie-Praxis-Problem": die PraktikerInnen klagen über Praxisirrelevanz von Theorien und ihre AusbildnerInnen über Theorieskepsis oder gar -feindlichkeit der PraktikerInnen. Nach einem kurzen Hinweis auf zwei aktuelle *Positionen zur Lösung dieser Spannungen*, versuche ich, meine Vorschläge zur Diskussion zu stellen.

(1) Die gegen einseitiges, technokratisches Spezialistentum gerichtete „Alltagswende" (Thiersch 1986) vermochte das Problem zeitweilig durch partiellen Relevanzentzug in bezug auf Theorie und wissenschaftlich begründetes Handlungswissen zu entschärfen. Aber obwohl Hans Thiersch (1986, 50) dafür plädiert, daß „Alltagserfahrung als Herausforderung für die Wissenschaft und Wissenschaft als Herausforderung für die Alltagserfahrung" zu betrachten sei, dominiert in seiner Alltagskonzeption die Theorie-, Wissenschafts- und Rationalitätskritik deutlich, ohne daß inhaltlich faßbar würde, was die Human- und Sozialwissenschaften zum professionellen Handeln beizutragen vermöchten. An deren Stelle tritt eine allgemein-philosophische Konzeption des Wünschbaren, d. h. des „aufgeklärten, emanzipierten Alltags", wobei im Hinblick auf eine solche Formulierung zu beachten ist, daß

nur Menschen aufgeklärt und emanzipiert sein können. Mit anderen Worten: Wir haben es hier nicht mit Aussagen über Reales, sondern mit gesetzten Werten und normativen Anforderungen an Fachkräfte und KlientInnen im Sozialbereich zu tun. Auch zentrale Begriffe wie „Takt", „Respekt", „Provokation", „Verfremdung", „Stützung" oder Handlungsregeln wie: „sich den Verhältnissen aussetzen" bleiben handlungstheoretisch undefiniert und methodisch unerörtert (Thiersch 1986, 34ff., 195ff.; 1993, 22f.).

(2) Ein zweiter Diskussionsstrang über Wissensanwendung geht von der Kritik an den riskanten, zerstörerischen Effekten technologisch-instrumentalistisch mißbrauchter Wissenschaft durch Machtträger aus und löst die Theorie-Praxis-Spannung nicht durch Relevanzzug, sondern durch kognitive Segregation und Koexistenz zwischen Wissensproduzenten und -verwendern (Dewe 1988, 186ff; Dewe/Radtke 1989; Dewe/Ferchhoff u. a. 1993, 47ff.). Als erstes wird festgehalten, daß wissenschaftliches Wissen dem Alltagswissen nicht überlegen ist. Als zweites wird die These vertreten, daß Theorien und wissenschaftliches Wissen sich – außer aufgrund eines kausal-technokratischen Mißverständnisses – nicht in Regeln praktischen Handelns umformen lassen, sondern lediglich, wenn auch unverzichtbares „Reflexionswissen" darstellen. Und umgekehrt kann bzw. darf tradiertes Berufs- und Erfahrungswissen, das sich auf raumzeitliche Fakten, auf den einmaligen Einzelfall bezieht, nicht unter abstrakte Begriffe und Kategorien subsumiert werden. Dies würde gewissermaßen seine Zerstörung und gleichzeitig die Kolonisierung der KlientInnen bedeuten. Daraus wird gefolgert, daß sich deshalb auch keine Wissenschaft Sozialer Arbeit begründen läßt. Warum sich aber zahlreiche andere, angewandte Wissenschaften zu viel spezialisierteren beruflichen Tätigkeiten (Sport, Pflege, Management, Informatik, Film, Rockmusik) akademisch etablieren, bleibt unerörtert. Dies muß zur verwunderten Frage führen, weshalb dieses „Wissenschaftsverbot" ausgerechnet die Soziale Arbeit trifft? Darüber hinaus wird behauptet, daß theoretische und wissenschaftliche Aussagen fürs Handeln unbrauchbar seien. Konkret: „Wissen, z. B. über die historische Entwicklung und gesellschaftliche Funktion sozialer Arbeit, über Entstehungs- und Reproduktionsprozesse sozialer Probleme, über klassen-, schicht- oder milieuspezifische Verarbeitungsformen lebensgeschichtlicher Problemsituationen, ... (ist) als Anleitung für praktisches Handeln untauglich..." (Dewe u. a. 1993, 71). So haben Praktikerinnen oder KlientInnen selber – im Sinne von moralisch-mutigen oder nutzenmaximierenden Aktivitäten – über das zu entscheiden, was sie denken oder tun wollen. Burkhard Müller spricht in diesem Zusammenhang mit Recht von „wissenschaftlich denken – laienhaft handeln" (1993). Entgegen den deklarierten, herrschaftsfreien Absichten ihrer Autoren, haben solche Vorstellungen über die Trennung von Begründen und Handeln zur Folge,

daß zwei sozial segregierte, nach Bildungsniveau geschichtete Subkulturen entstehen. Die einen verwalten das wissenschaftliche Wissen als symbolisches Kapital, werden dafür bezahlt und entscheiden autonom über die Angemessenheit „stellvertretende r Deutungen". Die anderen sollen über diese Deutungen nachdenken, ohne daß sie darauf hoffen dürfen, daß ihnen dieses Wissen hilft, ihr akutes Praxisproblem zu lösen. Die unter Handlungsdruck stehenden AnwenderInnen haben zudem keine Chance, die psychischen, sozialen und kulturellen Begrenzungen ihres Alltagswissens über das hinaus, was sie unmittelbar betrifft, zu sprengen. Noch weniger dürfen sie sich eine Aufklärung über die realen, gesellschaftlichen Machtverhältnisse, miteingeschlossen jene zwischen AkademikerInnen und Nicht-AkademikerInnen erhoffen.

Es ist hier nicht der Raum, um all diejenigen Probleme zu erörtern, die mit der Vermittlung und Weiterentwicklung der hier vertretenen handlungstheoretischen Konzeption in der Praxis verknüpft sind. Der allgemeinen Absicht dieses Buches zufolge stelle ich im folgenden zwei Denkinstrumente zur Erfassung von Problemsituationen und Ressourcen bzw. Machtquellen vor (Abschnitt 4.1.), bei denen ersichtlich werden sollte, daß die Entwicklung und Anwendung von Wissen keine Einbahnstrasse ist. Am Beispiel der Ermächtigung von Frauen aus Gewaltverhältnissen (Abschnitt 4.2.) versuche ich dann, nicht nur das Zusammenspiel von Beschreibungs-, Erklärungs-, Werte- und Regelwissen zu klären, sondern auch in ersten groben Linien aufzuzeigen, inwiefern Wissen nicht automatisch Herrschaftswissen zu sein braucht, sondern Befreiungswissen sein kann.

4.1. Entdeckungskarten als Mittel der Erzeugung von Bildern und Hypothesen – Komplexitätsreduktion und -erweiterung

Aus dem bisher Gesagten sollte ersichtlich geworden sein, daß ich die mehrdimensionale (begrifflich-theoretische) Gegenstandsbestimmung Sozialer Arbeit (siehe Abschnitt 1.), genauer: deren Begriffe als „Scharniere" betrachte, die Beschreibungswissen mit Erklärungs-, Wert- und Verfahrenswissen zu einer problembezogenen Arbeitsweise verknüpfen (Abschnitt 3.). Das Hauptproblem, das sich hier zuerst einmal für StudentInnen und PraktikerInnen stellt, ist das Erlernen und Einüben der begrifflichen Integration von Fakten und theoretischem Denken, ohne daß ein universitäres Studium in allen Basisdisziplinen vorausgesetzt werden kann. Ein Mittel dazu ist das, was ich in Anlehnung an Paolo Freire (1983, 50 ff., 58 ff.) als „Entdeckungskarte " bezeichne: Ihre Elemente sind nicht – wie bei Freire – untereinander mehrfach kombinierbare Silben von Wörtern, die sich zu neuen

Abbildung 2: Die Problemkarte

Allgemeintheo-retische Dimensionen von Individuen als Mitglieder sozialer Systeme	Problemdimensionen von Individuen als Mitglieder sozialer Systeme			
	Ausstattungs-dimensionen und -probleme (Bedürfnisse als Basis)	Austausch-dimensionen und -probleme (Tauschmedien als Basis)	Machtdimen-sionen und -probleme (Machtquellen als Basis)	Kriterien-Wertdimen-sionen und -probleme (Bedürfnisse, Werte als Basis)
Körperliche Ausstattung	Feld 1	Feld 7	Feld 13	Feld 19
Sozialökologi-sche und sozio-ökonomische Ausstattung	Feld 2	Feld 8	Feld 14	Feld 20
Ausstattung mit Erkenntnis-kompetenzen	Feld 3	Feld 9	Feld 15	Feld 21
Ausstattung mit Bedeutungssyste-men (Wissen)	Feld 4	Feld 10	Feld 16	Feld 22
Ausstattung mit Handlungs-kompetenzen	Feld 5	Feld 11	Feld 17	Feld 23
Ausstattung mit sozialen Beziehungen/ Mitgliedschaften	Feld 6	Feld 12	Feld 18	Feld 24

Begriffen zusammensetzen lassen. Ihre Elemente sind allgmeinste, d. h. die im Abschnitt 1. erläuterten theoretischen (Problem-)Begriffe, die – zusammen mit Beobachtungsimplikationen (Indikatoren) – Faktenwissen zu einem Bild zu integrieren vermögen. Und diese Begriffe lassen sich zu Aussagen und Aussagesystemen (Hypothesen, Theorien) verknüpfen (siehe Abbildung 2). Zwei solcher Karten werden im folgenden erläutert.

4.1.1. Die Problemkarte

Ein Mittel, die AdressatInnen und Problemlagen eines Arbeitsfeldes Sozialer Arbeit und der zuständigen Organisationen zu erfassen, ist die Problemkarte. Ihre allgemeinsten Dimensionen beziehen sich auf die im Abschnitt 1.

ausführlich erörterten Problemkategorien. Eine solche Problemkarte läßt sich mit den oder für die AdressatInnen der Sozialen Arbeit anfertigen und nach jedem Gespräch oder jeder Interaktion ergänzen. Dabei ist zu beachten, daß Gruppen oder Organisationen keine psychischen Eigenschaften zugeschrieben werden; so hat eine Organisation kein Bewußtsein, keine Wahrnehmung, sondern vielleicht eine Werbe- oder Forschungsabteilung mit bewußtseinsfähigen, sich aufeinander beziehenden Individuen. Ebenso wenig denkt, entscheidet oder handelt eine Gemeinde oder Nation, sondern sie verfügen über ein Steuerungszentrum und eventuell über einen Kontroll- und Sanktionsapparat, dessen Mitglieder Erzwingungsmittel einsetzen. Bei Problemeintragungen muß erkenntlich sein, welches die Problemdefinitionen der Akteure, der KlientInnen sind und welche Probleme die Fachkräfte der Sozialen Arbeit oder andere Personen wahrgenommen und thematisiert haben bzw. im Verlaufe des Prozesses thematisieren möchten. Die dadurch erhältliche Information ist nicht nur die Grundlage für die Aushandlung eines Arbeitsauftrages, sondern auch für die sachliche Begründung von sozialpolitischen Forderungen (siehe hierzu ausführlich: Taylor 1987).

Die Entdeckungskarte für Situations- und Problemerfassungen benutzt nur die allgemeinsten Begriffe. Sie ermöglicht die Bündelung von disparater, detaillierter Information und damit die Übersicht über kumulative Problemlagen. Die Begriffe lassen sich alle nach Maßgabe der mit ihnen verknüpfbaren Bezugstheorien (siehe das in Abschnitt 3. skizzierte Bezugswissen Sozialer Arbeit) weiter differenzieren. Mit Hilfe dieser Problemkarte läßt sich der Prozeß vom konkreten, raumzeitlich bestimmbaren Faktum zum Bild und theoretischen Begriff und umgekehrt einüben. Sie lädt dabei zu Prozessen der Komplexitätserweiterung und -reduktion ein. Die theoretisierenden PraktikerInnen können entdecken, was sie ausblenden, falls sie sich aufgrund ihres alltagstheoretischen Vorverständnisses mehr oder weniger ausschließlich auf die Ermittlung von Verhaltensauffälligkeiten oder Deutungsmustern oder Beziehungs- und Kommunikationsstörungen oder von finanziellen Verhältnissen usw. einschränken oder gar den Machtaspekt auslassen.

Es sei den LeserInnen unbenommen, diese Karte zunächst als „simple Checkliste" zu betrachten. Dies bestätigt lediglich – ganz im Freire'schen Sinn – ihre breite Anwendbarkeit, und zwar auch für Menschen ohne universitäres Studium. Sie hat sich entsprechend auch im Dialog mit KlientInnen bewährt. Ja, es ist sogar sehr empfehlenswert, in einem ersten Schritt nur die Ausstattungsdimensionen und -probleme (Feld 1 bis Feld 6) und Austauschdimensionen und -probleme (Feld 7 bis Feld 12) zu behandeln, um sich in einem zweiten Schritt an die schwierigeren Macht- und Kriterienproblematiken heranzuwagen.

In einem nächsten Schritt können mit diesen sehr allgemeinen Begriffen immer mehr Alltags- und theoretische Begriffe in Verbindung gebracht werden; die Karte soll also durch KlientInnen- und sozialarbeiterisches Bezugswissen angereichert werden. Dabei gilt es zu entdecken, wie verschiedenste Begriffe (z. B. die Begriffe „Theorien", „Codes", „Interpretationen", „Deutungsmuster", „Symbolwelten", „Kulturmuster" usw.) unter Umständen das gleiche bezeichnen und umgekehrt, wie ein einziger Begriff (z. B. Macht) für höchst verschiedene Sachverhalte verwendet wird. Die Entdeckungskarte erlaubt im weiteren die Formulierung einfacher und – je nach Wissensstand – komplexer theoretischer Fragestellungen und Hypothesen auf der horizontalen und vertikalen Achse. So könnte sie ein mögliches Instrument für einen inter- und transdisziplinären Dialog werden.

So kann beispielsweise „auf der Vertikalen" gefragt werden: Wie bestimmt die sozioökonomische Ausstattung, mithin die gesellschaftliche Position (Feld 2) die körperliche Gesundheit oder die Tätigkeit des Gehirns (Feld 1), die Erkenntniskompetenzen (Feld 3), die Selbstdefinition (Identität) und Gesellschaftsbilder, die Lebensziele und Zufriedenheit (Feld 4), mithin die Handlungsorientierungen eines Menschen (Feld 5)? Was geschieht, wenn in einer bestimmten Ausstattungsdimension Probleme da sind, und welche Determinanten und Folgen haben diese Probleme auf andere Dimensionen?
Oder es kann „auf der Horizontalen" gefragt werden: Wie werden individuelle Handlungskompetenzen (Feld 5) im Zusammenhang mit Kooperationsformen und -prozessen (Feld 1) zu Quellen für den Aufbau von Autorität und damit Positionsmacht innerhalb eines sozialen Systems (Feld 17)? Aufgrund welcher Machtquellen wird diese Position weiter ausgebaut, und aufgrund welcher Werte wird sie öffentlich legitimiert oder illegitimisiert (Feld 23)? Ein weiteres Beispiel: Gibt es Wissen oder Vermutungen darüber, wie die unterschiedlichen Erkenntniskompetenzen von zwei Menschen (Feld 9), zusammen mit der ungleichen sozioökonomischen Situation und ganz unterschiedlichen Arbeitsbedingungen (Feld 8), im Rahmen einer ehelichen Austauschbeziehung die sexuell-erotischen Beziehungen (Feld 7) und/oder die Bedeutungen von Sexualität, Liebe, Erziehung, Arbeit (Feld 10) determinieren? Und läßt sich beantworten, wie sich diese Bilder und Interpretationen auf die Rollen- und Machtverteilung innerhalb (Feld 11 und 17) und die Beziehungen (Feld 12) außerhalb der Familie auswirken? Welche Konflikte ergeben sich daraus?

Bei alledem sollte deutlich geworden sein, daß für die Bildung von Hypothesen die *Human- und Sozialwissenschaften* beigezogen werden müssen, sind doch Begriffe wie „sozioökonomische Position", „psychische Prozesse" oder „mentale Operationen", „emotionale, moralische und kognitive Erkenntniskompetenzen", „Symbol- oder Bedeutungssysteme" als auch „Identität" und „Kultur", „Rollenverhalten", „Austausch", „Kommunikation", „Produktion" und „Macht" nicht nur Begriffe, die in Zusammenhang mit Problemen gebracht werden können, sondern zugleich *Grundbegriffe von Theorien* der Disziplinen Biologie/Psychobiologie, Psychologie/Sozialpsychologie, Soziologie/Ökonomie/Politologie, Kulturtheorie. Im Rahmen einer interdisziplinären Sicht sind diese Begriffe das eine Mal beschreibende oder zu erklärende Größen, das andere Mal erklärende, also determinierende Größen. Dies unterstreicht ihren „Scharniercharakter". Dabei sollte ersichtlich geworden sein, daß es sich nicht um eine Tunnelsicht von einfachen, monokausalen Zusammenhängen, sondern um (mehrheitlich) wechselwirkende, zufällige (stochastische) oder teleonome Prozesse handelt, die erst bei asymmetrischen Austausch- und damit Machtbeziehungen zu relativ einseitig kausalen Prozessen werden. Die in vielerlei Hinsicht ausbaubare Entdeckungskarte könnte so für „theoretisierende Praktikerinnen" – im Unterschied zu den schlichten „Rezeptanwenderinnen" (Meinhold) – ein Denkwerkzeug darstellen, um einen Dialog sowohl mit Kolleginnen und anderen Professionen als auch mit VertreterInnen verschiedener wissenschaftlicher Grundlagendisziplinen wie PhilosophInnen und EthikerInnen in Gang zu bringen.

4.1.2. Die Ressourcen- und Machtquellenübersicht als Entdeckungskarte

Nach dem gleichen Prinzip läßt sich auch eine Entdeckungskarte für Ressourcen (siehe Abbildung 3) erstellen, die je nach Interaktionssituation und sozialer Position zu Tauschmedien oder Machtquellen werden können. Als neuer Aspekt kommt hier die Vorstellung sozialer Ebenen und damit auch von systematisch aufgelisteten, relevanten individuellen und kollektiven Akteuren hinzu. Wer will, kann diese Ebenen bereits bei der Problemkarte einführen, um sich ein Bild vom sozialen Kontext machen zu können, in den Problembetroffene eingebettet sind. Alle diese sozialen Ebenen können auf vorhandene wie auch fehlende materielle und symbolische Ressourcen hin befragt werden. Dabei gilt auch hier der Hinweis auf die Unzulässigkeit der Übertragung von psychischen Eigenschaften auf soziale Systeme. Werden die Akteure zusätzlich nach ihrem realen wie auch potentiellen Einfluß im Hinblick auf ein konkretes Problem oder eine (partielle) Problemlösung eingeschätzt und rangiert, wird die Ressourcenkarte zur Entdeckungskarte für Machtquellen auf der Grundlage von bestimmten Ausstattungsmerkmalen. Es kann sich also je nachdem um physische oder soziomaterielle Ressourcenmacht, Artikulations-, Modell-/Definitions-, Positions- oder Organisationsmacht handeln. Machtquellen sind Chancen für den Aufbau von Machtstrukturen und für die Durchsetzung von Ansprüchen und Forderungen. Je existentiell notwendiger, begehrter, knapper, kontrollierbarer und akkumulierbarer sie sind, desto eher eignen sie sich für Ermächtigungsprozesse. So vereinigt Geld alle genannten Eigenschaften, dieweil beispielsweise symbolische Definitionsmacht oder Artikulationskompetenzen (Rhetorik)

Abbildung 3: Die Ressourcen- und Machtquellenkarte

Allgemeintheoretische Dimension	Körperliche Ressourcen	Sozioökonomische/-ökologische Ressourcen	Erkenntnisbezogene Ressourcen	Wissens-Ressourcen	Handlungsbezogene Ressourcen	Auf soziale Beziehungen bezogene Ressourcen
Machtquellen / Soziale Ebenen	Physische Machtquellen	Sozioökonomische/-ökologische Machtquellen	Artikulationsbezogene Machtquellen	Modellbezogene Machtquellen	Positionsbezogene Machtquellen	Organisationsbezogene Machtquellen
Weltgesellschaft	Transnationale Organisation					
Europa (EU)/ Nation	Multinationale Organisation					
Region/ Kanton/ Bundesland	Organisation A Organisation B Organisation C					
Stadt/ Gemeinde	Organisation des Sozialwesens					
Gemeinde-/ Stadtrat	Betrieb Personalebenen					
Stadtteil	Abteilung(en)					
Siedlung/ Nachbarschaft	Team Arbeitsgruppe					
SozialarbeiterInnen PraktikantInnen						
Ehrenamtliche/Freiwillige						
Hilfspersonal						
Familie/Sippschaft						
Individuum (KlientInnen)						

möglicherweise begehrt, aber wenig kontrollier- und akkumulierbar und kaum sehr knapp sind. Die Machtquelle der Machtlosesten ist ihr Körper, wie beispielsweise Saul Alinsky (1984) und Mahatma Ghandi (siehe Galtung 1987) eindrücklich gezeigt haben: nicht nur für Demonstrationen, Sit-Ins usw., sondern auch als Entzug durch Streik, Absentismus, Flucht, Hungerstreik, erotische und sexuelle Verweigerung usw. und schließlich auch ganz einfach als physische Gewalt, d. h. die Macht des Stärkeren.

An die Stelle des oft kritisierten „Jammertals", in dem Fachkräfte der Sozialen Arbeit gerne stecken bleiben, treten hier also die Analyse und – je nachdem – die Einmischung in den organisationellen oder öffentlichen Machtdiskurs.

Aufgeführt sind in der Abbildung 3 wichtige, territorial und funktional organisierte Teilsysteme einer Gesellschaft. Die Erwähnung der Weltgesellschaft ist nicht so exotisch oder absurd, wie man auf den ersten Blick meinen könnte. Drogenhandel, Migration, Arbeitslosigkeit, organisierter Frauenhandel und viele andere Probleme – und erst recht ihre Determinanten– sind heute grenzüberschreitend, was mindestens denkerisch zur weltweiten Suche nach Ressourcen, Machtquellen und eventuellen Allianzen für Vernetzungen quer zu den Machtzentren führen müßte (z. B. über Nicht-Regierungsorganisationen/NGOs). Ob sie sich auch konkret erschließen und nutzen lassen, ist eine Frage des sozialen Niveaus, auf dem Soziale Arbeit präsent ist oder sein will. Sie setzt zugleich Arbeitsteilung sowie Zusammenarbeit zwischen sozialen Professionen in Richtung konzertierter Aktion voraus.

In der Familie überschneiden sich territoriale wie funktionale Prinzipien. Im konkreten Fall müssen die tatsächlichen, problem- oder/und machtrelevanten Akteure und sozialen Ebenen eingetragen werden.

Dazu gehört auch die soziale Institution, in welcher die Fachkräfte arbeiten, und – je nachdem – ihre Leitung, das Team der Professionellen, SachbearbeiterInnen, die Ehrenamtlichen, das administrative Personal usw.

Auch die Fachkräfte der Sozialen Arbeit sollen aus Gründen der Bewußtseinsbildung separat aufgeführt werden.

In Kursen und Seminaren zum Thema „Macht" begegne ich – vor allem bei Frauen – immer wieder der Vorstellung, daß nachdrücklich, d. h. auf der Basis mobilisierter Machtquellen erhobene legitime Forderungen gegenüber Machtträgern als gewalttätig, als „Messer auf die Brust" bezeichnet und entsprechend abgewehrt werden. So ersticken alle Versuche, berechtigte Forderungen gegen oben und unten auch dann durchzusetzen, wenn sie – teilweise – gegen den Willen der illegitimen Machtträger gewaltlos durchgesetzt werden könnten. Das Problem verschärft sich dadurch, daß oft die gleichen Sozialarbeiterinnen im Verhältnis zu ihren KlientInnen erstaunlich machtblind sind. Dies beginnt bereits bei der Ausblendung des Bildungs-, Beschäftigungs- und Einkommensgefälles, der unterschiedlichen gesundheitlichen und sozialen Risiken, des Zugangs zu kulturellen Leistungen, der Anerkennung als BürgerIn eines Rechtsstaates usw. Dazu kommen alle Machtquellen des Arbeitsplatzes (Finanzmittel, Infrastruktur, Weiterbildung und Zusatzqualifikationen, Artikulationschancen in der Öffentlichkeit, theoretisches und praktisches Knowhow, Spezialwissen, soziale Mitgliedschaften in professionellen, politischen, gewerkschaftlichen und weiteren Vereinigungen, bis hin zum Telefon, dem abrufbaren Polizeieinsatz usw. usw.). Und es setzt sich fort bei der fraglosen Uminterpretation von machtgestützten Eingriffen als Hilfe oder Informations- und Kommunikationsproblem, bis hin zur Unfähigkeit, professionell zwischen (il-)legitimen Klientenforderungen und (il-)legitimen Machtansprüchen der auftraggebenden Instanzen unterscheiden zu können.

4.2. Das Zusammenspiel der Wissensformen im Rahmen der Arbeitsweise „Umgang mit Macht und Machtstrukturen" – am Beispiel der Ermächtigung von Frauen

Zunächst ist (nochmals) an die vier Hauptdimensionen des in Abschnitt 1.3. dargelegten Machtkonzeptes zu erinnern:

(a) Macht als vertikale Differenzierung beziehungsweise Ressourcenverteilungsstruktur,

(b) Macht als funktionale Positions- und Befehlsstruktur zwischen Menschen,

(c) Macht als kulturell legitimierte, institutionalisierte Annerkennung von vertikaler Ressourcendifferenzierung, Über- und Unterordnung durch oberste Ideen und schließlich

(d) Macht als Kontrolle und Erzwingung der Einhaltung von Strukturregeln mit gewaltfreien wie gewalttätigen Mitteln.

Am Problem der Gewalt an Frauen soll exemplarisch aufgezeigt werden, wie die verschiedenen Machtaspekte zusammenhängen und wie Problem- und Erklärungswissen, Forschungsergebnisse über gelungene Befreiungsprozesse die Formulierung von Handlungsregeln ermöglichen (ausführlicher: Staub-Bernasconi 1994c). Das Machtthema und die damit verknüpften Veränderungsverfahren sind dadurch aber noch längst nicht erschöpft.

4.2.1. Beschreibungs- beziehungsweise Problemwissen

Gewalt ist deshalb eine Form von extremer Behinderungsmacht, weil durch dieses „Recht" des physisch Stärkeren das physische Überleben oder zumindest die physische Unversehrtheit des physisch Unterlegenen direkt bedroht ist. Oft ist Gewalt der – vorläufige – Schlußpunkt von Auseinandersetzungen zwischen Mann und Frau als zwei erwachsenen Menschen, die auf Asymmetrien des Gebens und Nehmens auf dem Hintergrund gesellschaftlich institutionalisierter Abhängigkeitsverhältnisse beruht. Unmittelbare Machtquelle ist die physische Überlegenheit des Gewaltausübenden, hier des Mannes.

Die einzige Machtquelle, die der Gewaltempfängerin in einer extrem bedrohlichen Situation verbleibt, ist die Flucht zur Freundin, zur Herkunftsfamilie oder ins Frauenhaus, d. h., was ihr an Macht übrigbleibt, ist der Entzug des Körpers als Machtquelle.

Das Irritierende ist nun allerdings, daß viele Frauen nach einigen Tagen der Distanz im Frauenhaus wieder in die alten Familien- und Gewaltverhältnisse zurückkehren, um nach kurzer Zeit erneut im Frauenhaus um Aufnahme zu bitten. Versucht man, diesen Alltag mit Hilfe der Problemkarte zu erfassen, so bleibt in der Regel kein Feld leer. Daß es erst seit den 70er Jahren spezifische Frauenforschung und Frauenhausforschung zu dieser Thematik gibt, macht einmal mehr bewußt, wie unsichtbar das Leiden von Frauen bis vor kurzem geblieben ist. Zugleich wird klar, daß soziale Probleme – hier der Gewaltausübung zwischen Menschen – nicht erst dann be- oder gar entstehen, wenn sie öffentlich artikuliert werden.

4.2.2. Erklärungswissen

Warum ziehen relativ viele Frauen die alten, demütigenden Verhältnisse einem eigenständigen Leben oder der Suche nach einer neuen Partnerschaft vor? Die naheliegendste Erklärung für das Ausharren in demütigenden Verhältnissen wäre wohl eine sozioökonomische: tiefes Bildungsniveau, die damit zusammenhängenden schlechten Chancen auf dem Arbeitsmarkt mit ungeschützten Teilzeitjobs und das niedrige Einkommensniveau – alles Positionen im Rahmen vertikaler gesellschaftlicher Ressourcendifferenzierung.

Die Ergebnisse verschiedenster Studien zeigen allerdings, daß diese Erklärung keineswegs hinreichend ist (Brückner 1987; Stolk/Wouters 1987; Mernissi 1989; Scheinhardt 1983; Bösel 1989; Honig 1992/1986). Sie weisen alle in die gleiche Richtung, die Margrit Brückner wie folgt zusammenfaßt: Die Frauen zeigen – auch während der gewalttätigen Ehe – eine unglaubliche Überlebens- und Durchsetzungsfähigkeit unter widrigsten Lebensumständen, aber nur solange die Anforderungen außerhalb der Beziehung zum Mann stehen, also wenn es um die Kinder, den Haushalt oder die Hilfs- oder Putzarbeit in irgendeinem Betrieb geht. In der Beziehung zum Mann aber finden wir entweder frag- und kritiklose Unterwerfung oder den lange durchgehaltenen, verzweifelten Versuch, vor andern und vor sich selber eine normale (Ehe-)Frauen-/Mutterrolle und Familiensituation aufrechtzuerhalten. Die innere Gespaltenheit, der Widerstreit zwischen einem Bedürfnis nach Obhut und einem solchen nach Freiheit (Sennett 1985) läßt sich allerdings nicht nur individualpsychologisch bzw. bedürfnistheoretisch interpretieren, d. h., diese Frauen haben nicht nur (masochistische) Verschmelzungsfantasien, Wünsche nach Obhut, Schutz und Symbiose, die auch den eigenen Untergang in Kauf nehmen (um mit Margrit Brückner zu sprechen). In diesen Frauen konkurrieren auch zwei fundamental unterschiedliche Gesellschaftsbilder und davon abgeleitet Bilder über die Beziehungen zwischen Mann und Frau: traditional-, neo-feudale versus moderne gesellschaftliche Gestaltungsprinzipien der (Un-)Gleichheit und damit der Vorstellungen über eheliche Machtverhältnisse:

(a) Was ihre Beziehung zum Mann betrifft, so finden wir im Extrem die Bilder, Codes, Werte und Normen einer *feudalen* Gesellschaft:

Dem Mann werden gottähnliche Züge zugesprochen; er kann und weiß alles und er sorgt vor allem für sie. Er garantiert, repräsentiert und kontrolliert die Familienehre und insofern auch die gesellschaftliche Anerkennung der Frau. Damit besteht für die Frau eine unverrückbare, undurchlässige, kulturell determinierte – kastenähnliche – psychische Barriere zwischen ihm und ihr. Zugleich verpflichtet diese Gottähnlichkeit zur bedingungslosen Loyalität, Dienstleistung und psychischen wie körperlichen Unterwerfung. Dieses Bild eines Übermenschen ist tief eingraviert und erklärt, weshalb die Frau versucht, die Beziehung auch dann weiterhin aufrechtzuerhalten, wenn Schutz und Obhut ins Gegenteil verkehrt werden und sich der Mann als Tyrann und „Teufel" erweist.

Eine *modernere*, weniger starr-hierarchische Vorstellung für diese Machtbeziehung findet sich im Begriff der „Komplementarität" wieder:

Damit ist folgendes „Ideal der harmonischen Ungleichheit" zwischen Mann und Frau gemeint: Der Mann kann kein Führer und Beschützer sein, wenn die Frau nicht folgsam ist und ihn nicht versorgt, und umgekehrt. Auch wenn der Mann seine Vormachtstellung durch Übernahme bestimmter Pflichten gegenüber der Frau legitimiert, drohen ihm praktisch keine Sanktionen, wenn er diesen nicht nachkommt (Stolk/Wouters 1987, 148ff., 153). Zum gleichen Ideal gehört die Vorstellung, daß der Mann die familiale Außenrolle der Weltbewältigung übernimmt, während die Frau die komplementäre Binnenrolle zu übernehmen hat und entsprechend den familialen Innenraum gestaltet.
„Die holländischen Frauen hier sagen immer: Du mußt hart bleiben, du darfst nicht zurückgehen, aber wie ist das möglich? Er ist doch mein Mann, und wenn er will, daß ich zurückkomme ... (Surinamerin)", oder in moderner Sprache: „Von mir aus kann er den Chef spielen, dafür ist er schließlich mein Mann, wenn er mich nur anerkennt für das, was ich tue." Viele Frauen sprechen davon, daß sie keinen „Pantoffelhelden" oder „Schlappschwanz" wollen. Eine junge Frau (lachend): „Na ja, er soll schon ein richtiger Mann sein. Nicht so einer, dem man auf der Nase herumtanzen kann, man muß schon zu ihm aufsehen können." (Stolk/Wouters 1987, 137, 145).

Diese Bilder und damit Symbolisierungen eines Mann-Frau-Verhältnisses sind die Denkgefängnisse, die Ungleichheit und Unterwerfung als etwas „Natürliches" erscheinen lassen und die entsprechend mitverantwortlich sind für deren gewaltlose und gewalttätige Reproduktion. Sie lassen sich bis heute bei vielen „modernen" Ehepaaren nachweisen, in der Eheberatungs-literatur bis weit in die 60er Jahre, in der neueren Literatur zur Wiederbelebung der traditionellen Kleinfamilie und teilweise selbst noch in der familientherpeutischen Literatur (Stolk/Wouters 1987). Zudem wissen wir, daß es das Hauptmerkmal strenger Kastengesellschaften ist, daß es kein Entrinnen aus dem gesellschaftlich zugewiesenen sozialen Ort gibt – außer die Vertröstung auf Seelenwanderung und Leben nach dem Tod oder dann eben: die Flucht.

(b) Im Hinblick auf die außerfamilialen Lebensbereiche finden wir nun aber bei den gleichen Frauen die Werte und Normen moderner kapitalistischer Industriegesellschaften: der Wunsch nach Eigenständigkeit, nach Arbeit als bezahlter Leistung, nach einem besseren Beruf, wobei dann auf die fehlende Bildung und mithin fehlende Legitimation für einen besser entlohnten, angeseheneren Beruf hingewiesen wird. Aber auch hier gibt es in der Regel keinen Protest, z. B. gegen ungerechte Löhne, unfaire Bildungschancen, sondern frau möchte die eigene Tüchtigkeit und Leistung unter Beweis stellen. Auch hier gilt für sie in erster Linie Pflichterfüllung als Gegenleistung für die soziale Anerkennung und psychische Sicherheit, die einem die Teilnahme am Arbeitsmarkt oder den Anspruch auf Sozialleistungen vermittelt (Stolk/Wouters 1987, 71 ff.).

Die sozioökonomische *Erklärung* muß also durch eine weitere, *psychologische* und *kulturtheoretische* ergänzt werden. Determinativ scheint das trotz aller Leiderfahrung aufrechterhaltene Ehebild der harmonischen Ungleichheit, in dem die Bedürfnisse nach Schutz und Obhut und die dazugehörigen weiblichen Pflichten gegenüber Mann und Kindern vorherrschen. Und dieses kulturell zusätzlich gestützte Eheleitbild dominiert oder relativiert das andere Bild von der selbständigen Frau und Mutter, die „für sich selber sorgt" und sich so „selber durchs Leben bringt". Genauer: Sogar dort, wo wahrgenommen wird, daß die eigene Existenz durch sozialstaatliche Leistungen gesichert ist und dies auch nicht als entwürdigend interpretiert wird, kann die behindernde familiale Machtstruktur nicht in Frage gestellt werden. Zusätzlich gestützt durch viele andere Forschungsbefunde ist hier mitgesagt, daß sich Deutungsmuster nicht so einfach verändern, ersetzen oder dekonstruieren lassen, wie dies in konstruktivistischen Theorieansätzen angenommen wird. Die Angst, das eingegangene Schutzbündnis aufzubrechen, läßt so alles beim Alten und konsolidiert dadurch diese Struktur immer wieder aufs Neue.

Versucht man, die unter anderem von Margit Brückner (1987) bzw. Bram van Stolk und Cas Wouters (1987) festgestellten Determinanten der Akzeptanz und Unterwerfung zusammenzufassen, so ergibt sich folgende Rangfolge des empirisch nachweisbaren Einflusses:

(a) das Bedürfnis nach sozialer Zugehörigkeit und Obhut, das gegenüber Bedürfnissen nach Befreiung aus der Abhängigkeit vorherrscht;

(b) kulturell wie psychisch gestützte Deutungsmuster der ehelichen Rollenkomplementarität und Machtverhältnisse;

(c) die Deutung des Problems als Schicksal, in das man sich zu fügen hat; eventuell verknüpft mit Schuldgefühlen, eine schlechte Gattin und Mutter zu sein und deshalb Ungerechtigkeit ertragen zu müssen;

(d) die fehlenden sozioökonomischen Ressourcen inklusive Bildung, um sich unabhängig zu machen;

(e) die strukturell und risikomäßig schlecht abgesicherte Position der Frauen auf dem Arbeitsmarkt und deren Wahrnehmung sowie Bewertung durch die Frauen;

(f) das Fehlen von beobachtbaren, alternativen Partnerschaftsmodellen, und schließlich

(g) die häusliche Isolation als Fehlen von außerhäusigen Interaktionschancen, Vernetzungs- und Allianzmöglichkeiten.

Die allgemeinste theoretische Erklärungsfigur ist mithin transdisziplinär und versucht, den Zusammenhang zwischen menschlichen Bedürfnissen, sozioökonomischer Ausstattung, sozialer Isolation, psychischen Formen der Spannungsverminderung aufgrund von kulturell gestützen Bildern und Interpretationsmustern der Frauenrolle, fehlenden Alternativen der Deutung, familialer Machtstruktur und (neo-)feudalen und modernen Gesellschaftsbildern zu erhellen.

4.2.3. Wertewissen – Arbeitsziele

Im Zusammenhang mit Machtproblematiken habe ich im Abschnitt 3.6. von *Befreiung aus illegitimen Machtverhältnissen* oder Ermächtigung und von der Umwandlung von Behinderungsregeln in Begrenzungsregeln der Machtstrukturierung als Zielvorstellungen gesprochen. Bei Gewaltproblematiken ist allerdings die Wiederherstellung der *körperlichen und psychischen Integrität und Würde* eines Menschen vorrangig. *Ermächtigung* ist dementsprechend ein Prozeß, in Fort-, Rück- und Nebenschritten zu lernen, für die Befriedigung menschlicher Bedürfnisse und daraus ableitbaren, legitimen Ansprüchen Machtquellen wahrzunehmen, zu erschließen und notfalls auch gegen den Willen des Mächtigeren einzusetzen.

4.2.4. Theoretisch beziehungsweise wissenschaftlich begründete Handlungsregeln im Hinblick auf Ermächtigungsprozesse

Die Ausgangsfrage heißt hier: Wenn Gewalt die Möglichkeit ist, Menschen über Angst, Erniedrigung und physisch verletzende bis vernichtende Einwirkungen mit allergrößter Wahrscheinlichkeit dem eigenen Willen zu unterwerfen, dann ist Befreiung aus Gewaltverhältnissen die Möglichkeit, diese Form von sozialer Kausalität zu unterbrechen. Dies geschieht im Hinblick darauf, eine wechselseitige, faire Austauschbeziehung herzustellen oder im Falle, wo dies nicht möglich ist, sich mit Hilfe von Machtquellen aus der Machtbeziehung herauszulösen.

Womit und wie schaffen Frauen den Schritt von der mehr oder weniger langen Phase der relativen oder absoluten Hörigkeit gegenüber dem Mann zur zweiten Phase des Fragens, Erschreckens, der Auflehnung und Empörung über etwas, das über Generationen hinweg in die Subjekte eingeschrieben wurde? Was ist es also, was diese Frauen dazu bringt, sich im Verhältnis zu ihren Männern als voll- und gleichwertige Menschen zu definieren und entsprechend zu handeln? Und was läßt sich davon im Sinne von Handlungsanweisungen verallgemeinern?

Im folgenden zeige ich, wie Wissen, das in diesem Problem- und Arbeitsfeld gewonnen wurde, dem dargestellten theoretischen Bezugsrahmen zugeordnet und in Handlungsanweisungen (Imperative) umgesetzt werden kann, deren Wirkungen wiederum neu überprüft und je nachdem korrigiert oder verfeinert werden können. Unter dem Lern- und Lehraspekt möchte ich meine Ausführungen eher als ein informiertes Vortasten im Rahmen einer Denkwerkstatt bezeichnen. Und in dieser Denkwerkstatt können die Fachkräfte der Sozialen Arbeit zuerst die Befunde diskutieren und selber versuchen, Handlungsmaximen abzuleiten. Diese würden in einem zweiten Schritt mit ihrer Erfahrung konfrontiert, und zwar mit dem Ziel, sie mit Denkalternativen anzureichern, mithin mit der Formulierung neuer Hypothesen über Gesetzmäßigkeiten und vor allem präziserer Handlungsregeln. Eine andere, hier nicht weiter verfolgte Fragestellung wäre, welches die Bedingungen der Eindämmung von Gewalthandlungen seitens der physisch stärkeren Person – hier: des Mannes – sind.

Exkurs: Die Umwandlung von Erklärungswissen in handlungstheoretisches Wissen und Handlungsregeln. Der Zusammenhang zwischen Gesetzesaussagen (erklärende oder nomologische Aussagen), Aussagen über die Wirkungen menschlicher Handlungen (handlungstheoretische oder nomopragmatische Aussagen) und Handlungsregeln soll in Anlehnung an Mario Bunge (1967, 132–137) aufgezeigt werden. Mit Bezug auf das Beispiel lautet die Frage: Was sind auf dem erläuterten Erklärungs- und Zielhintergrund die Bedingungen für eine Befreiung von Frauen aus Gewaltverhältnissen? Die Ergebnisse der Erforschung erfolgreicher Befreiungsprozesse (unter anderem bei: Brückner 1987; Stolk/Wouters 1987) laßen sich durch folgende, allgemeine *Gesetzmäßigkeit* (oder nomologische Aussage) zusammenfaßen: Die Verfügung über physische, psychische, sozioökonomische und kulturelle Ressourcen, die als Machtquellen eingesetzt werden, führt mit großer Wahrscheinlichkeit zur Befreiung aus Gewaltverhältnißen. Im Unterschied zu Gesetzmäßigkeiten, die bestimmte Zustände oder Ereignisse erklären, sind *Handlungsregeln* Normen, die einen Handlungsverlauf vorschreiben, um ein Ziel zu erreichen. Der Bereich, über den Gesetzmäßigkeiten formuliert werden können, umfaßt die gesamte Realität; der Bereich, über den Regeln formuliert werden können, kann sich nur auf die Menschheit beziehen. Das Alltagswissen und -verhalten von Menschen wird durch Regeln strukturiert, die sozial, moralisch, durch Übereinkunft und Sitte oder rechtlich begründet sein können. Eine Handlungsregel ist im Unterschied hierzu theoretisch bzw. wissenschaftlich begründet, wenn sie sich auf ein Set von Gesetzmäßigkeiten stützt, die erklären, warum die Regel wirksam ist. Gesetzmäßigkeiten sind mehr oder weniger wahr, Regeln nur mehr oder weniger wirksam.

Die *Gesetzmäßigkeit*, auf die ich mich hier stütze, ist – wie oben erwähnt – die folgende: Machtquellen (A) ermöglichen die Befreiung aus Gewaltverhältnissen (B). Diese Aussage gibt nun die Basis für folgende *handlungsbezogene (nomopragmatische) Aussage*: Wenn Frauen selber oder mit fremder Hilfe Ressourcen erschließen und diese notfalls als Machtquellen einsetzen (A), dann besteht die Chance, daß sie sich allmählich aus Gewaltverhältnissen befreien (B). Und diese Aussage ist wiederum die Basis für folgende *Handlungsregeln*: Um Befreiungsprozesse einzuleiten, müssen Machtquellen vorhanden sein oder erschloßen werden. Und: Um Befreiungsprozesse zu verhindern, müssen Machtquellen vorenthalten, entzogen oder zerstört werden. Beide Regeln haben die gleiche Begründungsbasis, nämlich eine Aussage über ein objektives Realitätsmuster, nur: Im Fall der nomologischen Aussage bezieht sich (A) auf ein Faktum, im Fall der nomopragmatischen Aussage bezieht sich (A) auf eine oder mehrere menschliche Handlungen.

Wichtig ist, zu verstehen, daß es keinen sachlich zwingenden, sondern nur einen pragmatischen Zusammenhang zwischen der handlungstheoretischen Aussage und den beiden Handlungsregeln gibt. Die Metaregel, nach den beiden Regeln zu suchen, ist nur eine Empfehlung und kein Befehl, nur eine Aufforderung, etwas zu versuchen und nicht, etwas kritiklos zu übernehmen. Dies aus folgenden Gründen: Jede Gesetzmäßigkeit ist historisch wandel- und korrigierbar, und die Gesetzmäßigkeit könnte sich auf ein falsches oder zu allgemeines, idealisiertes Modell eines konkreten Sachverhaltes beziehen, so daß die dazugehörigen Regeln mehr oder weniger unwirksam bleiben.

Wichtig ist, daran zu erinnern, daß praktischer Erfolg kein Wahrheitskriterium ist für die zugrundeliegende Gesetzmäßigkeit, da der Erfolg einer Regelanwendung die Bildung unbegrenzter Hypothesen über die Gründe des Erfolges erlaubt. Keine Ansammlung von wirksamen Regeln vermögen eine wahre Theorie zu begründen. Anderseits ist der Weg von Gesetzmäßigkeiten zu erfolgversprechenden Regeln begrenzt in der Zahl, und deshalb begehbar. Alles, was eine erfolgreiche Handlungsregel leistet – und das ist schon recht viel – ist der Hinweis auf mögliche relevante Variablen und die Formulierung des Problems, gesetzmäßige Beziehungen zwischen diesen Variablen zu entdecken (siehe auch: Staub-Bernasconi 1994c).

Im folgenden formuliere ich Forschungsbefunde als handlungstheoretische Aussagen, d. h. als handlungsbezogene Bedingungen für die schrittweise, prozeßhafte Herauslösung aus Gewaltverhältnissen. Diese Aussagen setze ich in Handlungsregeln des Typs „um B zu erhalten, tue A" um:

Erster Befund: Weggehen bzw. flüchten bewirkt physische und räumliche Distanzierung – dank des eigenen Körpers als zugänglichste Machtquelle.
Der erste Widerstand ist offenbar etwas Averbales, das noch keine Sprache finden konnte. Es ist das – oft mehrmalige – Weglaufen oder gar Flüchten, das den Übergang von der ersten zur zweiten Phase einleitet. Die Frauen erzählen, wie sie an einen Punkt kamen, wo es seelisch, aber vor allem körperlich nicht mehr auszuhalten war. Sie „wollten es nicht mehr schlucken" oder „sich bieten lassen", solle ihr Mann doch „sehen, wo er bleibt".

> „Er hat mich entsetzlich viel geschlagen, bis ich ihm gesagt habe, wenn noch einmal was passiert, bin ich weg. Danach ist er ein paarmal abgehauen ... kommt sturzbesoffen wieder rein, und der Krach fängt von vorne an. Ich hab mich dann meistens zu den Kindern gelegt, die Tür abgeschlossen, weil ich immer furchtbare Angst vor ihm hatte. Das letzte mal hat er eine große Öllampe von 100 Kilo kaputt geschmissen. Ich war nur froh, daß ich das Ding nicht an den Kopf gekriegt hab, das war nämlich seine Absicht. Als es mit der Lampe nicht geklappt hat, ist er noch wütender geworden und wollte mich totschlagen. Da bin ich weggegangen. ..." (Stolk/Wouters 1987, 66).

Es ist also kein freier Entscheid eines freien Menschen, sondern ein durch Not, Verzweiflung, Todesangst und Schmerz erzwungener Schritt, wie aus den verschiedensten Aussagen hervorgeht. Und wenn sie – wie so oft – betonen, daß sie es der Kinder und nicht ihretwegen taten, zeigen sie noch deutlicher, daß sie sich noch nicht als Trägerinnen einer eigenen, unveräußerlichen Menschenwürde entdeckt haben.

Erste Handlungsregel: Ermögliche die physische Distanzierung durch den Einsatz des Körpers als Machtquelle und die Schaffung von Zufluchtsorten!
Schon allein das Vorhandensein von Zufluchtshäusern für Frauen ist eine nicht hoch genug zu würdigende Ressource und Errungenschaft der neuen Frauenbewegung. Die „erste Hilfe", die dort gewährt wird, ist keineswegs Flickschusterei, sondern der allererste Schritt, damit Frauen erfahren kön-

nen, daß sie als Frau vollwertige Menschen mit einem Recht auf Unversehrtheit sind. Diese Entdeckung wird durch die von Bram van Stolk und Cas Wouters (1987) festgestellte radikale Identifizierung und Unterstützung der neu ankommenden Frauen durch die anderen Frauen erleichtert und befördert. In weniger extremen Fällen bedeutet jeder Ortswechsel, der kein Gang zum Einkaufen, Arzt, zur Arbeit oder – der Kinder wegen – zur Schule ist, bereits einen kleinen Schritt in eine neue Freiheit. Ich denke beispielsweise an eine Frauengruppe im Rahmen einer Siedlungsarbeit, die sich zuerst ihr Weggehen an einem Abend pro Woche erkämpfen mußte, sich dann aber nicht mit einem „Frauenraum" begnügte, sondern bald einmal für einen Abend pro Woche eine Kegelbahn mietete und schließlich – trotz Gespött ihrer Ehemänner – einen Ausflug ins Stadtzentrum in einen richtigen „Männerspunten", eine Bierhalle, wagte. Um die Erfahrung räumlicher Distanzierung – auch gegen den Willen des Mannes – zu ermöglichen, kann es schließlich notwendig sein, die Frauen zu Hause abzuholen und für diese Zeitspanne gegenüber dem Mann die Obhuts- und Kontrollfunktion zu garantieren (siehe auch die Arbeitsweise „Ressourcenerschließung", Abschnitt 3.1.).

Zweiter Befund: Eine Sprache für die eigene Geschichte, für die Geschichte der Gewalt finden, führt tendenziell zu einer ersten psychischen, sprachlich-symbolischen Distanzierung – oder: die Ergreifung von Artikulationschancen und -kompetenzen als Machtquelle. Die oft erstmalige Möglichkeit, ihre Geschichte mehr oder weniger zusammenhängend einer anderen, ihnen fremden Frau zu erzählen, kann als zweiter Schritt in diesem Übergang betrachtet werden.

> „Wilma erzählt eine sehr listenreiche Geschichte vom Tag, an dem sie mit den Kindern ihren Mann verläßt, der... ihr... sogar angedroht hat, sie umzubringen. Dennoch berichtet sie voll Stolz davon, wie sie am Tage ihres Weggehens den Strom abstellen läßt, so daß er im Kalten und Dunkeln zurückbleibt." Margrit Brückner schreibt dazu: „Während er (der Ehemann) sonst immer die unglaublichen, tollen Geschichten produziert, die erst im späteren Verlauf der Ehe zu schrecklichen werden, kann sie hier erstmals eine eigene Geschichte vorstellen, in der sie selbst ,toll' ist. Jetzt werden sie und die Kinder zu den ,Hauptpersonen' ..." (Brückner 1987, 53–54).

Den Ort des Leidens aus sicherer und geschützter Distanz zu beschreiben, sich und anderen ein Bild davon machen, ist oft ein schwieriger, schmerzhafter Schritt. Aber: Sich als erniedrigtes, verletztes Objekt anzuschauen und schon dadurch zum Subjekt zu werden, daß man sich als leidenden Menschen begreifen kann, diese übers Erzählen ermöglichte mentale Rekonstruktion der eigenen Geschichte scheint – in Verbindung mit der räumlichen – eine erste psychische Distanzierungsmöglichkeit zu schaffen. Eine Frau: „Du meine Güte, Leute, das weiß ich nicht mehr. 30 Jahre eine einzige Qual.

Wenn ich das alles erzählen soll..." (Stolk/Wouters 1987, 68). Die eigene Geschichte mühsam hervorzuholen, erhält auch dadurch ihr besonderes Gewicht, weil viele, vor allem die systematisch geschlagenen Frauen berichten, daß mit dem Mann nicht zu reden war. Für viele scheint der zerstörte Kommunikationsprozeß schwerer zu wiegen als ein Schlag oder Fußtritt.

Eine Frau: „Eine seelische Demütigung bleibt länger haften als ein blauer Fleck". Eine andere Frau: „... das war für ihn bloß Weibergeschwätz, das berührt ihn nicht, da hat er nichts mit zu schaffen". Oder: „Dafür hat er mich wieder zusammengeschlagen, daß ich reden wollte und er nicht. Zur Strafe durfte ich nicht ins Bett; ich wollte, aber jedesmal, wenn ich aufgestanden bin, hat er mich zurückgeprügelt. Sitzenbleiben, hat er gesagt. Er ist fernsehen gegangen und später lesen; ich mußte sitzen bleiben, solange er wollte. Um vier Uhr nachts sind wir erst hochgegangen." (Stolk/Wouters 1987, 125, 126 f.).

Auch in dieser Erzählphase können die Frauen mit der radikalen Unterstützung durch die anderen Frauen rechnen. Zudem werden sie in ihrem, oft mit Schuldgefühlen beladenen Entschluß, wegzulaufen, positiv bekräftigt. *Zweite Handlungsregel: Ermögliche und unterstütze die psychisch-sprachliche Distanzierung und fördere dadurch den Aufbau von Artikulationsmacht!* Auch wenn es schmerzhaft ist, das Geschehen muß in Worte gefaßt werden. Hier empfiehlt sich nicht nur, Techniken der Gesprächsführung beizuziehen, die emotionale, kognitive sowie be- und verurteilende psychische Prozesse ansprechen, sondern auch Bilder (selbst gezeichnete, aus Illustrierten oder Groschenromanen entnommene usw.), um behutsam den emotionalen Grundkonflikt zwischen dem Bedürfnis nach Schutz und Geborgenheit und demjenigen nach Befreiung und Freiheit anzusprechen. Die Frau muß erfahren können, daß die Sozialarbeiterin ihre Ambivalenz, ihren Zwiespalt versteht und anerkennt. Interessant ist in diesem Zusammenhang, daß in dem Moment, wo die Mitarbeiterinnen ihre radikale Parteinahme für die Frau in diesem Sinne relativierten, die Verweildauer signifikant länger wurde (Stolk/Wouters 1987, 190 ff., 194–198, 216, Anm. 137).
Es muß nicht immer eine Extremsituation wie die Flucht ins Frauenhaus sein; auch ein Frauentreff im Raum einer Siedlung oder im Quartier, wo Frauen nicht nur gemeinsame Aktivitäten planen, sondern sich auch jeweils erzählen, was bei ihnen zu Hause vor sich geht, dürfte für diesen ersten Schritt genügen. Auch Frauen- und Mütterferien können – unter der Voraussetzung, daß im meist voll gestopften Ferienprogramm für solches Erzählen überhaupt Raum und Zeit eingeplant wird – ein Ort der Distanznahme sein (siehe auch die Arbeitsweise „Bewußtseinsbildung", Abschnitt 3.2.).

Dritter Befund: Außerhäusige Arbeit und/oder ökonomische Unabhängigkeit bewirken soziale Distanzierung dank sozioökonomischer Ressourcen als Machtquellen. Die dritte, wichtige Machtquelle im Befreiungsprozeß ist, wie wir den Berichten der von Margrit Brückner (1987) interviewten Frauen entnehmen können, außerhäusige Arbeit, eigenes Geld, eine eigene Wohnung und ökonomische Unabhängigkeit vom Mann. Eine Auseinandersetzung hierüber kann, wie folgendes Beispiel zeigt, bereits im Rahmen der ehelichen Beziehung beginnen:

> „Wieso soll ich nicht wissen, wenn das ganze Geld auf ein Konto geht. Ich will wissen, wo wenigstens mein Geld ist. Mein Geld ist nicht da, ich darf mir nicht ein Kleid kaufen, ich darf nicht einen Schrank kaufen, … ich darf nichts für die Kinder kaufen … Das kann ich einfach nicht ertragen … Dann habe ich wieder angefangen, meine Rechnungen anzugucken, da war überhaupt nichts mehr. Er hat da Schulden, da Schulden und so weiter … So ein paar Jahre leben wir zusammen und wir sparen gar nichts, wo leben wir denn da? Dann war Krach … und dann fragte er jeden Samstag, wenn ich einkaufen gehe, und er will die Rechnung haben. Der hat wieder anders angefangen, so grob – nicht so, wie ich frage, ich ihn, so normal – : … er will wissen!, … das geht nicht mehr weiter so!, … er ist der Herr!, und so weiter, und das kann ich nicht ertragen. Das hat er geplant, jedesmal anders, jedesmal käftiger und immer schlimmer." (Brückner 1987, 93–94)

Ein von Bram van Stolk und Cas Wouters besonders hervorgehobener Befund ist der, daß – im Unterschied zu Frauen aus der Mittelschicht, die das Zufluchtshaus aufsuchten – keine der Frauen aus der Arbeiterklasse eine Beunruhigung in bezug auf ihre finanzielle Zukunft erkennen ließ. Sie fanden im Gegenteil in vielen Aussagen Belege dafür, daß es in Holland offenbar weit bis in die 80er Jahre gelungen ist, eine Sozialpolitik zu betreiben, welche die Unterschicht in ihren Existenzrisiken real absicherte und Sozialhilfe keineswegs mit einem Stigma verknüpfte. Wichtig scheint mir hier die Tatsache, daß der auch von Frauenseite vielkritisierte Sozialstaat für die hier geschilderten Frauen zu einer zentralen Machtquelle und damit zum Befreiungsfaktor wurde, indem er die Ängste, in ein existentielles Vakuum zu fallen, zu bannen vermochte:

> „Das soziale Netz war mit dem erklärten Zweck aufgebaut worden, den Wohlstand zu verbreiten und soziale Sicherheit zu gewährleisten; aber unbeabsichtigt und unvorgesehen hat sich dadurch zugleich die Machtbalance zwischen den Geschlechtern zugunsten der Frauen verschoben … und die meisten Männer, mit denen wir sprachen, bestätigten dieses Bild vom Staat als Konkurrenten, indem sie offen oder versteckt mit Wut und Eifersucht auf die Sozialeinrichtungen (und SozialarbeiterInnen) reagierten, die von den Frauen in Anspruch genommen wurden." (Stolk/Wouters 1987, 71–87, insbesondere 81–82)

Im übrigen zeigten in der Untersuchung von Bram van Stolk und Cas Wouters auch die befragten, teilweise arbeitslosen, teilweise kranken, jedoch sozial abgesicherten Männer keine Existenzängste; der beispielsweise in der reichen Schweiz immer noch äußerst schwierige Schritt vom Almosen und Bittgang hin zum Recht (Mäder 1991) muß für Holland als gelungen betrachtet werden – eine Situation, die sich in den 90er Jahren drastisch ändern dürfte. Der Wunsch nach Schutz, existentieller Sicherheit und Obhut, dessen Erfüllung frau sich beim „Chef" erhoffte, aber nicht erhalten hat, wird nun auf weniger Personbezogenes und damit Abstrakteres übertragen: auf das Geld, den (hoffentlich) sicheren, aber meist ungeschützten Arbeitsplatz, die Sozialhilfe bzw. den Staat als „ideellen Gesamtehemann" (Ostner 1989). Das Bild ist aus zwei Gründen keineswegs abwegig: Einmal zeigt es den notwendigen Abstraktionsschritt, den die Frau für ihre Herauslösung aus unwürdiger familialer Abhängigkeit leisten muß. Zum andern wissen wir aus der Geschichte sowie aus aktuellen Beispielen des Wohlfahrtswesens, daß dieser „Gesamtehemann" für seine Leistungen sehr wohl moralisch einwandfreien, disziplinierten Lebenswandel fordern kann. Trotzdem scheint dies ein außerordentlich wichtiger Lernschritt zu sein: Jede/r Immigrant/in aus (feudal-)agrarischen, familienzentrierten Gesellschaften muß diesen Lernprozeß in unseren Gesellschaften durchmachen. Er besteht darin, daß (erstens) die konkrete familiär-verwandtschaftliche Hilfe und Solidarität durch eine abstrakte Solidarität, d.h. Sozialversicherungen ergänzt, ja ersetzt wird und (zweitens) daß alles, was auf einen Markt kommt, nicht nur einen unmittelbaren, konkreten Gebrauchswert, sondern auch einen in abstrakten Zahlen – insbesondere Geld – ausdrückbaren Tauschwert hat (Demele 1988). Eine mündlich übermittelte, auf rein biologische Reproduktion ausgerichtete Kultur, etwa Gebären, Pflegen, Erziehen, Sorgen, Fürsorgen – erzwingt keine Abstraktion im Denken. Im Gegenteil, es geht immer um ganz Konkretes, Alltägliches, Handfestes, Praktisches, um unmittelbare Bedürfnisbefriedigung und erste Hilfe möglichst ohne komplizierte Umwege, abstrakte Zwischengrößen und Gedankenschlaufen. Während Gewalt physisch erfahren wird und die Flucht vor ihr mit physischen Mitteln erreicht werden kann, beruht die kritisch-reflexive Transzendierung des Alltags und des Gewaltalltags im besonderen, seiner begrenzenden wie auch behindernden Regeln der Machtstrukturierung auf emotionalen und kognitiven, distanzschaffenden Abstraktions- und Deutungsleistungen. Diese sind wiederum Vorbedingung für eine neue Sicht von Machtverhältnissen.

Dritte Handlungsregel: Ermögliche die Teilnahme an Markt und Staat und mithin den Aufbau von sozioökonomischer Ressourcenmacht! Ermächtigung heißt also in dieser Phase, die strukturelle Integration in Markt und Staat zu ermöglichen, und zwar einerseits als neue Sicherheit und anderseits als Orte, wo neue Regeln gelernt werden können und müssen. Zur familialen Binnenrolle der Frau kommt eine Außenrolle hinzu, die sie mit Menschen und sozialen Gebilden, vornehmlich Organisationen außerhalb ihres Familienkreises, verknüpft. Zu denken ist auch an eine Qualifikation über Aus- und Weiterbildungen und, parallel dazu, die Schaffung innerfamilialer Entlastung durch Tagesstrukturen.

Da die Zugänglichkeit dieser Machtquellen zur Zeit infolge einer weltweiten Rezession immer weniger gewährleistet ist, gilt es, überindividuelle Arbeitsprinzipien in Betracht zu ziehen: Bekanntlich wird Europa, der westliche Norden, vom Deregulierungs- und Privatisierungsfieber erfaßt. Parallel dazu werden kleine soziale Netze gepriesen, in denen die Frauen seit jeher die unentgeltlich Arbeitenden sind (Nestmann/Schmerl 1991). Alle mir bekannten Untersuchungen zeigen wiederum, daß Gesellschaften mit ausgebautem Sozialstaat, allen weit voran die skandinavischen Länder, die „frauenfreundlichsten" sind (Schunter-Kleemann 1992; Hernes 1989). Davon abzuleiten ist eine Fachpolitik, welche paradoxerweise den von rechts und links, aber auch von Feministinnen vielkritisierten Sozialstaat verteidigt und von der Wirtschaft nicht nur Umwelt-, d. h. ökologische Verträglichkeit, sondern auch „Sozialverträglichkeit" fordert (Staub-Bernasconi 1994b). Ressourcenerschließungsarbeit wäre also auch auf europäischem Niveau zu leisten (siehe auch Arbeitsweise „Ressourcenerschließung", Abschnitt 3.1.).

Vierter Befund: Die Ersetzung der Vorstellung natürlich-vorgegebener durch die Vorstellung sozialer Machtverhältnisse führt tendenziell zur Befreiung aus Alltagstheorien beziehungsweise mentaler Kolonisierung – oder: alternative Deutungsmuster als Machtquellen. Als vierter Schritt der Subjektwerdung erweist sich ein Prozeß, der bewußt auf den beiden vorherigen Schritten aufbaut oder zwanglos hinzukommt: Es ist nicht – wie man meinen könnte – primär die Erfahrung, daß alle Frauen inklusive die Teamfrauen des Frauenhauses die gleichen Probleme haben, also die Erfahrung gemeinsamer Betroffenheit, sondern es ist die Erfahrung der ins Frauenhaus geflüchteten Frauen, daß andere beobachtbare, gesprächsbereite Frauen vergleichbare Beziehungs-, Macht- oder Gewaltprobleme ganz anders lösen als sie selber. Das Entscheidende ist die Erkenntnis, daß im Bereich menschlichen Zusammenlebens zwischen Mann und Frau nichts einfach vorgegeben oder natürlich ist, sondern daß es Alternativen gibt, die, auch unter den gegebenen, schwierigen Bedingungen, schrittweise realisierbar sind. So entstehen neue Bilder vom Mann sowie von der Beziehung, die neben den alten „im Bewußtsein Platz nehmen": Er ist also kein Gott, sie aber auch keine Hure oder noch Minderwertigeres. Es ist die zentrale Erfahrung der Verschiedenheit, der Differenz zwischen Frauen, die offenbar bewirkt, daß entdeckt werden kann: Unterdrückung muß nicht Unterdrückung bleiben, weil Menschen sich an die Stelle von Gott gesetzt haben und vorgeben, zu wissen, was jedem Menschen und insbesondere der Frau gebührt. „Da kriegt man auch mal die Gedanken, wie es vielleicht wäre, wenn man mal mit einem anderen Mann zusammen ist." (Brückner 1987, 148) Eine Frau berichtet, wie sie eines Tages den Mut findet, eine Frauenhaus-Mitarbeiterin folgendes zu fragen:

„... ,Sag mal, wie sieht denn das eigentlich mit dir, mit deiner Beziehung aus?'. Und da hat sie mir erzählt, daß sie halt einen Freund schon jahrelang hat, und halt jeder so – schon viel zusammen machen – aber schon jeder auch irgendwas für sich macht ... Ja, und heute mache ich das genauso. Wir machen ja auch viel zusammen, aber wenn ich weggehe, gehe ich weg. Ich sage dann halt nur, du hör mal zu, ich gehe da und da hin, und dann ist der Fall erledigt, da gibt es gar nix, gell. Das hätte ich mich bei dem (ihr früherer Mann) nie getraut ...“ (Brückner 1987, 145–157)

Es geht hier also um Begegnung und Auseinandersetzung mit Frauen, die ein anderes Bild von Partnerbeziehungen haben und ihren Alltag aufgrund von Regeln strukturieren, die auch zu einem anderen Umgang mit Macht führen. So können beispielsweise fraglos akzeptierte Befehle durch Aushandeln und Kompromisse ersetzt werden. Die von Margrit Brückner in diesem Zusammenhang geschilderten Prozesse bestätigen einen Befund der Studie von Bram van Stolk und Cas Wouters (1987, 65ff., 127, 159f.): Je klarer die Teamfrauen für die Frauen Partei gegen den Mann nahmen, desto kleiner waren die Chancen eines längeren Aufenthaltes im Frauenhaus und damit der vertieften Auseinandersetzung mit der persönlichen Situation. Es ging um die in Anbetracht der oft unmenschlichen Verhältnisse gewiß schwierige Erkenntnis, daß die Teamfrauen nicht von einem Autonomiebild der Frau ausgehen konnten, sondern ernstnehmen mußten, daß diese Frauen aufgrund verschiedenster Bedürfnisse an ihrer/einer Beziehung festhalten wollten und man deshalb am Bild dieser Beziehung und dem, was an Neuem daraus für den ehelichen Alltag, für eine neue Partnerschaft folgt, arbeiten mußte.

Vierte Handlungsregel: Ermögliche alternative Bilder von partnerschaftlicher, innerfamilialer Rollen- und Machtverteilung und begleite und fördere den Aufbau von Modellmacht! Die angestrebte Neudefinition des Bildes einer Paar- oder Ehebeziehung geht dahin, daß eine Beziehung zwischen Mann und Frau nicht nur eine Frage des Glücks oder Pechs ist oder die Anmeldung von eigenen Ansprüchen nicht Ungehorsam, mithin ein nur schwer einzugehendes Risiko für die Beziehung bedeutet. Die Schicksalsvorstellung muß durch Kategorien des „Rechts“ oder „Unrechts“ zwischen zwei gleichwertigen Menschen ersetzt werden können. Da die Voraussetzung hierzu die Anerkennung sich widerstreitender Bedürfnisse ist, gilt es, diesen Konflikt feinfühlig ins Bewußtsein zu heben, um die Chance zu erhalten, die Gewichte neu zu setzen. Bevor „die Alternative zu vorher“ in Handeln umgesetzt werden kann, muß sie „denkbar“ gemacht werden. Und hiefür braucht es erzählte oder vorgelebte Alternativen. Im Anschluß an die Studie von Bram van Stolk und Cas Wouters (1987) stellt sich zudem die Frage nach einer Arbeit mit den gewalttätigen Männern (siehe auch Arbeitsweise „Modellveränderung“, Abschnitt 3.3.).

Fünfter Befund: Frauenhausfrauen, Frauengruppen, Frauenbewegung als Ort neuer sozialer Beziehungen ermöglichen die immer wieder neue Bearbeitung der Gewaltproblematik, neuer psychischer Verletzungen sowie von „Rückfällen". Sie können auch zu neuen Bewertungsmaßstäben für Machtstrukturen und deren Regeln führen – oder: soziale Beziehungen, Freundschaften und Organisationen als Machtquellen. Die Vernetzung von Frauen nach ihrem Aufenthalt im Frauenhaus hat sich als schwierig erwiesen. Die meisten werden durch alte und neue Pflichten voll in Anspruch genommen. Und diejenigen, die sich erfolgreich aus Gewaltbeziehungen befreit haben, scheinen Orte zu bevorzugen, wo sie sich als moderne Individuen bestätigen, also z. B. eine Karriere machen können (Brückner 1987). Und doch: Es mag der Wunsch vieler Sozialarbeiterinnen sein, daß der nächste Befreiungsschritt zum Anschluß an die Frauenbewegung oder zumindest zur Politisierung verhilft, wie seinerzeit von den StudentInnen und SozialarbeitstheoretikerInnen Ende der 60er Jahre der Anschluß der Deklassierten und Randständigen an die Arbeiterbewegung erhofft wurde. Alle Befunde weisen daraufhin, daß für diese Art übergeordneter Solidarität – heute wie damals – die strukturelle und kulturelle Distanz zwischen den Frauen und den „sozial Bewegten" sowie den „bezahlten Bewegenden" zu groß ist. Die holländische Studie zeigt zudem recht klar, daß nicht einmal gemeinsame Betroffenheit und Gewalterfahrung die Überwindung von Schichtbarrieren begünstigt: Diejenigen Frauen aus der Mittelschicht, die sich mangels Alternativen oder aus Unwissenheit über die schichtspezifische Zusammensetzung der im Zufluchtshaus anwesenden Frauen dorthin „verirrten", hielten es im teilweise sehr derben Alltag nicht aus (Stolk/Wouters 1987, 57–62).

Gemessen am gesellschaftlichen Durchschnitt sind heute die Sozialberufe und erst recht Sozialwissenschafterinnen Vertreterinnen eines überdurchschnittlichen Bildungs-, Beschäftigungs- und Einkommensniveaus. Letzteres erlaubt die Erwägung von Teilzeitstellen ohne große Einbußen an Lebensqualität. Die durch Markt und Staat ermöglichte und in Anspruch genommene, selbstbewußte und eigengesteuerte Lebensweise nimmt den Fragen „In der Familie verbleiben oder wegziehen?" und „In einer unbefriedigenden Partnerbeziehung ausharren oder weggehen?" ihre Brisanz. Zudem erhoffen Angehörige der Mittelschicht ihre weitere Befreiung nicht (mehr) von „noch mehr" Bildung, Wissen, Arbeitsleistung, Einkommen und Konsum, sondern von Alternativen zu diesen modernen Werten. Und alles soll zudem auf möglichst lustvolle, kreativ-spielerische und selbstbestimmte Weise erreicht werden. Um dies zu illustrieren, gebe ich einen Gesprächsausschnitt zwischen einer Frau aus der südlichen und einer Frau aus der nördlichen Hemisphäre wieder:

„ ‚Warum‘, fragte ich (als Frau aus dem Norden) ‚... glaubst du, daß wir mit unseren Männern glücklicher zusammenleben als ihr?‘ ‚Klar lebt ihr glücklicher mit euren Männern. Ihr habt Geld, und mit dem Geld kommt auch das Glück für die Menschen‘. ‚Es gibt aber auch Leute, die haben Geld und sind doch nicht glücklich‘. ‚Ja, vielleicht haben die auch Streit miteinander, aber nicht, weil es ihnen an etwas fehlt. Das ist hier der Hauptgrund für Streit. Ich verstehe nicht, warum ihr streitet oder euch scheiden laßt, wo ihr doch alles habt, was ihr braucht!‘ “ (Schreiber-Einloft 1989) Hier sprechen zwei Frauen miteinander, die sich nicht verstehen können, obwohl sie beide Frauen sind. Was sie trotz Geschlechtsgleichheit trennt, ist ihre Position in einem internationalen Schichtungssystem und die dabei entstandene Interpretation ihrer familialen Situation. Diese wirkt als Kulturbarriere.

Um diese Unterschiede noch ein weiteres Mal zu verdeutlichen, lasse ich eine holländische Feministin, Sozialarbeiterin und Sozialwissenschafterin, Tochter aus einer wohlhabenden Unternehmerfamilie, über ihre Bekehrung zum Feminismus sprechen:

„Ich weiß noch genau, wann der Blitz bei mir einschlug. Ich las einen Artikel von Shulamith Firestone über die Liebe. Was sie darin beschrieb, entsprach genau meiner Erfahrung. Ich war auch so eine Frau, die glaubte, sie wäre dem Schicksal ihrer Mutter entronnen. Ich glaubte, Männer würden mein Angebot einer kameradschaftlichen Beziehung zu schätzen wissen, denn mit mir konnten sie schließlich über Politik reden, ich engte sie in ihrer Freiheit nicht ein, ich forderte von ihnen keine Versprechungen für die Zukunft, sie brauchten nie für mich zu bezahlen, nicht einmal für mein Bier in der Kneipe, ich benutzte weder den Sex als Mittel, um etwas zu erreichen, noch hatte ich im Bett jemals Kopfschmerzen. Ich entsprach genau dem Bild der flotten progressiven Frau! Doch dann stellte sich heraus, daß sie eigentlich sehr gerne eine Frau zu Hause hatten, die für sie kochte und ihre Bluejeans flickte, während sie sich bei mir darüber beklagten, wie langweilig sie sei, und mit mir Sex hatten, weil ihre Ehefrau ewig unter Kopfschmerzen litt. Mir wurde schlagartig bewußt, daß Frauen überall die zweite Geige spielten, nicht nur in der traditionellen Familie, sondern auch in den sogenannten progressiven Kreisen, wo die Männer ständig das Wort Freiheit im Munde führten. Überall waren die Frauen in erster Linie dazu da, die Männer zu bedienen, ihre Bedürfnisse zu befriedigen. Genau dies beschrieb Shulamith Firestone. Ich habe diesen Artikel noch immer, er ist ganz verschmiert und voller Tränen. Von diesem Moment an war ich Feministin!“ (Meulenbelt 1988b, 7–8)

Bei den in diesem Abschnitt beschriebenen Frauen schlägt nirgends der Blitz ein. Und Bücher, Tagungen und internationale Konferenzen – zentrale Kommunikationsformen der alten wie neuen Frauenbewegung – kommen als Auslöser für Befreiungsprozesse gar nicht vor.
Fünfte Handlungsregel: Ermögliche soziale Vernetzung und den Aufbau von Organisationsmacht! Zusammenschlüsse von Frauen, die das Frauenhaus verlassen, sind auch dann zu fördern, wenn dies aufgrund bisheriger Befunde ein schwieriges Unterfangen ist. Eine während des Aufenthaltes ange-

bahnte und weitergeführte Freundschaft soll dabei aber ebenso als Erfolg betrachtet werden wie eine Gruppe, die sich nach der Frauenhauserfahrung für ein paar Wochen auf lockere Weise trifft. Das Wichtige ist hier, daß Rückfälle sowie neue Verletzungen irgendwo zur Sprache gebracht werden können und eine immer noch unsichere Identität als Frau mit bestimmten Rechten und Pflichten konsolidiert wird. „Geschützte Räume", welche die Entdeckung eines solidarischen „Wir" in klarer Abgrenzung zum „Unterdrücker", zum „zerstörerischen Sie", ermöglichen, haben in allen Befreiungsprozessen eine wichtige, unentbehrliche Funktion. Schwierigkeiten entstehen durch die Ungleichzeitigkeit der individuellen Befreiuungsphasen: Sie sind die Basis für die immer wieder geführte Diskussion, ob strukturelle Absetzung oder Integration zum Befreiungsziel führt. Die empirische Antwort aufgrund der sozialen Bewegungsforschung lautet: Beides, und zwar sowohl phasenmäßig nacheinander als auch arbeitsteilig gegen-, besser: konzertiert miteinander (Gamson 1964). Dabei ist zu beachten, daß „Frauenräume" nicht nur Orte der Ermächtigung, sondern auch solche des solidarischen Verbleibs in der gemeinsamen Unterdrückungssituation, der Fantasie symbiotischer Verschmelzung und gemeinsamen Untergangs werden können. Ebensosehr können sie zum Ort der problematischen Utopie einer einzig durch Frauen befreiten Gesellschaft werden (Staub-Bernasconi 1989) (siehe auch die Arbeitsweise „Vernetzung", Abschnitt 3.5.). Vernetzung und der Aufbau von Organisationsmacht dürfte deshalb vor allem ein Handlungsprinzip für die Sozialarbeiterinnen sein.

Was kommt nach der räumlichen, psychischen, sozialen und symbolischen Distanzierung? *Das Erhoffte*: Erhofft wird eine immer differenziertere Auseinandersetzung mit der Realität, dem eigenen Beitrag zur Erhaltung der Machtstruktur (Mittäterinnenschaft), der selber ausgeübten Macht auf andere, den unterschiedlichsten Bedürfnissen von Frauen und Männern qua Menschen, eine Neubestimmung des Geschlechterverhältnisses, alte und neue Regeln des Austausches wie der Machtverteilung (Sennett 1985). *Die Realität*: Frauen mit neu entdeckten Bedürfnissen und Machtansprüchen werden sich nicht nur verstehen, unterstützen und helfen, sondern auch streiten. Frauen, die Machtquellen entdeckt haben und sich darüber bewußt sind, werden sie nun je nach Interessen auch gegen andere Frauen einsetzen. Dies ist keineswegs negativ, wenn daraus nicht ein Fall für Differenzen verwischende moralische Appelle an die Solidarität unter Frauen und endlose private Beziehungsklärungen gemacht wird. Die psychologische Aufarbeitung von Konkurrenz, Rivalität, Mißgunst muß, soll sie nicht die privat-intime Familienkultur im Gewand einer vergesellschafteten „weiblichen Kultur" reproduzieren, auch Tausch- und Machtstrukturierungs- bzw. -begrenzungsregeln ins Auge fassen (Strate 1986). Eine „produktive Streitkultur", wie sie

Christine Goll fordert (1988, 38 f.), wird die kleine Gruppe und Organisation als Ort betrachten, wo auch Lernen über soziale Regeln und Strukturen möglich werden sollte. So geht es unter anderem um folgende Fragen: Was steht wem warum zu? Wie sind knappe Güter zu verwalten, verteilen und je nachdem zu erwirtschaften? Welche Form der Arbeitsteilung ist sinnvoll? Wer kann wem was wie, wo und wann befehlen, bzw. wer ist wem gegenüber rechenschaftspflichtig? Welche Rechte und Pflichten bestehen gegenüber öffentlichen und privaten Finanzgebern? Besteht in dieser Hinsicht ein ausgeglichenes Verhältnis zwischen Rechten und Pflichten, oder wiederholt sich vielleicht ein patriarchales Herrschaftsmuster? Wie können trotz Differenzen und Konflikten soziale Intgration und Handlungsfähigkeit gewährleistet werden? Kurz: Wie kann Macht menschen- und mithin bedürfnisgerecht ausgehandelt, legitimiert und durchgesetzt werden? Diese Fragen berühren nicht erst das wirtschaftliche und politische System, sondern sind Teil des Alltags von FreundInnen, Familien, Selbsthilfegruppen, Schulklassen, Arbeitsteams, Organisationen. Bereits hier kann gelernt werden, zwischen Behinderungs- und Begrenzungsregeln der Macht zu unterscheiden, um sie später auf Großorganisationen, ja auf die Gesellschaft übertragen und anwenden zu können. Es geht um ein leb- und reflektierbares Konzept positiver Machtbeziehungen.

Damit sollte klarer geworden sein, daß mit der Realisierung dieser Vorstellungen nicht primär diejenigen Frauen angesprochen werden sollten, die ihre ersten, zaghaften Befreiungsschritte gegen den Willen ihrer Männer erproben. Hier wären wohl doch in erster Linie die „theoretisierenden SozialpraktikerInnen" angesprochen, die jeden Tag mit Nähe und Einfühlung wie auch mit Distanz und Kontrolle umgehen müssen und dabei Macht in irgendwelcher Form ablehnen, verleugnen oder als unerträgliche Last empfinden. Ermächtigung von anderen setzt auch einen bewußten Umgang mit der eigenen Macht voraus. Sonst verschleiert „die Fixierung auf die Ohnmacht ... den Blick für die Macht" (Habersaat 1989).

Und welches ist der *Preis der Befreiung*? Die von Margrit Brückner in ihre Gespräche einbezogenen Frauen verschweigen den Preis ihrer Wegbewegung aus feudalen und pseudo-modernen Familienstrukturen nicht: Er heißt offenbar auch heute noch und nicht nur zu Beginn der ersten Frauenbewegung: „Liebe oder Selbständigkeit":

> „Wenn Liebe und Sich Einlassen die Gefahr bedeuten, ‚sich unterbuttern' zu lassen, ziehen viele Frauen die Konsequenz (zumindest derzeit), keine engen Liebesbeziehungen einzugehen. Dadurch geraten sie aber in Schwierigkeiten mit ihren Beziehungswünschen, die sie vorläufig hintanstellen. Da sie erst einmal ihre neue Freiheit und das Ende der gewalttätigen Beziehung erleichtert genießen, ist das für die meisten momentan nicht so schwierig ... Sie haben ... kein lebbares Kon-

zept einer ‚guten' Liebesbeziehung. So geht, zumindest derzeit, für viele Frauen die Rückgewinnung oder gar Steigerung ihrer Tüchtigkeit und allgemeinen Lebensstärke auf Kosten ihrer Beziehungswünsche." (Brückner 1987, 173)

Die gleiche Entdeckung machen auch viele Frauen, die sich für eine berufliche Karriere entschlossen haben. Doch damit wird nicht mehr das Problem direkter, sondern dasjenige struktureller Gewalt berührt, das nicht mehr nur mit der Erschließung von Machtquellen angegangen werden kann, sondern weitergehende Strukturänderungen, insbesondere die Aufhebung der geschlechtshierarchischen Arbeitsteilung zwischen sogenannter produktiver und sogenannter un- oder reproduktiver Arbeit erfordert. Gesellschaftspolitik, das „Öffentlich-werden-Dürfen" von „bezahlten Bewegten" wäre demnach nicht etwas, was bei genügend Zeit als Luxus noch hinzukommt, sondern etwas, das sich als Folge bestimmter Analysen und Arbeitsweisen, bestimmten Wissens sowie bestimmter behindernder Barrieren geradezu aufdrängt. –

Die hier vorgestellte Skizze sollte aufzeigen, daß ein der wissenschaftlichen Überprüfung zugänglicher, sozialarbeitstheoretischer Bezugsrahmen praxisrelevant sein kann, ohne die AdressatInnen Sozialer Arbeit per Definition zu kolonisieren. Er verlangt darüber hinaus die „Verstetigung der Fertigkeit ‚methodischen Arbeitens'" (Müller, C. W. 1993, 21). Wer keinen Bezugsrahmem hat, wird versucht sein, das Fehlende durch Funktionsbeschreibungen, institutionelle Zwecksetzungen, Normen und Gesetze, Theorie-, Therapie- und Managementmoden oder eventuell gar durch Statusattribute und -diskussionen zu ersetzen. Darin scheint mir nun aber die größere „technologische Gefahr" zu liegen als im sensiblen Umgang mit verschiedenen Wissensformen. Solche Regelungen eines sozialarbeiterischen/sozialpädagogischen Alltags sind nämlich der kritischen Reflexion kaum mehr zugänglich. Die Entwicklung einer handlungstheoretischen, durch Forschung abgestützten Wissensbasis mag zugegebenermaßen mühsamer und – zur Zeit – sehr angefochten sein. Ich meine allerdings, daß eine Profession dies denjenigen schuldig ist, denen sie im echten Sinne dienen will. Dieser Dienst faßt gemäß Alice Salomon „alle diejenigen Bestrebungen (zusammen), die gesellschaftlichen Mißständen gegenüber Hilfe schaffen wollen", und dies nicht als „eine unbedeutende Hilfsarbeit bei großen sozialen Reformen (sieht), sondern um die Mitarbeit an diesen selbst" (in: Lange/Bäumer 1901, 4). Er fordert keine politischen Bekenntnisse, hingegen eine professionelle, differenzierte Sicht von Machtprozessen und Machstrukturen genauso wie sensibles Wissen über Menschen, ihre Bedürfnisse, Denk- und Handlungsspielräume.

Wenn es *eine* Lehre aus der jahrzehnte-, wenn nicht gar jahrhundertealten Unsichtbarmachung von Sozialarbeitstheorie und -wissenschaft gibt (Staub-

Bernasconi 1991a), dann die, daß wir nicht warten können und sollen, bis sich andere Disziplinen dieser Aufgabe annehmen. In Anbetracht des bisherigen Entwicklungstempos hätte dies nämlich zur Folge, daß wir noch mindestens weitere 100 Jahre warten müßten. Und das scheint mir angesichts der heute immer drängenderen sozialen Probleme schlichtweg zu lange.

5. PROFESSIONELL BEGRÜNDETE QUALITÄTSSICHERUNG – EIN GLOSSAR UND SEINE VERWENDUNGSMÖGLICHKEITEN [10]

Es ist unübersehbar, daß die Begriffe „Qualitätssicherung", „Qualitätsmanagement" und „Wirtschaftlichkeit" auch in der Sozialen Arbeit Eingang gefunden haben. Dies ist nicht von vorneherein zu kritisieren. Während der Prosperitätsjahre hat nämlich die Soziale Arbeit weitgehend verlernt, sich über die ökonomischen Voraussetzungen ihrer Tätigkeit sowie über die Knappheit von Ressourcen Gedanken zu machen. Nachdem sie während der 60er und 70er Jahre Vieles, was mit Ökonomie, Markt und Leistung zu tun hat, kritisierte, wird nun in der Fachliteratur des letzten Jahrzehnts axiomatisch und unkritisch von einer Finanzkrise des Staates ausgegangen, ohne darauf hinzuweisen, daß dies eine wirtschaftspolitisch gewollte, also künstlich herbeigeführte Knappheit ist. Verschwiegen wird ebenfalls, wer an der Staatsverschuldung verdient.
Bekanntlich studierten viele TheoretikerInnen der ersten Stunde Ökonomie. So schrieb Alice Salomon eine „Einführung in die Volkswirtschaftslehre", in welcher sie folgende Definition einführt: „Die Bedürfnisbefriedigung eines ganzen Volkes durch die Arbeit des ganzen Volkes, ein System nationaler Bedürfnisbefriedigung: das nennen wir Volkswirtschaft." (1923: 1 f.) Christian Klumker sah in der Ökonomie die Chance zur Befreiung der Fürsorge aus religiös-moralischen Vorgaben (1918). Und bei Ilse Arlt ist zu lesen:

> „Die Fürsorge muß endlich lernen ... *Aufwand und Leistung zu vergleichen.* Die Rechnung ist besonders deshalb schwer, weil die Güte einer Fürsorgeleistung nach ihrer *augenblicklichen* und nach ihrer *nachhaltigen Wirkung* beurteilt werden muß. (87) ... Hunderte von Beispielen ließen sich dafür beibringen, daß oft Mittel gegeben werden, wo Freizeit, Kenntnisse oder Beratung Besseres leisten würden. Umgekehrt, daß man Beratung, Erziehung bietet, wo Mittelzuwendung das Wichtigste wäre. (88) ... *Jede einzelne Fürsorgeform* muß nach ihrem wirtschaftlichen und nach ihrem menschlichen Werte untersucht werden, wenn die

---

[10] Unter Mitarbeit von Ruth Brack, Kaspar Geiser, Petra Keller und Martina Ullmann.

Gesamtfürsorge *bei geringstem Aufwande die größtmögliche Leistung* erzielen soll." (1958/1921: 91; Herv. StB).

Diese und weitere Texte zeigen folgendes: Oberstes Erkenntnisziel ökonomischer Theorie soll die Antwort auf die Frage sein, wie die Bedürfnisse aller Menschen aufgrund von realen Knappheitsbedingungen befriedigt werden können, und nicht die Frage, wie Individuen und Wirtschaftsorganisationen ihren monetären Nutzen maximieren und gleichzeitig – ob beabsichtigt oder als inkaufgenommene Folge – eine künstliche Verknappung der Ressourcen für zwei Drittel der Bevölkerung herbeiführen. Ferner: Wirtschaftlichkeit ist nicht einziger, gar übergeordneter Maßstab zur Beurteilung von Hilfeleistungen. Ihr „menschlicher Wert" (Arlt) – in heutiger Sprache ihre Qualität – hat die Profession aufgrund ihres Wissens, unter anderem über menschliche Bedürfnisse und soziale Systeme – unter Einbezug von Ökonomie und Betriebswirtschaftslehre – festzulegen (Bauer 1996).

Im Rahmen der Qualitätssicherungsdebatte müssen in letzter Zeit nun aber viele Sozialarbeitende die Erfahrung machen, daß nicht sie, sondern Organisationsberater, Betriebswirtschafter u. a. die Standards Sozialer Arbeit definieren: Dies wird so bleiben, sofern die Sozialtätigen keine eigenen theoretisch-professionellen Kriterien einbringen können. Auch die kompetente Auslegung und Anwendung von Sozialgesetzgebungen – ob BSHG oder KJHG/SGB VIII – kann nicht die professionelle Perspektive ersetzen, die als erstes von der Situation und den Sichtweisen der Klientel ausgeht. Ökonomische Rationalität und betriebswirtschaftlich umgesetztes Management besagen nämlich nur, daß irgendwelche Ziele mit einem minimalen Einsatz von Personal, Geld und Zeit erreicht werden können oder sollen. So können auch Nonprofit-Organisationen mit sozial-humanitären Zielen wirtschaftlich sein (Badelt 1997).

Bezüglich Qualitätssicherung in der Sozialen Arbeit gibt es also:

(1) Ein übergeordnetes professionelles Qualitätsziel, bestehend aus drei Teilzielen:

(a) die Festlegung und laufende Anpassung von Qualitätsnormen (Standards) aufgrund des zur Verfügung stehenden human- und sozialwissenschaftlichen Wissens,

(b) die Ermittlung der erschliessbaren Ressourcen der Klientel, Organisation wie der Gesellschaft und

(c) die Überprüfung der Zielerreichung und damit der Wirksamkeit der Hilfeleistung sowie die Ermittlung derjenigen Faktoren, die zur Zielerreichung beigetragen haben.

(2) Ein untergeordnetes betriebswirtschaftliches Ziel, das heißt Kostentransparenz – mit dem Zweck, die Kosten der Erbringung der Dienstleistungen zu

berechnen und an Effizienzkriterien des wirksamen, sparsamen, nachhaltigen sowie sozialverträglichen Mitteleinsatzes zu messen. Fehlen die Ressourcen zur Erreichung der Qualitätsziele, so muß dies aktenkundig und öffentlich gemacht werden. Die minimalste Pflicht der organisationellen und politischen AkteurInnen wäre, die uneingeschränkte Verantwortung für ihre Politik der Mißachtung professioneller Standards und menschlicher Bedürfnisse zu übernehmen und öffentlich dafür gerade zu stehen.

Anlaß für das anschließend erläuterte Glossar als Begleittext zur Aktenführung war die Umstellung der gesamten Sozialadministration eines großen Amtes für Jugend- und Sozialhilfe auf EDV. Theoretische Grundlage bildeten die im ersten Kapitel meines Beitrages in diesem Buch beschriebenen Problemdimensionen, ferner die Frage nach Bedürfnissen und Resssourcen und die im dritten Kapitel festgehaltenen Arbeitsweisen. Es beschränkt sich auf die Erfassung individueller und familiärer Problematiken. Bei der Erstellung des Glossars wurde auch Rücksicht auf die Vorstellungen der AnwenderInnen genommen.

Zur Datenschutzfrage ist festzuhalten, daß in diesem Fall das Programm für die Datenerhebung nicht an das zentrale Datenverarbeitssystem der Trägerorganisation angeschlossen wurde. Darüber hinaus gilt (erstens), daß nur das für professionelle Aufgabenerfüllung notwendigen Daten erhoben werden sollen. (Zweitens) haben die KlientInnen das Einsichtsrecht. Und (drittens) müssen selbstverständlich die in einem Land geltenden Rechtsvorschriften bezüglich Datenschutz eingehalten werden (Maas 1996).

Die wichtigsten Verwendungsmöglichkeiten des Qualitätssicherungsinstrumentes sind die folgenden:

(1) Transparenz und Einsichtsmöglichkeit – als erstes für die AdressatInnen: Alle Akteneinträge kann man den KlientInnen jederzeit zeigen, da nichts festgehalten wird, was sie nicht selber gesagt haben bzw. was nicht miteinander besprochen und ausgehandelt wurde. Vor allem enthalten sie keine entwertenden, stigmatisierenden Diagnosen. So können sie zum neuen Ausgangspunkt für Gespräche über stattgefundene Gespräche werden, die Veränderungen wie Stagnation seit der letzten Bespechung aufzeigen. Einsicht ist hier im doppelten Sinn gemeint: Akteneinsicht

* als Umsetzung des rechtlich abgesicherten „Rechtes auf Akteneinsicht" und

* als Chance, mit Hilfe des Sozialtätigen – soweit möglich – Einsichten in die individuelle und gesellschaftliche Situation sowie die damit zusammenhängenden Denk- und Handlungsweisen zu gewinnen, welche die Lebensgeschichte prägten und den Anlass für die Hilfesuche mitbestimmten.

(2) Grundlage für gemeinsame Zielfindung und Handlungsplanbestimmung als Such- und Aushandlungsprozeß: Es sind dies Aufgaben, die sich auf das Alltagswissen der AdressatInnen und das professionelle wie auch das Alltagswissen der Sozialtätigen abstützen. Beides unbesehen als gleichwertig zu betrachten, beruht auf einem Irrtum, der spätestens dann offenkundig wird, wenn es um irreführende Aussagen zur finanziellen Situation, um Vorurteile, Wahnideen, Rassimus oder gar um Vergewaltigung und Mißbrauch geht und die KlientInnen keinen Einsichts-, Lern- oder Handlungsbedarf sehen. Dennoch bestehen in den meisten Situationen gemeinsame Definitions- und Aushandlungsspielräume. Eingeschränkt werden sie vor allem durch gesetzliche und administrative Vorgaben. Hier allerdings Aushandlungsbereitschaft zu signalisieren, käme einer Verschleierung von Macht gleich. Die in Machtverhältnissen geforderte Offenheit ist die eines Diskurses über (il-) legitime Macht, Ermessensspielräume, über die (Il-)Legitimität von Gesetzen u. a. Dazu gehört auch die Begründung von Weigerungen, bestimmte Wünsche zu erfüllen.

(3) Gewinnung neuer Einsichten über die Lebenssituation und -chancen der AdressatInnen: Es lassen sich während und vor allem nach und vor jeder Besprechung beispielsweise folgende Fragen stellen:

* Welche Zusammenhänge bestehen zwischen einem bestimmten körperlichen Zustand oder Prozeß, der aktuellen sozioökonomische Ausstattung und den Erkenntniskompetenzen, den Deutungsmustern und Handlungskompetenzen, kurz dem Lebensstil der AdressatInnen?
* Wie hängen bestimmte Bedeutungssysteme der AdressatInnen mit ihren konkreten Veränderungsabsichten und Handlungsspielräumen zusammen?
* Wie wirken bestimmte Austauschformen auf die Ausstattungsmerkmale zurück?
* Welcher Zusammenhang besteht zwischen bestimmten sozialen Beziehungsmustern und Formen der Abhängigkeit bzw. Unabhängigkeit?
* Wie wird sich die Situation weiterentwickeln, wenn nichts unternommen, die Hilfe seitens der Organisation verweigert oder das Angebot seitens des Adressaten abgelehnt wird?

Falls sich Aussagen von und über verschiedenste AdressatInnen immer wieder wiederholen, sind wir auf der Spur von Regularitäten.

(4) Grundlage für Selbst- und Fremdevaluation: Eine Aktenführung, die sich durchgehend auf die gleichen Dimensionen stützt, erlaubt die Feststellung von Veränderungen der AdressatInnen in irgendeinem der erfaßten Bereiche. Zugleich läßt sich fragen, worauf diese Veränderungen zurückgeführt werden könnten, nämlich auf

* die Aktivitäten der KlientInnen,
* des/der Sozialarbeitenden,
* Aktivitäten des Umfeldes oder
* auf Ereignisse, über welche man keine Kontrolle hatte?

Dazu kommt das Festhalten von unerwarteten Nebenwirkungen positiver oder negativer Art, wobei letztere die Basis für neue Aktivitäten abgeben müßten. Evaluation kann zusammen mit den AdressatInnen, durch die Sozialarbeitenden allein und durch externe Fachpersonen erfolgen. Letzteres verhindert Selbsttäuschungen. Idealerweise müßten alle drei Formen kombiniert werden.

(5) Grundlage für forschungsgestützte Sozialpolitik: Viele Studien über soziale Probleme halten eingangs fest, daß ihre Daten leider bei der Publikation bereits überholt seien. Ein solches Aktenführungssystem erlaubt eine rasche, streng anonymisierte Weiterverarbeitung von Information, die z. B. über folgendes aufklären könnte:

* die Dynamik von Verarmungsprozessen, aber auch die Möglichkeiten, sie zu überwinden oder zu mildern;
* Typische Auslöser von Verschuldungsprozessen, Lehrabbrüchen, Arbeitsplatzkonflikten oder Gewalthandlungen in Familie oder Öffentlichkeit;
* die Bedingungen und Folgen des Zusammenbruchs sozialer Netze usw.

Mit „hand-" bzw. „datenfestem Wissen" ließe sich auch qualifizierter über das real vorhandene, anstatt aufgrund der politischen Großwetterlage einfach vorausgesetzte oder gewünschte Lern- und Selbsthilfepotential sprechen.

(6) Grundlage für die Feststellung verletzter Menschenrechte: Aktenführung müßte also auch verletzte Menschen-, insbesondere Sozialrechte festhalten (UNO-Manual 1998). Die praktische Umsetzung der Ergebnisse in öffentliche Debatten und innovative Projekte, die sich an die Politik, Wirtschaft, die Kultur- und Bildungseinrichtungen sowie das Gesundheits- und Gefängniswesen usw. richten, kann als „organisationelle Anwaltschaft" bezeichnet werden (z. B. Taylor 1987). So ginge es nicht nur darum, Wirtschaftsverträglichkeit der Sozialen Arbeit, sondern die Sozialverträglichkeit der Wirtschaft zu fordern, indem immer wieder neu darauf hingewiesen wird: „Es hat genug für die Bedürfnisse, aber nicht genug für die Gier!" (Mahatma Gandhi).

1. Einführung zum Glossar

Der Aufbau des Glossars folgt immer dem gleichen Dreischritt:

(a) In einem ersten Abschnitt gebe ich eine kurze Definition der verwendeten Oberbegriffe, so „Ausstattung" und „Teilausstattungen", „Austausch", „Macht", „Werte/Kriterien".
(b) In einem zweiten Abschnitt folgen die entlang dieser Dimensionen definierbaren individuellen und sozialen Probleme. Dabei müßte jedes Mal eine Kategorie „Weitere: …" hinzugefügt werden, um Sachverhalte und Probleme festhalten zu können, die vom Glossar nicht erfaßt wurden.
(c) In einem dritten Abschnitt führe ich die individuellen und sozialen Ressourcen auf, die im Rahmen horizontaler und vertikaler sozialer Beziehungen zu Tauschmedien und Machtquellen werden können.

Wer ob der „Komplexität" der nachfolgenden Ausführungen wie des Glossars erschrickt, bedenke folgendes:

(1) Die Randständigkeit der Sozialen Arbeit in der Gesellschaft wie unter den etablierten anderen Professionen hat unter anderem damit zu tun, daß die an sich vorhandene Wissensbasis immer wieder durch normative Aspekte wie hohe oder gar ausschließliche Auftragsorientierung, Theorie- und Wissenschaftsskepsis, unreflektierte Werte und Normen zugedeckt oder gar verdrängt wird. Man vergegenwärtige sich beispielsweise, wie lange und intensiv Psychologen und Psychiater, Mediziner oder Juristen komplexe Verfahren der Problemerfassung erlernen müssen, bis sie ihren Beruf ausüben können (vom Intelligenz-, Berufsneigungs- und -eignungs- bis zum komplizierten projektiven Test; juristisches Wissen ist fast ausschließlich sozialdiagnostisches Wissen im Spiegel von Normen). War-

um soll ausgerechnet Soziale Arbeit, genauer: die Erfassung ihrer außerordentlich breiten und kompexen Problembasis im „Schnellverfahren" erlernt werden können?
(2) Hier wird die professionell gerade noch zulässige „kürzeste Abkürzung" eines Problemerfassungsverfahrens festgehalten, das daran festhält, den KlientInnen nicht nur als „beschädigte Arbeitskraft", „Schuldenberge", „beschädigte Erziehungs- und Familienfunktion" oder als „die Gesellschaft gefährdende, sozial Abweichende", sondern als lernfähige Menschen mit Bedürfnissen und Wünschen und zugleich als abhängige und gestaltende Mitglieder von kleinen und großen sozial-kulturellen Systemen zu begegnen. Dazu gehört eine Aktenführung, die klar zwischen dem unterscheidet, was die KlientInnen erzählen, und dem, was die Professionellen aufgrund ihres Wissens feststellen. Entsprechend müssen alle Zusätze, ob Beschreibungen, Interpretationen oder Bewertungen seitens der Sozialtätigen mit einer anderen Schrift (z. B. *Kursivschrift*) kenntlich gemacht werden. Zum sorgfältigen Umgang mit KlientInnen gehört auch die Beachtung ihrer eigenen Problemdeutungen und -erklärungen (siehe meine einleitenden Ausführungen unter Ziffer 7) sowie ihrer Beschreibung der Beziehungen, die sie mit den Sozialtätigen und der Organisation des Sozialamtes eingegangen sind bzw. eingehen mußten (Machtaspekt).
(3) Eine systemtheoretische Erfassung von Menschen und sozialen Systemen erweitert also die Denk- und Handlungsspielräume, und zwar sowohl von jugendlichen und erwachsenen KlientInnen als auch von Sozialarbeitenden. Sie bedeutet aber nicht zugleich Allzuständigkeit. Was sie ermöglicht, ist ein differenziertes Abwägen zwischen dem ge-

sellschaftlichen, miteingeschlossen juristischen Auftrag des Amtes für Jugend- und Sozialhilfe und den berechtigten wie unberechtigten Ansprüchen sowie den Rechten und Pflichten der AdressatInnen als SozialbürgerInnen.

(4) Mit diesem Glossar versuche ich auch, die fachlichen Grundlagen und professionellen Meßlatten für ein „Qualitätsmanagement" und eine „Wirksamkeitsbestimmung" zu legen. Diese können sich nicht fraglos an gesellschaftlichen, d. h. politischen, wirtschaftlichen sowie betriebswirtschaftlichen Erwartungen und Normen orientieren. Als professionelle Kriterien sind sie primär einem von der „internationalen, wissenschaftlichen und professionellen community" definierten Auftrag der umfassenden Bedürfniserfüllung von Menschen verpflichtet. Daran bemißt sich auch die Frage nach der kurz- und langfristigen Wirksamkeit ihrer Anwendung. Dieser Auftrag gilt also unabhängig vom gerade herrschenden Zeitgeist und den politischen Machtverhältnissen und stützt sich auf Wissen über den Menschen und seiner höchst unterschiedlichen Einbettung in gesellschaftliche Verhältnisse. Er gilt vor allem auch dort, wo versucht wird, Problemlösungen anzubieten, die eine fachlich-professionelle Situationsanalyse zugunsten von betriebswirtschaftlichen Effizienzvorgaben und Kennzahlen verdrängen, anstatt ergänzen.

(5) Eine auf diese Weise entwickelte Akten- bzw. Journalführung ist nicht nur auf der Ebene der unmittelbaren Hilfe und Beratung, sondern auch für sozialpolitische, wissenschaftliche wie menschenrechtliche Anliegen und Forderungen der Sozialen Arbeit von Bedeutung und hoffentlich auch von Nut-

zen. Daß dabei das Datenschutzgesetz berücksichtigt und den KlientInnen Einsicht in ihre Akten gegeben wird, muß als selbstverständlich vorausgesetzt werden. Allerdings muß bei der Einrichtung von Datenerfassungssystemen und den damit verbundenen Zugriffsmöglichkeiten dieser Frage höchste Priorität eingeräumt werden. Sollten sich Mißbrauchsmöglichkeiten abzeichnen, ist davon abzusehen.

Schließlich sei mit aller Deutlichkeit festgehalten, daß es nie darum gehen kann, in jedem Fall und bei jedem Gespräch jedes Problem- und Ressourcenfeld auszufüllen! Diese falsche Vorstellung kann eine der Ursachen dafür sein, daß man die Auseinandersetzung mit dem Instrument zu früh abbricht. Es sollen also nur die von den KlientInnen und Sozialarbeitenden als bedeutsam betrachteten Aspekte der Situation dokumentiert werden. Und in einer länger dauernden Beziehung soll nach jeder neuen Besprechung nur das festgehalten werden, was sich verändert hat, also als „neue Information" hinzukommt. Daß dabei immer auch subjektive Auswahlaspekte und Gewichtungen eine Rolle spielen, ist unvermeidlich. Diejenigen, welche die Anfangsschwierigkeiten überwunden haben, sprechen alle von einer klareren, einfacheren, befriedigenderen, für KlientInnen und Professionelle bewußtseinsbildenden Aktenführung. Dies gilt auch für den Fall, wo man die KlientInnen an KollegInnen, insbesondere NachfolgerInnen übergeben muß. Darum also: zuerst ein bißchen Geduld, dann üben, üben, üben … und dann hoffentlich doch zunehmend Erleichterung, Arbeitszeitersparnis und Entdeckungsfreude!

2. Allgemeine theoretische Grundlagen

2.1. Bezug zu frühen Theoretikerinnen Sozialer Arbeit

Die hier dargelegten Grundlagen wie das dazugehörige Hintergrundwissen ermöglichen die Fortführung des Denkens früher TheoretikerInnen Sozialer Arbeit über die Erfassung spezifischer Problemsituationen. Es hat in hohem Maße systemtheoretische Merkmale, ohne den Begriff „Systemtheorie" dafür zur Verfügung zu haben. Um dies zu illustrieren, folgende Beispiele:

„Eine soziale Diagnose kann als Versuch beschrieben werden, sich ein möglichst genaues Bild von folgendem zu machen: 1) Die Situation und Persönlichkeit eines Menschen mit bestimmten sozialen Bedürfnissen, 2) seine Situation und Persönlichkeit in bezug auf andere Menschen, von denen er/sie in irgendeiner Weise abhängig ist oder die von ihm/ihr abhängig sind, und 3) in bezug auf die sozialen Institutionen (Organisationen) des Gemeinwesens." (Mary Richmond 1917)

„Fürsorge im weitesten Sinne – auch die Durchführung sozialpolitischer Maßnahmen … soweit sie Arbeit am Menschen betrifft, … – hat dort einzutreten, wo die Bedürfnisbefriedigung von Menschen wesentlich hinter dem zum Gedeihen Notwendigen zurückbleibt.

Die ungeheure Verantwortung, als Fürsorger in das Leben anderer einzugreifen, kann nur jener tragen, der die Grundlage aller Fürsorge, die genaue Kenntnis der Bedingtheit menschlichen Gedeihens aus eigener Anschauung und im Geiste der Wissenschaft erworben hat." (Ilse Arlt 1921)

„Alle Fürsorge besteht darin, daß man entweder einem Menschen hilft, sich in der gegebenen Umwelt einzuordnen, zu behaupten, zurechtzufinden – oder daß man seine Umwelt so umgestaltet, verändert, beeinflußt, daß er sich darin behaupten, seine Kräfte entfalten kann." (Alice Salomon 1926).

2.2. Zum Zweck des Glossars

Das hier dargestellte Glossar soll das zentrale, theoretisch-wissenschaftlich begründbare, transdisziplinäre Dimensionen der Problemerfassung und Situationsbeschreibung für soziale Berufe bzw. Professionen frucht- und handhabbar machen. Es definiert Hauptbgriffe, welche Eigenschaften der (1) körperlichen, psychischen und sozial-kulturellen *Ausstattung* von Menschen, der (2) *Austauschbeziehungen* zwischen Menschen, der (3) *Machtstrukturen* sowie (4) von *Werten und Kriterien* beschreiben. Auch wenn diese Begriffe relativ abstrakt und allgemein sind, handelt es sich also um keine Theorie, sondern um ein Denkinstrument, das Situationen, Probleme und Ressourcen von Menschen so beschreibt, daß die gewählten Begriffe mit Theorien, d. h. Erklärungen aus der Biologie, Psychobiologie, Psychologie, Sozialpsychologie, Soziologie inklusive Ökonomie, Kulturtheorie als Bezugswissen verknüpft werden können – also theoretisch-wissenschaftlich „anschlußfähig" sind. Allerdings lassen sich mit ihr auch erste theoretische Überlegungen anstellen, nämlich dann, wenn man sich fragt, wie z. B. die sozio-ökonomische Ausstattung eines Menschen mit seinen Erkenntnis- und Deutungsmustern sowie seinen Handlungskompetenzen zusammenhängt, oder wie die Deutungen der Alltags- und Problemsituation das Handeln steuern, oder wie eine bestimmte Machtkonstellation Selbsthilfe als eigenständige Problemlösung verhindert.

2.3. Systemtheorie

Um den Schritt von einem additiven zu einem integrierten, transdisziplinären

Realitätsverständnis machen zu können, bezieht sich das Beschriebene auf eine Systemtheorie, die von folgenden allgemeinsten Vorstellungen ausgeht (Obrecht 1996):

(a) Alles, was existiert, ist entweder ein System oder Teil eines Systems.

(b) Und diese (Teil)Systeme sind über Prozesse der Differenzierung und Selbstorganisation entstanden, bei welchen neue Eigenschaften auftreten und alte Eigenschaften verschwinden (Emergenz und Submergenz), wobei sich diese Prozesse beliebig oft wiederholen können.

System- und Prozeßvorstellung zur Erfassung von Sachverhalten gehören untrennbar zusammen. M.a.W., die Tendenz, entweder die Systemvorstellung zugunsten einer allumfassenden Prozeßvorstellung aufzugeben oder umgekehrt, ist verkürztes, reduktionistisches Denken.

2.3.1. System

Jedes System

(a) besteht aus einer Anzahl von Komponenten;
(b) diese Komponenten haben bestimmte Eigenschaften;
c) die Komponenten mit ihren Eigenschaften haben miteinander bestimmte, zeitlich stabile Beziehungen, die sie untereinander mehr binden als gegenüber anderen Systemen ihrer Umwelt;
(d) diese stabilen Beziehungen bilden die interne Systemstruktur im Sinne von sich selbst tragenden, geordneten – gesetzmäßigen – Prozessen in bezug auf das System, sein Verhalten und seine Beziehungen zur Umwelt und
(e) führen zu seiner mehr oder weniger klaren Abgrenzung (Differenzierung) gegenüber der Umwelt.

Diese allgemeinsten Vorstellungen gelten für alle existierenden Systeme, d. h. für physikalische, biologische, psychische, soziale sowie kulturelle Systeme und ihre Teilsysteme.

2.3.2. Systeme und Teilsysteme in der Sozialen Arbeit

In der Sozialen Arbeit sind – ob wir dies wahrnehmen oder nicht – immer alle diese Systeme präsent: Man denke

(a) an die ökologische Umwelt der AdressatInnen,
(b) an die körperliche und psychische Ausstattung der Menschen, insbesondere an ihr hochkomplexes Zentralnervensystem, das wiederum eng mit externen und internen Sinnesorganen (Rezeptoren) zur Informationsaufnahme und Muskeln (Effektoren) zur Steuerung von internen und externen Bewegungsabläufen (Gehen, Mimik, Sprechen) verknüpft ist.
(c) Zugleich sind Menschen auch immer Mitglieder von sozialen Systemen, sei es ihrer zugeschriebenen Herkunfts- oder ihrer frei gewählten Fortpflanzungsfamilie oder betreffe dies die Mitgliedschaft im Bildungs-, Wirtschafts- oder politischen System usw.
(d) Und schließlich teilen Menschen auch in unterschiedlichem Maße kulturelle Bedeutungssysteme, seien dies Menschen-, Gesellschafts- oder Weltbilder, seien dies Theorien oder Wertsysteme, aber auch allgemein geteilte wie individuell rekonstruierte Bilder, Erklärungen und Bewertungen für ihre aktuelle Problemsituation (Kultur als von vielen Menschen geteilte und stabilierte Bedeutungssysteme).

Das Wissen um Existenz und Dynamik (siehe Abschnitt 2.3.3.) all dieser Systeme heißt aber keinesfalls Allzuständigkeit professioneller Sozialer Arbeit. Es ermöglicht hingegen transdisziplinäres Denken, vorab bei der Problemerfassung und Situationsbeschreibung, aber auch bei der Erklärung sowohl individuellen Leidens und sozialer Probleme als auch bei der Bestimmung individueller und gesellschaftlicher Ressourcen und Handlungsspielräume.

2.3.3. Prozeß

Systeme sind nicht nur dank den durch sie verwirklichten und wirksamen Gesetzmäßigkeiten unterschiedlich stabil; sie entstehen, stabilisieren sich und zerfallen im Rahmen von Selbstorganisations- und Differenzierungsprozessen. Auch diese allgemeinsten Vorstellungen gelten für alle existierenden Systeme.

2.3.4. Prozesse in der Sozialen Arbeit

In der Sozialen Arbeit sind wiederum alle Prozesse präsent. Allerdings richtet sie ihr besonderes Augenmerk auf folgende Prozesse:

(a) Prozesse der Entstehung von biologischen, psychischen und sozialen Bedürfnisspannungen und deren Verminderung über emotionale und kognitive Prozesse eines lernfähigen Menschen, wobei die strukturellen, politischen und kulturellen Bedingungen der (einer) Gesellschaft den Rahmen der Bedürfnisbefriedigungsweisen und -mittel mitbestimmen;
(b) psychische Prozesse des Empfindens, Fühlens, Bewertens, Erinnerns, Wahrnehmens, Lernens, Denkens und Wollens, des Wissens, daß man etwas weiß (Selbstwissensfähigkeit des Menschen) usw.;
(c) soziale Austauschprozesse der Pflege und Fürsorge, der erotisch-sexuellen Aktivitäten, der Produktion, Zuweisung und Verteilung von Ressourcen/Gütern, der Entwicklung und Einübung von Lernprozessen bzw. Erkenntnis- und Handlungskompetenzen sowie deren sozialkulturelle Regulierung, der Verhaltensregulierung und Kulturübermittlung in Familien-, Bildungs-, Wirtschafts-, politischen und anderen Systemen; ferner Prozesse der funktionalen Arbeitsteilung, der strukturellen Behinderung und

Begrenzung von Menschen über soziale Regeln (Prozesse der Macht- bzw. Herrschaftsausübung); ferner soziale Prozesse der öffentlichen Aushandlung und Institutionalisierung von Rechten und Pflichten (Prozesse der Kriterienbildung, der Auslegung von Menschen- und Sozialrechten, der [Neu]Formulierung von Gesetzen usw.).

2.4. Bedürfnisse und Wünsche

Im Alltag sind wir es gewohnt, relativ undifferenziert von Bedürfnissen zu sprechen, auch wenn wir Wünsche meinen: So gibt es kein Bedürfnis, sondern höchstens einen Wunsch nach einer Luxusvilla, einer Einkommensmillion, einer Weltreise oder Mondfahrt, hingegen ein Bedürfnis nach einem Obdach, das einen vor Kälte, Ungeziefer, Krankheit, Diebstahl u. a. schützt oder nach einem Einkommen, das existenzsichernd ist, nach Lernmöglichkeiten und Bildung, die Orientierung und Sinn vermitteln. Bei Wünschen ist erst noch zu fragen, ob sie legitim sind (siehe Abschnitt 2.4.2.; für die theoretische Begründung von Bedürfnissen besonders Obrecht 1995).

2.4.1. Bedürfnisse

Bedürfnisse sind emotionale und kognitive Regelungsprozesse eines lernfähigen Menschen mit einem teilweise plastischen Gehirn, der im Rahmen der Interaktion mit seiner Umwelt lernt, diese Bedürfnisse zu befriedigen. Dies geschieht auf immer wieder neue und zugleich kulturell und sozial meist vorgeschriebene, teilweise aber auch kreative Weise. Aufgrund der Befriedigungsform lassen sich biologische, psychische und soziale Bedürfnisse unterscheiden. Bedürfnisse sind allen Menschen gemeinsam, also universell, die Befriedigungsformen und -mittel sind gebunden an den kulturellen und sozialen Kontext. Bedürfnisse müssen unabhängig von der Frage, ob dies als (sozial)politisch wünschbar betrachtet wird oder nicht, befriedigt werden. (Für die Zuordnung von Bedürfnissen zu den Dimensionen der Denkfigur siehe jeweils den Abschnitt „Menschliche Bedürfnisse und …" in den nachfolgenden Abschnitten.)

2.4.2. Wünsche

Wünsche als bewußt gewordene Bedürfnisse können begrenzt oder unbegrenzt, legitim und illegitim sein. Legitim sind sie, wenn sie zur Gesundheit und zum psychischen Wohlbefinden des einzelnen Menschen beitragen und die Bedürfniserfüllung anderer Menschen nicht beeinträchtigen. Illegitim sind sie, wenn ihre Befriedigung – verknüpft mit Grenzenlosigkeit und Unersättlichkeit – auf Kosten der Bedürfnisbefriedigung anderer Menschen erfolgt und die ökologischen Systeme als Voraussetzung des Überlebens von Menschen, Tieren und Pflanzen gefährdet oder gar zerstört.

2.5. Individuelle und soziale Probleme

Der Aufgabenbereich Sozialer Arbeit bezieht sich auf Probleme von Individuen, die aber sehr eng mit gesellschaftlichen Sachverhalten – insbesondere die unterschiedliche Knappheit von Ressourcen zur Bedürfnisbefriedigung und Wunscherfüllung als Ausgangspunkt für Machtverhältnisse – zu tun haben. Soziale Probleme sind zum einen die unerwünschten Auswirkungen struktureller und kultureller Sacherverhalte, insbesondere behindernder Machtverhältnisse auf die Individuen (Erwerbslosigkeit, Zwangsmigration, Ausgrenzung von AusländerInnen, Sexismus, Rassismus). Sie werden zu individuellen Problemen, insofern sie die Bedürfnisbefriedigung, die Entwicklungs- und Lernprozesse sowie die Handlungskompetenzen und -spielräume von Menschen beeinträchtigen. Die Beeinträchtigun-

gen und deren Folgen können so weit gehen, daß Menschen – als Reaktion auf diese – zur Gefahr für andere Menschen werden können. Auch individuelle Probleme, wie z. B. Sucht, physische und psychische Krankheiten, Delinquenz, können sich auf andere Menschen auswirken und haben entsprechend sozial problematische Konsequenzen.

2.6. Probleme und Defizite

Zur Zeit ist der Problem- und Defizitbegriff verpönt. Das hat seine Gründe. Gemäß den Wertvorstellungen des dynamischsten Sektors der Gesellschaft, dem Wirtschaftssektor, spricht man von Leistungfähigkeit, Flexibilität und Risikofreudigkeit. Der Unproduktivität, Schwäche, fehlende Chancengleichheit signalisierende Problembegriff der Sozialen Arbeit paßt nicht in diese Weltsicht. Die Übertragung solcher Werte auf das Sozialwesen führt dazu, Sozialtätige anzuhalten, wenn nötig mit der Lupe, nach den quasi unerschöpflichen Ressourcen und Stärken ihrer „Kundschaft" zu suchen. Das ist nicht von vornherein abzulehnen. Aber es ist zu bedenken, daß Soziale Arbeit als international organisierte Profession ebenso verpflichtet ist, individuelles, privatisiertes Leiden („private troubles") zu einem öffentlichen Thema („public issues") zu machen und die öffentliche Rede über menschliche Bedürfnisse, Rechte und Pflichten von SozialbürgerInnen in Gang zu bringen. Wenn dabei von Problemen und Defiziten die Rede ist, dann sind dies keineswegs verurteilende, moralische Begriffe oder gar Charakterdefekte von Individuen. Es handelt sich vielmehr um beschreibende Kategorien für meistens ungerecht gelöste oder verdrängte gesellschaftliche Verteilungsprobleme, sei dies im Bereich des Zugangs zu Bildung, Arbeit, Einkommen, Kapital, Wohnraum, sozialer Sicherheit oder Lebensqualität oder sei dies im Bereich des Erwerbs von

Kompetenzen. Dazu gehören aber auch die unterschiedlichen Chancen für eine soziale Integration über frei wählbare soziale Mitgliedschaften, für die freie Wahl von Lebensstilen. Wer den Problem- oder Defizitbegriff ablehnt, vergibt sich nicht nur die Chance für fachlich begründete, sozialpolitische Vorstöße, sondern auch die Möglichkeit kritischer Betrachtung von gesellschaftlichen Strukturen und Machtkonstellationen. Alte wie neue Armutsstudien sprechen in aller Deutlichkeit von „Problem-Kumulation" – ein in der Sozialen Arbeit gut bekannter Sachverhalt und Begriff (z. B. Leu u. a. 1997; ferner Levy u. a. 1997; siehe auch Bourdieu 1997; Dietz 1997; Lompe 1987).

2.7. Ressourcen

Ressourcen im weiten Sinn sind all das, was Menschen – im Sinne ihrer Ausstattung – haben und sind, was sie beschaffen, zu erschließen oder herzustellen vermögen, kurz: worüber sie verfügen, um ihre Bedürfnisse und Wünsche zu befriedigen. Ressourcen im engen Sinn beziehen sich auf sozio-ökonomische und sozialökologische Ausstattungsmerkmale (unter anderem Bildung, Arbeit, Geld, Kapital, Rohstoffe, Wohnumfeld, Arbeitsplatz usw.; siehe Abschnitt 3.2. und 3.3.). Ressourcen werden im Rahmen von Austauschbeziehungen zu Tauschmedien, im Rahmen von Machtbeziehungen zu Machtquellen. Wenn in der Sozialen Arbeit von Ressourcen die Rede ist, sind in der Regel „Hilfsquellen" gemeint, die bei den KlientInnen oder in der Gesellschaft erschlossen werden müssen, um überhaupt Hilfe leisten zu können.

2.8. Hilfeplan, Klientengruppen und Arbeitsweisen

Der Hilfeplan faßt alle gewichteten Informationen aus der Problem- und Ressourcenanalyse zusammen, ergänzt durch Zielsetzungen und den Entscheid über die einzusetzenden Hilfsangebote sowie Arbeitsweisen (sozialarbeitsspezifische Methoden/Handlungstheorien).

Die Bildung von Klientengruppen (in der betriebswirtschaftlichen Sprache „Klientensegmente") beruht auf der Beantwortung der Frage, ob die Probleme vornehmlich im sozio-ökonomischen Bereich, im individuellen Kompetenz- und Deutungsbereich, im Bereich der sozialen Beziehungen und Austauschmuster oder im Bereich unfairer, diskriminierender, ohnmachterzeugender Machtstrukturen liegen.

Je nach Problemlage und Zielsetzung lassen sich die Arbeitsweisen bestimmen. Dabei kann zwischen „Ressourcenerschließung", Beratung als individuelle „Bewußtseinsbildung", „Modellveränderung" und „Handlungskompetenztraining", „Soziale Vernetzung", „Ermächtigung" und „Umgang mit/ Veränderung von Machtstrukturen" sowie „Öffentlichkeits- und Kriterienarbeit" unterschieden werden.

3. Ausstattung – Probleme und Ressourcen

Die Ausstattung eines Menschen bezieht sich auf ihn als biopsychisches System, seine sozialökologische Umwelt, seine sozioökonomische Position (Teilhabe) und Mitgliedschaften (Teilnahme) in den sozialen Systemen einer (Welt-)Gesellschaft, denen er oder sie angehört, sowie auf die von ihm mit einigen, vielen, den meisten anderen Menschen geteilten kulturellen Systemen (Deutungsmustern oder Bedeutungsystemen; siehe Abschnitt 3.5.). Von den nachfolgend aufgeführten Ausstattungsdimensionen und -merkmalen wird angenommen, daß sie für eine Situations-, Problem- und Ressourcenerfassung aus der Perspektive der Sozialen Arbeit bedeutsam sind.

3.1. Körperliche Ausstattung – Probleme und Ressourcen

3.1.1. Sozialarbeitsrelevante körperliche Ausstattungsmerkmale

Hier sind nur die wichtigsten Merkmale aufgeführt, die wegen ihrer möglichen negativen Folgeerscheinungen im psychischen und sozialen Bereich in den Arbeitsbereich Sozialer Arbeit fallen können:

(a) Biologisches Alter, Krankheitsanfälligkeit in bestimmten Altersphasen
(b) Geschlecht
(c) Gesundheitszustand – Unversehrtheit der Körperorgane, des Zentralnervensystems, der Sinnesorgane, Muskeln usw. – und die psychosomatischen, psychischen wie sozialen Folgen dieser Zustände
(d) Hautfarbe und die psychischen und sozialen Folgen
(e) Größe und Gewicht (Zwergwuchs – körperliche Riesen; unter- vs. übergewichtig) sowie deren psychischen und sozialen Folgen (z. B. unter Kindern, bei der Partnerwahl)

In jedem Fall ergibt sich ein gesellschaftliches, über Austausch- bzw. Interaktionsprozesse aktivierbares Stigmatisierungs- und Diskriminierungs- bzw. Privilegierungspotential.

Menschliche Bedürfnisse und körpliche Ausstattung: Körperliche Bedürfnisse sind fast durchwegs sehr „unelastische" Bedürfnisse, d. h. solche, die unmittelbar und rasch befriedigt werden müssen, wenn der Organismus nicht (weiter) geschädigt werden oder gar zusammenbrechen soll. Diese Vordringlichkeit erweckt den Eindruck, daß die Nichtbefriedigung der psychischen,

sozialen und kulturellen Bedürfnisse weniger dringend und die Schädigungsfolgen weniger stark sind, was so nicht stimmt.

3.1.2. Körperliche Ausstattungsprobleme

Es handelt sich hierbei um Probleme, die zunächst in den Bereich der Medizin gehören, jedoch in bezug auf ihre psychischen wie sozialen und kulturellen Folgen von der Sozialen Arbeit thematisiert und je nachdem bearbeitet werden müssen:

(a) Hunger, falsche, unzureichende Ernährung; Säuglingssterblichkeit
(b) Körperliche Behinderungen, Invalidität – miteingeschlossen Beschädigungen der Sinnesorgane (der Rezeptoren, des Zentralnervensystems), der motorischen Bewegungsabläufe (der Effektoren, Muskeln)
(c) Krankheiten mit akutem wie chronischem Verlauf
(d) Abhängigkeit von legalen und illegalen Drogen
(e) Fett- bzw. Magersucht
(f) Sexualprobleme
(g) Probleme rund um Fruchtbarkeit, Empfängnis und Schwangerschaft
(h) Verletzungen als Folge von körperlicher Mißhandlung, Vernachlässigung, sexueller Ausbeutung, Vergewaltigung, Gewalt und Folter.

3.1.3. Der Körper als Ressource

Der Körper ist nicht nur potentieller „Problemträger", sondern auch potentielle Ressource – sei es zur Erreicherung von Lebensqualität, sei es als Instrument legitimer oder illegitimer Beeinflussung. Zu denken ist an an folgendes:

(a) Gesundheit
(b) Zeugungs- und Gebärfähigkeit
(c) Körpergröße, physische Kraft
(d) Attraktivität nach den kulturellen oder

subkulturell geltenden Normen
(e) Fähigkeit, eine Zeitlang ohne Nahrung auszukommen (Hungerstreik)
(f) als Mitglied von sozialen Systemen (Austritt vs. Eintritt als Organisationsmitglied; Nicht-Erscheinen, Flucht und Migration; Teilnahme an Demonstrationen, Streiks usw.)

Bezüglich (c) bis (f) wird der Körper zur Machtquelle.

3.2. Sozio-ökonomische Ausstattung – Probleme und Ressourcen

3.2.1. Sozio-ökonomische Ausstattung

(1) Bildung – Beschäftigung – Einkommen als gesellschaftliche Ressourcenteilhabe
Sozio-ökonomische Ausstattung ist als erstes definiert durch die individuelle Verfügung über

(a) Bildung: eine bestimmte Anzahl von Bildungs- bzw. Schulungsjahren (Volksschul- Mittel-, Hochschulabschluß, andere Ausbildungen mit formellem bzw. mit Diplomabschluß);
(b) Beschäftigung: eine bestimmte Beschäftigung und berufliche Stellung (Müllmann – Coiffeuse – Therapeutin – Universitätsprofessor – Manager);
(c) Einkommen: ein bestimmtes Einkommen, aber auch Vermögen/Kapital, Land- und Liegenschaftsbesitz, Besitz an Produktionsmitteln.

(2) Position auf gesellschaftlichen Rangdimensionen
Die drei Ausstattungsmerkmale (1) bestimmen nicht nur das Ausmaß oder Niveau der Teilhabe an gesellschaftlichen Ressourcen, sondern auch die gesellschaftliche Position eines Menschen innerhalb der zentralen gesamtgesellschaftlichen Schichtungs- bzw. Rangdimensionen einer modernen Gesellschaft, d. h.

(a) der gesellschaftlichen Verteilung

von Bildung (tiefes – mittleres – hohes Bildungsniveau);
(b) der gesellschaftlichen Verteilung von Arbeit (einfache, mittel, hoch komplexe Arbeit mit Dingen, Menschen, Ideen und dem entsprechenden tiefen, mittleren und hohen gesellschaftlichen Ansehen);
(c) der Einkommens- und Vermögensverteilung (z. B. durchschnittliches Einkommen/Vermögen und die quantitativ bestimmbaren Stufen von Abweichungen nach oben und unten).

In nachindustriellen (postmodernen) Gesellschaften nimmt die Bedeutung von Bildung und Wissen für den Zugang zu befriedigender (Erwerbs-)Arbeit zu.

(3) Lebensqualität
Gesellschaftliche Ressourcenteilhabe (Zugang zu Bildung, Beschäftigung, Einkommen/Kapital) und die damit verknüpfte Position auf den gesellschaftlichen Rangdimensionen bestimmen ebenfalls die Handlungsspielräume und Investitonsmöglichkeiten in ein bestimmtes Niveau an Lebensqualität, unter anderem definiert durch das Konsum-, Ernährungs-, Wohnausstattungs- und -versorgungsniveau; das gesundheitliche Versorgungs-, soziale Sicherheits-, soziale und kulturelle Teilnahmeniveau. Sie bestimmen auch die Wahl von sozialökologischen Umwelten (sogenannte „gute vs. schlechte" Wohnadressen, Zweit- und Ferienwohnungen; Ausbildungsstätten, Arbeitsplätze mit guter oder schlechter Infrastruktur, im In- und/oder Ausland u. a.)
Zum sozialen Sicherheitsniveau gehören: Arbeitsplatzsicherheit, Arbeitslosen-, Alters-, Invaliden-, Rentenversicherung u. a. m., Alterspension und Sparguthaben, Krankenkasse, Lebensversicherung, Haftpflichtversicherung, Feuer-, Wasser- und Diebstahlversicherung, Vermögensanwartschaft u. a. m.

Zum Komfortgüterniveau gehören unter anderem: behagliches Wohnen, Kühlschrank, Haushaltapparate, Velo, Auto, Radio/TV, Telefon/Fax, Kamera, Videogerät; Möglichkeit der Finanzierung von Zeitungen, Zeitschriften, Büchern, Freizeithobbies, Sport- und Tanzveranstaltungen, Kino, Theater, Konzerte, Besuchen, Festen, Reisen, Ferien usw.
Zur Lebensqualität gehören aber auch „Dinge", die nicht über Geld finanzierbar sind: soziale Beziehungen, Sinn, relative Autonomie usw.

Menschliche Bedürfnisse und sozio-ökonomische Ausstattung: Die sozio-ökonomische Ausstattung eines Menschen befriedigt vor allem Bedürfnisse

(a) nach Unversehrtheit, körperlicher Reproduktion (Nahrungsaufnahme), Regenerierung und Erholung
(b) nach psychischer Sicherheit
(c) nach sozial-kultureller Zugehörigkeit über Rechte und Pflichten
(d) nach relativer Autonomie
(e) nach gesellschaftlicher Anerkennung und
(f) nach (Austausch-)Gerechtigkeit,

sofern sie finanziert werden müssen.

3.2.2. Sozio-ökonomische Ausstattungsprobleme

(1) Tiefe gesellschaftliche Ressourcenteilhabe
Die zentralen sozio-ökonomischen Probleme sind hier ein meist durchgehend tiefes oder unvollständiges Ausstattungsniveau (Erwerbslosigkeit, fehlendes Einkommen), so ein

(a) tiefer oder/und fehlender Bildungsabschluß, zu wenig oder ungeeignete, nicht mehr gefragte Bildung/Ausbildung, Drop-Out – vornehmlich in bezug auf bestimmte Arbeitsplätze;
(b) tiefes Beschäftigungsniveau/Arbeit mit tiefem gesellschaftlichem Ansehen; kurz- und langfristige Erwerbslosigkeit;

(c) tiefes Einkommen (Einkommensarmut), das unter dem Existenzminimum liegt – je nachdem kombiniert mit Verschuldung.

Ausgewählte Armutsdefinitionen:

(a) Absolute Armut: Unmöglichkeit der Befriedigung derjenigen biologischen, psychischen und sozialen Grundbedürfnisse, die fürs Überleben kurzfristig befriedigt werden müssen.
(b) Relative Armut: Armutsmaße im Verhältnis zur Einkommens- oder/und Wohlstandsverteilung der Bevölkerung bzw. der Mitglieder eines bestimmten sozialen Systems.
(c) Arbeitende Arme (Working Poor): Arbeitende Arme sind Menschen, die über ein Erwerbseinkommen verfügen, das die Lebenskosten nicht deckt.
(d) Versuch einer umfassenden Definition: Unfähigkeit, die biologischen, psychischen, sozialkulturellen Bedürfnisse zu befriedigen, ohne sich selbst äußerst einzuschränken, bis zur Erschöpfung anzustrengen, zu betteln, Diebstahl zu begehen oder auf öffentliche Unterstützung angewiesen zu sein.

(2) Tiefe und unvollständige gesellschaftliche Position
Die Zusammenschau der drei Dimensionen (Bildungs-, Beschäftigungs-, Einkommensniveau) ergibt – im Fall der AdressatInnen Sozialer Arbeit – häufig eine tiefe Position auf all diesen, in einer modernen Gesellschaft nach wie vor wichtigen Rangdimensionen der Bildung, Beschäftigung und des Einkommens. In der Sozialen Arbeit ist häufig auch eine unvollständige Position feststellbar, nämlich der Ausfall der Beschäftigung sowie des eigenen Einkommens. Dies trifft auch Menschen in oberen gesellschaftlichen Positionen. Auch bei sogenannten „Patchwork-(Berufs-)-Biografien", d. h. Biografien ohne Berufskontinuität, ohne geradlinigen Aufstieg bzw. mit zeitweiliger Abwärtsmobilität, Erwerblosigkeit usw. lassen

sich diese Dimensionen in ihrem Einfluß auf die Lebenschancen bestimmen. Das kann dazu führen, daß das „Lebenslagenkonzept" wegen seiner „Überfrachtung" mit ganz unterschiedlichen Dimensionen oft unklar bleibt.

(3) Eingeschränkte Lebensqualtiät
Die sich daraus ergebenden Probleme einer eingeschränkten Lebensqualität sind vor allem

(a) vermindertes bzw. unterdurchschnittliches Konsum- und Komfortniveau
(b) Verschuldung, Mietzinsrückstände mit drohender Kündigung oder Ausweisung
(c) Obdachlosigkeit
(d) ungesicherte soziale Sicherheit, Gesundheitsversorgung, Berufsqualifizierung
(e) fehlende Teilnahme am sozialen und kulturellen Leben.

Die hier behandelten Themen sind zentrale Elemente dessen, was häufig als „Lebenslage" bezeichnet wird. Im Lebenslagenkonzept sind überdies oft noch Elemente der sozialökologischen Ausstattung und der Ausstattung mit sozialen Beziehungen und Mitgliedschaften enthalten, was zu seiner Verunklärung führt.

3.2.3. Sozio-ökonomische Ausstattung als Ressourcenbasis

(a) Bildungsniveau (Formelle Schulabschlüsse, Diplome, Zertifikate)
(b) Beschäftigung/(Erwerbs-)Arbeit (z.B. Anforderungs- und Leistungsniveau, gesellschaftliches Ansehen der Arbeitsrolle)
(c) Einkommen (auch als Basis für d–g)
(d) Eigentum (Kapital, Boden, Immobilien, Produktionsmittel)
(e) sozialversicherungsmäßig abgesicherte Existenz
(f) Finanzierungsmöglichkeiten für Wünsche, die über das individuell oder/

und gesellschaftlich definierte Notwendige hinausgehen
(g) Sozio-ökonomische Ressourcen als Tauschmedien und Ausgangspunkt (Quellen) für sozio-ökonomische Ressosurcenmacht.

3.3. Sozialökologische Ausstattung – Probleme und Ressourcen

3.3.1. Sozialökologische Ausstattung

Darunter fallen die Merkmale der jeweiligen Wohn-, Arbeitsumwelt, Ausbildungsstätten oder anderer Umwelten. Sie können sich für den Menschen als neutral, unterstützend oder belastend erweisen:

(a) Wohnsituation: Bausubstanz, Anzahl Zimmer pro Person, unmittelbare Nachbarschaft, Wohnform wie Mehrfamilien-, Einfamilienhaus, Containerunterkunft usw.
(b) Infrastrukturelle Ausstattung der Wohnumgebung, des Stadtteils/Quartiers: unter anderem Grün- und Erholungsflächen, Einkaufsmöglichkeiten, verkehrsmäßige Erschließung, medizinische, beraterische, soziale und kulturelle Infrastruktur: z. B. Spiel- und Sportplätze; Einrichtungen für Kinder arbeitender Eltern, Alleinerziehender, Jugend- und BürgerInnentreffs
(c) Arbeitsplatz: alle Merkmale, die zu Berufskrankheiten führen wie Immissionen, Lärm, Belastungen des sensorischen und Bewegungsapparates usw.; Nacht- bzw. Schichtarbeit, Unfall- und (Früh-)Invaliditätsrisiko, Monotonie der Arbeitsorganisation; Art der Verpflegungsmöglichkeiten und Erholungspausen; medizinische, soziale und kulturelle Infrastruktur usw.
(d) Bildungsplatz: relevant für Kinder und Jugendliche; Ausstattung der Schul-, Pausen-, Verpflegungs- und Sporträumlichkeiten; Immissionen usw.
(e) stationäre Einrichtungen (Heime, Spitäler, Gefängnisse usw.).

3.3.2. Sozialökologische Ausstattungsprobleme

Ökologisch und psychosozial unverträgliche Ausstattung (z. B. Unterversorgung für den täglichen Bedarf, keine öffentlichen Verkehrsmittel oder große Entfernung bis zu einem solchen, keine Grünflächen, Kinderspielplätze, öffentlichen Plätze, hohe Verkehrsdichte, Lärm, Immissionen chemischer Art usw.)

(a) der Wohnung wie des Wohnumfeldes, der Nachbarschaft
(b) des Quartiers/Stadtteils
(c) des Arbeitsplatzes
(d) von Ausbildungsstätten
(e) von Heim- und Spitalumwelten, Gefängnissen u. a. m.

3.3.3. Sozialökologische Ausstattung als Ressource

Ökologisch und psychosozial verträgliche Ausstattung der verschiedenen Kontexte (Wohnung/Quartier, Arbeitsplatz, Ausbildungsstätte, Heim und Spital usw.).

3.4. Ausstattung mit Erkenntniskompetenzen – Probleme und Ressourcen

Erkenntniskompetenzen sind das Produkt von Prozessen der Informationsaufnahme durch interne und externe Sinnesorgane (Rezeptoren) als Teil des (Zentral-)Nervensystems. Sie sind zudem das Produkt der Informationsverarbeitung mit Hilfe der psychischen Funktionen des Zentralnervensystems (Gehirns), so der Aufmerksamkeit und Affekte, des Empfindens, Fühlens und Bewertens; des Gedächtnisses, Lernens, Wahrnehmens und Denkens (der Begriffsbildung), des Willens (Absicht, Motivation) sowie des Selbstbewußtseins (Wissen, daß man etwas weiß).

3.4.1. Ausstattung mit Erkenntniskompetenzen

Informationsaufnahme setzt gesunde Sinnesorgane voraus, insbesondere intakte Rezeptoren: Sehschwäche und Blindheit, Schwerhörigkeit und Gehörlosigkeit, Unempfindlichkeit von Körperteilen oder Hautregionen, Schädigungen von Gehirnregionen durch Krankheiten oder Unfälle (siehe auch körperliche Ausstattung, Behinderungen im Abschnitt 3.1.2. b) behindern eine Weiterleitung der Reize, ihre Abbildung im Organismus und ihre weitere Verarbeitung durch die verschiedenen psychischen Funktionen.

Das breite Spektrum der einfachen und komplexen psychischen Funktionen (siehe Abschnitt 2.3.2.) wird hier zugunsten von drei Kategorien praxisrelevanter Grundorientierungen von Erkenntnisprozessen zusammengefaßt. Es handelt sich um eine

(a) sinnlich-emotionale Grundorientierung: Die Hauptfrage an irgendwelche Sachverhalte oder Probleme ist die nach der affektiven Anmutung: Erzeugen sie ästhetisch-sinnliche Empfindungen, Lust- oder Unlustgefühle, je nachdem verknüpft mit Freude oder Ängsten oder verletzten ästhetischen Empfindungen usw.?
(b) normative Grundorientierung: Die Hauptfrage an irgendwelche Sachverhalte oder Probleme ist die nach der normativen Konformität: Sind diese moralisch-ethisch richtig oder falsch?
(c) kognitive Grundorientierung: Die Hauptfrage an irgendwelche Sachverhalte oder Probleme ist die nach Zusammenhängen, Wechselwirkungen, kurz: Erklärungen (Alltagstheorien – „Ursachen"/Determinanten und Folgen): Sind die theoretischen Aussagen überdies wahr oder falsch, d. h. entsprechen sie annähernd den Tatsachen?

Menschliche Bedürfnisse und Erkenntniskompetenzen: Erkenntniskompetenzen befriedigen vornehmlich Bedürfnisse

(a) nach wahrnehmungsgerechter, sensorischer Stimulation
(b) nach schönen Formen
(c) nach Abwechslung, kognitiver Stimulation

3.4.2. Probleme der Ausstattung mit Erkenntniskompetenzen

(a) Beschädigte Sinnesorgane (Rezeptoren) (sofern nicht im Abschnitt 3.1.2. b festgehalten)
(b) Probleme in bezug auf die sinnlich-emotionale, normative und kognitive Erfassung von Sachverhalten und Problemen:
* sinnlich-emotionale Grundorientierung: z. B. Dominanz von Ängsten, Wutausbrüchen, depressiven Verstimmungen, euphorischen Stimmungslagen mit und ohne äußere Anlässe oder im Widerspruch zur Faktenlage (innere Barrieren); Unfähigkeit, Gefühle zu verbalisieren; Dominanz von Aussagen, die nur die ästhetische oder/und die Lust-Unlust-Dimension eines Sachverhaltes oder Problems ohne Einbezug normativer und/oder kognitiver Erkenntnisleistungen ansprechen;
* normative Grundorientierung: z. B. Unfähigkeit, den ethisch-moralischen Aspekt eines Sachverhaltes zu erfassen; Dominanz von Aussagen, die fast ausschließlich normative Be- und Verurteilungen, ohne Einbezug emotionaler und/oder kognitiver Erkenntnisleistungen enthalten;
* kognitive Grundorientierung: z. B. Unfähigkeit, den kognitiv-sachlichen Aspekt eines Sachverhaltes, seine Determinanten und Folgen zu erfassen; Dominanz kognitiver Prozesse ohne Einbezug emotionaler und/oder normativer Erkenntnisleistungen.

(c) Unvermögen, Undifferenziertheit und Ungleichgewichte in bezug auf die sinnlich-emotionale, normative und kognitive Erkenntniskompetenzen (z. B. fehlender, ambivalenter, überschwänglicher, diffuser emotionaler Bezug; Rigidität, Stereotypisierung, Übernormativität und moralische Verurteilung, fehlender Normenbezug; Unfähigkeit zur kognitiven Empathie, d. h. Form des Perspektivenwechsels, die nicht von der Sympathie abhängig ist; Unfähigkeit zu kognitiven, nicht-wertenden, -verurteilenden Analysen von Problemen; Unvermögen, Fiktion und Realität auseinanderzuhalten usw.)
(d) Wichtig: Es geht hier lediglich um die Bestimmung der vorherrschenden Grundorientierung oder der Ausgewogenheit der Grundorientierungen. Die Aussageinhalte selber, die für eine Beurteilung maßgebend sind, gehören zu den Bedeutungssystemen und dienen hier als Indikatoren für dieses Urteil.

3.4.3. Erkenntniskompetenzen als Ressourcen

(a) Intakte Sinnesorgane (Rezeptoren)
(b) Differenziertheit der sinnlich-emotionalen, normativen und kognitiven Erkenntniskompetenzen
(c) Fähigkeit, Erkentniskompetenzen und die damit zusammenhängenden psychischen Funktionen zu stimulieren, entwickeln, bei sich und bei anderen Menschen anzusprechen
(d) Artikulationsvermögen – als komplexe Fähigkeit, Gefühle zuzulassen und anzusprechen, normative und kognitive Urteile zu fällen und in Sprache zu fassen; zugleich Bewußtheit über diese Kompetenzen als Ausgangspunkt (Quelle) für Artikulationsmacht, d. h. Chance, sich über das Ansprechen von Emotionen, Werten, theoretischen Zuammenhängen Gehör zu verschaffen.

3.5. Ausstattung mit Bedeutungssystemen (Modell) – Probleme und Ressourcen

Bedeutungssysteme (Modelle), präziser: Typen von Wissen sind psychische Zustände als Ergebnis von Lernen, also von Erkenntnisprozessen, die Aussagen über alles, was wahrgenommen wird, und alles, was existiert betreffen. Dabei ist zu berücksichtigen, daß die Wahrnehmung von Menschen aus unterschiedlichen – biologischen, psychischen wie sozialen – Gründen sehr eingeschänkt, unvollständig oder verzerrt sein kann. So sind Atome oder Machtstrukturen nicht wahrnehmbar, was nicht heißt, daß sie deswegen nicht existieren. Allerdings können Fantasien, Visionen, Utopien das Existierende überschreiten.

Bedeutungssteme werden auch als Deutungsmuster, Sinn(re)konstruktionen, Symbolsysteme, Typisierungen, Meinungen oder Erwartungen u.ä. bezeichnet. Sie beziehen sich auf eine oder mehrere Wissensformen (Bilder, Erklärungen, Werte, Verhaltensnormen oder -regeln usw.) (siehe Abschnitt 3.5.1.).

3.5.1. Ausstattung mit Bedeutungssystemen (Modell)

Menschen sind, wie bereits erwähnt, mit einem Zentralnervensystem und den dazugehörigen psychischen Funktionen ausgestattet, die es ihnen erlauben, unterschiedliche Wissensformen zu produzieren. Diese sind ein Ergebnis von Lernen und können wieder „abgerufen" werden. Sollen Menschen nicht als „Sache" oder „Objekte" behandelt werden, so gilt es, ihr subjektives Wissen über ihre Situation und sich selber – zusammen mit ihren selbst wahrgenommenen Erkenntnis- und Handlungskompetenzen – kennenzulernen.

Zu unterscheiden ist zwischen folgenden Formen des Wissens:

(a) Bilder: beschreibende Aussagen über vergangene, erinnerte oder gegenwärtige Erfahrungen, über sich selber und andere, über soziale Systeme, die weitere Umwelt, die Gesellschaft, aber auch über die aktuelle (Problem)Situation, in welcher sich der Mensch befindet;
(b) (Alltags-)Theorien oder Codes: erklärende Aussagen über die Entstehung eines beschriebenen Sachverhaltes oder/und Problems; Schilderung weshalb jemand in eine schwierige Situation geraten ist;
(c) Werte, Ziele: Werte sind beschreibende Aussagen über erwünschte, je nachdem auch utopische Sachverhalte, gelöste Probleme; Ziele sind Aussagen, die bestimmte Werte auf eine wünschbare, zu verändernde Realität hin konkretisieren;
(d) Pläne: beschreibende Aussagen über Absichten von Subjekten (Willensäußerungen) und den zu deren Verwirklichung notwendigen – vorhandenen oder zu beschaffenden – Ressourcen;
(e) Denk- und Handlungsanweisungen: normative Aussagen über Verfahren, Entscheidungs- und Verhaltensregeln im Sinne von „Beachte … !", „Gehe von der Annahme aus, daß … !", „Erkläre … !", „Bedenke … !", „Setze Prioritäten … !", „Wähle bzw. entscheide … !", „Tue … !", „Vermeide … !" usw.

Da all diese Aussagen oder eben Wissensformen durch Fragen ermittelt werden können, die mit einem „W" beginnen – nämlich Was (Bilder), Warum (Erklärungen), Was-ist-gut und Woraufhin (Werte und Ziele), Wer und Womit (Pläne von Subjekten, AkteurInnen und Ressourcen) und schließlich Wie (Handlungsanweisungen) – spricht man auch von „W-Fragen" (siehe auch Abschnitt 8. über handlungstheoretisches Wissen und W-Fragen).

Menschliche Bedürfnisse und Bedeutungssysteme: Bedeutungssysteme befriedigen vor allem Bedürfnisse

(a) nach Sinn, subjektiver Gewißheit, orientierungs- und handlungsrelevanter Information
(b) nach Unverwechselbarkeit (geschlechtsbezogene, psychische, soziale und kulturelle Identität)
(c) nach subjektiv relevanten, affektiv besetzten Zielen und Hoffnung auf deren Erfüllung.

3.5.2. Probleme der Ausstattung mit Bedeutungssystemen

(a) Unangemessene Bilder: z. B. über negative (Lebens-)Erfahrungen im privaten, schulischen, beruflichen und weiteren Bereichen, welche die Offenheit für neue Erfahrungen blockieren (innerpsychische Barrieren); Identitätskrisen, Vorurteile jeglicher Art als falsche Bilder über Menschen und Sachverhalte; entwertende wie gleichzeitig idealisierende Bilder über soziale Kategorien: Sexismus, Rassimus, Klassismus, Ethnozentrismus, Nationalismus usw.; Wahnideen u.ä.; zu kurz- oder langfristige Zeitorientierung, zu kleiner oder weiter räumlicher Bezug)
(b) unangemessene (Alltags)Theorien: über sich selber, andere Menschen, biologische, psychische, soziale und kulturelle Sachverhalte und Probleme, die den Erwerb neuer Theorien behindern oder verunmöglichen (innerpsychische Barrieren)
(c) problematische Wertorientierungen, Ziele: fehlende Werte und Visionen; unrealistische oder fehlende Ziele (Perspektiven- und Sinnlosigkeit, Zukunftslosigkeit)
(d) fehlende (Lebens-)Pläne: fehlende Vorstellungen über mögliche Wege oder Verfahren, die zu einem gewünschten Ziel führen: unrealistische (Lebens-)Pläne, die weder mit den Ressourcen, Kompetenzen und Handlungsspielräumen übereinstimmen (können legitim oder illegitim sein – siehe Abschnitt 5.1.1.)
(e) fehlende Vorstellungen über die sachlich notwendigen Denk-, Hand-

lungsanweisungen und Verhaltensschritte, die zu einem Ziel führen.

3.5.3. Bedeutungssysteme als Ressourcen

(a) Positive (Lebens-)Erfahrungen als Quelle eines stabilen Selbstbildes und entsprechenden Selbstvertrauens; Differenziertheit und sachliche Angemessenheit der Bilder, Theorien, Werte/ Ziele, Pläne und Handlungsanweisungen
(b) räumliche Weitsicht als Berücksichtigung verschieden großer sozialer Kontexte und Systeme (Familie, Nachbarschaft, Organisationen, Wohngemeinde, Stadt, Region, Nation, Weltgesellschaft)
(c) zeitliche Weitsicht als angemessene Berücksichtigung von Vergangenem, Gegenwärtigem und Zukünftigem
(d) optimistische Lebensperspektive (informierter Optimismus); Hoffnungen in bezug auf die Veränderbarkeit und Verbesserbarkeit der eigenen wie der gesellschaftlichen und sozialökologischen Lebensbedingungen
(e) angemessene Bilder und Theorien des Individuums, der Natur und der Gesellschaft als Ausgangspunkt (Quelle) für Definitions- oder Modellmacht.

3.6. Ausstattung mit Handlungskompetenzen – Probleme und Ressourcen

Handlungskompetenzen sind das Produkt von in Pläne – Wollen, Absichten, Ziele und Verfahrensregeln – umgesetzten Wissensinhalten und von in eine Reihenfolge gebrachten psychomotorischen Bewegungsabläufen.
Sprechen ist ein Prozeß an der Schnitt- oder Übergangsstelle zwischen psychischen Zuständen (Wissensinhalte, Gedanken) und motorischen Bewegungsabläufen (unter anderem begleitet von Mimik und Gestik).

117

3.6.1. Ausstattung mit Handlungskompetenzen

Handlungskompetenzen sind Verhaltensweisen als Produkt der Verknüpfung von Wissen und sequenzierten – in eine Reihenfolge gebrachten – Bewegungsabläufen. Es läßt sich dabei für praktische Zwecke zwischen folgenden Handlungskompetenzen oder Verhaltensweisen unterscheiden:

(a) Routinisiertes Verhalten: bei dem Verfahren und Ziel durch Reiz-Reaktions-Schematas und/oder sozial normiert sind (viele Haushaltführungsaktivitäten, auf der Verhaltensebene stark normierter Tagesablauf in Kliniken, Heimen, einfache Arbeitstechniken, die im Wirtschaftsbereich heute meistens durch Roboter ausgeführt werden); Gewohnheiten können als periodische Wiederholungen von Handlungen bezeichnet werden, die einen mehr oder weniger großen Rollen- und/oder kognitiven Anteil aufweisen (z. B. Rentner, der um 9 Uhr das Haus verläßt, im Cafe sitzt und Zeitung liest)
(b) Rollenbezogenes Verhalten: bei welchem vor allem die Ziele im Sinne von sozialkulturellen und subkulturellen Erwartungen an die InhaberInnen von Rollen und die Verhaltensregeln („Verhalte Dich so und so!") teilweise sozial normiert sind: eine sorgende Mutter, ein produktiver Arbeiter, eine gute Schülerin, ein loyales Vereins oder Gleichaltrigengruppenmitglied, Cliquen- oder Bandenmitglied, ein effizienter Manager, erfolgreicher Politiker u. a.
(c) Bewußt kognitiv gesteuertes Handeln: bei welchem weder Ziele noch Ver- fahren sozial normiert sind und das deshalb kritisch-innovativ sein kann (originelle Nonkonformität, QuerdenkerInnen sowie konsensuale, normierte Abläufe störende „QuerhandlerInnen", ForscherInnen, Intellektuelle, DissidentInnen; ErneuererInnen in sozialen Systemen; Listen der Ohnmacht, Zivilcourage)

Menschliche Bedürfnisse und Handlungskompetenzen: Handlungskompetenzen befriedigen vor allem Bedürfnisse

(a) nach Verfolgung subjektiv relevanter Ziele und Hoffnung auf deren Erfüllung
(b) nach wirksamen Fertigkeiten, Regeln und Normen zur Bewältigung (wiederkehrender) Situationen zur Erreichung subjektiver Ziele
(c) nach kompetenter Kontrolle der eigenen Lebensumstände
(d) nach sozialer Anerkennung
(e) nach sozialer Einflußnahme.

3.6.2. Probleme der Ausstattung mit Handlungskompetenzen

(a) Gesundheitlich bedingte Störungen im Hinblick auf irgendwelche Verhaltensabläufe (sofern nicht im Abschnitt 3.1.2. festgehalten)
(b) Probleme in bezug auf routinisiertes, rollenbezogenes und kognitiv-kreatives Handeln/Verhalten:
* routinisiertes Verhalten: z. B. beschädigte psychomotorische Abläufe; Rigidität oder Fixierung auf bestimmte Verhaltensabläufe; verhinderte Gewohnheiten bei Migration, beim Eintritt ins Altersheim, Krankheit und Behinderung
* rollenbezogenes Handeln: z. B. Leistungs- und Arbeitsstörungen, sozial abweichendes, andere gefährdendes Verhalten jeglicher Art, insbesondere fehlende Pflichterfüllung als EhepartnerIn, Elternteil, ArbeitnehmerIn, VerkehrsteilnehmerIn, Peergruppenmitglied, Teammitglied und KollegIn, SchülerIn, KonsumentIn, BürgerIn, SozialhilfeempfängerIn usw.; Delinquenz und Kriminalität
* kognitiv-kritisches Handeln: z. B. Festhalten an rollenkonformem oder

routinisiertem Verhalten, wo innovationsbezogenes oder kritisch distanzierendes Verhalten gefordert wäre; unwirksames Protestverhalten, ausschließlich emotional gesteuerte Dissidenz.

(c) Unvermögen, Undifferenziertheit und/oder Ungleichgewichte bezüglich der unterschiedlichen Handlungskompetenzen.

3.6.3. Handlungskompetenzen als Ressourcen

(a) Bewußtheit und Know-How in bezug auf alle drei Verhaltensabläufe, nämlich routinisiertes, rollenbezogenes und kognitiv-kritisches Handeln
(b) physisches Durchhalte- bzw. Leistungsvermögen; Beharrlichkeit der Zielverfolgung bei gleichzeitig flexiblem Mitteleinsatz
(c) besondere Kompetenzen als Ausgangspunkt (Quelle) für Autorität als Positionsmacht, d. h. als Chance, andere zu beeinflussen, zu fördern, zu kontrollieren, ihnen gegen ihren Willen zu befehlen

3.7. Ausstattung mit sozialen Beziehungen und Mitgliedschaften – Probleme und Ressourcen

3.7.1. Ausstattung mit sozialen Beziehungen und Mitgliedschaften

Es gibt keine Menschen, die ohne soziale Beziehungen zu anderen Mitmenschen und Mitgliedschaften in sozialen Systemen existieren können. Dies gilt auch für solche, die sich als „autonom/unabhängig" definieren. Als erstes läßt sich die Quantität von Beziehungen bestimmen, wobei unterschieden werden kann zwischen

(a) Zwangsmitgliedschaften: als gesellschaftlich zugeschriebenen Beziehungen: Herkunftsfamilie, Eltern-Kinder-Beziehungen, Ehepartnerbeziehungen

in „traditionellen" Kontexten und Familien, religiöse, ethnische, nationale Zugehörigkeit, Schulpflicht, Militärpflicht; Beziehungen zu Nachbarn, MitschülerInnen, ArbeitskollegInnen usw. und
(b) freiwillig gewählten Beziehungen bzw. Mitgliedschaften: Freundschaften, FreizeitkollegInnen, Ehe und Partnerschaft in modernen Gesellschaften, tendenziell Arbeitsort, Vereine, Parteien, Gewerkschaften, in unterschiedlichem Maße auch nationale und religiöse Zugehörigkeit usw.

Ein sozial integrierter Mensch hat mindestens ein oder zwei subjektiv relevante Bezugspersonen sowie ein bis zwei Mitgliedschaften, aber ebenso ein minimales soziales Netz von Menschen, auf die er oder sie auch in Notzeiten zurückgreifen kann. So wird eine bestimmte quantitative Beziehungs- und Mitgliedschaftskonstellation auch zu einer qualitativen Größe.

Menschliche Bedürfnisse und soziale Beziehungen sowie Mitgliedschaften: Beziehungen und Migliedschaften befriedigen vor allem Bedürfnisse

(a) nach emotionaler Zuwendung
(b) nach spontaner Hilfe
(c) nach soziokultureller Zugehörigkeit.

3.7.2. Probleme der Ausstattung mit Beziehungen und Mitgliedschaften

(a) Soziale Isolation, d. h. fehlende Beziehungen sowie fehlende soziale Mitgliedschaften – respektive Herkunftsfamlie als einzige soziale Mitgliedschaft
(b) psychische Einsamkeit trotz vieler sozialer Beziehungen
(c) keine tragenden sozialen Beziehungen in Notzeiten wie Krankheit, Behinderung, altersbedingtem Abnehmen der Kräfte, ferner bei außergewöhnlichen Ereignissen wie innerfamiliäre Konflikt- und Gewaltereignisse.

3.7.3. Beziehungen, Mitgliedschaften als Ressourcen

(a) Beziehungen als soziales Netz, das für verschiedene Bedürfnisse, Ziele und Notzeiten aktiviert werden kann

(b) soziale Mitgliedschaften als Ausgangspunkt (Quelle) für Organisationsmacht.

4. Austausch – Probleme und Ressourcen

Hier geht es um den qualitativen Aspekt von Beziehungen. Alle Menschen sind – ob sie das (an)erkennen oder nicht – für ihre Existenzsicherung und ihr Wohlbefinden auf den Austausch mit ihrer Umwelt, d. h. auf Dinge (z. B. Sauerstoff, Nahrungsstoffe), Informationen (Ideen) und ganz besonders auf andere Menschen angewiesen. Dabei werden die Ausstattungselemente und die damit bestimmbaren Ressourcen zu Tauschmedien.

4.1. Austausch

Austauschbeziehungen verschiedenster Art gehören zu den frühesten Vergesellschaftungsformen. Eine gemeinsam geteilte Reziprozitätsnorm bezüglich der ausgetauschten Gaben und Dienste sichert(e) ihre Stabilität. Auch heutzutage gibt es verschiedenste Austauschbeziehungen, die je nach Austauschsituation mit den Begriffen „Nächstenliebe", „Nachbarschaft", „Markt", „Solidarität", „Vernetzung" näher umschrieben werden können.

4.1.1. Austauschbeziehungen, Tauschmedien und Reziprozitätsnorm

Ausgehend von der Vorstellung der Gleichwertigkeit von Menschen und somit der Möglichkeit eines ausgeglichenen, d. h. symmetrischen Austausches zwischen Menschen aufgrund der Gegenseitigkeits- oder Reziprozitätsnorm, lassen sich folgende Tauschbeziehungen und die dazugehörigen Tauschmedien unterscheiden:

(a) Körperlicher Austausch bzw. der Körper als Tauschmedium: z. B. Sexualität, körperbezogene Zärtlichkeit, Kraft, Körperpflege
(b) Austausch von sozio-ökonomischen und den dadurch erwerbbaren sowie herstellbaren Ressourcen, die Lebensqualität ermöglichen: z. B. Wissen als symbolisches Gut, Arbeitsplätze, Geld/Kapital, Grundeigentum, Konsum- und Komfortgüter usw.
(c) Austausch von Erkenntniskompetenzen bzw. Erkenntniskompetenzen als Tauschmedien: z. B. gemeinsames Erlernen von emotionalen, normativen und kognitiven Zugängen zu Sachverhalten und Problemen, interdisziplinäre Gespräche aufgrund bestimmter Diskussions- und Argumentationsregeln
(d) Kommunikation als Austausch von Bedeutungssystemen bzw. Bedeutungssysteme als Tauschmedien: z. B. gegenseitige Selbst- und Fremdbilder, unterschiedliche oder gemeinsame Erklärungen, Werte, Visionen, (Lebens-)Pläne und Handlungsanweisungen, interkulturelle Verständigung
(e) Austausch von Handlungskompetenzen bzw. Handlungskompetenzen als Tauschmedien: z. B. gemeinsames Erlernen von routinisiertem Verhalten, rollenbezogenem und kognitiv-kritischem Handeln; Einhalten von gemeinsam festgelegten Regeln; unterschiedliches Kooperationsverhalten, Teamarbeit, Projekte, Freizeitaktivitäten.

(1) Symmetrischer Austausch bei ungleichen PartnerInnen
Auch bei ungleich gestellten Austausch-

partnerInnen ergibt sich über eine bestimmte Zeitspanne hinweg ein im Endeffekt symmetrischer Ausgleich (familiärer Generationenvertrag; schenken und später einmal beschenkt werden, helfen und geholfen werden; Wissensausgleich zwischen LehrerInnen und SchülerInnen, MeisterIn-Lehrling/Lehrtochter, Machtwechsel im Verhältnis zwischen PolitikerInnen und BürgerInnen, Rotationsprinzip in einem Leitungsgremium usw.).

(2) Asymmetrischer Austausch
In denjenigen Austauschbeziehungen, in denen dieser Ausgleich nicht stattfindet, muß von dauerhaft asymmetrischen, vertikalen Machtbeziehungen gesprochen werden (Kapitalgeber-Arbeitnehmer; Männer-Frauen auf einem dual organisierten und geschlechtlich hierarchisierten Arbeitsmarkt; Positionsinhaber in einer Organisation mit mehreren sozialen Niveaus ohne Aufstiegsmöglichkeit; Geschenke, Hilfe als Mittel, Menschen abhängig zu machen und zu beherrschen, Klientelismus). Dabei ist zu klären, ob es sich um legitime oder illegitime Machtbeziehungen handelt (siehe Abschnitt 5.).

Menschliche Bedürfnisse und Austausch: Der vielfältigste Austausch zwischen Menschen befriedigt alle Bedürfnisse und Wünsche, deren Erfüllung vom zwischenmenschlichen Austausch abhängt, ferner vor allem Bedürfnisse

(a) nach sexueller Aktivität und Fortpflanzung
(b) nach Liebe
(c) nach spontaner Hilfe
(d) nach Anerkennung
(e) nach Austauschgerechtigkeit.

4.1.2. Austauschprobleme

Der horizontale Austausch zwischen Menschen geht davon aus, daß alle TauschpartnerInnen über kurz oder lang

Gleichwertiges auf der Basis einer Gegenseitigkeitsnorm (Reziprozitätsnorm) austauschen. Wird Ungleichwertiges ausgetauscht, ist der Tausch asymmetrisch. Das heißt, daß der oder die eine immer auf Kosten des/der andern gewinnt. Wird also die Gegenseitigkeitsnorm nicht eingehalten, entstehen Probleme, wie z. B.:

(a) sexuell-erotisches Unbefriedigtsein: z. B. leichtere Formen sexuell-erotischer Belästigung
(b) ungleicher Austausch von sozio-ökonomischen Ressourcen, Gütern: z. B. zwischen Ehepartnern; zwischen Eltern und Kindern, wonach die Kinder als Erwachsene den Eltern die notwendige Unterstützung versagen
(c) ungleicher Austausch von Erkenntniskompetenzen: z. B. Unfähigkeit, sich aufeinander ein- und abzustimmen; Übertreten von erkenntnisleitenden Regeln (Unwahrheiten, Notlügen); emotionalisierte oder moralisierende versus kognitive Zugänge zu Sachverhalten oder Problemen
(d) ungleicher Austausch von Bedeutungssystemen, Wissensformen: z. B. entwertende, stigmatisierende Fremd- und Feindbilder, widersprüchliche bis unvereinbare Famlienbilder, Erziehungsstile, politische oder religiöse Orientierungen, Weltsichten; Unvermögen, sich über den Diskussionsgegenstand zu einigen
(e) ungleicher Austausch von Handlungskompetenzen: z. B. Unfähigkeit, sich aufeinander ein- und abzustimmen, Mißachtung von Verhaltensregeln, Kooperationsverweigerung; ritualisiertes, normenkonformes des einen vs. kognitiv-kritisch gesteuertes Verhalten des anderen Kooperationspartners

4.1.3 Austausch als Ressource

(a) Befriedigende Austauschbeziehungen in qualitativer Hinsicht (siehe Abschnitt 4.1.2.)

(b) Verhandlungsgeschick bei der Bestimmung von Tauschregeln
(c) Fähigkeit, unbefriedigende, asymmetrische Austauschbeziehungen rück-

gängig zu machen, Vereinbarungen zur Einhaltung der Gegenseitigkeitsnorm zu treffen (Tauschregeln).

5. Macht/Abhängigkeiten – Probleme und Ressourcen

Machtbeziehungen sind stabile, asymmetrische Beziehungen – also Gefälle – zwischen mindestens zwei Menschen. Die sozialen Regeln, welche dieses Gefälle strukturieren, bestimmen die Art der Machtstruktur (Machtverteilung) zwischen Menschen. Es sind dies Regeln erstens für die Verteilung von Ressourcen, zweitens für die Verteilung von Positionen und damit die Anordnung von Menschen in sozialen Systemen und drittens für die Rangfolge und damit für die Bevorzugung bestimmter Ideen über die richtige Machtverteilung. Sie bestimmen überdies, ob es sich um eine Machtstruktur und damit Regeln handelt, die Bedürfnisbefriedigung und Wunscherfüllung der Menschen dadurch ermöglichen, daß bestimmte expansive Machtaneignungsprozesse begrenzt werden oder ob die sozialen Regeln Bedürfnisbefriedigung und Wunscherfüllung bestimmter Mitglieder sozialer Kategorien, Gruppen oder Individuen behindern.

5.1. Macht

Es ist wichtig, zwischen Machtquellen und Machtstrukturen zu unterscheiden. Machtquellen beziehen sich auf das, worüber Menschen verfügen oder nicht verfügen, um Macht aufbauen und die dazugehörigen Regeln durchsetzen zu können. Machstrukturen werden durch soziale Regeln, die z. B. den Zugang zu Ressourcen kontrollieren oder Ressourcen zuteilen, die Menschen arbeitsteilig oder/und hierarchisch anordnen, konstruiert und stabilisiert.

5.1.1. Machtquellen und Machtstrukturen

(1) Machtquellen
Die Ressourcen bzw. Tauschmedien werden in diesem Zusammenhang zu Machtquellen. So unterscheiden wir zwischen:

(a) physischen Ressourcen, genauer dem Körper als Machtquelle, physisches Gewaltpotential
(b) sozio-ökonomischen Ressourcen als Machtquelle, sozio-ökonomische Ressourcenmacht
(c) Erkenntniskompetenzen als Machtquelle, Artikulationsmacht
(d) Bedeutungssystemen als Machtquellen, Definitions- oder Modellmacht
(e) Handlungskompetenzen als Machtquellen, Positionsmacht
(f) Beziehungen und Mitgliedschaften als Machtquellen, Organisationsmacht (siehe auch die Hinweise bei den verschiedenen Ausstattungsdimensionen unter „Ressourcen").

Je existentiell notwendiger, je begehrter, je knapper, je schwieriger ersetzbar, je kontrollierbarer, je akkumulierbarer eine Ressource, umso mehr eignet sie sich als Machtquelle. Geld/Kapital vereinigen alle Merkmale, Artikulationsfähigkeit nur eines, dasjenige der Begehrtheit, was aber nicht heißt, daß man sie vernachlässigen soll.

(2) Machtstrukturen
Eine Machtstruktur ist ein Set von Regeln, das die Verteilung von Ressourcen/Dingen, die Anordnung von Menschen und Ideen normiert, genauer: in eine Rangfolge bringt.

(a) Schichtung: Ihr liegen Verteilungsregeln für Dinge – sozio-ökonomische und weitere Ressourcen – zugrunde, die bestimmen, wem (wie)viel, wem wenig, wem mehr und wem weniger von einem bestimmten Gut zusteht.

(b) Hierarchie/Arbeitsteilung: Ihr liegen Anordnungsregeln für Menschen zugrunde, die bestimmen, wer in einem sozialen Gebilde was zu leisten hat und wer entsprechend obere, mittlere oder untere Positionen besetzt oder einzunehmen hat. Die Regeln bestimmen zusätzlich, wer worüber entscheiden und wer wem befehlen kann oder gehorchen muß.

(c) Legitimation von Schichtung und Hierarchie: Ihr liegen Regeln für die Wahl von „obersten Ideen" bzw. Vorstellungen zugrunde, die eine bestimmte (un-)faire Schichtung und Hierarchie oder Herrschaftsform rechtfertigen und auf die man immer wieder zurückgreifen kann, wenn man ein Machtgefälle und die damit verknüpften sozialen Regeln legitimieren muß (Gott, Natur, die Geschichte eines Volkes; Vernunft, Bedürfnisse, Leistung). Dazu gehören Verfahrensregeln, die angeben, wie für diese Ideen Konsens hergestellt werden soll. Dies können theo-, auto- oder demokratische Konsensfindungsverfahren sein.

(d) Kontroll- und Erzwingungsapparat: zur Durchsetzung von sozialen Regeln für Schichtungs- und Hierarchiestrukturen, und zwar mit und ohne direkte, physische Gewalt.

Menschliche Bedürfnisse und Machtstrukturen: Machstrukturen und die dazugehörigen Regeln können im positiven Fall die Befriedigung folgender Bedürfnisse sicherstellen:

(a) Verläßlichkeit der Grundversorgung der Bevölkerung mit den sozio-ökonomisch zentralen Gütern (Bildung, Beschäftigung, Einkommen) durch die Kontrolle der Verteilung knapper Güter

(b) Bedürfnisbefriedigung und legitime Wunscherfüllung der Individuen als Mitglieder verschiedener sozialer (Teil-) Systeme durch die Kontrolle der Verteilung knapper Güter

(c) Soziale und psychische Sicherheit durch rechtlich abgesicherte, einklagbare soziale Sicherheit

(d) Orientierung

(e) Freiheit

(f) Teilnahme

(g) Gerechtigkeit

(h) Kontrolle der Umsetzung von Gesetzen, Entscheiden, Normen,

(i) Unversehrtheit als Schutz vor der Macht und Willkür des Stärkeren, im besonderen des Staates wie der Wirtschaft.

(3) Begrenzungsmacht
Erfolgt die Sicherstellung der Bedürfnisbefriedigung und legitimen Wunscherfüllung durch die regulierende Begrenzung von Unersättlichkeit, Expansion, Ausbeutung, Akkumulation, Herrschaftsansprüchen, strukturell festgeschriebener Privilegierung und Diskriminierung, Willkür, direkter Gewalt usw., wird dies als Machtbegrenzung oder „Begrenzungsmacht" bezeichnet.

(4) Behinderungsmacht
Fehlen die unter Ziffer (2) aufgeführten Regeln oder werden sie durch Regeln ersetzt, welche die unter Ziffer (4) genannten Sachverhalte zulassen, stützen und fördern, spricht man von behindernden Machtstrukturen oder kurz „Behinderungsmacht". Behinderungsmacht operiert mit Regeln, die in verschiedenster Weise die Bedürfnisbefriedigung von Menschen beeinträchtigen oder verhindern (siehe Abschnitt 5.1.2.)

5.1.2. Probleme im Zusammenhang mit Machtstrukturen

Um diese Probleme, bezogen auf einen bestimmten Menschen als Mitglied von sozialen Beziehungen und Systemen zu erfassen, muß zunächst seine Position im Rahmen von vertikalen Beziehungen und Verteilungsmustern festgestellt werden, d. h.

(a) von wem bzw. welchen sozialen Systemen ein Mensch abhängig ist und (b) wer von diesem Menschen abhängig ist?

Die nachfolgend aufgeführten Regeln im Zusammenhang mit Behinderungsmacht können sich bereits auf Familienverhältnisse, aber natürlich auch auf Arbeits-, Bildungs-, politische Verhältnisse, auf Organisationen der Kirche, des Vereinslebens, der Kultur, des Sozial- und Gesundheitswesens usw. beziehen. Dabei können die KlientInnen Opfer, aktive Vollzieher dieser Regeln oder beides in unterschiedlichem Ausmaß und in unterschiedlichen sozialen Systemen sein:

(a) Unfaire Schichtung: Benachteiligung vs. Privilegierung als soziale Regeln, die den Zugang zu und die Verteilung von Ressourcen nicht aufgrund von Bedürfnissen (gerechte Gleichheit) und Leistungen (gerechte Ungleichheit), sondern aufgrund von zugeschriebenen Merkmalen wie ererbter Besitz, Geschlecht, Nationalität, Religion, ethnische Zugehörigkeit, Wohnregion usw. regeln
(b) Herrschaft: soziale Regeln, die Ausbeutung, psychische Manipulation, kulturelle Kolonisierung von Menschen in Abhängigkeitsverhältnissen ermöglichen anstatt Positionen aufgrund von Kompetenzen und Leistungen zu verteilen
(c) strukturelle Gewalt: allgemeinste Ideen, welche die sozialen Regeln für unfaire Schichtung und Herrschaft aufgrund von etwas Übergeordnetem, Unveränderbarem (Gott, Natur, Rasse, Geschichte) und in der Folge mit Hilfe von Verfassungen, religiösen oder weltlichen Gesetzen, Normen usw. rechtfertigen (legitimieren) und festschreiben (z. B. Apartheid-

gesetze, religiös abgesicherte Vormachtstellung des Mannes, unfaire Lohnstrukturen, Klassenjustiz)
(d) direkte Gewalt: soziale Regeln, welche die Durchsetzung von Regeln unfairer Schichtung und Herrschaft notfalls mit direkter, körperlicher Gewalt passiv dulden oder aktiv fordern
(e) das Fehlen von Machtquellen: um sich aus behindernden Machtverhältnissen zu befreien bzw. zu emanzipieren.

5.1.3. Macht als Ressource

Macht als Ressource ist zunächst einmal bestimmbar

(a) aufgrund der Position innerhalb eines sozialen Systems (Familie, Bildungs-, Wirtschaftsorganisation, Gleichaltrigengruppe, Verein, Gesellschaft usw.): Sitzt jemand oben, verfügt über viele Ressourcen und kann potentiell vielen seinen Willen aufzwingen oder ist das Umgekehrte der Fall?
(b) ferner aufgrund der Verfügung über Machtquellen, so über

* den eigenen Körper als physische Machtquelle
* sozio-ökonomische Ressourcenmacht
* Erkenntniskompetenzen als Artikulationsmacht
* Bedeutungssysteme als Definitions- oder Modellmacht
* Handlungskompetenzen als Positionsmacht und
* soziale Beziehungen wie Mitgliedschaften als Organisationsmacht

(c) Macht als Ressource bezieht sich auch auf Begrenzungsregeln, mit denen sich illegitime Machtansprüche im Rahmen von Abhängigkeitsverhältnissen zurückweisen lassen.

6. Kriterien – Probleme und Ressourcen

6.1. Vorstellungen über das Wünschbare

Menschen haben als Individuen verschiedenste Vorstellungen über „das Gute", d. h. Werte, die sie mit wenigen oder vielen Menschen teilen (Kultur). Teilen sie bestimmte Werte mit vielen Menschen und wollen sie diesen Werten noch besonderes Gewicht verleihen, indem man ihnen einen Kontrollapparat zuordnet (Gerichtshof, Sicherheitsrat, Justizapparat, Militär und Polizei usw.), der mit dem Vollzug der Gesetze betraut wird, spricht man von Kriterien als vergesellschaftete Werte. Wer genügend Macht hat, kann allerdings seine individuellen Werte auch ohne Konsens der Mehrheit durchsetzen.

6.1.1. Werte und Kriterien

(1) Werte
Zu denken ist unter anderem an Werte wie Gesundheit und Unversehrtheit, Teilhabe an Ressourcen, Umweltverträglichkeit, Genuß, moralische Richtigkeit, Wahrheit, Sinnerfüllung, Freiheit, Wirksamkeit, Effizienz, soziale Vernetzung, Austauschgerechtigkeit, Nächstenliebe, Solidarität, interkulturelle Verständigung, Produktivität, Partizipation, Fairneß, Gleichheit, Emanzipation, Verteilungsgerechtigkeit, Dezentralisierung, Demokratie, Föderalismus, Gewaltlosigkeit. Mit diesen Werten sind auch Normen verknüpft, die angeben, was richtiges Tun ist, um die Werte zu verwirklichen. Es gibt sehr viele Wert- und noch mehr Normenvorstellungen, vor allem, wenn man noch die ganz persönlichen hinzuzählt.

(2) Kriterien
Mit Kriterien bezeichnen wir diejenigen Werte und Normen, die nicht nur von vielen Menschen geteilt, sondern institutionalisiert und verrechtlicht wurden, so daß sie für alle Mitglieder eines bestimmten Systems oder einer sozialen Kategorie (einer Kommune, einer Nation, eines Arbeitsverhältnisses usw.) verbindlich gelten. Es sind also vergesellschaftete Werte und Normen. Beispiele: Menschen- und Sozialrechte, Verfassungen; das EU-Recht, alle Gesetzessammlungen, so unter anderem das Bürgerliche Gesetzbuch, Obligationen-, Straf-, Asylrecht, das Sozialhilfegesetz;

zudem die offiziellen, verbindlichen Verträge und Vereinbarungen zwischen Nationen usw. Die Einhaltung der vergesellschafteten Kriterien wird in der Regel durch gesellschaftliche Kontrollapparate, unter anderem Polizei, Gerichte oder bestimmte Gremien besonders überwacht und durchgesetzt: z.B. der Sicherheitsrat der UNO, die KSZE, der Europarat, die national organisierte Justiz, Verwaltungsgerichte u.a.m. Das heißt, daß die vergesellschafteten Werte und Normen mit Hilfe von Macht durchgesetzt werden.

6.1.2. Kriterienprobleme

(a) Nichterfüllung von Kriterien: z.B. Mißachtung von Menschenrechten, Gesetzen, Hygienenormen, Umweltverträglichkeitskriterien; Mißachtung von Verfassungsrechten.
(b) Das Fehlen von Kriterien: z.B. im Zusammenhang mit den Sozialrechten (u.a. Höhe und Anspruch auf ein existenzsicherndes, erwerbsunabhängiges Grundeinkommen), oder mit der Gentechnologie, der Verbreitung von Informationen über Internet (Gewaltaufrufe, Pornografie).
(c) Willkürliche Definition und Anwendung von Kriterien: z.B. bei der Umdefinition von Menschenrechten zugunsten der Interessen einer Machtclique, Willkürentscheide im Zusammenhang mit dem Sozialversicherungs-, Vormundschafts-, Sozialhilfe-, Jugendhilfe-, Strafrecht; mißbräuchliche Kündigungen von Arbeits- und Mietverhältnissen usw.

6.1.3. Kriterien als Ressourcen

Vergesellschaftete Werte und Normen – also Kriterien – waren und sind nicht nur Werte und Gesetze der Herrschenden, sondern meistens auch äußerst wichtige Ressourcen für benachteiligte, unterdrückte, verfolgte Menschen und Gruppen von Menschen. Die Bewegungen der Schwarzen, der Frauen, die Bewegung „Vierte Welt", die von SozialarbeiterInnen unterstützten, in der Tradition von Ghandi stehenden Menschenrechtsbewegungen in der Dritten Welt haben die Anrufung der verfassungsmäßig garantierten BürgerInnenrechte, der Gleichstellung von Mann und Frau, der Freiheitsrechte, des Rechtes auf Bildung, Arbeit und soziale Sicherheit immer wieder als wichtige Machtquelle genutzt. Gemeint ist die Aufforderung: „Setzt endlich die auf dem Papier verbürgten Rechte in die Alltagspraxis um!".

7. Hilfeplan und Problemlösungsprozeß

Der Hilfeplan enthält alle wichtigen Informationen als vorläufiges Ergebnis der Problem- und Ressourcenerfassungstätigkeiten. Dabei wird versucht, die erhaltenen Informationen zusammenzufassen, Gewichtungen vorzunehmen, Prioritäten zu setzen, Zielsetzungen zu formulieren, Dienstleistungsangebote der Organisation mit den Erwartungen und Eigenleistungen der KlientInnen zu verknüpfen sowie in einem letzten Denkschritt die fachliche Begründung für diese Entscheidungen zu liefern.

Zuerst geht es allerdings um die Beantwortung der Frage: von wem ist die Rede? Wer ist individueller Klient, individuelle Klientin? Gibt es eventuell mehrere KlientInnen? Oder ist eventuell ein soziales System „Klient" (Paar, Familie/Großfamilie; Gleichaltrigengruppe, Schule, Arbeitsort/-organisation oder gar die eigene Organisation u. a.)? Die Fragen, welche die Erstellung des Hilfeplanes erleichtern, sind die folgenden (siehe auch 3.5.1.):

(a) Was sind bzw. wo liegen die Schwierigkeiten: bei der Person und ihrer Ausstattung, bei ihrem Austausch mit anderen Menschen, bei der sozialen Umwelt (Gesellschaftsstruktur)? *(Was-Frage)*
(b) Wodurch werden die Schwierigkeiten hervorgerufen? Warum ist die Situation so, wie sie heute ist? Was sind die Folgen? Welches sind die äußeren, d. h. umweltbezogenen, welches die inneren, personbezogenen Determinanten („Ursachen") für die vorliegende Situation?

Was sind u. U. die unmittelbar auslösenden Faktoren für ein bestimmtes Verhalten: z. B. Leistungsabfall in der Schule, Lehre, Ausbildung; Inkaufnahme von Verschuldung, Rückfälle im Suchtoder/und Kriminalitätsbereich, gewalttätiges Verhalten)? *(Warum-Frage)*
(c) Was muß bezüglich der Person, was bei der Situation/Umwelt geändert werden? Was sind also die wünschbaren Sachverhalte und die dabei zur Anwendung kommenden Werte? Welche Ziele sind zur Konkretisierung dieser Werte zu formulieren? *(Was-ist-Gut-Frage* und *Woraufhin-Frage)*
(d) Wie veränderbar sind Person und Situation/Umwelt? (*Wohin-Frage*, wenn immer möglich unter Berücksichtigung der Antworten unter a und b)
(e) Mit Hilfe welcher Ressourcen sind Person und Situation/Umwelt veränderbar? Was wollen die KlientInnen von sich aus ändern? Wie stark motiviert sind sie dazu? (Pläne, Motivation als Ressource)? Welche Ressourcen haben die Sozialtätigen im Rahmen ihrer Organisation zur Verfügung? Welche lassen sich zusätzlich erschließen oder herstellen? *(Womit-Frage)*
(f) Inwieweit und wie können die Menschen sich und die Situation/Umwelt von sich aus verändern? Inwieweit brauchen sie dazu Kompetenzen und die professionellen Arbeitsweisen der Sozialtätigen? *(Wie-Frage)*

Sowohl KlientInnen als auch SozialarbeiterInnen werden in der Regel mehr oder weniger bewußte Überlegungen

126

und Aussagen zu all diesen Themen machen. Hier geht es darum, sie knapp festzuhalten und zu vergleichen. Denn man kann nicht einfach davon ausgehen, daß KlientInnen und Sozialtätige aus der (Problem-)Situation die gleichen Schlüsse ziehen?

Der Hilfeplan beschreibt die Elemente eines Problemlösungsprozesses. Der *Problemlösungsprozeß* umfaßt folgende Schritte:

(a) Entgegennahme der Anliegen und Erwartungen der KlientInnen (7.1.1.)
(b) Einschätzung der SozialberaterInnen: Problem- und Ressourcenanalyse (7.1.2.) – Exkurs: Vorgehen bei Uneinigkeit zwischen KlientIn und SozialberaterIn
(c) Bestimmung der KlientInnengruppe (7.1.3.)
(d) Bestimmung der übergeordneten Zielsetzung und des zeitlichen Aufwandes (7.1.4.)
(e) Bestimmung der Leistungen (Dienstleistungsangebote) des Amtes für Jugend- und Sozialhilfe und der Eigenleistungen der KlientInnen im Zusammenhang mit Problem-, Ressourcenanalyse und Zielsetzungen (7.1.5.)
(f) Begründung der Situationseinschätzung sowie des Dienstleistungsangebotes (7.1.6.).

7.1. Anliegen/Erwartungen der KlientInnen

Hierher gehören die direkt ausgesprochenen Erwartungen, aber auch die nur angetönten, unterschwelligen Anliegen der KlientInnen auf dem Hintergrund der von ihnen unter Abschnitt 3. bis 6. geschilderten Sachverhalte und deren Deutung. Es handelt sich also um ihre subjektive Einschätzung der Problemsituation, verknüpft mit ihren Erklärungs- und Lösungsvorschlägen. Einen Schritt weiter führt die Frage, ob sie sich eine „ideale Problemlösung" vor-

stellen könnten, das heißt eine solche, die nicht auf irgendwelche situations-, ressourcen- und machtbezogenen Begrenzungen und Behinderungen Rücksicht nehmen muß.

Da es sich in der Regel um „kumulative Problemlagen" handelt (siehe auch Leu u. a. 1997), empfiehlt es sich, die KlientInnen nach einer Gewichtung (Rangfolge) erstens der Probleme und zweitens der damit verknüpften Erwartungen und Anliegen zu fragen.

Auch wenn die Vorstellungen der KlientInnen darüber, was der Fall ist und wie ihre Situation zu verbessern, ihre Probleme zu lösen wären, nicht mit denjenigen der Sozialtätigen übereinstimmen (siehe Abschnitt 7.1.2.), geht es hier darum, diese sehr ernst zu nehmen. Dies geschieht dadurch, indem man darüber nachdenkt, was von fachlicher (disziplinäres und professionelles Wissen) und organisationeller Seite (Auftrag) einzubringen und für den Hilfsprozeß zu berücksichtigen ist. (Für das Vorgehen bei Uneinigkeit zwischen KlientIn und SozialberaterIn siehe den Exkurs unter 7.2.).

7.2. Einschätzung der SozialberaterInnen: Problem- und Ressourcenanalyse

Hier geht es um eine Zusammenschau dessen, was der Fall ist. Diese Zusammenschau beruft sich auf das Fachwissen der Professionellen. Die Fragen, die diese Verdichtung ermöglichen sollen, sind:

(1) Was sind – in Stichworten zusammengefaßt – die Probleme des Klienten
(a) auf der Ausstattungsebene (einschließlich soziale Beziehungen und Mitgliedschaften, ausschließlich sozialökologische Ausstattung)
(b) auf der Austauschebene oder im zwischenmenschlichen Bereich
(c) bezüglich der Nicht-Verfügung über Ressourcen, Tauschmedien und Macht-

quellen? Mit anderen Worten: Was sind die nicht befriedigten Bedürfnisse? Was sind im besonderen die Lernbedürfnisse und -notwendigkeiten? Und was ist der Grad an gesellschaftlicher und unmittelbarer sozialer Integration der KlientIn?

(2) Was sind – in Stichworten zusammengefaßt – die Probleme im Zusammenhang mit der Situation/der sozialen Umwelt des Klienten, d. h.

(a) der sozialökologischen Ausstattung (Wohnung und Wohnumfeld, Schule, Arbeitsplatz, Heim usw.)

(b) der Abhängigkeiten in verschiedenen sozialen Systemen (Machtstrukturen)

(c) der öffentlichen, gesellschaftlichen Kriterien (Menschen-/Sozialrechte; Gesetzgebungen usw.)? Mit anderen Worten: Was muß eventuell an der sozialen Umwelt der KlientInnen verändert werden?

(3) Was sind – in Stichworten zusammengefaßt – die Ressourcen der KlientInnen sowie ihrer sozialen Umwelt?

Die Detailinformation läßt sich in den Abschnitten 3. bis 6. unter den Zwischentiteln „Ressourcen" nachlesen.

Exkurs: Vorgehen bei Uneinigkeit zwischen KlientIn und SozialberaterIn

Diskrepanzen und Uneinigkeit bezüglich der Problem- und Situationsbeurteilung bilden die Ausgangsbasis für folgende Gesprächsthemen:

(a) neue Lebensperspektiven, neue, bisher nicht erprobte Ideen, Probleme anzupacken;

(b) das möglicherweise fehlende Realitätsbewußtsein der KlientInnen, d. h. Erwartungen, Problemlösungsvorschläge, die sachlich, d. h. aufgrund der beschriebenen Sachverhalte und deren Determinanten nicht angemessen sind (sogenannte „unrealistische Vorschläge", die das Problem aus dem Blickfeld verbannen, gar nicht betreffen bzw. die Barrie-

ren zu seiner Lösung falsch einschätzen; nicht Erkennen eigener, selbständig erschließbarer Ressourcen; Verkennen des eigenen Beitrages oder des Umweltbeitrages an der Problemsituation, verbunden mit falschen Beschuldigungen usw.);

(c) die Aushandlung von gegenseitigen Erwartungen, Rechten und Pflichten;

(d) Knappheiten, d. h. die beschränkte Ressourcenbasis der Organisation und deren mögliche Ausweitung durch die Erschließung von Ressourcen im zwischenmenschlichen und/oder organisationellen Umfeld;

(e) den beschränkten Auftrag der Organisation und dessen Erweiterung durch die Vermittlung der KlientInnen an andere Organisationen;

(f) die gesetzlichen Grundlagen, auf welche sich die Organisation abzustützen hat;

(g) die Nichterfüllung von Erwartungen bis zur Verweigerung von Hilfeleistungen durch die Organisation als legitime vs. illegitime Machtausübung (Begrenzung vs. Behinderung).

(Siehe hierzu auch die Abschnitte 8.2. bis 8.4. – Uneinigkeiten bezüglich Interventionsbereich, Zielsetzung, Leistungen beim Handlungsplan und den dazugehörigen Vereinbarungen.)

7.3. Bestimmung der KlientInnengruppe

Die Ermittlung von KlientInnengruppen erfolgt durch die Kombination der folgenden Merkmale:

(a) Finanzielle (sozioökonomische) Situation – erkennbar an der Bildungs-, Beschäftigungs- und Einkommenssituation; gesundheitliche Situation

(b) Kompetenzen zur Bewältigung der Lebens- und Problemsituation – erkennbar am Lernvermögen im Sinn von Erkenntnis-, Sinngebungs- und Handlungskompetenzen

(c) Soziale Integration – erkennbar an den sozialen Beziehungen und Mitgliedschaften sowie der Qualität der zwischenmenschlichen Austauschbeziehungen (Sozial- bzw. Kommunikationskompetenzen)
(d) Soziale Umwelt – erkennbar an der sozialökologischen Ausstattung sowie den bestehenden Abhängigkeiten, Machtstrukturen.

Aufgrund der in den Abschnitten 7.1. und 7.2. gemachten Einschätzungen und dem zugrundeliegenden theoretischen Bezugswissen lassen sich folgende KlientInnengruppen unterscheiden (siehe Abbildung 4, S. 135 ff.):

Gruppe 1: KlientIn ist
(a) kurzfristig bzw. vorübergehend in finanzieller Not, eventuell krank, aber
(b) im übrigen kompetent, seine/ihre Lebenssituation zu meistern sowie
(c) sozial befriedigend integriert mit
(d) relativ intakter/fairer oder diskriminierender sozialer Umwelt.
Das persönliche und soziale Ressourcenniveau ist hoch bis sehr hoch.

Gruppe 2a: KlientIn ist
(a) mittel- oder längerfristig in finanzieller Not (erwerbslos), eventuell krank, zudem
(b) schlecht oder nicht in der Lage, seine/ihre Lebensumstände aufgrund eigener Kompetenzen zu meistern, hingegen
(c) sozial befriedigend integriert mit befriedigenden Austauschbeziehungen;
(d) die soziale Umwelt kann relativ intakt/fair, diskriminierend oder beherrschend – ohnmachterzeugend sein.
Das persönliche Ressourcenniveau ist im individuellen Bereich tief, im sozialen Bereich hoch.

Gruppe 2b: KlientIn ist
(a) mittel- oder längerfristig in finanzieller Not (erwerbslos), eventuell krank, aber
(b) grundsätzlich in der Lage, seine/ihre Lebenssituation aufgrund der vorhan-

denen Kompetenzen zu meistern, hingegen
(c) sozial desintegriert mit unbefriedigenden Austauschbeziehungen oder in einem sich abzeichnenden sozialen Desintegrationsprozeß;
(d) die soziale Umwelt kann relativ intakt/fair oder diskriminierend, beherrschend – macht/ohnmachterzeugend sein.
Das persönliche Ressourcenniveau ist im individuellen Bereich hoch, im sozialen Bereich tief.

Gruppe 3: KlientIn ist
(a) in finanzieller Not, eventuell krank, erwerbslos (sozioökonomisch randständig), dazu kommt eventuell Wohnungsnot; zudem ist sie
(b) nicht fähig, seine/ihre Lebenssituation zu meistern und/oder verhaltensmäßig auffällig, abweichend, verwirrt, ferner
(c) sozial desintegriert mit problematischen Austauschbeziehungen und Mitgliedschaften;
(d) die soziale Umwelt kann relativ fair oder zusätzlich diskriminierend, beherrschend – macht/ohnmachterzeugend sein.
Das persönliche Ressourcenniveau ist in jedem Bereich tief bis sehr tief.

Gruppe 4: KlientIn ist
(a) in finanzieller Not und/oder krank,
(b) läßt sich aber nicht in die Karten schauen: intransparente Information, fehlende Kooperation bei der Problemerfassung, unregelmäßiges Erscheinen, kleine Listen der Ohnmacht usw.

7.4. Die Bestimmung der übergeordneten Zielsetzung und des mutmaßlichen zeitlichen Aufwandes

Die übergeordnete Zielsetzung leitet sich aus der Kombination von Merkmalen in bezug auf jede Gruppe ab. Für jede KlientInnengruppe wird zusätzlich der durchschnittliche Zeitaufwand – unterschieden nach den im Abschnitt 7.5. näher beschriebenen, dazu notwendigen Ressourcenerschließungs- und Beratungsleistungen – angegeben (siehe Abbildung 4, S. 135 ff.).

(1) Ressourcenerschließungsleistungen:
(a) finanzielle Leistungen sowie
(b) erweiterte Sachhilfe.

(2) Beratungsleistungen: Der Einfachheit halber wurden darunter alle Leistungen, die mit
(a) der Förderung und Erhaltung von Kompetenzen, der Motivierung für Veränderungen
(b) der sozialen Integration und Vernetzung der KlientInnen sowie mit
(c) der Veränderung der sozialen Umwelt
zu tun haben, zusammengefaßt. Dabei gilt es zu beachten, daß die Arbeitsmethoden für diese Beratungsleistungen sehr unterschiedlich sind.

(3) Eigenleistungen der KlientInnen: Dazu kommen noch die Eigenleistungen der KlientInnen, die im Abschnitt 7.6. ebenfalls separat aufgeführt und mit Kontrollaufwand verbunden sind.

Gruppe 1:
(a) Existenz- und/oder Gesundheitssicherung
(b) Erhalten, eventuell Fördern von Kompetenzen und Perspektiven
(c) Eventuell: Ermächtigung zur Veränderung einer diskriminierenden sozialen Umwelt (z. B. Gründung einer Selbsthilfegruppe).
Durchschnittlicher zeitlicher Aufwand:
(a) Für Ressourcenerschließung: tief bis mittel
(b) Für Beratungsleistungen: tief bis mittel (variabel).

Gruppe 2a:
(a) Existenz- und/oder Gesundheitssicherung und gesellschaftliche Reintegration (berufliche Weiterbildung und Arbeitsmarkt(re)integration)

(b) Kompetenzerweiterung, Förderung von Lernprozessen, Motivierung für Veränderungen
(c) eventuell Umweltveränderung: unter anderem Vermittlungsdienste und Konfliktschlichtung.
Durchschnittlicher zeitlicher Aufwand:
(a) für Ressourcenerschließungsleistungen: mittel bis hoch
(b) für Beratungsleistungen: mittel bis hoch.

Gruppe 2b:
(a) Existenz- und/oder Gesundheitssicherung
(b) soziale Vernetzung über befriedigendere soziale Beziehungen und Mitgliedschaften
(c) eventuell Umweltveränderung: unter anderem Vermittlungsdienste, Konfliktschlichtung.
Durchschnittlicher zeitlicher Aufwand:
(a) Für Ressourcenerschließungsleistungen: mittel
(b) Für Beratungsleistungen: tief bis hoch.

Gruppe 3:
(a) Existenz- und/oder Gesundheitssicherung
(b) Erhaltung, Stabilisierung von Restkompetenzen/-fähigkeiten auf höchstmöglichem Niveau
(c) eventuell soziale Vernetzung
(d) eventuell Umweltveränderung: unter anderem Konfliktschlichtung.
Durchschnittlicher zeitlicher Aufwand:
(a) für Ressourcenerschließungsleistungen: tief bis sehr hoch
(b) für Beratungsleistungen: mittel bis hoch.

Gruppe 4:
(a) Pauschale Mindestsicherung
(b) eventuell beraterische Leistungen bei Kooperationsbereitschaft.
Durchschnittlicher zeitlicher Aufwand:
(a) nicht absehbar
(b) unregelmäßig
insgesamt eher gering – kann aber kurzfristig mittel bis hoch sein.

7.5. Bestimmung der Leistungen des Amtes und der KlientInnen im Zusammenhang mit Problem-, Ressourcenanalyse und Zielsetzungen

Sowohl das Amt als auch die KlientInnen erbringen Leistungen (Ressourcen im weitesten Sinn) zur Milderung oder Lösung der anstehenden Probleme (siehe Abbildung 4, S. 135 ff.).

(1) Angebot „Ressourcenerschließung": „finanzielle Leistung" und „Sachhilfe" – bezogen auf die sozio-ökonomische Situation sowie die Wohn- und Gesundheitssituation

(a) „Finanzielle Leistungen" – Sachhilfe im engen Sinn
* Basissicherung unter Einbezug der Sozial- und Krankenversicherungsansprüche
* Basiszuschläge.

(b) „Sachhilfe" – im weiten Sinn
* Vermittlungsleistungen bezüglich Bildung/Weiterbildung/Stipendien; Lehrstelle, Erwerbsarbeit, Ergänzender Arbeitsmarkt; ehrenamtliche, freiwillige Arbeit (z. B. Sozialzeit-, Talentprojekte) usw.
* Rechtsauskünfte oder Weitervermittlung an Rechtsberatungsstellen
* Vermittlung von Wohnungseinrichtungen, (Not-)Unterkünften, Mietzinsgarantien, Wohnungen aus dem sozialen Wohnungsbau usw.

und alle damit zusammenhängenden Aktivitäten der Information, Motivation, Organisation, Administration, Vermittlung und Konfliktschlichtung.

Eigenleistungen der KlientInnen:
(a) finanzielle Eigenleistungen
(b) selbständige Geltendmachung von Versicherungsansprüchen
(c) Bereitschaft, sich weiterzubilden, zur Arbeitssuche, zur Teilnahme an alternativen Beschäftigungsprogrammen
* Erwerbstätigkeit
* Bereitschaft zur Wohnungssuche
* Familien-, Erziehungsarbeit

* Bereitschaft, die vermittelten Ressourcen und Hilfeleistungen in Anspruch zu nehmen (z. B. medizinische, berufliche Abklärungen; Methadon-, Heroinabgabeprogramme, Arbeitsintegrationsprogramme usw.)

Arbeitsweise/Methode: Hier geht es vor allem um „Ressourcenerschließung" im engen und weiten Sinne.

(2) Angebot „Beratungsleistungen für KlientInnen und ihre soziale Umwelt"

(a) Angebot „Beratung": „Erweiterung und Stabilisierung von Kompetenzen" – bezogen auf Erkenntnis-, Handlungskompetenzen und Bedeutungssysteme
* Beratung
* Vermittlung psychosozialer und medizinischer Hilfen (inklusive Erziehungsheime, stationäre Therapien, Einstieg in Methadon- oder Heroinabgabeprogramme)
* Übernahme der Administration der finanziellen und anderer Belange der KlientInnen (vorübergehend, dauernd).

Eigenleistungen der KlientInnen:
(a) Lernbereitschaft im Umgang mit sich selber, anderen Menschen, Behördenmitgliedern, Machtträgern, den eigenen und fremden Ressourcen
(b) Lernbereitschaft im Umgang mit Geld, Haushaltführung
(c) Erwerb von Bewerbungs-, Wohn-, Aushandlungskompetenz usw.
(d) Bereitschaft zur ambulanten oder stationären psychosozialen Therapie

Arbeitsweisen/Methoden: Als Arbeitsweisen sind hier Bewußtseinsbildung, Modellveränderung als Arbeit an Deutungsmustern und Handlungs- bzw. Sozialkompetenzförderung einzusetzen.

(b) Angebot „Beratung": „Soziale Integration und Vernetzung" – bezogen auf soziale Beziehungen/Mitgliedschaften und Austauschbeziehungen

131

* Beratung bezüglich Tagesstruktur, Tagesablauf unter Berücksichtigung der unmittelbaren sozialen Umwelt
* Beratung bei zwischenmenschlichen Konflikten sowie Vermittlung psychosozialer Hilfe in diesem Bereich (Ehe-, Paar-, Erziehungsberatung, inkl. Haus- und Nachbarschaftskonflikte)
* Vernetzungsangebote in Nachbarschaft, Projekten des Sozialamtes (ergänzender bzw. zweiter Arbeitsmarkt, Soziokulturelle Projekte), Treffs, Gemeinschaftszentren, Gemeinwesenprojekten.

Eigenleistungen der KlientInnen:
(a) Lernbereitschaft im Umgang mit anderen Menschen
(b) Fähigkeit, Erwartungen und Ansprüche an soziale Austauschbeziehungen zu formulieren und zugleich Fähigkeit, auf Erwartungen und Ansprüche von bedeutsamen InteraktionspartnerInnen einzugehen (Rechte und Pflichtenverhältnis)
(c) Sozialzeit

Arbeitsweisen/Methoden: Als Arbeitsweisen sind hier „soziale Vernetzung" als Erschließung, Aufbau, Erhaltung oder Veränderung der Interaktion und Kommunikation von Austauschsystemen einzusetzen. Grundlage ist ein auf Symmetrie aufbauendes Gegenseitigkeitsprinzip – dies als Abgrenzung zur Arbeit an vertikalen Machtbeziehungen. Hierher gehört auch die arbeitsteilige Zusammenarbeit mit Ehrenamtlichen als Mitglieder oder Stützen von sozialen Netzen.

(c) Angebot „Beratung": „Veränderung der sozialen Umwelt" – bezogen auf sozialökologische Ausstattung, Abhängigkeiten, Machtthematiken u. a.
* Sozialwohnungsangebote, Angebote für (begleitetes) Wohnen; Organisation von Umzügen
* Initiierung und Ermächtigung von Selbsthilfegruppen (wirtschaftlich

Schwache; Jugendliche, Alleinerziehende, Ausgesteuerte, AusländerInnen, Frühinvalide, Frühpensionierte usw.)
* Planung und Mitwirkung in (Klein-) Projekten, z. B. in der Nachbarschaft von KlientInnen, in Quartieren, Schulhäusern
* Verarbeitung der über die Aktenführung erhobenen Informationen für sozialpolitische, menschen- bzw. sozialrechtliche und wissenschaftliche Zielsetzungen.

Eigenleistungen der KlientInnen:
(a) Lernbereitschaft
(b) Bereitschaft, sich auf einen Ermächtigungsprozeß einzulassen
(c) Sozialzeit.

Arbeitsweisen/Methoden: Aus der Perspektive des Individuums vis-à-vis von Machtstrukturen geht es hier um seine „Ermächtigung", genauer: um die Erschließung von Machtquellen sowie die Ermöglichung und Begleitung von Ermächtigungsprozessen. Aus der Perspektive der Sozial- bzw. Machstruktur geht es hier um den „Umgang mit oder Veränderung von Machtstrukturen" als Veränderung von Zugangs-, Verteilungs-, Anordnungsregeln bezüglich derjenigen sozialen Systeme, die direkt oder indirekt (über kollektive politische und andere Akteure) zugänglich sind.

7.6. Begründung der Situations-/ Problembeschreibung sowie der Wahl der Hilfs- bzw. Dienstleistungsangebote

Hier geht es nur noch um Stichworte auf knappstem Raum zur Problemlage, welche die Wahl der Zielsetzung und damit des Klientensegmentes sowie der Dienstleistungsangebote einsichtig und nachvollziehbar machen sollen. Am besten lassen sich diese Entscheide damit begründen, daß aufgrund des vorhandenen Tatsachen- und zugänglichen theoretisch-wissenschaftlichen

Wissens eine Prognose darüber erstellt wird, was mit dem/der KlientIn und/oder im sozialen Umfeld passieren könnte, falls keine Hilfe gewährt wird (qualifizierte Prognose oder Trendaussage auf die Wohin-Frage). Dabei sei daran erinnert, daß Problem- und Ressourcenbeschreibung, Wahl der Zielsetzung, der Zuteilung zu einer KlientInnengruppe sowie des Dienstleistungsangebotes aufgrund neuer Informationen jederzeit revidiert werden können, ja müssen.

8. Handlungsplan und Vereinbarungen

Der Handlungsplan ist nicht nur die Konkretisierung der im Hilfeplan gemachten Aussagen (Abschnitt 7.); er macht auch die laufenden Entscheidungen über die kurz-, mittel- und langfristig einzuleitenden und tatsächlich eingeleiteten Hilfeprozesse sichtbar. Und er führt schließlich zu Informationen, welche die Auswertung der Zielerreichung nach Wirksamkeits- und Effizienzkriterien erlauben.

8.1. Datum

Laufende Termineinträge bezüglich Besprechungen, Telefonaten, Sitzungen

8.2. Interventionsbereich (Was-Frage, ergänzt durch Warum-Frage)

Festhalten – zusammen mit den KlientInnen – der wichtigsten Stichworte aus dem Hilfeplan. Was soll nun in erster Linie konkret verändert werden? An welchen Problemen wird ab jetzt gearbeitet? Welche Optionen gibt es? (Wenn immer möglich sollte über diesen Punkt zwischen KlientIn und SozialberaterIn eine Einigung erzielt werden. Falls dies nicht möglich ist, siehe Exkurs im Abschnitt 7.2. und 8.7.).

8.3. Konkrete – operationalisierte – Ziele (Was-ist-Gut- und Woraufhin-Frage)

(a) Was sind die gemeinsam festzuhaltenden Ziele?
(b) Lassen sie sich in beobachtbaren, qualitativen oder/und quantitativen Größen ausdrücken?

Woran ist die Zielerreichung sowohl subjektiv erfahrbar als auch von einem BeobachterInnenstandpunkt aus ablesbar? (Falls keine Einigung erzielt werden kann, siehe Exkurs im Abschnitt 7.2. und 8.7.).

8.4. Leistungen (Maßnahmen) (Womit-Frage und Wie-Frage)

Was sind die gemeinsam festzuhaltenden Leistungen (Abschnitt 7.5.)

(a) seitens der Organisation, der SozialberaterInnen (Dienstleitungsangebote 1, 2 und 3a,b,c)
(b) seitens der KlientInnen (Dienstleistungsangebot 4).

(Falls keine Einigung möglich ist, siehe Exkurs im Abschnitt 7.2. und 8.7.).

8.5 Zuständigkeiten (Wer-Frage)

Wer ist wofür zuständig?

8.6. Zeitpunkt der Zielerreichung (Wann-Frage)

(a) Bis wann soll die vereinbarte Leistung erbracht sein?
(b) Bis wann soll das gesteckte Ziel erreicht sein?

8.7. Zielvereinbarung

(Eine Zielvereinbarung im hier genannten Sinne kann nur dann erfolgen, wenn zwischen den Parteien [KlientInnen und BeraterInnen] ein Konsens über die Problem- und Situationsdefinition erzielt worden ist.) Regelung

(a) der vordringlich zu erreichenden Ziele

(b) der Leistungen der Parteien zur Zielerreichung

(c) der vorläufigen Anzahl der Besprechungen im Hinblick auf die Zielerreichung

(d) des Zeitpunkts der Überprüfung der Zielerreichung (gemeinsame Evaluation).

Der erfreuliche Fall ist derjenige, wo Konsens über diese Punkte erreicht werden kann. Besteht kein Konsens über Problemdefinition, Zielformulierung, zu erbringende Leistungen und mithin auch über die Punkte (a) bis (e), so muß mit den KlientInnen ein Diskurs über Macht, d. h. die Folgen der unterschiedlichen Sichtweise, einer vereitelten Zielvereinbarung, einer einseitig durchzusetzenden Zielsetzung, die Verweigerung oder den Entzug von Hilfe geführt werden. Aufgrund des Machtgefälles zwischen Sozialamt/SozialberaterIn und KlientIn werden die „Dienstleistungsangebote" zu „Maßnahmen/Eingriffen", wenn nicht gar zu gesetzlich begründbaren „Zwangsmaßnahmen". M.a.W. hat spätestens hier ein sogenanntes „Kundenverhältnis von Angebot und Nachfrage" als momentan beliebte Metapher für Soziale Arbeit seine Grenze oder gar sein Ende. Zentral wird hier die Frage, ob und wie die Durchsetzung von „Maßnahmen" oder die Verweigerung von Hilfe gerechtfertigt werden, d. h. ob dabei Begrenzungs- oder Behinderungsmacht, also Willkür ausgeübt wird. Und zugleich ist – auch in historischer Hinsicht – daran zu erinnern, daß legal nicht automatisch legitim bedeutet.

8.8. Zeitlicher Aufwand – Effizienz (Evaluationsfrage)

(a) Geschätzter Aufwand

(b) tatsächlich geleisteter Aufwand.

Wie wird die Effizienz als Verhältnis zwischen Aufwand und Erreichtem in diesem Fall beurteilt?

8.9. Wirksamkeit der Hilfe – Effektivität (Evaluationsfrage)

Ob der Effizienzfrage darf die Frage nach der Wirksamkeit nicht vernachläßigt werden. Es geht um eine Antwort auf die Frage, ob das vereinbarte oder notfalls durchgesetzte Ziel erreicht wurde.

(a) Wurden die beabsichtigten erwünschten Wirkungen erreicht, vollständig, mehrheitlich, teils-teils, kaum oder nicht?

(b) Was waren die mutmaßlichen Gründe dafür?

(c) Was waren unbeabsichtigte, unerwünschte wie erwünschte Nebenwirkungen, welche die Zielerreichung förderten, beeinträchtigten oder verhinderten?

(d) Welche neuen Zielvereinbarungen müssen aufgrund welcher neuen Sachverhalte gemacht werden?

(e) Waren angesichts des effektiv erreichten Ergebnisses Problemdefinition und -erklärung sowie Zielsetzung richtig oder müssen diese aufgrund neuer Informationen ergänzt oder verändert werden?

Hier beginnen die Schritte des Handlungsplanes von neuem und die Sequenz läßt sich, wenn nötig, beliebig oft wiederholen.

8.10. Leistungsentscheid

Hieher gehört schließlich die Unterschrift der Vorgesetzten. Sie bescheinigt, daß die Anträge gemäß Formular „Unterstützungsantrag/Leistungsentscheid" in der im Handlungsplan vorliegenden Form genehmigt werden.

Abbildung 4: KlientInnengruppen – Zielsetzungen – Angebote und Aufwand

KlientInnengruppe	Übergeordnete Zielsetzung	Angebot 1: finanzielle Leistungen	Angebot 2: Sachhilfe im weiten Sinne	Angebot 3: Beratungsleistungen (a) Kompetenzerweiterung (b) Vernetzung (c) Umweltveränderung	Eigenleistungen der KlientInnen	Aufwand / Dauer der Unterstützung
Gruppe 1 – vorübergehend in finanzieller Not – intakte Kompetenzen – sozial integriert – soziale Umwelt?	– Existenz-/Gesundheitssicherung – Kompetenzerhaltung, eventuell -erweiterung – eventuell: Umweltveränderung	– Basissicherung – Basiszuschlag – Eigenleistungen KlientIn	– nur auf Wunsch – Beratung bei der Erschließung weiterer Ressourcen zur Erhöhung der Lebensqualität	– nur auf Wunsch	– finanzielle Eigenleistungen – Geltendmachung von Versicherungsbeiträgen – Erwerbstätigkeit – Familien- (Haushalt-, Erziehungsarbeit) – Bereitschaft, die vermittelten Ressourcen anzunehmen	Aufwand: – Ressourcenerschließung: tief-mittel – Beratung: tief-mittel (variabel) Unterstützungsdauer: – mittel- bis langfristig

(Fortsetzung S. 136)

135

Gruppe 2a / 2b						Aufwand / Unterstützungsdauer
Gruppe 2a – mittel- und langfristige finanzielle Not – wenig, beeinträchtigte Kompetenzen – befriedigende soziale Integration – soziale Umwelt?	– Existenz-/Gesundheitssicherung – Kompetenzerweiterung – eventuell: Umweltveränderung	– Basissicherung – Basiszuschlag – Eigenleistungen KlientIn	– Beratung bei der Erschließung weiterer Ressourcen (medizinische, psychosoziale Therapien, stationäre Aufenthalte)	– Ich-Stärkung – Rollen-, Verhaltenstraining – Ermächtigung	– Allgemeine Lernbereitschaft – Lernbereitschaft im Umgang mit Geld – Bereitschaft zu ambulanten oder stationären, psychosozialen oder medizinischen Therapien	Aufwand: – Ressourcenerschließung: mittel bis hoch – Beratung: mittel bis hoch Unterstützungsdauer: – mittel- bis langfristig
Gruppe 2b – mittel- bis längerfristig in finanzieller Not, Erwerbslosigkeit – ausreichende Kompetenzen – unbefriedigende soziale Integration – soziale Umwelt?	– Existenz-/Gesundheitssicherung – soziale Vernetzung/Integration – soziale Umwelt: Vermittlung und Konfliktschlichtung	– Basissicherung – Basiszuschlag als Anreiz	– Vermittlung von Weiterbildung, Arbeit, Rechtsauskünften usw. – Vermittlung von psychosozialen Diensten, Partnerberatung, Nachbarschaftshilfe usw.	– Konfliktberatung, Mediation – Soziale Vernetzung und Reintegration über Tagesstrukturen, Gruppenteilnahme usw. – Umwelt: Vermittlung und Konfliktschlichtung – Ermächtigung	– Lernbereitschaft im Umgang mit Mitmenschen – Motivation zur Veränderung asymmetrischer Tauschbeziehungen – Übernahme von von Pflichten im Ausgleich von Rechten – Sozialzeit	Aufwand: – Ressourcenerschließung: mittel – Beratung: tief bis hoch Unterstützungsdauer: – nicht absehbar

(Fortsetzung S. 137)

Gruppe 3 – akute bis langfristige finanzielle Not, Wohnungsnot – fehlende Kompetenzen/ abweichendes Verhalten – unbefriedigende soziale Integration, Desintegrationsprozesse – soziale Umwelt?	– Existenz-/Gesundheitssicherung – Erhaltung, Stabilisierung von Restkompetenzen – eventuell soziale Vernetzung – soziale Umwelt: Konfliktschlichtung	– Basissicherung – Basiszuschlag als Anreiz	– Vermittlung von Weiterbildung, Arbeit, Therapien, Rechtsauskünften usw.	– Beratung und Stützung zur Erhaltung der Restfähigkeiten (Belohnungen) – soziale Vernetzung wo möglich – Ermächtigung wo möglich	– Lernbereitschaft – Bereitschaft zur Akzeptanz sozialer Normen, die andere Menschen nicht gefährden, beeinträchtigen, bedrohen – Bereitschaft für Ermächtigungsprozesse	Aufwand: – Ressourcenerschließung: tief bis sehr hoch – Beratung: mittel bis hoch Unterstützungsdauer: – nicht absehbar – unregelmäßig
Gruppe 4 – in finanzieller Not – übrige Situation intransparent	pauschale Mindestsicherung	Basissicherung	abhängig von weiterer Information, Kooperationsbereitschaft	in der Regel keine	Bereitschaft zu Transparenz und Kooperation	Aufwand: – nicht absehbar – Unterbrüche, eher tief, kurzfristig eventuell sehr hoch Unterstützungsdauer: – variabel – mit Unterbrüchen

Reflexion und Evaluation methodischen Handelns in der Sozialen Arbeit
Basisregeln, Arbeitshilfen und Fallbeispiele

Maja Heiner

> Erstens kommt es anders,
> zweitens als man denkt.
>
> (Sprichwort)

Das einleitende Sprichwort erinnert uns an zweierlei: daß wir nicht gerade selten von unerwarteten Entwicklungen überrascht werden und daß auch vorausschauendes Denken nicht vor solchen Überraschungen schützt. Vorausdenken wird damit nicht diskreditiert. Das Sprichwort erinnert nur daran, daß es trotzdem anders kommen kann, als erwartet. Sozialarbeiterinnen geraten häufig in diese Situation. In vielen Fällen haben sie weder die Kontrolle über die Entwicklungen, die sie anstoßen, noch über die Bedingungen, unter denen sie handeln. Sie müssen mit Unsicherheiten und Ungewißheiten leben. Oftmals (nicht immer!) stehen sie vor komplexen Problemen, bei denen weder Aufgabenstellung noch Zielsetzung, geschweige denn die Lösungsalternativen klar sind.

Auf diffuse und komplexe Situationen kann man reagieren, indem man die Komplexität radikal und ziemlich willkürlich verkürzt, um möglichst rasch handlungsfähig zu werden. Wenn man außerdem an der einmal getroffenen Entscheidung festhält und sich gegen Zweifel immunisiert oder unsystematisch immer wieder mal etwas Neues ausprobiert, dann wird es noch häufiger und rascher zu unerwarteten Ereignissen kommen. Wenn es dagegen gelingt, durch Reflexion des eigenen Handelns immer wieder offene Situationen zu schaffen, selbstkritisch Annahmen und Entscheidungen zu überprüfen und flexibel, aber nicht willkürlich, auf neue Entwicklungen zu reagieren, so kann es zwar immer noch anders kommen, als erwartet, doch solche Überraschungen können dann zunehmend für treffsichere Lösungen genutzt werden.

Reflektiert handelnde Praktikerinnen „sehen sich über die eigene Schulter", während sie handeln, und gewinnen so Distanz zu sich und ihrem Tun. Zugleich „reden sie mit der Situation", in der sie handeln. Indem sie in Worte fassen, wie und warum die anderen Anwesenden auf bestimmte Weise reagieren, was sie selbst denken und empfinden, was sie zu erreichen hoffen und zu diesem Zwecke unternehmen wollen, geben sie der Situation eine sprachliche Form, die es ihnen ermöglicht, über ihr (potentielles) Handeln zu räsonieren und in eine gedankliche Auseinandersetzung mit dem Geschehen zu treten. Sich solcher *„Dialoge mit der Situation" im Handeln bewußt zu sein*, die damit verbundenen Deutungsmuster ständig zu reflektieren und diesen oftmals nur stummen Dialog laut werden zu lassen, damit er für andere Beteiligte transparent und beeinflußbar wird, ist ein zentrales *Merkmal professionellen Handelns* (Schön 1982), und nur so läßt sich die vermeintliche Unvereinbarkeit, der angeblich strukturelle Gegensatz von Planung und kommunikativer, situativer Offenheit überwinden (Müller, B. 1993; Gildemeister 1992).

Sozialarbeiterinnen/Sozialpädagoginnen üben diesen Dialog mit der Situation vor allem im Rahmen der *Supervision* und erwerben dort eine Reihe von abrufbaren sprachlichen Äußerungen, um ihr eigenes Verhalten in Aktion reflektieren zu können. Die Grundfrage, „Was macht das mit mir?", gehört zum Bestandteil dieses Repertoires. „Macht mich das wütend?", „Jagt mir das Angst ein?", „Macht mich das unsicher?". Die in der Supervision erworbene Sprache für den „Dialog mit der Situation" konzentriert sich meist auf die emotionale Verarbeitung der Anforderungen, mit denen sich Sozialarbeiterinnen/Sozialpädagoginnen konfrontiert sehen. Vergleichsweise unterentwickelt sind dagegen noch immer Sprachmuster, die geeignet wären, die *kognitive Verarbeitung* von Ereignissen zu begleiten und zugleich die *sozialpsychologischen Aspekte* des Interventionsprozesses zu berücksichtigen. Von einer „Fehlertheorie" methodischen Handelns ausgehend wäre ein Repertoire an solchen reflexionsunterstützenden Fragen zu entwickeln. Die Supervision besitzt ansatzweise eine solche Fehlertheorie. Sie achtet unter anderem auf Projektionen aus eigener Lebenserfahrung und nimmt z. B. an, daß geleugnete feindliche Gefühle und aggressive Impulse die Interaktion mit den KlientInnen negativ beeinflussen, wenn sie nicht bewußt gemacht und bearbeitet werden. Dieser Ansatz der Reflexion methodischen Handelns ist im Rahmen einer kognitiv orientierten Sozialpsychologie durch ein entsprechendes, zielorientiertes Konzept der Planung, Reflexion und Evaluation zu ergänzen.

In den folgenden Ausführungen werden im Sinne einer solchen Zielsetzung

(a) die zentralen theoretischen Bezugspunkte einer Reflexion methodischen Handelns skizziert (Abschnitt 1.),

(b) erste Ansätze einer problemlösungsorientierten Fehlertheorie des Interventionsprozesses entwickelt (Abschnitt 2.),

(c) Basisregeln des methodischen Handelns und seiner Reflexion formuliert (Abschnitt 3.) und

(d) Arbeitshilfen (Checklisten, Fragenkataloge, Beobachtungsbögen, Kräftefeldkarten) vorgestellt, die die Planung, Reflexion und Auswertung des eigenen Vorgehens strukturieren sollen, und an Fallbeispielen demonstriert, wie sie eingesetzt werden können (Abschnitte 4. bis 8.).

Ziel dieser Ausführungen ist es, Vorschläge zur Strukturierung des Dialoges reflektiert handelnder Praktikerinnen mit der Situation zu liefern und auf diese Weise dazu beizutragen, Erkennen, Verstehen und Handeln zu integrieren und zu qualifizieren.

1. (META-)THEORETISCHE GRUNDLAGEN

Es ist im Rahmen dieses Beitrages nicht möglich, die verschiedenen Ansätze bzw. Theorien (mittlerer Reichweite) mit den entsprechenden empirischen Forschungsergebnissen darzustellen. Um dennoch die Grundlagen der folgenden Aussagen zu verdeutlichen, wird eine grobe Orientierung gegeben, bei der auf die wesentlich ausführlichere Sekundärliteratur verwiesen werden muß. Zumindest sollen die anwendungsrelevanten Konsequenzen bei der Entscheidung für bestimmte Grundpositionen deutlich werden. Die folgenden Ausführungen beruhen auf

(a) einem systemtheoretischen Verständnis Sozialer Arbeit, das erkenntnistheoretisch und evolutionstheoretisch den metatheoretischen Rahmen liefert und

(b) auf diversen Theorien mittlerer Reichweite, die zur Konkretisierung dieses Ansatzes beitragen und mit dieser Metatheorie kompatibel sind.

Diese Vorbemerkung sollte nicht den Eindruck erwecken, als ob eine theoriegeleitete Praxisreflexion ein Vorgang wäre, der über mehrere Stufen von den Metatheorien über die unterschiedlich konkreten Theorien mittlerer Reichweite, wie z. B. Kommunikationstheorien, Organisationstheorien, Managementtheorien, Humandienstleistungstheorien, folgerichtig vom Allgemeinen zum Besonderen und damit von der Theorie zur Praxis führt (Beck/Bonß 1989; Dewe u. a. 1993). Weder lassen sich Theorien mittlerer Reichweite aus Metatheorien ableiten, noch können aus Theorien mittlerer Reichweite konkrete Handlungsregeln abgeleitet werden. Die jeweils abstrakteren Theorien bestimmen jedoch den Rahmen, innerhalb dessen eine Konkretisierung überhaupt möglich ist. Die übergeordnete Theorie trägt zu dieser Auswahlentscheidung bei, indem bestimmte Faktoren als besonders wichtig und andere als unwichtig eingestuft werden. Es bleibt aber immer ein erheblicher Ermessens- und Unsicherheitsbereich. Wie unter diesen Umständen dennoch und gerade bei komplexen Tatbeständen die Entscheidungen für bestimmte Problembearbeitungsansätze optimiert werden können, soll im Abschnitt 2. dargestellt werden. Im folgenden werden zunächst die erkenntnistheoretischen und dann die evolutionstheoretischen Grundpositionen skizziert, auf denen das hier zugrundegelegte Konzept einer ganzheitlichen Bearbeitung sozialer Probleme im Kontext eines sich ausdifferenzierenden Hilfesystems fußt.

(1) Einige Ansätze der Systemtheorie beruhen *erkenntnistheoretisch* auf einem radikalen Konstruktivismus, für den die Realität ausschließlich als Konstrukt unseres Bewußtseins gedacht wird. Teilweise wird selbst die Existenz einer davon unabhängigen materiellen Welt als nicht erwiesen und prinzipiell nicht nachweisbar angesehen und geschlußfolgert: „Die Umwelt, die wir wahrnehmen, ist unsere Erfindung" (v. Foerster 1985, 25). Im Gegensatz zu dieser Position wird im folgenden von einem *relativen Konstruktivismus* ausgegangen. Danach stellen soziale Konstruktionen „das imaginäre Verhältnis der Individuen zu ihren wirklichen Existenzbedingungen dar" (Althusser 1973, 147). Jedes Erkennen der Realität ist zugleich auch eine Konstruktion dieser Realität. Verstehen setzt immer bereits ein Verständnis voraus, das das Verstehen seinerseits beeinflußt. Jede Beobachtung der Wirklichkeit wirkt auf den Beobachter zurück.

Wahrnehmungen und Erkenntnisse sind nicht einfach Spiegelungen einer gegebenen Wirklichkeit. Die Wirklichkeit wirft kein Bild auf die leere Leinwand unseres Bewußtseins. Mit der Sprache schaffen sich die Menschen ihre Welt, bilden sie nicht einfach ab. Wie sehr *Sprache* die Wahrnehmung prägt und damit wiederum auch unsere Möglichkeiten, zu handeln und die Welt zu gestalten, illustriert z. B. die Tatsache, daß die Eskimos über sechs Wörter für den Begriff „weiß" verfügen. Ob ihr oder unser „weiß" der Realität entspricht, ist eine falsch gestellte Frage. Für die Eskimos haben sich Differenzierungen des Begriffes „weiß" offensichtlich bewährt und tragen zum Überleben bei; für Menschen in anderen Lebensbedingungen sind andere Realitätskonstruktionen von Bedeutung. Ob das Bild, das wir uns von der Wirklichkeit machen, „realistisch" ist, ob es zur Realität „paßt", erweist sich im Handeln. Wir akzeptieren das als „Wirklichkeit", was sich nach unseren jeweiligen Maßstäben bewährt hat (Glasersfeld 1985).

Unsere Konstruktionen der Wirklichkeit sind vor allem *sozial vermittelt*; sie sind das Ergebnis von Interaktion und Kommunikation. Unser (immer nur ausschnitthaftes) Bild der Realität wird entscheidend dadurch beeinflußt, daß unser eigenes Erleben von anderen bestätigt wird – in der Alltagspraxis wie in der Wissenschaft. Erst in der Aneignung durch die gesellschaftlich Handelnden werden „objektive" Gegebenheiten zu sozialen Realitäten, die ihrerseits wieder auf die Handelnden zurückwirken.

Das folgende Praxisbeispiel soll verdeutlichen, wie bedeutsam solche abstrakten erkenntnistheoretischen Überlegungen für die Reflexion methodischen Handelns sein können.

Der Leiter einer Wohngemeinschaft für psychisch Kranke meinte, schlechte Erfahrungen mit einem Arzt der psychiatrischen Klinik gemacht zu haben. Der letzte Bewohner, der ihm von diesem Arzt zur Aufnahme empfohlen wurde, erwies sich als sehr schwer integrierbar, ohne daß vorher auf sein aggressiv-eigenbrötlerisches Verhalten hingewiesen worden war. Außerdem konsumierte er bald nach seinem Einzug so viel Alkohol, daß anzunehmen war, daß er auch vorher schon abhängig war, obwohl der Arzt dies strikt verneint hatte.

Als dieser Arzt wieder einen Patienten für die Aufnahme in der Wohngemeinschaft vorschlug, klingelten beim Sozialarbeiter sofort alle Alarmglocken: „Der will wieder mal einen schwierigen Fall bei uns los werden, den sonst keiner haben will, und sagt nicht wirklich, was mit dem Patienten los ist. Er glaubt wohl, mit uns kann er das machen! Seinem Freund (Leiter eines konkurrierenden Trägers von Wohngemeinschaften) würde er das nie antun. Der kriegt immer die pflegeleichten Fälle. Und wir gehen hier auf dem Zahnfleisch." Als sich der Klient dem Team der Wohngemeinschaftsbetreuerinnen vorstellt, befragt ihn der Sozialarbeiter insistierend, bohrt nach, stellt Aussagen in Frage und äußert sich skeptisch. Der Klient wird zunehmend unsicherer, reagiert schließlich patzig: Er lasse sich keine Löcher in den Bauch fragen, vom Seelenstriptease habe er inzwischen auch genug. Die Reaktion bestätigt die Vermutung des Sozialarbeiters, daß der Klient „schwierig" sei. Als dieser schließlich die Frage nach Alkoholproblemen gereizt damit beantwortet, daß man doch wohl jeder mal ein Bier trinke und eine Wohngemeinschaft, in der man das nicht dürfe, ja der reine Knast sei, sieht der Sozialarbeiter seine Befürchtungen voll bestätigt.

Sein eigener Anteil am Verhalten des Klienten wird ihm erst in dem Augenblick klar, als eine Kollegin interveniert und dem Gespräch eine andere Wendung gibt. Man wolle ihm ja keine Löcher in den Bauch fragen, und sie könne sich schon vorstellen, wie schwer es sei, immer wieder über sich Auskunft geben zu müssen. Aber irgendwie müsse man halt herausfinden, ob er in diese Wohngemeinschaft passen könnte. Er würde die anderen Bewohner ja gleich noch kennenlernen und könnte sich dann selbst ein Bild machen. Und mit dem Alkohol sei das insofern ein Problem, als einer der Bewohner vor nicht langer Zeit eine Entziehungskur abgeschlossen habe. Daher hätten sich alle darauf geeinigt, im Wohnzimmer keinen Alkohol zu tringen, um es ihm leichter zu machen. Der Klient reagiert sehr positiv auf die Kollegin. Er erwähnt, daß er vor dem Klinikaufenthalt auch eine Phase gehabt hätte, in der er sich nur noch den Kopf vollgeknallt hätte, um zu vergessen. Er könne gut mit der Regelung leben, daß im Wohnzimmer kein Alkohol konsumiert werden dürfte. Damit war es gerade noch einmal gelungen, eine neue offenere Situation zu schaffen, in der der Klient eine Chance hatte, durch sein Verhalten die Bedenken des Sozialarbeiters zu zerstreuen.

Hier wird deutlich, wie leicht es geschehen kann, daß Sozialarbeiterinnen/ Sozialpädagoginnen durch ihr Verhalten eine Realität erst schaffen (zunächst im Kopf und dann auch in der Situation), von der sie dann meinen, sie „objektiv" wahrgenommen zu haben, ohne zu bemerken, daß sie selbst im Rahmen des Interaktionsprozesses zu dieser Realität beigetragen haben.

(2) Die zweite metatheoretische Grundsatzentscheidung betrifft das *Evoluti-onsverständnis*, d. h. die Frage wie sich (soziale) Systeme entwickeln. Die Systemtheorie geht davon aus, daß soziale Systeme sich selbst organisieren. Diese *Selbstorganisation* wird allerdings sehr unterschiedlich konzipiert. Mit dem Begriff „Autopoiesis" (Selbsterschaffung, selbstbezogene Weiter-entwicklung) kennzeichnen einige Vertreter der neueren Systemtheorie so-ziale Systeme als dermaßen durch ihre „Tiefenstruktur" determiniert (Luh-mann 1984, 1985), daß jede Energiezufuhr aus der Umwelt des Systems immer nur der Erhaltung dieser Struktur dient, weil das System „operational geschlossen" ist. Als „operational geschlossen" bezeichnen Humberto Ma-turana und Francisco Varela (1987) alle lebendigen Systeme, weil in diesen Systemen zum einen die Operationen, die das System im Prozeß der Auto-poiesis erzeugt, rekursiv auf das System selbst zurückwirken, und zum ande-ren sie nur ihren eigenen Gesetzmäßigkeiten folgen, und so im Wortsinne „autonom" (autos = selbst, nomos = Gesetz) sind. Diese operationale Ge-schlossenheit des Systems ist zugleich eine kognitive. Das System nimmt nur die Information aus der Umwelt auf, bzw. verarbeitet sie nur in einer Weise, die seinen systemimmanenten Gesetzen entspricht. Die kognitive und informationelle Geschlossenheit von Systemen schließt jede Beeinflus-sung oder Belehrung aus (Maturana/Varela 1982). Soziale Arbeit hätte dem-nach keine Chance, weder kontrollierend noch helfend, Veränderungen zu bewirken, die nicht der Tiefenstruktur des Systems entsprechen.

Die folgenden Überlegungen zu den Möglichkeiten zielgerichteter Einfluß-nahme durch methodisches Handeln folgen einem *weniger radikalen Ver-ständnis von Autopoiesis*, bewahren aber die damit verbundene Einsicht in die Entwicklungsdynamik lebender Systeme. Mit dem Konzept der Auto-poiesis hat die neuere Systemtheorie die Begrenztheit der kybernetischen Modelle von Steuerung durch Rückkopplungsprozesse überwunden. Im ky-bernetischen Konzept kommt einer festen Größe als Vorgabe von außen (z. B. der Temperatureinstellung des Thermostaten bei der Regulierung der Heizung) die entscheidende Steuerungsfunktion zu. Das System besitzt nur die Freiheit, um diesen Sollwert oszillierend sich selbst durch feed-back-Prozesse so zu regulieren, daß dieser vorgegebene Wert erreicht wird. Bei lebenden Systemen dagegen sind jene Prozesse der Selbstregulierung und Selbststeuerung entscheidend, die *internen Sollvorgaben* folgen. Auch wenn man die damit gegebene Autonomie lebender Systeme nicht im Sinne einer operationalen Geschlossenheit absolut setzt, so ist bei lebenden Systemen in jedem Fall von einer erheblichen Unabhängigkeit gegenüber äußeren Ein-flüssen auszugehen.

Folgt man diesem Verständnis von Autopoiesis (Heiner, in Vorber.), so ist dieses Konzept durchaus geeignet, die häufig zu beobachtende Tendenz zur

Wiederholung von Verhaltensmustern, mit denen sich Menschen immer wieder selbst schaden, aus den selbstreferentiellen und rekursiven Interpretationen der Betroffenen zu erklären. Veränderungen erfordern angesichts dieser selbstbezüglichen Widerborstigkeit sozialer Systeme ein Sich-Einlassen auf ihre Eigenlogik und ihren Eigensinn. Ein solches Konzept der Autopoiesis ist mit dem im nächsten Abschnitt dargestellten Modell einer zielgerichteten, entscheidungsorientierten Problembearbeitung durchaus vereinbar und schließt eine erfolgreiche (in Grenzen!) Einflußnahme auch auf die „Tiefenstruktur" von KlientInnen nicht aus.

2. Skizze einer allgemeinen Fehlertheorie methodischen Handels

Methodisches Handeln in der Sozialen Arbeit als *Problembearbeitungsprozeß* zu verstehen und zu analysieren ist nicht neu (Perlman 1969). Aber erst mit der jüngeren Entwicklung der Kognitionspsychologie sind vielfältige Kombinationen mit sozialpsychologischen Ansätzen und Forschungsergebnissen möglich geworden, die für die Konzeptualisierung methodischen Handelns genutzt werden können. Als Basis für das folgende Interventionskonzept sollen zunächst einige Verlaufsmodelle dargestellt werden, die die einzelnen Phasen und kognitiven Operationen des Problembearbeitungsprozesses auflisten (Abschnitt 2.1.), um im nächsten Schritt typische Fehler zu benennen (Abschnitt 2.2.) und abschließend einige Verfahren darzustellen, die auch bei sehr komplexen Problemen zur Optimierung von Lösungsversuchen beitragen können (Abschnitt 2.3.).

2.1. Zielorientierte Prozeßmodelle der Problembearbeitung

Die meisten Problembearbeitungsmodelle gehen von einem dreistufigen oder vierstufigen Prozeßablauf aus, bei dem auf die Informationssammlung und Ideenfindung eine Entscheidungsfindung mittels Alternativenbewertung folgt, die zur Umsetzung der Absichten in eine Handlungssequenz führt, die abschließend ausgewertet wird.
Eine Ausdifferenzierung der Teilprozesse ergibt z. B. folgendes *Modell*:

(a) Problemwahrnehmung und -formulierung,
(b) Produktion von Ideen über Handlungsmöglichkeiten und deren Konsequenzen,
(c) Prüfung und Bewertung von Alternativen,

(d) Entscheidung für eine Alternative,

(e) Durchführung der geplanten Handlungen und

(f) Beobachtung und Bewertung der Konsequenzen (Brander/Kompa/Peltzer 1985, 164).

In jeder Phase kann es notwendig sein, auf eine der früheren Stufen zurückzukehren und Teile dieses Prozesses nochmals zu durchlaufen. Ein anderes bekanntes Prozeßmodell (D'Zurilla/Goldfried 1971) geht von folgender Abfolge aus:

(a) Generelle Orientierung,

(b) Definition und Formulierung des Problems,

(c) Generierung von Alternativen,

(d) Entscheidung,

(e) Auswertung.

Durch die Hervorhebung der „generellen Orientierung" als gesonderte Eingangsstufe erinnert dieses Modell an die Notwendigkeit, den Auflösungsgrad der Problemanalyse ständig zu variieren und z. B. nach der Detailanalyse wieder zur Betrachtung des Ganzen oder größerer Teilbereiche zurückzukehren. Dies ist, wie wir noch sehen werden, eine wichtige Voraussetzung für die Optimierung von Problemlösungsbearbeitungsprozessen. In diesen beiden Prozeßmodellen ist die Formulierung von *Zielen* nicht als eigene Operation aufgeführt, obwohl sie an anderer Stelle (Brander et al. 1985, 126) offenbar vorausgesetzt wird. Die Zielformulierung dürfte in der Entscheidung für eine der analysierten Alternativen enthalten sein. Die Differenzierung zwischen „Prüfung und Bewertung von Hypothesen" und der „Entscheidung" für oder gegen sie, verweist darauf, daß der Zielfindungsprozeß nach Prüfung der Alternativen nicht in eine Entscheidung für eine der vorhandenen Möglichkeiten münden muß, sondern ebenso zur Suche nach weiteren Alternativen führen kann. Dabei ist es häufig notwendig, zu einer der früheren Stufen der Entscheidung zurückzukehren und Teile des Prozesses nochmals zu durchlaufen. Die Formulierungen, die in diesen Ablaufmodellen für die Charakterisierung von Problembearbeitungsprozessen gewählt wurden, mögen auf Sozialarbeiterinnen/Sozialpädagoginnen zunächst sehr *rationalistisch*, fast technisch wirken. Daß in vielen Fällen nicht nur von der „Bearbeitung", sondern sogar von der „Lösung" der Probleme ausgegangen wird, verstärkt diesen ersten Eindruck. Der Mensch erscheint als ein vernünftiges, bewußt handelndes, zielstrebiges Wesen, das sich immer Gedanken über alternative Handlungsmöglichkeiten macht und erfolgreich alle Probleme meistert. Außerdem ist von den *Gefühlen* der Beteiligten oder von interaktiven Prozessen nicht ausdrücklich die Rede. Abgesehen davon, daß die Kognitionspsychologie die Bedeutung der Emotionen für den Problemlösungsprozeß längst erkannt (Mandler 1975; Mandl/Huber 1983) und ihr Forschungsprogramm entsprechend erweitert hat, lassen die Modelle den Einbezug von Gefühlen durchaus zu; so bleibt z. B. offen, ob die „Entscheidung für eine Alternative" rational oder emotional bestimmt ist, ob sie blitzschnell und spontan erfolgte, oder erst nach längerem Abwägen und trotz weiterwirkender Zweifel und Ambivalenzen.

Die mit diesen Prozeßmodellen gewählte Darstellung ist allerdings besonders geeignet, das Augenmerk bei der Reflexion von Interventionsprozessen in der Sozialen Arbeit auf Aspekte zu lenken, die bisher in der deutschsprachigen Methodenliteratur eher marginal blieben:

(a) auf den kontinuierlichen Entscheidungszwang,

(b) die (mehr oder minder bewußte) Zielorientierung, sowie

(c) die damit verknüpften Deutungsmuster der Handelnden und

(d) auf ihre Einbettung in den komplexen Prozeß der Ressourcenarbeit.

Bei aller Offenheit und Bereitschaft dort anzufangen, wo die KlientInnen stehen, und bei allem Bemühen, Interaktionsprozesse möglichst symmetrisch zu gestalten: die Sozialarbeiterin/Sozialpädagogin muß sich Ziele setzen. Sie kann nicht nicht handeln. Und indem sie handelt, verwirft sie bestimmte Alternativen. Dies gilt ebenso für die KlientInnen. In der üblichen Unterteilung des Interventionsprozesses in die Schritte „Anamnese – Diagnose – Intervention – Evaluation" (z. B. Müller 1993) wird diese Notwendigkeit zur Entscheidung nicht so deutlich. Der medizinisch geprägte Begriff der „Diagnose" suggeriert außerdem naturwissenschaftliche Objektivität und die Erkenntnis unbestreitbarer „Fakten", wenn auch in der Literatur meist betont wird, daß soziale Tatbestände so nicht zu verstehen seien. Daher soll hier auch auf diese Begrifflichkeit verzichtet und statt dessen *jeder Problemlösungsversuch als (vorläufige) Setzung von Zielen* und als *Wahl zwischen Alternativen* begriffen werden, deren Begründungsmuster der Reflexion zugänglich zu machen sind.

Die dargestellten Problemlösungsprozeßmodelle lassen deutlich werden, daß Sozialarbeiterinnen/Sozialpädagoginnen und KlientInnen nicht nur auf der Grundlage situativer, interaktionsbezogener Empfindungen und Gefühle handeln. In manchen Beratungstheorien wird von vornherein besonders auf die „Beziehungsarbeit" abgehoben. Entsprechend gilt der Aufbau eines Vertrauensverhältnisses als einer der ersten, unabdingbaren Schritte im Interventionsprozeß. Das oben dargestellte Prozeßmodell läßt dagegen auch *begrenzte Arbeitsbündnisse* zu, die in eine Kooperation eingebettet sein können, die ansonsten von Vorbehalten, Angst und Mißtrauen geprägt ist. Die

KlientInnen müssen sich nicht rundum als Mensch so angenommen, verstanden und ermutigt fühlen, daß beeindruckende Wachstumskräfte ihrer Persönlichkeit frei gesetzt werden. Sozialarbeiterinnen/KlientInnen können auch punktuell gemeinsam handeln und Problembearbeitungsprozesse in Gang bringen. Die „Probleme", die dabei bearbeitet werden, müssen weder umfassend sein, noch „gelöst" werden. Auch die Verringerung von Belastungen kann Ziel und Ergebnis gemeinsamer Anstrengungen sein.

In den meisten Fällen liegt der Löwenanteil des Problembearbeitungsaufwandes bei den KlientInnen, nicht bei den Fachkräften. Sie zu motivieren, sich oder ihre Lebensumstände zu verändern, ist keine Leistung, deren Erbringung sich garantieren läßt wie die sachgemäße Reparatur eines Autos. Die erstrebten Veränderungen zu erreichen läßt sich auch bei zielorientiertem Handeln nur in den seltensten Fällen garantieren, z. B. bei der Vermittlung von erwünschten Sach-, Geld- und Dienstleistungen oder bezogen auf begrenzte Teilschritte. Viele, wenn nicht die meisten und entscheidenden Ziele der Sozialen Arbeit sind daher *Prozeßziele*, wie z. B. Erhöhung der Frustrationstoleranz oder Entwicklung der Kooperationsfähigkeit. Sie sollen die Voraussetzungen für eine weitergehendere, erfolgversprechende Bearbeitung des Problems schaffen. Diese Ziele lassen sich nur erreichen, wenn die KlientInnen sich aktiv am Problemverarbeitungsprozeß beteiligen. Auch im Rahmen eines zielorientierten Modells methodischen Handelns stellt die Gestaltung des Interventionsprozesses unter Einhaltung fachlicher Prinzipien und Standards daher das entscheidende Kriterium für die Qualität zielorientierten professionellen Handelns dar.

Angesichts einer immer noch sehr stark beziehungsorientieren und individuumszentrierten Reflexion methodischen Handelns stellt die Tatsache, daß die oben dargestellten Problemlösungsprozeßmodelle durch ihre Abstraktion ein *umfassenderes Verständnis* zulassen, einen Gewinn dar. Neben den situativen, interaktionsbezogenen Aspekten können mit solchen Modellen zugleich auch die ökonomischen, sozialen und kulturellen Bedingungen und Einflüsse berücksichtigt werden, die die Interaktionssituation und die Entscheidungen prägen. Damit ist dieses allgemeine Prozeßmodell mit einem Berufsfeldverständnis vereinbar, wie es in Abschnitt 3. dargestellt wird. Sehr praxisnahe Konkretisierungs- und Anwendungsbeispiele, die im therapeutischen Kontext entstanden, aber nicht nur dort zu verwenden sind (Pristley u. a. 1978), zeigen, wie produktiv dieser problembearbeitungs- und entscheidungsorientierte Ansatz methodischen Handelns sein kann und wie sich daraus durch zusätzliche Elemente (Heiner 1994c) ein originär sozialarbeiterisches Konzept entwickeln läßt.

2.2. Fehlerquellen der Problembearbeitung

Was sind die häufigsten Fehler von Problemlösern? Vor welchen Fallgruben kann man Sozialarbeiterinnen generell warnen, unabhängig von speziellen berufs- und berufsfeldspezifischen Aspekten? (Einen umfassenderen Überblick und weiterführende Literatur zu diesem Thema bieten Brander u. a. 1985; Herkner 1991.)

Das Hauptdefizit schlechter Problemlöser ist vor allem ein *Mangel an verfügbaren Problemlösungsalternativen.* Die Tatsache, daß Sozialarbeiterinnen/Sozialpädagoginnen bei komplexen Problemen vor viel zu vielen Alternativen stehen, für die sie keine Auswahlkriterien besitzen, muß dem nicht widersprechen. Selbst dann ist es denkbar, daß z. B. für bestimmte Teilprobleme kaum oder gar keine Alternativen mehr in Betracht gezogen werden. Die in vielen Fällen notwendigen Umstrukturierungen des Verhältnisses der einzelnen Teile zum Ganzen ist aber nur möglich, wenn auch für Teilprobleme Alternativen zur Verfügung stehen.

Wer vor einer Aufgabe steht, hat die Neigung, *Bekanntes zu bevorzugen*, seien es gewohnte Sichtweisen und Erklärungen eines Problems oder erprobte Lösungen. Informationen über *angenehme Konsequenzen* werden dabei bevorzugt und gründlicher verarbeitet als unangenehme Erlebnisse. Wird bereits mit unangenehmen Ereignissen gerechnet, so sind die Einschätzungen der Bedingungen, unter denen Gefahr droht, allerdings sehr viel präziser als die Analyse der Bedingungen, bei denen solche unliebsamen Konsequenzen nicht erwartet werden. *Unerwünschte Entwicklungen bewußt zu antizipieren* (siehe „Arbeitsprinzipien des methodischen Handelns" in der Begriffsklärung, S. 323), stellt daher eine Form der kognitiven Leistungssteigerung dar. Sie führt außerdem häufig auch zu einer emotionalen Entlastung. Sieht man dem schlimmsten aller denkbaren Fälle ins Auge und spielt dessen Konsequenzen gedanklich durch, so erscheint er oft weniger schrecklich, als ursprünglich befürchtet.

Die meisten Menschen tendieren dazu, nur die Hauptwirkungen ihrer geplanten Handlungen zu analysieren, die *Nebenwirkungen werden oft unterschätzt*. Es dominieren aktuelle Motive der Problemanalyse, während *Langzeitwirkungen nur unzureichend berücksichtigt werden*.

Je auffälliger und anschaulicher die Darstellung der Informationen ausfällt, desto genauer wird sie rezipiert und um so höher wird ihre Bedeutung für die Problemlösung eingeschätzt. *Unterschiedliche Konkretionsniveaus* können entsprechend zu Fehleinschätzungen führen, weil die anschaulichere Information als wichtiger und zutreffender eingestuft wird. Da sich Menschen in der Regel meist bereits mit lediglich „akzeptablen" Problemlösungen zufrieden geben, kann eine relativ frühzeitige Konkretisierung von Lösungen dazu beitrag, daß die Erarbeitung besserer Lösungen gar nicht mehr in Betracht gezogen, und die Kosten der akzeptablen Lösungen (Neben- und Langzeitwirkungen) unterschätzt werden.

Treten im Laufe einer Intervention Schwierigkeiten auf, so neigen Problemlöserinnen dazu, die *früher erfolgreichen Lösungsstrategien zu intensivieren*, statt sie zu hinterfragen und nach Alternativen zu suchen. Sie reagieren also auch bei Mißerfolg mit „mehr derselben". So kommt es zu nicht mehr korrigierbaren Fehlentwicklungen. Die *Revidierbarkeit von Entscheidungen* (und damit die Begrenzung der negativen Handlungskonsequenzen) sicherzustellen, ist nur selten eine bewußte Handlungsmaxime.

Menschen haben auch große Probleme, *Entwicklungen in einen umfassenderen Zeithorizont einzuordnen*. Langzeitwirkungen werden generell unterschätzt und zukünftige Entwicklungen in der Regel linear extrapoliert. Exponentielle oder kurvilineare Trends werden dagegen selten vermutet oder erkannt. Menschen sind Raumwesen, keine Zeitwesen. Das Erkennen von Entwicklungstrends, von Zeitgestalten erfordert besondere Anstrengungen. Indem man zeitliche Entwicklungen räumlich darstellt (Zeitleisten, Entwickungskurven usw.) kann dieser Mangel ausgeglichen werden (Dörner 1989; Fisch 1990).

Auch *soziale Faktoren* sind für die Qualität von Problemlösungen bedeutsam, was nicht immer bedacht wird. So kann der Gruppendruck in einer Organisation dazu führen, daß die Teammitglieder in einer sozialen Einrichtung nicht mehr in Alternativen denken und angeblich Bewährtes nicht mehr in Frage gestellt werden darf. Aber Gruppen handeln nicht immer konservativ. Sie tendieren unter bestimmten Bedingungen sogar dazu, besonders riskante Entscheidungen zu treffen. Die teilweise Verantwortungsentlastung des Einzelnen durch Gruppenentscheidungen macht ihn wagemutiger. Die Reflexion der sozialen Aspekte einer Entscheidungssituation gehört daher ebenfalls zur Analyse möglicher Lösungsstrategien. Ob die Ergebnisse einer Reihe von Beratungsgesprächen z. B. mit den jeweiligen KlientInnen oder mit Kolleginnen, ob sie mit Gleichgesinnten oder Andersdenkenden, mit Organisationsangehörigen oder Außenstehenden, mit Experten oder Laien, mit Vorgesetzten oder Gleichrangigen, in Vier-Augen-Gesprächen oder in der Gruppe besprochen werden, das bestimmt die Art und Qualität der Problembearbeitung ebenso entscheidend wie die Zuverlässigkeit gesammelter Informationen über die KlientInnen.

2.3. Heurismen zur Bewältigung von Komplexität und Diffusität

Wie eine Problemlöserin vorgehen sollte, um ein Problem einzugrenzen und alternative Handlungsmöglichkeiten zu entwerfen, beschreibt Klaus Dörner (1992, 234 f.) modellhaft so:

„Die erste Phase ist die Zielausarbeitung. Oft sind Ziele unklar oder sehr global. Dann sind sie als Leitlinien für die Informationssammlung und Planung unbrauchbar. Man muß sie konkretisieren. Oft sind Ziele auch kontradiktorisch. Sie enthalten widersprüchliche Komponenten. Wenn man kontradiktorische Teilziele hat, so muß man irgendwie balancieren, man muß auf die Erfüllung des einen oder anderen ganz oder teilweise verzichten. Hat man Ziele, so sollte man sich klarmachen, wie man sie erreichen kann. Dazu braucht man Informationen über die Struktur der Realität, in der man handeln muß. Das heißt, man braucht ein Realitätsmodell, ein Bild von verschiedenen Variablen, aus denen sich die Realität zusammensetzt und ein Bild von ihren Interdependenzen. Erst ein solches Modell der Realität erlaubt eine angemessene Informationssammlung, eine Beschränkung auf das Wesentliche, den Abbruch der Informationssammlung zum richtigen Zeitpunkt und eine umständegerechte Planung."

Diese Beschreibung ist zwar von konsequenter Folgerichtigkeit. Was aber ist zu tun, wenn die Ziele unklar bleiben, weil man noch kein „Realitätsmodell" besitzt, oder wenn man noch nicht einmal weiß, was eigentlich das Problem ist? Es ist dies so, wie wenn man vor einem Puzzle an Informationen sitzt und Schwierigkeiten hat, unter den verschiedenen Zustandsbeschreibungen, Hypothesen und Erklärungen, Zielvorstellungen und Erwartungen die zutreffendsten und wichtigsten auszusortieren. Idealtypische Modelle der Problembearbeitung berücksichtigen außerdem häufig die emotionalen, motivationalen und sozialen Prozesse zu wenig. Nicht nur äußere Restriktionen, sondern auch psychische Konflikte stellen Barrieren dar, die optimale Problemlösungen verhindern. Häufig müssen Sozialarbeiterinnen zunächst ihre Ansprüche revidieren und sich mit den zweitbesten oder drittbesten Lösungen gedanklich anfreunden, weil weitergehende Ziele für die KlientInnen nicht erreichbar oder in der Institution nicht durchsetzbar waren. Vielleicht müssen sie sich auch von liebgewordenen Überzeugungen und Erklärungsmustern trennen, um ein Problem überhaupt zu verstehen. Oft verlangt Handeln auch den Mut zum Risiko, um sich bei unvollständiger Information trotz der damit verbundenen Unsicherheit entscheiden zu können und überhaupt handlungsfähig zu bleiben (siehe Arbeitsprinzip 12, S. 167).
Bei *komplexen Problemen* nehmen die Ungewißheiten und emotionalen Ambivalenzen zu, die Zahl der verfügbaren, bewährten Lösungsmuster, die einfach abgerufen werden können, nimmt dagegen ab. Sozialarbeiterinnen/Sozialpädagoginnen haben häufig gar keine Zeit mehr, auch nur die wichtigsten Alternativen zu sichten. Entweder erfordert eine Notsituation, eine Krise, sofortiges Handeln oder die Situation ist so unübersichtlich, daß detaillierte Planungen nicht sinnvoll sind. Wenn der „Chaoscharakter" des jeweiligen Handlungsfeldes dominiert, d. h., wenn die Ereignisse keinen festen Regeln gehorchen, wenn die Entwicklungsprozesse viele Verzweigungsmöglichkeiten enthalten, Weggabelungen, von denen aus die Entwicklung in sehr unterschiedliche Richtungen erfolgen kann, und wenn viele

(kleine) Randbedingungen eine Rolle spielen, dann wird es häufig nowendig sein, erst zu handeln und dann zu sehen, was kommt, um daraus weitere Konsequenzen zu ziehen (Dörner 1992, 245). Eine solche „inkrementalistische Vorgehensweise" ist fachlich nur zu rechtfertigen und unterscheidet sich nur dann vom bloßen „Durchwursteln", wenn der Problemlöser sich auch im Wirbel der Ereignisse ständig „selbst über die Schultern schaut" und systematisch, d. h., zielbezogen (auch wenn das Ziel nur eine vorläufige Setzung ist) bestimmte Lösungen erprobt und die Ergebnisse seines anfänglichen Herumtastens genau beobachtet.

Für die *Gestaltung von Suchvorgängen* gibt es eine Reihe *heuristischer Verfahren*, deren bewußter Einsatz auch bei ungewissem Ausgang das Suchen effektiviert. „Heurismen" sind Findeverfahren, d. h. Methoden, deren Regeln zwar nicht mit Sicherheit zu den erwünschten Lösungen für ein Problem führen, die aber dazu beitragen, den Lösungsweg allmählich zu erschließen und Teillösungen zu finden. Irrläufe sind dabei trotzdem nicht auszuschließen (Bromme/Hömberg 1977). Das Hauptanliegen vieler heuristischer Regeln besteht darin, der Neigung entgegenzuwirken, in gewohnten Bahnen zu denken und zu handeln. Emotionale Fixierungen sollen aufgebrochen und kognitive Umstrukturierungen gefördert werden. Die wichtigsten Heurismen (siehe insbesondere die Veröffentlichungen von Dörner sowie Brander u. a. 1985) sollen im folgenden erläutert werden. Zu den zentralen Heurismen zählen

(a) die Umstrukturierung des Verhältnisses der Teile zum Ganzen,
(b) die Erweiterung des Suchraumes durch Analogien,
(c) der Wechsel der Suchrichtung und
(d) die Variation des Auflösungsgrades.

Diese vier Heurismen sind notwendige Ergänzungen der gängigen *Empfehlung zur Reduktion von Komplexität*, die da lautet: Zerlege das Problem in seine Teile, formuliere für diese Teile separate Ziele, gewichte diese dann und setze so Prioritäten. Dieses komplexitätsreduzierende Vorgehen zerstört (zunächst), was es zu bewältigen vorgibt: die komplexe Interdependenz der Teilaspekte eines Problems, durch die auch weniger wichtige Faktoren zu so erheblichen Nebenwirkungen beitragen können, daß das Hauptziel gefährdet wird. Um die Nachteile dieses Verfahrens auszubalancieren, bedarf es ergänzend bzw. alternierend zu dieser Art der Komplexitätsreduzierung der Anwendung der genannten vier Heurismen, die die Komplexität (vorübergehend) wieder erhöhen:

(1) *Umstrukturierung der Teile im Verhältnis zum Ganzen*: Hier wird die Bedeutung der Teile (noch einmal) anders gewichtet, bzw. es werden ihnen

andere Funktionen zugeschrieben. Verfahren, die es erlauben, mit Distanz und ohne Nutzung der bisherigen Gliederungs- oder Sprachmuster einen neuen, fremden Blick auf Altbekanntes zu werfen, sind für eine solche Umstrukturierung hilfreich. Die Umgruppierung einzelner Informationen unter neuen Überschriften, die Verbindungen bislang vereinzelt betrachteter Informationen über eine Graphik (z.B. eine Netzwerkzeichnung, wie im Fallbeispiel im Abschnitt 7, S. 198 ff.) oder die Einstufung hochbrisanter, emotionaler Tatbestände durch das simple, unkommentierte Verteilen von bewertenden Klebepunkten stellen häufig benutzte Formen der Umstrukturierung dar.

(2) *Erweiterung des Suchraums durch Analogien*: Hier soll die Fixierung auf bestimmte Sichtweisen dadurch aufgehoben werden, daß aus Parallelen zu bereits Bekanntem (Analogien) Rückschlüsse auf andere, neue Phänomene gezogen werden. Analogien können durch die Übertragung von Bezeichnungen und Begriffen, von Erklärungen oder von Bildern gebildet werden. Sprachliche Bilder (Metaphern) oder bildliche Vorstellungen von Sachverhalten (Imaginationen) bündeln viele Informationen und ermöglichen die Erkenntnis neuer Zusammenhänge durch den Verweis auf tieferliegende, strukturelle Gemeinsamkeiten. So enthält eine Aussage wie „Der Mensch ist der Menschen Wolf" über die Metapher „Wolf" solche gebündelten Aussagen. Begrifflich fixierte Modellbildungen (z.B. „Unterbewußtsein" oder die Stufung von „Ich", „Es" und „Über-Ich" im psychoanalytischen Persönlichkeitsmodell) haben ähnliche Wirkungen. Der breite, oftmals emotional geladene Assoziationshorizont bildlicher Analogien ist geeignet, festgefahrene Deutungsmuster zu lockern. Wie jeder Vergleich so kann allerdings auch eine solche Analogie so sehr hinken, daß sie bei weiterer – und vor allem ausschließlicher – Verwendung in die Irre führt.

(3) *Wechsel der Suchrichtung*: Hier wird eine besondere kognitive Fähigkeit des Menschen genutzt: Menschen können den Ablauf von Prozessen im Geiste umkehren. Sie können, von den Ergebnissen ausgehend, vom Ende des Problemlösungsprozesses an den Anfang zurückkehren. Sie sind in der Lage, ihre Handlungen von einer geöffneten Konservendose zurückzuverfolgen bis zur geschlossenen Dose und zur Suche nach dem Büchsenöffner. Ebenso kann die Sozialarbeiterin/Sozialpädagogin von einem erhofften Beratungsergebnis die notwendigen vorherigen Entwicklungsschritte bis zu einem Zwischenziel der Beratung zurückdenken. Gerade wenn noch nicht alle Etappen auf dem Weg zu einem Ziel klar sind, ist es hilfreich, nicht nur vom Ausgangspunkt auf den erwünschten Endzustand zu reflektieren, sondern auch vom Ziel ausgehend die letzte, vorletzte usw. Etappe auf dem Weg dorthin zu beschreiben. Dieses Verfahren engt den Beobachtungshorizont ein und ist daher ein Mittel, Komplexität zu reduzieren, wenn die

möglichen Zwischenziele oder das Endziel noch unklar sind. Ein Hin- und Herspringen zwischen einer immer präziseren Beschreibung des Ausgangszustandes einerseits und des möglichen Zielzustandes andererseits ist besonders geeignet, diffuse und komplexe Probleme zu strukturieren (Dörner 1976).

(4) *Variation des Auflösungsgrades:* Bei diesem Vorgehen verschafft man sich zunächst einen groben Überblick über das gesamte Problemfeld, wendet sich dann einzelnen Aspekten des Problems zu, versucht diese aber immer wieder innerhalb des Gesamtzusammenhanges zu sehen, um der Gefahr zu entgehen, den Überblick zu verlieren und sich zu lange mit relativ unwichtigen Details zu beschäftigen. Indem man den Auflösungsgrad ständig variiert und Details auf unterschiedlichen Ebenen betrachtet (siehe Abbildung 1, S. 154), kann man die Einzelheiten immer wieder in eine Gesamtbetrachtung einordnen. Diese anfangs sehr ungenaue Analyse des gesamten Problemfeldes ist als Hintergrundkontrolle eine Methode, um der Tatsache gerecht zu werden, daß das Ganze immer mehr ist als die Summe seiner Teile. Variationen des Auflösungsgrades können z. B. durch den Wechsel zwischen Abstraktion und Konkretion erreicht werden. Die Konkretisierung der oftmals vieldeutigen Ziele Sozialer Arbeit über Analogieschlüsse ist allerdings immer riskant, weil die Übertragung von bewährtem Zustands-, Erklärungs- und Verfahrenswissen leicht den Blick für die gleichzeitig vorhandenen Unterschiede trübt. Bei neuen, komplexen und diffusen Problemen ist es erfolgversprechender, zunächst nicht allzu konkrete Parallelen anzunehmen. Abstraktere Analogien erleichtern eher die Loslösung von bisherigen Vorstellungen und heben die bisherigen Erfahrungen auf ein Niveau, das trotz der prinzipiellen Ausrichtung situative Variationen zuläßt.

So mag ein ermunterndes Kopfnicken und ein gelegentliches „Hm" als Konkretisierung des abstrakten Konzeptes „aktives Zuhören" die Mitteilsamkeit der meisten KlientInnen fördern. „Kopfnicken" ist aber nur eine mögliche Konkretisierung des abstrakteren Prinzips „Zuwendung und Interesse signalisieren", das situativ unterschiedlich umgesetzt werden muß. Ein/e schüchterne/r KlientIn braucht intensivere Reaktionen, z. B. ein interessiertes Nachfragen, als ein/e redelustige/r KlientIn. Dafür ist schüchternen KlientInnen vielleicht ein häufiger Blickkontakt eher unangenehm. Durch kommunikative Validierung, d. h. durch Rückmeldungen im Gespräch mit KlientInnen oder Kolleginnen läßt sich feststellen, ob die Umsetzung angemessen war.

Bei der Konkretisierung der meist eher abstrakten Ziele und Prinzipien Sozialer Arbeit kann vor allem der Wechsel der problemlösenden Suchrichtung von konkreten zu abstrakteren Formulierungen und zurück (Nr. 4 der Heurismen) zu konkreten Umsetzungsüberlegungen im Interesse einer flexiblen und angemessenen Übertragung von Erfahrungen auf neue Situationen beitragen. Die in den folgenden Abschnitten (und auch im Beitrag von Hiltrud

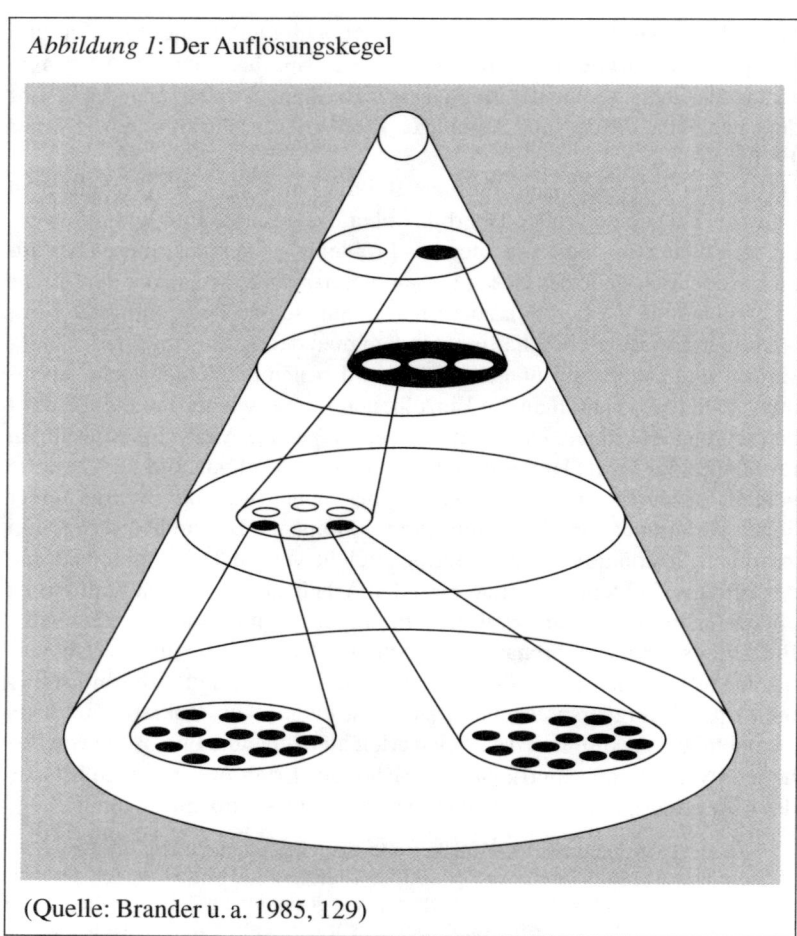

Abbildung 1: Der Auflösungskegel

(Quelle: Brander u. a. 1985, 129)

von Spiegel in diesem Band, S. 254 ff.) dargestellten Verfahren zur Sammlung und Einordnung von Informationen dienen unter anderem diesem Zweck. Die abstrakten Begriffe, die in den Kopfspalten der Arbeitshilfen dieses Beitrags enthalten sind, erfordern eine (Re-)Organisation bekannter Tatsachen und einen pendelnden Abgleich zwischen konkreten Angaben und abstrakten Zuordnungsmöglichkeiten. Zudem ermöglichen viele der hier vorgestellten Arbeitshilfen eine Umstrukturierung der Teile im Verhältnis zum Ganzen.

Ergänzend zu den genannten vier Heurismen zur Beeinflussung der kognitiven Verarbeitung von Informationen sind *Methoden der emotionalen und*

sozialen Unterstützung von Reflexions- und Umstrukturierungsprozessen
notwendig. Hierzu zählen so unterschiedliche Verfahren wie beispielsweise
Rollenspiele, bei denen man sich in eine andere Person versetzt, Variation
der personellen Zusammensetzung des Teams, z. B. durch Bildung von Un-
tergruppen, oder der Einsatz von nonverbalen Ausdrucksmitteln oder das
Hinzuziehen Außenstehender zur Klärung von Konflikten oder Blockaden.
Solche sozialpsychologisch fundierten Verfahren der Situationsgestaltung
garantieren den Erfolg ebenso wenig wie Heurismen oder die im folgenden
dargestellten Arbeitshilfen. Ihre Anwendung erhöht aber die Chancen der
Fachkräfte, *Fehler zu erkennen* und *zu korrigieren* und *komplexe Probleme*
zu bewältigen. Dies wird eher dann gelingen, wenn

(a) in Netzen statt in Ursache-Wirkungsketten und monokausalen Verbindungen gedacht wird;

(b) Prozesse und nicht nur Zustände reflektiert werden;

(c) Analogieschlüsse aufgrund abstrakterer Schemata statt aufgrund konkreter Einzelerfahrungen vorgenommen werden;

(d) zeitliche Entwicklungen nicht linear extrapoliert werden;

(e) verschiedene Abstraktionsstufen und Suchrichtungen sukzessive oder alternierend durchlaufen werden; und

(f) einige Mühe auf die Gestaltung der sozialen Situation verwendet wird, in
der nach Problemlösungen gesucht und Alternativen bewertet werden.

Der erfolgreiche Einsatz von Heurismen verlangt und fördert ein geschärftes
Bewußtsein und eine erhöhte Aufmerksamkeit hinsichtlich möglicher Fehlerquellen problemlösenden Handelns. In Abbildung 2 (S. 156) sind einige
dieser Fehlerquellen aufgelistet. Die dort in Punkt 3 und 4 vorgenommenen,
über die bisherige Darstellung hinausgehenden und teilweise berufsspezifischen Akzentuierungen, werden im Zusammenhang mit den „Basisregeln
methodischen Handelns" im Abschnitt 3. begründet.
Die Fähigkeit über das eigene Tun, seine Voraussetzungen und Konsequenzen nachzudenken, ist eine der markantesten menschlichen Eigenschaften.
Zahlreiche Untersuchungen zum problemlösenden Verhalten innerhalb und
außerhalb des Berufsfeldes der Sozialen Arbeit zeigen allerdings, daß gerade
diese Fähigkeit oft nur unzureichend genutzt wird. Um die eigene Handlungskompetenz gezielt und konsequent weiterzuentwickeln, gilt es unter
anderem, die bewußte Verwendung heuristischer Verfahren bei der Reflexion über problemlösungsorientierte Entscheidungsprozesse zu fördern. So
kann selbstbewußte Professionalität entstehen, vertieft und ausgeweitet werden.

Abbildung 2: Fehlerquellen bei der Beurteilung von
Interventionsprozessen

(1) Falsche Analogieschlüsse

Rückschlüsse aus Erfahrungen mit ähnlichen Fällen unter Vernachlässigung der Besonderheiten dieser Person/Situation

(2) Unzulässige Generalisierung

Rückschluß von einmaligem/situativem Verhalten auf Persönlich-
keitsstruktur/Dispositionen
Verallgemeinerung von Beobachtungen in einem Teilbereich auf
andere Bereiche

(3) Unzureichende Kontext- und Systemanalyse

Vernachlässigung des situativen Kontextes von Interaktionsprozessen
Ungenügende Berücksichtigung sozialer, institutioneller und gesellschaftlicher Rahmenbedingungen
Unterschätzung von Nebenwirkungen und Spätfolgen

(4) Lineare Ursachenerklärungen

Vernachlässigung der zirkulären Rückkoppelungseffekte in Interaktionsprozessen
Ungenügende Berücksichtigung der unterschiedlichen Perspektiven der Akteure
Verkennen kritischer Wendepunkte

(5) Rahmenbedingungen

Soziale Situation (z. B. Konformitätsdruck in der Gruppe, Isolation, Konkurrenz)
Emotionale Situation (z. B. Unsicherheit, persönliche Betroffenheit)
Physische Situation (z. B. Erschöpfung, Lärm, Hektik)

3. Skizze der theoretischen Grundlagen
berufsfeldspezifischer Regeln methodischen Handelns

Die bisher dargestellten Erkenntnisse über menschliches Problembearbeitungsverhalten wären für den Konstrukteur von Computern oder Autos ebenso hilfreich wie für LehrerInnen, Ärzte/Ärztinnen, TherapeutInnen oder KosmetikerInnen. Sie alle müssen sich vor Denkfehlern wie den dargestellten hüten, müssen häufig Komplexität und Diffusität bewältigen und Prioritäten setzen, um Entscheidungen zu treffen. Gibt es darüber hinaus spezifische Anforderungen, die charakteristisch für die Soziale Arbeit sind? Und welche Konsequenzen ergeben sich daraus für die Reflexion methodischen Handelns?

Der skizzenhafte Versuch, diese Fragen zu beantworten, setzt im Grunde eine *Theorie Sozialer Arbeit* voraus. Hier kann nur aufgezeigt werden, auf welchen Fundamenten die folgenden „Arbeitsprinzipien methodischen Handelns" beruhen und warum sowohl in den Fallbeispielen als auch in den einzelnen Arbeitshilfen zur Planung, Reflexion und Auswertung des Interventionsprozesses bestimmte Schwerpunkte gesetzt wurden und bestimmte Leitfragen und Begriffe immer wieder auftauchen. Dabei sollen diese theoretischen Ansätze auch mit den „Arbeitsprinzipien methodischen Handelns" (S. 167) verknüpft werden, indem

(a) der aus der Berufsfeldtheorie abgeleitete Auftrag der sozialen Arbeit in Beziehung gesetzt wird (Abschnitt 3.1.) zu
(b) ganzheitlichen, systemischen und sozialökologischen Interventionskonzepten (Abschnitt 3.2.) und zu
(c) den institutionellen Rahmenbedingungen der Intervention (Abschnitt 3.3.).

Die Soziale Arbeit wird im folgenden verstanden und analysiert als

(a) ganzheitliche Bearbeitung kumulativer Problemlagen,
(b) Mediation zwischen Individuum und Gesellschaft,
(c) institutionalisierte Hilfe in einer arbeitsteiligen Gesellschaft,
(d) alltagsnahe Mischung von Hilfe und Eingriff und
(e) interaktionsabhängige Bearbeitung sozialer Probleme.

3.1. Der Auftrag der Sozialen Arbeit

Die Soziale Arbeit hat die Aufgabe, sich um Menschen zu kümmern, bei denen eine Kumulation sozialer Probleme auftritt (hierzu siehe den Beitrag von Silvia Staub-Bernasconi in diesem Band, S. 11 ff.). Es ist die spezifische Stärke der Sozialen Arbeit, daß sie auf solche Problemkumulationen ganzheitlich und alltagsnah (Thiersch 1978, 1981b, 1992) und nicht therapeutisierend parzellierend, selektierend und sich auf Teilaspekte spezialisierend reagiert (Böhnisch/Schefold 1985; Bäcker u. a. 1986; Auslander/Litwin 1988). Nur so kann sie als Vermittlerin, Mediatorin zwischen Individuum und Gesellschaft bei Menschen fungieren, die mit geringen Ressourcen vor vielfältigsten Problemen stehen.

Aus der Mediationsfunktion der Sozialen Arbeit resultiert auch die Aufgabe, soziale und gesellschaftliche Belastungsfaktoren abzubauen oder ihre nachteilige Wirkung abzumildern und die individuellen Grenzen der Bewältigung gesellschaftlicher Anforderungen durch besondere Hilfen zu kompensieren. Zugleich hat die Soziale Arbeit den Auftrag, die Verletzung sozialer Normen zu verhindern, sie (notfalls) mit Zwang zu unterbinden und Strafaktionen, wenn dies nicht gelingt, mitzutragen und zu begleiten.

Der Vermittlungsauftrag der Sozialen Arbeit umfaßt immer beide Elemente: *Hilfe und Kontrolle* bzw. *Hilfe und Eingriff* (Müller, S. 1978; Böhnisch 1982; Olk 1986; Müller, B. 1993). Auch der Begriff der „Intervention" enthält ja beide Elemente. „Intervenieren" heißt einerseits „eingreifen", aber auch „dazwischentreten", und insofern „vermitteln". Als Mediatorin zwischen Individuum und Gesellschaft wacht die Soziale Arbeit auch über die Einhaltung sozialer Normen und gesellschaftlich definierter Normalitätsstandards. Man wird ihr dabei andere, parteilichere Grenzziehungen zugestehen als dem Polizisten oder dem Richter. Ihre Kontrolle muß nicht die Form der Repression oder Drohung annehmen, im Gegenteil. Die stellvertretende Erledigung, die Anteilnahme, das besorgte Nachfragen, gefolgt von freundschaftlichen Empfehlungen sind Formen der Einflußnahme, die den Alltag der KlientInnen viel effektiver infiltrieren können. Fürsorglichkeit kann so zur „Kolonialisierung von Lebenswelten", zur Entfremdung, Enteignung und Entmündigung der KlientInnen beitragen (Illich u. a. 1979; Müller/Otto 1986) und die Abwehr der KlientInnen durch Freundlichkeit blockieren.

Statt der üblichen Unterscheidung zwischen Hilfe und Kontrolle hat Burkhard Müller (1993, 114f.) vorgeschlagen, „Angebot" und „Eingriff" zu unterscheiden. Für „Angebote" ist die freiwillige Nutzung kennzeichnend, bei Eingriffen setzt dagegen die Sozialarbeiterin/Sozialpädagogin ihren Willen gegen den Widerstand der KlientInnen durch. Diese Unterscheidung ist sinnvoll, weil „Kontrolle" nicht immer Eingriffscharakter hat, sie kann auch mit Zustimmung erfolgen. Umgekehrt ist nicht jedes Angebot, das als Hilfe gemeint ist, auch tatsächlich hilfreich. Immer aber sollten beide Interventionsformen (so eine „Arbeitsregel" bei B. Müller 1988) darauf abzielen, Gelegenheit für gemeinsames Handeln zu schaffen, damit der Eingriff zum Angebot werden kann. Nur so besteht eine Chance, daß die Hilfe, statt zur „Kolonialisierung" beizutragen, wirklich „Hilfe zur Selbsthilfe" wird. In den hier formulierten Arbeitsprinzipien (S. 167) schlägt sich ein ähnliches Verständnis insbesondere im Konzept des „Arbeitsbündnisses" und der Offenlegung institutioneller Zwänge (Arbeitsprinzip 8 und Arbeitsprinzip 9) nieder.

Der Auftrag der Mediation zwischen Individuum und Gesellschaft bringt es mit sich, daß anfänglich meist nicht klar ist, wer eigentlich als KlientIn anzusehen ist. Es kann sein, daß die Schule und nicht der Schulschwänzer das Problem darstellt, oder daß die Suchtberatungsstelle, das Sozialamt, die Baugesellschaft und die Nachbarn allesamt mehr dazu beitragen, daß der/die KlientIn vielleicht demnächst seine/ihre Wohnung verliert als diese/r selbst. Eine der ersten Analysen eines ganzheitlichen Konzeptes methodischen Handelns gilt daher immer der Frage, ob man auf der *richtigen Systemebene* agiert (hat), ob man z. B. die Einflüsse übergeordneter oder größerer sozialer Systeme genügend beachtet (hat). In mehreren Fallbeispielen wird im folgenden untersucht, welche Rolle die umfassendere Ebene (z. B. das kommunale System sozialer Dienste im Verhältnis zur einzelnen Einrichtung, die Einrichtung im Verhältnis zum Team und das Team in Beziehung zur einzelnen Sozialarbeiterin/Sozialpädagogin usw.) für die Intervention spielt oder spielen könnte. Auf gar keinen Fall sollte sich die Reflexion methodischen Handelns auf eine Betrachtung der Interaktionsprozesse zwischen Sozialarbeiterin/Sozialpädagogin und KlientIn beschränken oder konzentrieren. Notwendig ist vielmehr eine *umfassende, systemische Analyse der gesamten Lebensbedingungen der KlientInnen* und der diversen aktivierbaren privaten und öffentlichen, einzelfall- und gemeinwesenbezogenen Ressourcen (Meinhold 1984; Ebbe/Friese 1989; Bitzan/Klöck 1994; siehe dazu auch die Unterscheidung zwischen professionell begründeten und politisch ausgehandelten „Konzeptionen" im Glossar, S. 288 ff.).

3.2. Der ganzheitliche, systemtheoretische Ansatz

Für die Entwicklung eines ganzheitlichen, zielorientierten Konzeptes methodischen Handelns in der Sozialen Arbeit sind *zwei Aspekte einer systemtheoretischen Perspektive* von Interesse

(a) ein sozialräumlicher Ansatz, durch den das Systemkonzept für eine „sozialökologische" Betrachtung genutzt werden kann und
(b) ein eher prozeßorientierter Ansatz, durch den das spezifische Kausalitätsverständnis der Systemtheorie rezipiert werden kann, und das mit Stichworten wie „rekursiv" und „zirkulär" statt „linear" gekennzeichnet wird.

Wie wird im Rahmen dieser beiden systemischen Perspektiven die Soziale Arbeit konzeptualisiert? Und wie schlägt sich dies unter anderem in den folgenden „Arbeitsprinzipien" und den Arbeitshilfen nieder?

(1) Auch im Rahmen der „*sozialökologischen*" *Theorien* gibt es sehr unterschiedliche Ansätze (Wendt 1982; Staub-Bernasconi 1989, 1994; De Hoyos 1989; Becker 1989). Im vorliegenden Konzept bieten sie vor allem die Basis zum einen für eine Ausdehnung des Analyse- und Interventionsbereiches und zum anderen für eine stärkere Beachtung der Interdependenz verschiedener Einflußgrößen.

Die sozialökologische Sichtweise ermöglicht eine stärkere Berücksichtung *überindividueller Aspekte* und führt andererseits nicht zu so abstrakten Konzepten wie z. B. die gesellschaftstheroetischen oder ökonomischen Modelle der Analyse von Makrostrukturen. Sozialökologische Analysen beziehen sich vorrangig auf *kleinere und mittlere soziale Einheiten* wie die Familie, den Freundeskreis, die Nachbarn, die KollegInnen, die sozialen Dienste und Einrichtungen eines Stadtteils, einer Stadt. Auf diese sozialen Systeme läßt sich ein Handlungsmodell Sozialer Arbeit beziehen, in dessen Mittelpunkt nicht der isolierte Einzelne steht, sondern die Aktivierung von Ressourcen im sozialen Umfeld (Pincus/Minahan 1983; Compton/Galaway 1989; Germain/Gittermann 1983; Keupp/Röhrle 1987). Mit dem direkten Bezug der Individuen zu ihrer Umwelt ist ein potentieller Praxisbezug gegeben. „Da die sozioökologischen Begriffe gewissermaßen die Bereiche zwischen Familie und Gesellschaft ausleuchten, entziehen sich die mittels dieser Begriffe beschriebenen Geschehnisse nicht von vornherein dem Zugriff sozialpädagogischer Interventionen" (Meinhold 1988 a, 255). Zugleich aber bleibt der Zusammenhang zu den umfassenderen gesellschaftlichen Bedingungen, z. B. zur Sozialpolitik der Stadt, präsent. Wo dieser Zusammenhang verloren gegangen ist, kann er über benachbarte Konzepte wie „soziale Netze", „Lebenslagen", „Rahmenbedingungen der Intervention" usw. wieder hergestellt werden (Rappaport 1987; Tracy/Whittacker 1990).

Wenn die vielbeschworene Ganzheitlichkeit Sozialer Arbeit als Arbeitsprinzip sozialpädagogischen/-arbeiterischen Handelns einen konkreten, handlungsanleitenden Sinn haben soll, dann als Hinweis auf ein *methodisches Vorgehen*, bei dem zwischen sozialen Einheiten kleinerer und mittlerer Größenordnung (Familie, Nachbarn, soziale Dienste, Selbsthilfegruppen, kommunale Infrastruktur usw.) Beziehungen hergestellt, unterstützt und verbessert werden. Durch „Kooperation", „Vernetzung", „Gemeinwesenarbeit", „kommunale Sozialarbeitspolitik", „Sozialplanung" und „Case Management" (Hubbertz 1984; Müller/Olk/Otto 1981; Edwards/Yankey 1991) können divergierende, unkoordinierte, oftmals nur auf Teilprobleme bezogene Lösungsansätze sowohl im Einzelfall punktuell und situativ verknüpft, als auch dauerhaft institutionell verbunden und abgestimmt werden.

Durch ihr mittleres Abstraktionsniveau erweisen sich sozialökologische Konzepte dabei als Scharniere zwischen Mikro- und Makroanalysen. Sie schärfen den Blick für die Wechselwirkung von Systemen und Subsystemen, bei denen sich das Helfersystem z. B. so strukturiert, daß es in geradezu spiegelbildlicher Weise die Blockaden und Fixierungen des KlientInnensystems abbildet und zu deren Fortbestand beiträgt (Imber-Black 1992). Bei der Formulierung der „Arbeitsprinzipien methodischen Handelns" (S. 167) schlägt sich der sozialökologische Ansatz einer ganzheitlichen Sozialen Arbeit in vier Regeln nieder:

(a) multiniveaunal denken und handeln,
(b) umfeldbezogene, ressourcenerschließende, integrierte Problemlösungen erarbeiten,
(c) mehrdimensionale Erklärung mit den Beteiligten erarbeiten und
(d) Handlungen von KlientInnen und Kolleginnen kontextbezogen interpretieren.

(2) Die Abhängigkeit der sozialen Arbeit von gelingenden Interaktionsprozessen verlangt eine Ergänzung der eher statisch-strukturellen und gelegentlich sogar ausgesprochen funktionalistischen (Lüssi 1991) Rezeption der Systemtheorie im Rahmen des sozialökologischen Ansatzes durch eine dynamische Sicht der sozialen Beziehungen zwischen den für den Problemlösungsprozeß relevanten sozialen Systemen. Im Mittelpunkt systemischer Prozeßanalysen stehen (ebenso wie beim sozialökologischen Ansatz) nicht Einzelpersonen oder Institutionen mit bestimmten Eigenschaften, sondern die Interaktionsabläufe zwischen ihnen. Die *zirkulären Muster dieser Interaktionsprozesse* werden als konstitutiv für das Verhalten der Einzelnen angesehen. Jede lineare Ursachenzuschreibung (B handelt in Reaktion auf A) ist dabei unvollständig und irreführend. Interaktionen beruhen auf wechselseitigen, rekursiven Beeinflussungsvorgängen, die zirkulären Mustern folgen, bei denen also jedes Verhalten von A über die Reaktion von B auch wieder auf A zurückwirkt und umgekehrt. A und B kennen sich oder glauben als Mitglieder einer (Sub-)Kultur zu wissen, wie ihr Gegenüber reagieren wird und wie sie selbst diese Reaktionen fördern oder verhindern können. Bei dieser Antizipation eigenen und fremden Handelns wirken Deutungsmuster handlungsleitend, die auch unabhängig von der Reaktion des Gegenüber weiterhin aufrecht erhalten werden können, so zur Verfestigung unerfreulicher Konflikte beitragen und das Lernen aus Erfahrung blockieren (Watzlawick u. a. 1969, 1974).

Im Rahmen dieses Beitrags ist es nur begrenzt möglich, darauf einzugehen, in welcher Weise neben strukturellen Rahmenbedingungen das (scheinbar dysfunktionale) Verhalten der Beteiligten auf verborgene Weise zur Erhaltung des Systems beiträgt (Minuchin 1973; Selvini-Palazzoli 1981; Schulz von Thun 1992; zu den Grundzügen der unterschiedlichen Systemtheorien:

Hollstein-Brinkmann 1993; Willke 1987; Staub-Bernasconi 1994). Die Grundannahme, daß von einer unerfreulichen Situation alle Beteiligten profitieren (oder glauben zu profitieren), paradoxerweise nicht nur die „Täter", sondern auch die „Opfer", sollte die Fachkräfte von allzu einseitigen Schuldzuschreibungen abhalten und sie vor Bündnissen mit den vermeintlichen „Opfern" warnen. Sind mehrere Institutionen und HelferInnen in der Gruppe oder Familie tätig, so ist die Gefahr besonders groß, daß sich die Bündnisse innerhalb der Familie in den Fraktionierungen des Helfersystems fortsetzen und damit nur noch verdoppelnd, nicht mehr verändernd tätig werden (Imber-Black 1992). Die Reflexion zirkulärer Prozesse und der damit verknüpften Deutungsmuster im Interventionsprozeß soll durch die folgenden Arbeitsprinzipien gefördert werden:

(a) den systemischen und sozialökologischen Charakter sozialer Prozesse beachten,

(b) mehrdimensionale, multiperspektivische und zirkuläre Erklärungen mit den Beteiligten erarbeiten,

(c) Handlung von KlientInnen und Kolleginnen kontextbezogen interpretieren.

Wie entscheidend die Arbeitsprinzipien „Beachtung des systemischen und zirkulären Charakters von Interaktionsprozessen" für das methodische Handeln in der Sozialen Arbeit ist, soll anhand der Analyse eines typischen Kommunikationsmusters zwischen Klientin und Sozialarbeiterin verdeutlicht werden. In der Abbildung 3 wird der Teufelskreis eines sich selbst immer wieder bestätigenden, unreflektierten Kommunikationsprozesses veranschaulicht.

In eckigen Kästen ist das sichtbare Verhalten, in den Kreisen sind die (emotionalen) Reaktionen dargestellt. Dabei symbolisieren die gepunkteten Kreise die verdeckten Reaktionen. Der offizielle Außenkreis von Fürsorge und Dankbarkeit wird von einem weniger bewußten Innenkreis von Enttäuschung und Kränkung – und zwar auf beiden Seiten – überlagert. Der „Hilflose" fühlt neben Erleichterung und Dankbarkeit fast immer auch eine Kränkung über seine Bedürftigkeit, insbesondere wenn der „Helfer" (da er sich doch so bemüht und aufopfert) seine Überlegenheit oder seine Uneigennützigkeit etwas zu sehr betont. Gibt sich der Helfer zu distanziert, verweist er zu sehr auf die Eigenverantwortung des Klienten, so kann dies vom Klienten ebenso als demütigender Vorwurf erlebt werden. Die Interaktion verlangt also eine schwierige Balance zwischen Unterforderung und Überforderung von seiten des Helfers, zwischen Verleugnung und Überbetonung der eigenen Schwächen von seiten des Hilflosen und beiderseits eine Balance zwischen Verantwortungsübernahme und Verantwortungsdelegation (Gildemeister 1983; Müller 1985; Rauschenbach/Treptow 1984).

Wie solche systemischen Prozesse im Einzelnen erkannt und beeinflußt werden können, z. B. über die Technik des „reframing" und des „zirkulären Fra-

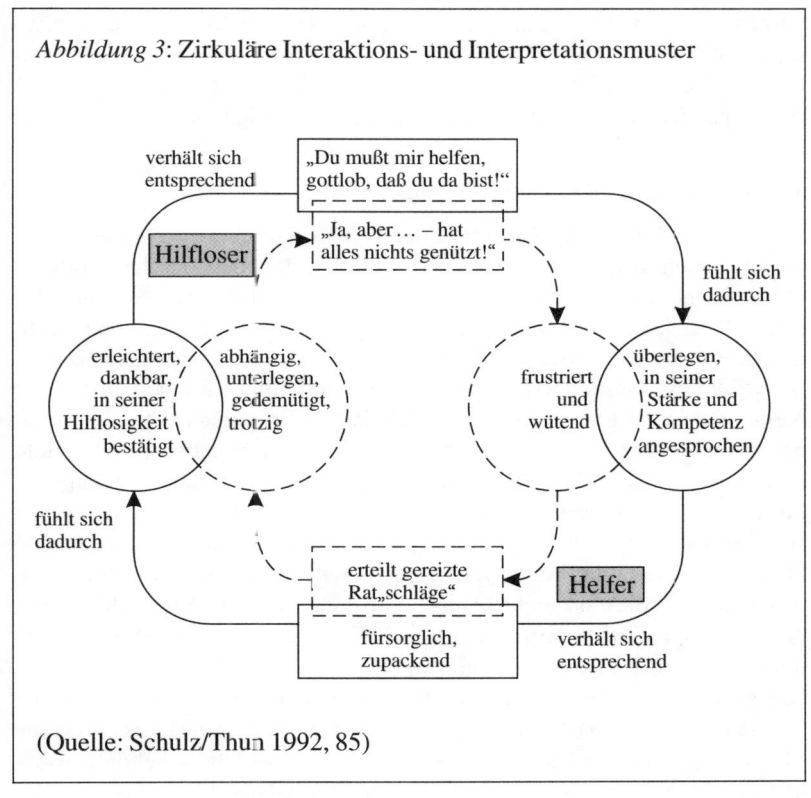

Abbildung 3: Zirkuläre Interaktions- und Interpretationsmuster

verhält sich entsprechend

„Du mußt mir helfen, gottlob, daß du da bist!"

Hilfloser

„Ja, aber … – hat alles nichts genützt!"

fühlt sich dadurch

erleichtert, dankbar, in seiner Hilflosigkeit bestätigt

abhängig, unterlegen, gedemütigt, trotzig

frustriert und wütend

überlegen, in seiner Stärke und Kompetenz angesprochen

fühlt sich dadurch

erteilt gereizte Rat„schläge"

Helfer

fürsorglich, zupackend

verhält sich entsprechend

(Quelle: Schulz/Thun 1992, 85)

gens" (Penn 1983; Selvini-Palazzoli 1981; Pfeifer-Schaupp 1992), kann hier nicht ausführlicher dargestellt werden. Um sie überhaupt wahrnehmen und erkennen zu können, bedarf es zum einen einer reflexiven Grundhaltung, die eine gelegentliche bewußte, innere Distanzierung vom Interaktionsgeschehen nicht als Gegensatz sondern als Voraussetzung für Empathie begreift, und zum anderen bestimmter Techniken im Interventionsprozeß. Viele Praktikerinnen sind z. B. darin Meister, sich (teilweise winzige) Zeitinseln im Fluß der Handlungen zu schaffen, die es ihnen erlauben, innezuhalten, in einen „Dialog mit der Situation" einzutreten, festzustellen, was geschehen ist und wie sich diese Entwicklung mit den erwarteten und erhofften Ergebnissen ihres Tuns verträgt. Auch viele Beratungstechniken, wie z. B. die Paraphrase, die Rekapitulation, die Bitte um Wiederholung oder Bestätigung von Aussagen, dienen dazu, zugleich unterschiedliche Perspektiven der Beteiligten zu erfassen und sich solche Zeitinseln für die Reflexion zu schaffen.

163

Sätze wie: „Haben wir damit alles angesprochen, was Ihnen in diesem Zusammenhang wichtig war?" geben sowohl der KlientIn wie auch der Beraterin Zeit, sich zu fragen, ob etwas vergessen wurde. Das Arbeitsprinzip 1 (S. 167) lautet daher: „Zeitinseln für die Reflexion schaffen."

3.3 Institutionelle Rahmenbedingungen

Strukturelle Hilfen zu Verbesserung der Lebenslage kann die Soziale Arbeit nur sehr begrenzt anbieten: Wohnungsbau- und Arbeitsbeschaffungsprogramme sind noch immer eher marginale Tätigkeitsfelder der Sozialen Arbeit. Als sozialpolitisch nachrangige Form der Problembearbeitung (Böhnisch 1982) wird die Soziale Arbeit meist erst dann tätig, wenn die vorrangigen Bildungs-, Gesundheits-, Sozialisationseinrichtungen schon nicht mehr bereit oder in der Lage sind, mehrfach belastete Personen in ihre Institutionen zu integrieren. Sie gelten als Menschen, die versagt haben, die als „nicht beschulbar", „nicht förderbar", „nicht rehabilitierbar", „nicht therapiefähig", „nicht motivierbar", „nicht in Betriebe vermittelbar" usw. anzusehen sind. Hilfe kommt dann in der Tat oft viel zu spät und wird in einer Grauzone zwischen Zwang und Freiwilligkeit angeboten. Auf die schlimmen Folgen, wenn es auch diesmal nicht klappt, wird hingewiesen. Angesichts dieser Ausgangslage wird die Hilfe von vielen KlientInnen vorrangig als Eingriff in ihr Privatleben, als Bevormundung und Bedrohung erlebt.

Des weiteren ergeben sich aus der Institutionalisierung der Hilfe folgende Probleme: Charakteristisch für die Soziale Arbeit ist, daß sie das doppelte Mandat von Hilfe und Kontrolle häufig alltags- und lebensweltnah ausübt und sich dabei in einer *Grauzone zwischen Angebot und Eingriff* bewegt. Im scheinbar privaten, absichtslosen, lockeren Gespräch, das beispielsweise eine Sozialarbeiterin mit einer Jugendlichen in der Disco oder auf der Straße führt, fragt die „sanfte Kontrolleurin" (Peters/Cremer-Schäfer 1975) en passant alle Informationen ab, die für den Kontrollauftrag relevant sind. Das beginnt mit der Frage: „Und wie geht es so auf der Arbeit?", führt über einen Check-up der sozialen Kontakte: „Und was macht Deine Freundin?", zur Frage: „Und wie geht es Deiner Mutter? Wohnst Du noch bei ihr?". Auch beim Geschirrspülen oder beim Mittagessen in der betreuten Wohngemeinschaft werden Informationen gesammelt, Normen vermittelt und durchgesetzt, und die wechselseitigen Grenzen des Zumutbaren und Tolerierbaren ausgehandelt. Das häufigste Setting methodischen Handelns in der Sozialen Arbeit ist der „institutionalisierte Alltag." Je mehr die Interventionssituation dem privaten Alltag unter vertrauten Menschen gleicht, um so notwendiger ist es, Rollen abzuklären und formale Vereinbarungen zu treffen, die den *institutionellen Anteil jenseits der persönlichen Beziehung* deutlich werden lassen; dies gilt nicht nur für die Sozialarbeiterin/Sozialpädagogin im Jugendamt oder der Bewährungshilfe. Dem Arbeitsprinzip 7 (S. 167) entsprechend, sind die institutionellen Zwänge und die daraus resultierenden Kontrollaufträge und Eingriffschancen gegenüber den KlientInnen grundsätzlich offenzulegen.

Als institutionalisierte Hilfe im Unterschied zur privaten Hilfe unter Freunden oder Familienangehörigen ist die Soziale Arbeit immer *weniger ganzheitlich*. Sie ist an Tarifverträge, Urlaubszeiten und Schichteinteilungen, Aufgabengliederungen und Stellenpläne gebunden. In einer hochgradig arbeitsteilig organisierten Gesellschaft tragen angesichts eines sich kontinuierlich ausdifferenzierenden Hilfesystems auch die Institutionen der Sozialen Arbeit zu einer parzellierenden und zerstückelnden Problemwahrnehmung und -bearbeitung bei. Im Vergleich zu anderen Berufen kommen sie zwar ihrem Anspruch, ganzheitliche Hilfe zu leisten, insofern näher, als sie sich häufig um fast alles kümmern, was die KlientInnen plagt: von der Zahnregulierung über die Wohnungskündigung bis zur Ehekrise. Als institutionalisiertes Hilfeangebot ist dennoch auch die Soziale Arbeit ständig der *Gefahr der selektiven Problembearbeitung* ausgesetzt. Institutionen konzentrieren sich auf bestimmte KlientInnengruppen, bei denen wiederum auf bestimmte, angeblich dominierende Probleme besonders intensiv eingegangen wird. Sie konkurrieren untereinander um Marktsegmente des Aufgabenfeldes, ziehen sich aus anderen zurück und verschieben einzelne KlientInnen über den Mechanismus der Weitervermittlung in die „Irrgärten institutioneller (Un)Zuständigkeit" (McKinlay 1975; Kaufmann 1979; Wirth 1982).

Die Kumulation sozialer Probleme, die für das Klientel der Sozialen Arbeit charakteristisch ist, verlangt daher einen besonderen Koordinations-, Kooperations- und Planungsaufwand zur *Abstimmung der Dienstleistungen zwischen mehreren Institutionen*, um dem ganzheitlichen Anspruch gerecht zu werden. Diese Koordinationsfunktion kann nur begrenzt auf spezielle Anlauf- und Beratungsstellen verlagert werden. Als Verweisungsinstanzen ohne Macht können sie nur begrenzt für eine Abstimmung der Hilfeangebote sorgen. Die „fallführende" Sozialarbeiterin bleibt auch deswegen als Kooperationsinstanz unverzichtbar, weil sich Institutionen bevorzugt den KlientInnengruppen und Problemfeldern zuwenden, die den Möglichkeiten der Einrichtung am besten entsprechen, die keine besondere Anstrengungen erfordern und die Routine der Institution möglichst wenig in Frage stellen.

Institutionelle und individuelle Routinen sind unverzichtbare Formen effektiver und berechenbarer Dienstleistungen. Zugleich besteht aber immer die *Gefahr*

(a) diejenigen „Fälle" bevorzugt zu bearbeiten, die „erfolgversprechend" erscheinen oder auf andere Weise das Ansehen der Mitarbeiterinnen und der Organisation zu mehren versprechen;
(b) KlientInnen zu überfordern, indem diese in der Lage und Willens sein müssen, ihre persönlichen Anliegen in einer sozial akzeptierten, der Logik der Institution und dem Selbstverständnis der Mitarbeiterinnen entsprechenden Form darzustellen.

„Im Regelfall übernimmt nicht die Institution die Verantwortung dafür, daß ein problemadäquater Zugang zu den Lebensschwierigkeiten der Klienten gefunden wird, sondern dieser selbst hat sich darum zu kümmern, daß er die positiven Reaktionsmöglichkeiten der Institution herausfindet, bei denen er Hilfe sucht. Er hat selbst seine Therapie- und Beratungseignung unter Beweis zu stellen" (Keupp 1984, 830; siehe auch Bittner 1981; Olk 1986). Bestimmend für jedes professionelle Hilfsangebot ist und bleibt insofern die Definitionsmacht und Gestaltungskraft der Institution.
Aus diesen skizzierten theoretischen Überlegungen zur Institutionalisierung der Hilfe in einer arbeitsteiligen Gesellschaft ergeben sich Querverbindungen zu den bereits genannten „Arbeitsprinzipien methodischen Handelns" (siehe Abbildung 4) und einige zusätzliche Prinzipien. Es gilt:

(a) integrierte mehrere Institutionen und Angebote umfassende, aufeinander abgestimmte Problemlösungskonzepte zu erarbeiten,
(b) die institutionellen Zwänge gegenüber den KlientInnen offenzulegen,
(c) Arbeitsbündnisse mit den KlientInnen zu schließen und sie fortlaufend zu überprüfen und dabei
(d) die Reziprozität der Perspektiven zu sichern und – soweit möglich – die Entwicklung symmetrischer Interaktionsprozesse zu fördern.

Institutionelle Vorgaben finden ihre Grenze an einer *Grundvoraussetzung aller Humandienstleistung*: Der Empfänger der Dienstleistung ist zugleich auch ihr Produzent (Gross/Badura 1977; Gartner/Riessmann 1978; Rauschenbach/Treptow 1984). Die Suchtberatung beispielsweise kann nicht erfolgreich sein, wenn der Klient nicht seinerseits bereit ist, gegen seine Sucht anzukämpfen. Jede Hilfe scheitert, wenn es nicht gelingt, die KlientInnen zu motivieren, sich und/oder ihre Lebensumstände zu verändern. Angesichts der Notwendigkeit, die KlientInnen zur Mitarbeit und Selbstveränderung zu motivieren, müssen sowohl die gesellschaftlichen Instanzen sozialer Kontrolle als auch die Anstellungsträger den Fachkräften der sozialen Arbeit einen erheblichen Handlungsspielraum bei der Gestaltung von Interventions- und Interaktionsprozessen zugestehen. Dies drückt sich nicht selten in sehr allgemeinen Zielvorgaben, in diffusen und widersprüchlichen Erwartungen bei gleichzeitiger Beschwörung von gemeinsamen Wertvorstellungen aus

Abbildung 4: Arbeitsprinzipien methodischen Handelns
in der Sozialen Arbeit

1. Zeitinseln für die Reflexion der Intervention während des Interaktionsprozesses schaffen

2. Den systemischen und sozialökologischen Charakter sozialer Prozesse beachten

3. Mehrdimensionale, multiperspektivische und zirkuläre Erklärungen mit den Beteiligten erarbeiten

4. Situationsdeutungen bis zum Eintreffen weiterer Informationen offenhalten

5. Handlungen von KlientInnen und KollegInnen kontextbezogen interpretieren

6. Biographische Erfahrungen und kulturelle Prägungen berücksichtigen

7. Reziprozität der Perspektiven sichern und – so weit wie möglich – die Entwicklung symmetrischer Interaktionsprozesse fördern

8. Institutionelle Zwänge gegenüber den KlientInnen offenlegen

9. Arbeitsbündnis mit den KlientInnen fortlaufend überprüfen und erneuern

10. Umfeldbezogene, ressourcenerschließende, institutionenübergreifende integrierte Problemlösungen erarbeiten und multiniveaunal handeln

11. Periodisch das vermeintlich Unwahrscheinliche und das befürchtete Unerwünschte in Erwägung ziehen

12. Die Bereitschaft zur Übernahme von Risiken und die Fähigkeit zum Handeln bei unvollständiger oder widersprüchlicher Information entwickeln

13. Gesellschaftliche Normalitätserwartungen, individuelle Bedürfnisse und Fähigkeiten der KlientInnen und institutionelle Anforderungen balancieren

Diese Arbeitsprinzipien folgen einerseits einer gewissen Prozeßlogik (Kontaktaufnahme, erste Problemabklärung usw.). Sie werden andererseits eingerahmt von prozeßunabhängigen Regeln, die die Interventionsbedingungen auf den drei Ebenen „Interaktion", „Institution" und „Funktion des Berufes" thematisieren. Neben verstreuten Hinweisen findet sich ein ausführliches Anwendungsbeispiel im Abschnitt 6., S. 186 ff.

(siehe Abschnitt 5.). Die Verlockung, bei hochkomplexen und nur begrenzt lösbaren Problemen mit Nicht-Entscheiden und atmosphärisch-symbolischen Beschwichtigungshandlungen zu reagieren und an die Stelle der Problemverarbeitung eine Beziehungsarbeit ohne Ziel setzen, ist groß. Unter anderem daraus resultiert das Arbeitsprinzip „die Fähigkeit zum Handeln und die Bereitschaft zur Übernahme von Risiken bei unvollständiger oder widersprüchlicher Information entwickeln".

Als gesellschaftlich legitimierte Problembearbeitungsinstanz sieht sich die Soziale Arbeit auch heute noch häufig mit der *Vorgabe* konfrontiert, die *sozio-strukturell verursachte Probleme*, z. B. die psychosozialen Folgen von regionaler Massenarbeitslosigkeit, als *individuelle Probleme zu bearbeiten* (Böhnisch 1982). Die geforderte ganzheitliche, mehrniveaunale Bearbeitung sozialer Probleme (siehe den Beitrag von Silvia Staub-Bernasconi in diesem Band, S. 11 ff.) findet hier ihre Grenze. Aber diese Grenze ist keine auf Dauer strukturell festgelegte, sondern eine historische und flexible. Sie kann durch bestimmte Projekte, z. B. Beschäftigungsinitiativen zum Aufbau eines dritten und vierten Arbeitsmarktes, immer wieder partiell überwunden werden (Maier/Wollmann 1986; Blanke 1991; Roth 1991). Und auch Sozialarbeiterinnen/Sozialpädagoginnen, die nicht an einem Arbeitsplatz sitzen, an dem neue, bahnbrechende Projekte initiiert werden können, sind über Öffentlichkeits-, Gemeinwesen- und Lobbyarbeit in der Lage, dazu beizutragen, daß die Notwendigkeit struktureller, z. B. sozialpolitischer Lösungen erkannt wird (Müller, S. u. a. 1981; Bullmann 1991; Bitzan/Klöck 1994).

Mit dieser Rückwendung von der individuellen zur gesellschaftlichen Ebene sollte abschließend noch einmal deutlich gemacht werden, daß der *ganzheitliche Anspruch* der Sozialen Arbeit ein doppelter ist, – ein Anspruch, der zum einen auf den Einzelfall und zum anderen auf das einzelfallübergreifende Bedingungsgefüge und Tätigkeitsspektrum Sozialer Arbeit bezogen ist:

(1) Auf der Ebene des Einzelfalles ist der ganzheitliche Anspruch scheinbar am ehesten einzulösen, da der Sozialarbeiterin/Sozialpädagogin meist die Zuständigkeit für eine ganze Breite höchst unterschiedlicher Lebensprobleme zugeschrieben wird. Aber auch hier stehen diesem Anspruch finanzielle Engpässe, trägerpolitische Rivalitäten und institutionelle Routinen entgegen. Außerdem ist „Ganzheitlichkeit" ein schwer zu verwirklichendes Ideal, weil man zwar relativ ganzheitlich denken, aber nur begrenzt ganzheitlich handeln kann. So können alle Basisregeln, Arbeitshilfen und Fallbeispiele nur darauf abzielen, die sukzessive und entsprechend begrenzte Abarbeitung der Teilaspekte der Probleme einer Klientin mit einer umfassenderen Problemsicht zu verbinden, durch die diese Teilaspekte wieder aufeinander bezogen bleiben.

(2) Der ganzheitliche Anspruch bezieht sich des weiteren auf die vielfältigen Bedingungszusammenhänge, die über den Einzelfall hinaus immer wieder eine Rolle spielen, sei es bei der Entstehung und Aufrechterhaltung der Probleme oder bei ihrer Bearbeitung. Hier dient z.B. der Hinweis auf die (fehlenden) umfeldbezogenen Ressourcen der KlientInnen und Helferinnen (Arbeitsprinzip 10, S.167) einer Ausweitung sowohl der Analyse als auch (zumindest potentiell) des Handlungsfeldes. Entsprechende Handlungsmöglichkeiten, z.B. der Gemeinwesen- und Netzwerkarbeit (Hinte 1991; Keupp/Röhrle 1987; Nestmann 1989; Heiner 1994) oder der politischen Lobbyarbeit (über kommunale Armutskonferenzen, Landes- und Bundesarbeitsgemeinschaften, Fachverbände usw.) stärker in das eher therapeutisch-pädagogische als sozialplanerisch-sozialpolitisch geprägte Handlungsrepertoire Sozialer Arbeit einzubringen, wäre eine Voraussetzung, um den ganzheitlichen Anspruch sozialer Arbeit künftig stärker einzulösen.

4. Dimensionen der Reflexion und Evaluation Sozialer Arbeit

In der kontinuierlichen Reflexion des eigenen beruflichen Handelns sind Planung und Auswertung miteinander verknüpft und greifen ständig ineinander. Die *Evaluation* bisheriger Erfahrungen, die Beurteilung von Erfolgen und Mißerfolgen und die Interpretation ihrer Ursachen bilden die Grundlage für die nächsten *Interventionen*. Welche Möglichkeiten einer besseren Planung und Umsetzung der dargestellten Konzeption methodischen Handelns ergeben sich durch den „Blick zurück", durch eine Evaluation? Und inwiefern können die Ansätze aus der Evaluationsforschung, insbesondere aus der Selbstevaluation, auch für die Analyse methodischen Handelns in der Praxis genutzt werden?

Evaluieren heißt „bewerten" oder „auswerten" auf der Grundlage einer systematischen Informationssammlung, bei der man sich unter anderem der klassischen Verfahren der empirischen Sozialforschung, z.B. Befragung, teilnehmende Beobachtung, bedient. Die Evaluation kann sich auf sehr unterschiedliche Ausschnitte beziehen: auf exemplarische Fälle oder das gesamte Arbeitsfeld einer Sozialarbeit, auf einzelne Tätigkeitsbereiche oder das gesamte Aufgabenspektrum einer Institution und auf unterschiedlich große Zeiträume.

Einige Theoretiker der Evaluation der sozialen Arbeit gehen davon aus, daß unabhängig vom jeweiligen Umfang die *zentralen Fragestellungen* jeder Auswertung lauten:

(a) „Bewirke ich, was ich bewirken will?";
(b) „Ist der Aufwand, mit dem ich diese Ergebnisse erziele, angemessen?"
(Bloom/Fischer 1982).

Die Ziele, die der Intervention zugrunde liegen, werden damit als gegeben und unstrittig vorausgesetzt und ebenso wenig hinterfragt wie die Angemessenheit, d. h. auch die moralische Vertretbarkeit der Mittel, die zur Erreichung der Ziele eingesetzt werden. Im Gegensatz zu einer solchen lediglich output-orientierten, technologisch verkürzten Evaluation steht im folgenden die *Überprüfung der Ziele und Schwerpunktsetzungen methodischen Handelns* im Mittelpunkt der Reflexion. Im Sinne einer systemischen Sicht der Problemursachen und eines kontextbezogenen Problemlösungsversuchs wird außerdem besonderer Wert auf die *Nutzung des sozialen Umfeldes der KlientInnen* und die *professionellen Kontakte und Netze der Fachkräfte* gelegt.

Die *Grundfrage* lautet daher nicht: „Was habe ich als einzelne Sozialarbeiterin/Sozialpädagogin mit welchem Aufwand bisher erreicht?", sondern gefragt wird:

(a) Worin besteht nach wessen Ansicht das Problem bzw. die Aufgabe?
(b) Was meine ich, bzw. was meinen andere, wer wie zur Verbesserung der Situation beitragen könnte?
(c) Wer beurteilt die bisherige Entwicklung und den bisher eingeschlagenen Weg der Problemlösung wie?

Diese Fragen mögen sehr umfassend und grundsätzlich erscheinen. Es wird im Einzelfall sicherlich notwendig sein, sich auf die Auswertung von Teilbereichen des Interventionsfeldes zu beschränken, um diese Fragen auch nur annähernd beantworten zu können; so kann es z. B. sinnvoll sein, nicht den gesamten Prozeß einer Beratung genauer zu untersuchen, sondern zunächst nur die Erstgespräche oder einen Teilbereich der Arbeit (z. B. die Schuldenberatung) oder bestimmte Beratungsformen und -techniken. Gerade bei einer solchen *Eingrenzung* ist es entscheidend, nicht davon auszugehen, daß die Problemlage bekannt und eindeutig und die Zielsetzung entsprechend klar ist.

So besteht die Aufgabe eines Schuldnerberaters in der Praxis z. B. nicht nur in der Regelung finanzieller Fragen mit den Gläubigern. Zu klären, wer, warum und auf welche Weise Schulden produziert hat und wie dem vorzubeugen wäre, erweist sich bei näherer Betrachtung oft als eine verzwickte Aufgabe. Bei systemischer Betrachtungsweise wird z. B. deutlich, daß dieser unangenehme Zustand auch eine Reihe von positiven Seiten hat und einige soziale Systeme stabilisiert. Die Versuche, das Schuldenproblem zu lösen, verbinden die zerstrittenen Eheleute, die sich sonst nicht mehr viel zu sagen haben. Die drohende Gehaltspfändung läßt für den Mann die Ausübung eines unerfreulichen und schlecht bezahlten Berufs gar nicht erst notwendig erscheinen. Angesichts der Schulden kann die Familie dem „Ernährer" deswegen gar keine Vorwürfe machen. Er handelt nur konsequent, wenn er in dieser Situation lieber gelegentlich schwarz etwas dazu verdient und damit mehr nach Hause bringt, als nach einer Pfändung übrig bliebe. Außerdem kann er freier über seine Zeit und Arbeitskraft verfügen. Und die Frau genießt es auch, auf diese Weise zu zweit den ganzen Sommer auf dem Campingplatz verbringen zu können, gelegentlich einen Grund zum Schimpfen zu haben und ihren autoritären Macho etwas „deckeln" zu können.

Die Schulden stellen zwar eine sehr reale Belastung der Familie dar. Aber ihre Beseitigung wird immer nur vorübergehend gelingen, wenn die auf diese Weise hergestellte prekäre Balance im sozialen System des Schuldners zerstört wird.

Ein breiter Fragenhorizont ist bei der Analyse von scheinbar eindeutigen Einzelphänomenen immer wieder nötig, um die Funktion eines Verhaltens im Gesamtzusammenhang zu erkennen. Nur durch den Wechsel des Auflösungsgrades (siehe meine Ausführungen S. 153 f.) zwischen Konkretisierungen und abstrakteren, umfassenderen und allgemeineren Aussagen wird die Suche nach Antworten gelingen.

Systematisiert und gruppiert man die drei Grundfragen einer Reflexion und Evaluation beruflichen Handelns, so kann man folgende *Dimensionen der (Selbst-)Evaluation* Sozialer Arbeit unterscheiden, aus denen sich alle weitergehenderen Fragen entwickeln lassen (siehe auch Abbildung 6, S. 174):

(a) *Wirklichkeit*: Was ist/war der Ausgangszustand? Welche Veränderungen haben stattgefunden? Stimmen die Vermutungen und die gesammelten Eindrücke über Ausgangszustand und Veränderungen?

(b) *Wünschbarkeit*: Wie sind der Ausgangszustand, die Zielsetzung und die erreichte Veränderung zu beurteilen? Entsprechen sie gesellschaftlichen und fachlichen Standards und persönlichen Überzeugungen?

(c) *Wirksamkeit*: Wie nahe ist man dem Ziel bzw. dem gewünschten Zustand gekommen, bzw. wie nahe will man ihm kommen?

(d) *Wirtschaftlichkeit*: Mit welchem Aufwand wurde das Ergebnis erreicht bzw. soll es erreicht werden? (nach Ulrich 1982).

Da ProblemlöserInnen häufig die unbeabsichtigten und unerwünschten Nebenwirkungen ihrer erfolgreichen Aktivitäten zu wenig berücksichtigen, wurde zu dieser memotechnisch aufbereiteten Liste der „vier W" eine zusätzliche Kategorie eingeführt:

Verträglichkeit: Im Sinne einer „sozialökologischen" Sichtweise geht es dabei um die Paßform der Lösung, d. h. um die Frage: Wie wirkt die Veränderung auf den sozialen Kontext?

Die Entscheidungen, die eine Sozialarbeiterin/Sozialpädagogin bei der Auswahl bestimmter Ziele oder bei der Bewertung von Entwicklungen und Veränderungen treffen muß, sind auch deswegen so schwierig zu fällen, weil die einzelnen Aussagen zu diesen vier Dimensionen der Intervention durchaus nicht in die gleiche Richtung weisen müssen. Oft sind die Antworten nicht kompatibel. So kann z. B. der Verbleib des Kindes in der Familie wünschenswert sein, aber eine wirksame Veränderung der zerrütteten Familienverhältnisse und eine Stärkung der schwach entwickelten Mutter-Kind-Beziehung ist fast aussichtslos (Wirksamkeit) oder nur mit einem personellen Aufwand zu bewerkstelligen, der nur in Ausnahmefällen zur Verfügung steht (Wirtschaftlichkeit). Sozialarbeiterinnen/Sozialpädagoginnen müssen sich häufig fragen, ob es sich „lohnt", sich bei einer bestimmten Klientin besonders zu engagieren, „Himmel und Hölle in Bewegung zu setzen" und sich persönlich zu verausgaben, obwohl die Aussichten auf einen Erfolg zweifelhaft sind. Umgekehrt kann es sein, daß mit wenig Aufwand erhebliche Veränderungen zu erzielen sind (Wirksamkeit), dazu noch bei Problemen, die nicht als sehr gravierend angesehen werden und deren Veränderung nicht so wünschenswert ist wie Fortschritte in anderen Bereichen.

Die Befunde der Reflexion und Evaluation lassen sich nicht in Buchhaltermanier gegeneinander aufrechnen und zu einem schnellen und einfachen Ergebnis bringen. Dennoch sind die Fachkräfte angesichts knapper Ressourcen jeden Tag gezwungen, bestimmte *Entscheidungen zu treffen* und *Schwerpunktsetzungen* vorzunehmen, etwa manche KlientInnen mehr, andere weniger zu unterstützen oder mit ihnen so umzugehen, daß sie sich weder gänzlich verausgaben, noch sich selbst und die KlientInnen unterfordern. Eine solche Entscheidung über mögliche Prioritäten setzt eine Beurteilung der Schwierigkeit der Aufgabe, der Fähigkeit und Motivation der KlientInnen und der eigenen professionellen Handlungsmöglichkeiten voraus.

Es geht also bei der Reflexion des eigenen methodischen Handelns und der Vorbereitung einer Evaluationsstudie nicht nur um die Analyse oder Prognose der Wirksamkeit der Intervention. Es geht immer auch um die Überprüfung der (möglichst ganzheitlichen) Situationsanalyse sowie um die Begründung und Wünschbarkeit bestimmter Entwicklungen in Relation zu anderen denkbaren Veränderungen. Ein solches Verständnis von Evaluation schließt die Reflexion der Situationsdeutungen der Beteiligten, ihre Einschätzung der individuellen, sozialen und institutionellen Ressourcen und der entsprechenden Veränderungschancen mit ein.

Bei der Entscheidung für bestimmte Interventionsziele (Prioritätensetzung) sind die in Abbildung 5 genannten Dimensionen zu berücksichtigen und gegeneinander abzuwägen.

Während die Auflistung der vier W-Dimensionen der Evaluation (Wirklichkeit, Wünschbarkeit, Wirksamkeit, Wirtschaftlichkeit, S. 171) noch nichts über das Verhältnis dieser Faktoren zueinander aussagt, wird mit dem in Abbildung 5 verwendeten Schema deutlich, daß es häufig gerade darum geht,

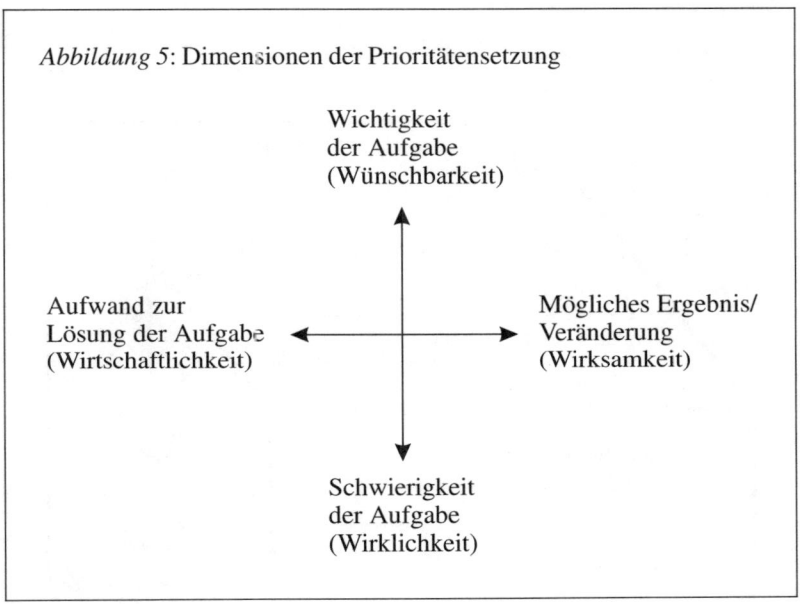

Abbildung 5: Dimensionen der Prioritätensetzung

Wichtigkeit
der Aufgabe
(Wünschbarkeit)

Aufwand zur
Lösung der Aufgabe
(Wirtschaftlichkeit)

Mögliches Ergebnis/
Veränderung
(Wirksamkeit)

Schwierigkeit
der Aufgabe
(Wirklichkeit)

sie miteinander in Bezug zu setzen und gegeneinander abzuwägen. So ist etwas vielleicht sehr wichtig und wünschenswert, aber einfach zu schwierig. Entsprechend stünde der Aufwand in keinem Verhältnis zum Ergebnis. Dieses scheinbar einfache Schema kann zu sehr vielen unterschiedlichen Rastern für die Planung, Dokumentation und Evaluation des Interventionsprozesses führen, wenn man bedenkt, wie viele *Vergleichsebenen* berücksichtigt werden können:

(a) das Verhältnis der Dimensionen zueinander, z. B. das Verhältnis von Aufwand und Ergebnis oder von Schwierigkeit und Ergebnis;
(b) der Vergleich der Sichtweisen unterschiedlicher Akteure, z. B. die Einschätzung der Wichtigkeit oder des Ergebnisses durch die KlientInnen (im Vergleich zur Auffassung der Sozialarbeiterinnen/Sozialpädagoginnen, des sozialen Umfeldes der KlientInnen, der Kolleginnen der Fachkräfte usw.);
(c) der Vergleich von Prognose und Verlauf, z. B. der Vergleich von erwartetem Ergebnis oder geschätztem Aufwand im Verhältnis zum tatsächlichen Ergebnis und/oder Aufwand.

Neben der Festlegung der Dimensionen einer Untersuchung der eigenen Arbeit können auch Überlegungen zu den möglichen *Informationsquellen und Informationsmengen* zur Focussierung der Untersuchung beitragen. Die Vi-

173

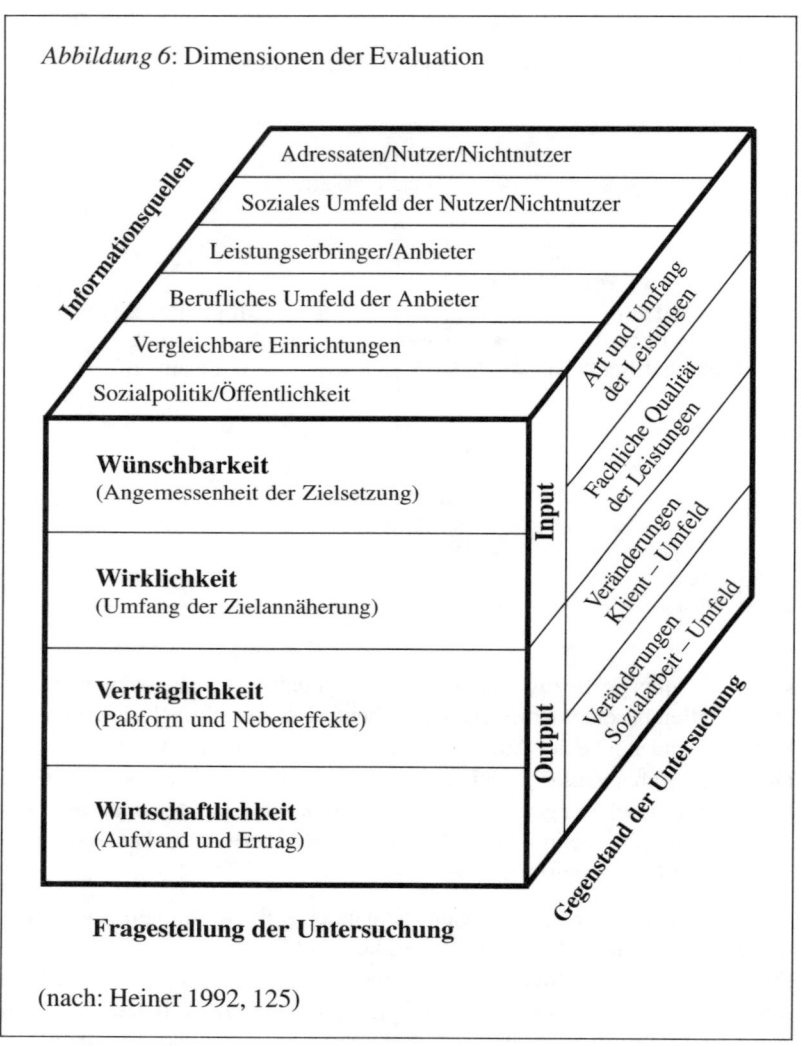

Abbildung 6: Dimensionen der Evaluation

Informationsquellen

Adressaten/Nutzer/Nichtnutzer

Soziales Umfeld der Nutzer/Nichtnutzer

Leistungserbringer/Anbieter

Berufliches Umfeld der Anbieter

Vergleichbare Einrichtungen

Sozialpolitik/Öffentlichkeit

Wünschbarkeit
(Angemessenheit der Zielsetzung)

Wirklichkeit
(Umfang der Zielannäherung)

Verträglichkeit
(Paßform und Nebeneffekte)

Wirtschaftlichkeit
(Aufwand und Ertrag)

Input

Output

Art und Umfang der Leistungen

Fachliche Qualität der Leistungen

Veränderungen Klient – Umfeld

Veränderungen Sozialarbeit – Umfeld

Gegenstand der Untersuchung

Fragestellung der Untersuchung

(nach: Heiner 1992, 125)

sualisierung der Bandbreite potentieller Informanten (siehe Abbildung 6) macht augenfällig, wie notwendig eine Entscheidung ist, will man sich nicht verzetteln.

Für die *Durchführung einer Evaluationsstudie* gilt das gleiche wie für das methodische Handeln: Der Schritt von der ganzheitlichen Problemanalyse zur Entscheidung für eine punktuelle Intervention in ein oder zwei Teilbereiche fällt schwer. Entsprechend der Maxime „Anfangen, wo die KlientInnen stehen", lautet hier die Empfehlung, dort anzufangen, wo die meisten Informationen bereits vorhanden sind, oder wo Kolleginnen bereit sind, diese Informationen zu sammeln und aufzubereiten, weil ihnen ein bestimmtes Problem auf den Nägeln brennt. Manche grundlegenderen Fragen, die man gerne geklärt hätte, muß man dann mangels Arbeitskapazität ad acta legen. In vielen Fällen ist es nicht leistbar, sowohl die Input-Seite des Interventionsprozesses (Was investiere ich als Sozialarbeiterin/Sozialpädagogin? Auf welche KlientInnengruppen oder Problemfelder konzentrieren sich meine Aktivitäten? Welche Hilfen habe ich angeboten? Wieviel Zeit habe ich dafür aufwenden müssen? usw.) als auch die Output-Seite (Was hat sich verändert?) gleichermaßen differenziert zu untersuchen. Eine Konzentration auf die Output-Ergebnisse der Intervention wäre außerdem nur Institutionen zu empfehlen, die über eine differenzierte Statistik, insbesondere eine aussagefähige Dokumentation des Arbeitsaufwandes nach Problemlagen, KlientInnen und Art der geleisteten Arbeit verfügen. Da dies jedoch nur selten der Fall ist, stellt die Analyse der Input-Seite, der Verteilung von Arbeitskraft, Geld, Geräten, Räumen usw. eine unerläßliche deskriptive Vorarbeit dar. Darüber hinaus führt eine Dokumentation der eingesetzten Ressourcen oft selbst dort zu erhellenden Einsichten, wo die Mitarbeiterinnen zunächst fürchten, daß doch nur eine dröge Bestandsaufnahme entstehe. Vor allem, wenn die für das Selbstverständnis zentralen Vorstellungen von „guter" Sozialer Arbeit, d.h., *wenn die Wünschbarkeitsanalyse (Was sollte und wollte ich tun?) mit einer Wirklichkeitsanalyse (Was habe ich tatsächlich getan?) verknüpft wird*, haben sich Dokumentationen des Aufwandes als fruchtbar erwiesen.

Nicht selten ist in der Evaluationsberatung (Heiner 1994 b) zu beobachten, daß ein solcher Vergleich eine *konzeptionelle Grundsatzdebatte* auslöst, die zu einer Umorientierung des Projekts oder des Teams führt. Die Resultate dieses neuen Arbeitsansatzes lassen sich später sehr viel leichter Output-bezogen evaluieren, wenn mit dem neuen Konzept methodischen Handelns die Dokumentation und Statistik der Einrichtung so angelegt wird, daß ohne großen Aufwand vergleichbare Informationen abrufbar sind. In der Reflexion methodischen Handelns spielen – anders als in einer lediglich an der Kontrolle der Ergebnisse interessierten Evaluation – nicht nur die Fakten eine Rolle, sondern ebenso deren Interpretation und Bewertung sowie die Abstimmung dieser Deutungen unter allen Beteiligten (siehe auch die Arbeitsprinzipien S. 167) Evaluationsstudien können daher auch so konzipiert werden, daß sie sich auf zentrale Deutungsmuster beziehen, die dem Interventionsprozeß zugrunde liegen. Daher ist im folgenden ein ganzer Abschnitt der Analyse von Deutungsmustern gewidmet (S. 177 ff.).

Die Formulierung eindeutiger, empirisch überprüfbarer fachlicher *Kriterien oder Standards*, die sich in der Zielformulierung und in der Beurteilung der zu untersuchenden Zustände niederschlagen, ist erfahrungsgemäß die mühsamste Aufgabe bei der Planung und Vorbereitung einer Selbstevaluationsstudie und erfordert entsprechend viel Zeit. Meist sind die Ziele zu vage oder auch zu umfassend, als daß man daraus operationalisierbare Kriterien ableiten könnte, die eine Beurteilung der zu untersuchenden Zustände und Prozesse erlauben. Überlegungen, wie dieser Zielfindungsprozeß bei der Vorbereitung von Selbstevaluationsstudien zu strukturieren sei, haben zur Entwicklung der folgenden methodischen Empfehlungen und Arbeitshilfen geführt, die sich inzwischen auch in Praxisberatungen außerhalb von Evaluationsprojekten bewährt haben (S. 177 ff.). Dies trägt nicht nur im Evaluations-, sondern auch im Interventionsprozeß zu bewußteren Schwerpunktsetzungen bei.

In der Reflexion und Evaluation des eigenen beruflichen Handelns hat die Diskussion über die Ziele der Intervention eine etwas andere Funktion und einen anderen Stellenwert als bei Planungsüberlegungen. Für die Evaluation des Geleisteten stellt nicht unbedingt die Annäherung an das Ziel den entscheidenden Maßstab dar. Auch erfolgloses Handeln kann fachlich qualifiziert sein und ist als solches anzuerkennen. Außerdem wird das Tempo der Annäherung an das angepeilte Ziel individuell verschieden sein. So informativ daher Aussagen über Umfang und Tempo der Annäherung an die Interventionsziele bei der Untersuchung einer größeren Anzahl von Fällen sind, so wenig sagen sie der Sozialarbeiterin/Sozialpädagogin im Einzelfall. Hier hat es sich als informativ erwiesen, der Logik der quasiexperimentellen Untersuchungsmethode folgend (Heiner 1989), durch viele Meßpunkte im Einzelfall die sonst durch die Untersuchung vieler Einzelfälle gewonnene Aussagekraft zu erreichen. Bei einer Klientin werden z. B. kontinuierlich diverse Lebensbereiche (Kindererziehung, Haushaltsführung, Gesundheitsverhalten usw.) betrachtet und ihre Entwicklung nach folgenden, einer einfachen Dreierskala entsprechenden Einschätzungen dokumentiert:

(a) Fortschritt,
(b) Stillstand,
(c) Rückschritt.

Da die Heterogenität, Komplexität und Interdependenz der einzelnen Problembereiche eine zusätzliche Schwierigkeit darstellt und die Gefahr häufiger, unreflektierter Prioritätenverschiebungen mit sich bringt, muß gleichzeitig *dokumentiert* werden, ob und warum *alte Zielsetzungen aufgegeben* und *neue formuliert* werden. Zusammen mit einer Liste der Tätigkeitsbereiche der Sozialarbeiterin/Sozialpädagogin stellt dies eine sehr einfache, wenig zeitaufwendige Form der Dokumentation dar, die sich insbesondere in so diffusen Arbeitsfeldern wie der sozialpädagogischen Familienhilfe (siehe etwa Landgrebe in Heiner 1994 b) als Strukturierungshilfe und als Instrument zur raschen Orientierung über Stand und Entwicklung einzelner Familien bewährt hat. Durch solche Verfahren wird die *zielorientierte Evaluation* durch eine *prozeßbegleitende Evaluation* ergänzt, bei der weder die maximale Annäherung an das (Fern-)Ziel noch die bisher zurückgelegte gesamte Wegstrecke dokumentiert wird, sondern – wie auf einem vergrößerten Kartenauszug – die Bewegung auf einer aktuell befahrenen Teilstrecke (z. B. während der letzten drei Monate) bei Benutzung eines Wegenetzes mit vielen Verästelungen.

5. REALISTISCHE ZIELPLANUNG UND DIE AUSWAHL DER EVALUATIONSFRAGESTELLUNGEN

Die Formulierung realistischer Ziele und die Überprüfung ihrer Erreichung ist eines der *Herzstücke* reflektierten methodischen Handelns in der Sozialen Arbeit. Zugleich ist dies sowohl in der alltäglichen Praxis wie auch bei der Formulierung von Fragestellungen für die Reflexion und Evaluation der eigenen Arbeit einer der *schwierigsten Arbeitsschritte*. Häufig müssen dabei komplexe Zusammenhänge berücksichtigt und trotz unzureichender Informationen Urteile abgegeben werden, um angesichts knapper Ressourcen (der KlientInnen und der sozialen Dienste) die Prioritäten der Intervention zu bestimmen. Sowohl die Formulierung von Interventionszielen als auch die Bewertung von Interventionsergebnissen erfordern die Festlegung von Kriterien und ihre relative Gewichtung bei zumeist unklaren oder widersprüchlichen Anforderungen. Dies kann im Team leicht zu ausufernden Grundsatzdebatten über Sinn und Zweck, Möglichkeiten und Grenzen, Anspruch und Wirklichkeit der eigenen Arbeit führen, deren einzige Funktion darin besteht, den Kolleginnen eine Entscheidung und Festlegung zu ersparen. Die folgenden Arbeitshilfen sollen dazu beitragen, solche Überlegungen zu strukturieren und einzugrenzen.

Die in diesem Abschnitt skizzierten Arbeitsschritte dienen der Formulierung möglichst konkreter, realistischer Ziele und ihrer Gewichtung. Um eine solche Zielfindung zu fördern, ist es häufig nötig, sich von der Last allzu hoher Ansprüche zu befreien und das einschüchternde Pathos vieler Ideen und Begriffe, mit denen diese Ansprüche transportiert werden, zu entschärfen. Dann läßt sich auch eindeutiger formulieren, was erreicht werden soll. *Drei Herangehensweisen* können zu einer klareren und *realistischeren Zielformulierung* beitragen:

(a) eine umfeldbezogene Zielerschließung und -dokumentation, d. h. eine Sammlung der unterschiedlichsten Erwartungen, die KlientInnen, Kolleginnen, Vorgesetzte, kooperierende Institutionen usw. an die Sozialarbeiterinnen/Sozialpädagoginnen stellen;

(b) eine kontrastierende Zielanalyse, bei der die (partiellen) Unvereinbarkeiten und Unverträglichkeiten der Erwartungen nicht nur auf der Ebene der Programmatik, sondern auch hinsichtlich ihrer Durchführbarkeit untersucht werden;

(c) eine Konkretisierung der Ziele durch Zuordnung exemplarischer Aktivitäten, um mögliche Unvereinbarkeiten bei der Umsetzung genauer zu erkennen und um die mit den hehren Begriffen verknüpften unterschiedlichen Erwartungen klären zu können.

Schon die ersten beiden Grundfragen der Selbstevaluation „Welche Ziele will ich ansteuern/habe ich angesteuert?" und „Was kann ich tun/habe ich getan, um sie zu erreichen?" stürzt Praktikerinnen angesichts der komplexen Problembündel und der unstrukturierten Arbeitsfelder, mit denen sie sich konfrontiert sehen, in einige Nöte. Das geht allerdings nicht nur Sozialarbeiterinnen/Sozialpädagoginnen so. Aus Evaluationsvorhaben im Bereich des Bildungs- und Gesundheitswesens wissen wir, daß die Zielformulierung auch hier erhebliche Schwierigkeiten mit sich bringt. Michael Q. Patton, ein namhafter amerikanischer Evaluationsforscher, hat daher einmal angemerkt, daß WissenschaftlerInnen immer meinen, sie seien wegen ihrer möglicherweise kritischen Abschlußberichte so gefürchtet. Was die vor Ort Tätigen aber tatsächlich am meisten fürchten, seien die bohrenden Fragen, welche Ziele die untersuchte Einrichtung verfolge und woran man erkennen würde, daß sie erreicht worden seien.

Wesentlich einfacher, als die eigenen Ziele und Standards zu formulieren, ist es, aufzulisten, was denn andere meinen, wozu man da sei. Über die Formulierung dieser *Anforderungen und Erwartungen des Umfeldes* lassen sich dann auch die eigenen Ziele erschließen. Die entsprechenden Erschließungsfragen (siehe Abbildung 7) lauten daher:

(a) Wer erwartet was von mir?

(b) Welche Erwartungen muß ich erfüllen, welche will ich erfüllen?

(c) Wie machen das andere KollegInnen?

(d) Was halte ich jenseits dieser Erwartungen für unverzichtbar?

Solche *umfeldbezogenen Zieldokumentationen* werden in der Praxis erstaunlich selten aufgestellt. Statt dessen plagt man sich mit einer unklaren Mischung aus eigenen Ansprüchen und den vermuteten Erwartungen der Umwelt. Bei einer systematischen Bestandsaufnahme stellt sich fast immer

Abbildung 7: Erschließungsfragen zu einzelnen Arbeitsschritten

Grundfragen der Selbstevaluation	Erschließungsfragen
Welche Ziele will ich ansteuern?	Arbeitsschritt: *Anforderungen und Erwartungen sortieren und abwägen* – Wer erwartet was von mir? – Welche Erwartungen muß ich erfüllen? – Welche Erwartungen will ich erfüllen? – Was halte ich außerdem für unverzichtbar? – Wie machen das andere Kolleginnen?
Was kann ich tun, um sie zu erreichen?	Arbeitsschritt: *Bedingungen für Arbeitsschwerpunkte klären* – Wozu ist die Klientin fähig und motiviert? – Wozu müßte ich wieviel Zeit aufwenden? – Welche sonstigen Ressourcen können und sollen genutzt werden? – Womit sind welche Resultate zu erreichen?
Was habe ich erreicht, und wie ist das Erreichte zu bewerten?	Arbeitsschritt: *Ergebnisse beurteilen und fachliche Standards entwickeln* – Welche Veränderungen sind eingetreten? – Sind die Arbeitsvereinbarungen erfüllt worden? – Wie beurteilen meine Kolleginnen/Kooperationspartnerinnen usw. das Ergebnis? – Wie äußert sich die Klientin und ihr soziales Umfeld? – Wie zutreffend waren meine Interventionshypothesen? – Wie prompt erfolgten notwendige Kurskorrekturen? – In welchem Verhältnis steht der Aufwand zum Ergebnis?

heraus, daß die gesammelten Anforderungen von Kolleginnen, KlientInnen, Vorgesetzten, Angehörigen, KooperationspartnerInnen usw. sich (teilweise) widersprechen und vor allem in der Summe gar nicht zu erfüllen sind. Das fördert die Distanzierung von überhöhten, unrealistischen Zielvorstellungen und erleichtert die Prioritätensetzung.

Mit den Fragen „Welche Erwartungen muß ich und welche will ich erfüllen?" beginnt die Auswahl der Arbeitsschwerpunkte und -ziele. Über diese Erwartungen hinausgehend mag es Bedarfe geben, die noch nicht öffentlich artikuliert und bisher weder als informelle Anforderungen noch als formelle Arbeitsaufträge formuliert wurden, die aber für eine optimale Bearbeitung bestimmter Probleme von Bedeutung sind. Auf diese Möglichkeit verweist die Frage: „Was halte ich außerdem für unverzichtbar?". Damit soll die durch die vorangegangenen Fragen reduzierte Komplexität der Analyse noch einmal erhöht und das Auswahlergebnis noch einmal einer Überprüfung unterzogen werden. Da der Vergleich zugleich „Mutter und Vater jeder Erkenntnis" ist, enthält Abbildung 7 außerdem den Vorschlag, sich in jeder Phase zu fragen, was andere Kolleginnen in vergleichbaren Fällen tun oder tun würden.

Sind die Erwartungen sehr komplex und widersprüchlich, so kann eine *Analyse der Zieldifferenzen* (siehe Abbildung 8) hilfreich sein. Auf vier Ebenen werden dabei verschiedene Zielbündel miteinander verglichen:

(a) den offiziellen „Paradezielen" werden die tatsächlichen Ziele gegenübergestellt;
(b) Ziele von Mitarbeiterinnen in unterschiedlichen Funktionen und Positionen werden auf ihre Stimmigkeit hin untersucht;
(c) Binnenziele der Organisation werden mit Zielen der Umwelt kontrastiert und
(d) frühere Ziele mit gegenwärtigen verglichen.

Teilweise sind diese Fragestellungen miteinander kombinierbar. So können die Mitarbeiter mit verschiedenen Funktionen sowohl funktionsbedingt *unterschiedliche Paradeziele* als auch jeweils *andere tatsächliche Ziele* haben als die offiziellen Ziele der Institution. Zumeist aber dienen „Paradeziele" dazu, funktionsübergreifend eine gemeinsame Ausrichtung aller Mitarbeiterinnen zu beschwören, die in der praktischen Arbeit tatsächlich kaum vorhanden ist. Der Unterschied zwischen tatsächlichen Zielen und Paradezielen wird zumeist erst deutlich, wenn über konkrete Aktivitäten und deren Beitrag zur Erreichung dieser Ziele geredet wird. Dazu ein Beispiel:

Die Aktivitäten der Beschäftigungstherapeutin in der Kinder- und Jugendpsychiatrie (z. B. „Malen mit Fingerfarben" oder „Musik am Nachmittag") entsprechen dem institutionellen Ziel „Unterstützung der therapeutischen Aktivitäten".

Abbildung 8: Analyse von Zieldifferenzen

Bestehen Unterschiede zwischen folgenden Zielvorstellungen?	Ziele in Stichworten[1]		Wichtigste Aktivitäten zur Erreichung der Ziele
	A	B	
Offizielle *„Paradeziele"* (A) und tatsächliche Ziele (B), z. B. bei B: – Überlebensziele – Rechtfertigungsziele – Sicherheitsziele – Profilierungsziele			
Ziele von MitarbeiterInnen in unterschiedlichen (A + B) *Funktionen*, z. B. – Vorgesetzte/Mitarbeiterinnen – Pädagogische Mitarbeiterinnen – Hausmeisterinnen – TherapeutInnen/Pädagoginnen – Honorarkräfte/ Festangestellte			
Binnenziele (A) der Organisation und Ziele des *Umfeldes* (B), z. B. – KlientInnen – Angehörige – Kooperationspartnerinnen – Konkurrierende Organisationen – Geldgeber/Träger			
Wandel der Ziele von früher (A) bis heute (B) im Verlauf der z. B. – eigenen Berufsbiographie – Entwicklung der Institution – Sozialpolitik der Kommune/des Landes			

[1] Maximal fünf Ziele auflisten

Möglicherweise haben diese Angebote jedoch für die Sozialarbeiterin/Sozialpädagogin eine ganz andere Funktion, z. B. die der Entlastung und der Distanzierung. Sie sichert sich damit bestimmte entspannende, erholsame, beruhigende Zeiträume. Eine offizielle Diskussion über die Zielsetzung „Ruhe- und Erholungspausen sichern" könnte dazu genutzt werden, daß dieses tatsächliche Ziel genauer hinsichtlich seines Bezugs zum Paradeziel analysiert und die damit verknüpften Aktivitäten genauer auf ihre Wirkung hin untersucht werden können. Vielleicht stellt sich heraus, daß diese Aktivitäten in der Tat die Wirkung der Therapie erhöhen, weil die Kinder solche Ruhe- und Erholungspausen ebenso brauchen wie die Sozialarbeiterin/Sozialpädagogin – aber zu anderen Zeiten und in anderer Form.

Alle Institutionen neigen nach einiger Zeit dazu, eine eigene Organisationskultur zu entwickeln und damit eine *bestimmte Sicht der Probleme zu favorisieren* bzw. *Faktoren auszublenden*, die nicht ins Weltbild der Einrichtung oder eines Teils der Einrichtung, z. B. eines Teams, passen oder die ihre Bearbeitungsroutinen in Frage stellen würden. Die Erschließungsfrage (siehe Abbildung 7): „Welche Erwartungen an mich will ich erfüllen? Was halte ich außerdem für unverzichtbar?" sollte die Fachkräfte auch ermutigen, Anliegen der KlientInnen aufzugreifen, die den üblichen Problemlösungsstrategien der Institution nicht entsprechen. Dazu gehören auch alle Möglichkeiten der KlientInnen, auf den Interventionsprozeß Einfluß zu nehmen. Häufig schotten sich Organisationen jedoch nach außen ab, reduzieren die Mitspracherechte von Nutzern und Nichtorganisationsmitgliedern auf ein Minimum und versuchen, deren Selbständigkeit und Eigenverantwortung zu beschränken.

Am Ende der Überlegungen zu möglichen Zieldifferenzen, zu denen die Arbeitshilfe (Abbildung 8) anregen möchte, steht der *Vergleich früherer Zielvorstellungen mit gegenwärtigen Absichten.* Dieser Rückblick soll dazu dienen, Bedeutungsverschiebungen und Veränderungen in der Prioritätensetzung zu erkennen und nach ihrer Berechtigung zu fragen.

Diese Arbeitshilfe zur Analyse der Zieldifferenzen will – wie alle anderen Vorschläge – Anregungen geben und auf wichtige Aspekte verweisen. Dabei müssen keinesfalls immer alle Spalten mit Inhalt gefüllt werden. Vielmehr sollte auch hier zunächst über sinnvolle Schwerpunktsetzungen bei der Materialsammlung entschieden werden. Erscheint die Diskrepanz zwischen Paradezielen und tatsächlichen Zielen besonders groß oder hat sich die Institution gegenüber Anforderungen des Umfeldes eingeigelt, so sind vorrangig diese Dimensionen zu bearbeiten. Bestehen große Unterschiede zwischen einzelnen Mitarbeitergruppen oder hat die Einrichtung ihre Konzeption in den letzten Jahren (vielleicht sogar mehrfach) grundlegend verändert, ohne diese Schwerpunktsetzung ausführlich zu diskutieren und ihre Konsequenzen zu reflektieren, so liegt es nahe, hier den Schwerpunkt der Analyse anzusiedeln. An einem Beispiel soll im folgenden gezeigt werden, was die

Analyse der Zieldifferenzen, verbunden mit einer Konkretisierung durch Zuordnung exemplarischer Aktivitäten, zu einzelnen Zielen für die Reflexion methodischen Handelns leisten kann:

Eines der „Paradeziele" des freien Trägers, der sich der Betreuung von psychisch Kranken in Wohngemeinschaften widmet, ist die „Gemeindenähe" der Angebote und die „Integration im Stadtteil". Der Versuch, bei der Zielanalyse dafür Aktivitäten zu benennen, zeigt jedoch sehr bald, wie wenig klar und handlungsleitend dieses Stichwort im Arbeitsalltag der Institution ist. Neben „Anmeldung beim Nervenarzt im Stadtteil" wird als Aktivität zwar auch „Besuch des Bürgerhauses" und „Förderung von Nachbarschaftskontakten durch Straßenfeste" als Beispiel für Gemeindenähe genannt. Von einer Ausnahme abgesehen, bei der die Initiative zum Straßenfest außerdem von den NachbarInnen ausging, war jedoch in zwei Jahren kaum etwas unternommen worden, um das Ziel der Gemeindenähe zu realisieren. Tatsächlich bemüht man sich vor allem darum, keinen Ärger mit den AnwohnerInnen oder Geschäftsleuten im Quartier zu bekommen. Insbesondere für den Geschäftsführer des Einrichtungsträgers war es wichtig, daß die NachbarInnen nicht mehr (wie zu Beginn) dauernd die Polizei wegen nächtlicher Ruhestörungen anriefen oder sich dort meldeten, weil „da ein Mann rumläuft, der so merkwürdig aussieht und die Kinder immer so komisch auf der Straße anspricht". Sie fragten sich, ob der vielleicht gefährlich ist. Auch Anrufe bei der Behörde, die sich dann an den Träger wendeten, sollten möglichst unterbleiben.
Nicht nur der Geschäftsführer neigte zu dieser „Ruhe-und-Ordnung-Position" (tatsächliches Ziel). Er mahnte die MitarbeiterInnen immer wieder: „Überfordert nicht die Behinderten und auch nicht die NachbarInnen.". Ein Mitarbeiter meinte zum Thema „Gemeindenähe" nur: „Ich war in meinem Leben nicht auf einem Straßenfest oder in einem Bürgerhaus und bin trotzdem im Stadtteil integriert". Die Bedeutung des Konzeptes „Gemeindenähe" stufte der Geschäftsführer aber weiterhin sehr hoch ein. Würde man ihn fragen, ob er unter „Gemeindenähe" etwa nur „Ruhe und Ordnung" verstehe, so würde er dies energisch bestreiten.
Die meisten Mitarbeiterinnen der Wohngemeinschaft, die in einem gewachsenen Stadtteil mit Reihenhäusern, Vorgärten und einer Reihe kleiner Läden eingerichtet worden war, hatten durchaus andere und weitergehende Vorstellungen von Gemeindenähe (Differenz Leitungsziele/Teamziele). Sie gaben aber zu, daß deren Umsetzung für sie mit der Zeit an Gewicht verloren hatte (Wandel der Ziele). Nach einer stressigen Anfangsphase, in der sich die NachbarInnen dauernd über Dreck im Vorgarten, der angeblich die Ratten anzog, und andere Dinge beschwert hatten, war endlich Ruhe eingekehrt. Die SozialarbeiterInnen waren insgesamt ganz zufrieden, was die „Integration in den Stadtteil" anging. Sie hatten es geschafft, daß die BewohnerInnen selbst in den umliegenden Läden einkaufen gingen und einige sogar gelegentlich die Kneipe an der Ecke besuchten. Auf die Frage, ob sie sich bei der Evaluation der „Gemeindenähe" ihrer Einrichtung also getrost ein gutes Zeugnis ausstellen könnten, wurden jedoch innerhalb der Teams wieder andere Stimmen laut (Differenz: Einzelziele – Teamziele).
Eine Sozialarbeiterin meinte, die Kontaktfreudigen unter den BewohnerInnen sollten zumindest nach zwei oder drei Jahren den gleichen Grußkontakt mit den NachbarInnen haben wie die NachbarInnen untereinander. Ihr sei aber aufgefallen, daß die BewohnerInnen nicht gegrüßt werden. Wer da zuerst wegwucke, die BewohnerInnen oder die NachbarInnen, sei ihr nicht klar. Für eine Art Heimatge-

fühl sei ein solcher nachbarschaftlicher Kontakt und auch mal ein Gespräch am Gartenzaun aber doch wichtig. Die BewohnerInnen selbst wurden dazu zu diesem Zeitpunkt nicht befragt, da man durch den täglichen Kontakt meinte, genug über ihre Nachbarschaftsbeziehungen und ihre Bedürfnisse in dieser Hinsicht zu wissen. Erst später stellte sich heraus, daß man das Geselligkeitsbedürfnis einiger eher scheuer BewohnerInnen unterschätzt hatte. Zwei Teammitglieder fanden das Gerede von „Heimatgefühl" und Gesprächen am Gartenzaun überzogen, geradezu „sozialromantisch". Als eine Kollegin berichtete, wie zwei BewohnerInnen in der Kneipe von den beliebten Plätzen am Tresen verscheucht worden waren, und was der Bäcker letzte Woche für eine unpassende Bemerkung losgelassen hatte, wurde die Diskussion lebendig. Könnte das Fernziel „gleichwertige Nachbarschaftskontakte, wie sonst in der Straße üblich" vielleicht durch eine Einladung der NachbarInnen zum zweijährigen Wohngemeinschaftsjubiläum („Offenes Haus" mit kleinem kalten Buffet) gefördert werden (Aktivitäten)? Doch war dieser nachbarschaftliche Kontakt wirklich so wichtig? Die meisten SozialarbeiterInnen stuften ihn zumindest als so „wichtig" ein, daß man doch mehr als bisher dafür tun müsse.

Zum zweiten Schritt einer Interventions- und Evaluationsplanung, zur Analyse der Bedingungen, die bestimmte Arbeitsschwerpunkte und die Auswahl entsprechender Aktivitäten nahelegen (siehe Erschließungsfragen in Abbildung 7), ist aus dem Beispiel folgendes zu berichten. Die Entscheidung für ein bestimmtes Ziel („Gemeindenähe", konkretisiert als „Grußkontakte") und für bestimmte Aktivitäten, um dieses Ziel zu erreichen, bedurfte dabei zunächst der Einschätzung der Handlungsmöglichkeiten aller Beteiligten, voran der SozialarbeiterInnen und der KlientInnen:

Die Einladung der NachbarInnen in die Wohngemeinschaft und eine Feier mit kaltem Buffet zum zweijährigen Jubiläum der Wohngemeinschaft wurde gegen die skeptischen Einwände des Geschäftsführers („Ob sich der Aufwand lohnt?") vom Team als machbar angesehen und beschlossen. Das Jubiläumsfest mußte ein Erfolg werden!
Nach Gesprächen mit den BewohnerInnen und Berichten aus einer anderen Wohngemeinschaft, die so etwas schon einmal erfolgreich durchgeführt hatte, entschloß man sich, die Zeit für die Einladung auf eine Stunde zu begrenzen, um die BewohnerInnen nicht zu sehr zu strapazieren. Die beiden Straßenseiten sollten zu getrennten Zeiten zur Hausbegehung eingeladen werden, um Hektik und Überfüllung zu vermeiden. Das Buffet würde man im Vorgarten aufbauen. So könnten die NachbarInnen nach der Führung durchs Haus noch im Vorgarten ein bißchen stehen bleiben und reden, und Vorbeigehende könnten zwanglos dazukommen. Die Verlagerung des geselligen Teils in den Garten würde den BewohnerInnen außerdem erlauben, sich ins Haus zurückzuziehen, sollte ihnen der Trubel zu viel werden. Das Ganze sollte dabei nur der Einstieg für intensivere Nachbarschaftskontakte sein, die man selbst zusätzlich durch Gespräche in den Vorgärten, Geschäften usw. fördern wollte.
Und woran sollte am Ende der Erfolg der Aktion gemessen werden? Man beschloß, die *Evaluation* darauf zu beschränken, die NachbarInnen, die dagewesen waren, und auch die, die nicht gekommen waren, beiläufig bei Begegnungen im Quartier anzusprechen, wie sie denn das Jubiläumsfest gefunden hätten, bzw. ob

sie davon gehört hätten. Die ursprüngliche Idee, diese mündliche Befragung durch eine teilnehmende Beobachtung zum Grußkontakt zu ergänzen, erwies sich angesichts von Schichtdienst, Krankheitsausfällen usw. als undurchführbar. Statt dessen entschied man sich daher dafür, die Entwicklung der Nachbarschaftsbeziehung durch regelmäßige Befragung der BewohnerInnen beim Mittagessen festzuhalten. Die BewohnerInnen wurden ermuntert, Begegnungen mit NachbarInnen genau zu schildern, ihre Berichte wurden nach dem Essen von einer Sozialarbeiterin schriftlich kurz festgehalten und nach einem halben Jahr in einer Teambesprechung ausgewertet. Unter anderem wurden die BewohnerInnen gefragt, wieviele der NachbarInnen sie vom Sehen kennen, wieviele davon mit Namen, wo diejenigen denn wohnen, die sie vom Sehen kennen, und ob sie sich grüßen? Zwischen diese Fragen wurde dieser und jener Tratsch aus der Nachbarschaft und der Eckkneipe eingeschoben.

Zusammen mit den mehr qualitativen Ergebnissen der Schilderungen von Begegnungen mit NachbarInnen ergaben diese Nachfragen ein positives Bild. So wußten die BewohnerInnen anfangs nur von einem Nachbarn, wo er wohnt, und hatten mit keinem über den Vorgartenzaun gesprochen. Nach einem halben Jahr waren ihnen nicht nur die unmittelbaren NachbarInnen von Angesicht bekannt, die meisten BewohnerInnen hatten sich auch schon mal mit einem von ihnen („Über das Wetter und so …") unterhalten und wußten inzwischen von mehreren, wo sie wohnten. Die Grußkontakte hatten sich mehr als verdoppelt. Als ein Bewohner mit seinem Fahrrad umkippte, brachte ihn ein Nachbar nach Hause und rief den Notarzt. Die beiden reden seitdem häufiger mal auf der Straße miteinander.

Im Verlauf dieser Zielanalyse ist das Paradeziel („Gemeindenähe") ein Stückchen konkreter und realisierbarer geworden. Das regelmäßige Mittagsgespräch mit den BewohnerInnen über Nachbarschaftskontakte stellt dabei eine alltagsorientierte Form der Evaluation und zugleich eine Intervention zur Förderung der sozialen Kontakte dar. Indem die Nachbarschaftsbeziehungen zum Thema gemacht, einzelne Ergebnisse erörtert und kommentiert, Vorschläge für Reaktionen in bestimmten Situationen mit den BewohnerInnen gemeinsam diskutiert wurden, erhielten die SozialarbeiterInnen nicht nur die notwendigen Informationen für die Evaluation. Ihr eigenes Verhalten im Umgang mit den NachbarInnen, ihr Interesse an den Erlebnissen der BewohnerInnen und ihr kontinuierliches Nachfragen beeinflußte auch deren Wahrnehmung und Verhalten. *Intervention und Evaluation greifen* in diesem Beispiel in typischer Weise *ineinander*. Die Intervention dient der Erforschung der eigenen Praxis, und diese Erforschung der Praxis stellt selbst zugleich eine Intervention dar, die zu den erstrebten Veränderungen beiträgt.

6. Evaluation der Interventionshypothesen und Deutungsmuster: Verfahren und Fallbeispiele

Wie bedeutsam es ist, die Deutungsmuster in den Evaluationsprozeß einzubeziehen, ist eingangs (S. 149 ff.) dargelegt worden. *Drei Verfahren für die Reflexion von Deutungsmustern* im Rahmen von Dokumentationen des Interventionsprozesses sollen im folgenden an Hand eines Beispiels dargestellt werden:

(a) eine fallbezogene Deutungsmusteranalyse zur Dokumentation abweichender Entwicklungen, die größere Aufgabenfelder umfaßt (S. 187),

(b) eine aktivitätenbezogene Deutungsmusteranalyse für Detailanalyse (S. 155) und

(c) eine kontrastierende Deutungsmusteranalyse, die abschließend einen Vergleich der Sichtweisen von KlientInnen und der Sozialarbeiterinnen/Sozialpädagoginnen ermöglicht (S. 196).

Der *Wert von Dokumentationen für die Evaluation* wird häufig unterschätzt („Sie bilden doch nur ab, was man getan hat."). Wie aber soll man von dieser Abbildung zu einer Beurteilung des Geschehens gelangen? Dokumentationen im Rahmen der Evaluation haben eine doppelte Funktion. Sie erlauben zum einen eine Überprüfung des vermeintlichen Input und zum anderen einen Vergleich zwischen vermuteten Zuständen, Ursachen und Konsequenzen im Kontrast zu dem, was sich dann tatsächlich im Interventionsprozeß als zutreffend herausgestellt hat. Dies wiederum erlaubt eine Beurteilung der Treffsicherheit des eigenen fachlichen Urteils und der Realisierung von Planungen. Ohne solche Dokumentationen entschwindet der Erinnerung allzu leicht, daß man ursprünglich etwas ganz anderes vorhatte und von anderen Annahmen ausging. Am Ende meint man, es schon immer so gesehen und gewollt und damit richtig gemacht zu haben.

Das einfachste *Gliederungsprinzip* für Dokumentationen, die zugleich der Evaluation und Reflexion dienen sollen, ist der *paarweise Vergleich* von angestrebten und tatsächlich erreichten Zuständen, von angenommenen und tatsächlich vorhandenen Einflußfaktoren. Solche paarweisen Vergleiche können sich beziehen auf

(a) angestrebte und erreichte Ziele,
(b) angenommene und tatsächliche Fähigkeiten der KlientInnen,
(c) geplante und tatsächliche Interventionen,
(d) vermutete und tatsächliche Ursachen des Problems.

Der zweite und vierte dieser kontrastierenden Vergleiche soll zur Formulierung *mehrdimensionaler Deutungs- und Lösungsmuster* anregen (Arbeits-

Abbildung 9: Fallbezogene Dokumentation abweichender Entwicklungen

Klientin   Zeitraum: Bogen Nr.:

Dokumentations-dimensionen	Planung		Auswertung
	Interventionshypothesen	Vereinbarte Aktivitäten	Irrtümliche Einschätzungen, z. B
Zu bearbeitendes Problem/Aufgabe (möglichst konkret!)	– Problemursachen – Einflußfaktoren – Bedingungen – Problemlösungsressourcen[1] – Motivation/Fähigkeiten – Unterstützung	– Aktivitäten der KlientInnen – der SozialarbeiterInnen – sonstige Vereinbarungen	– Ausgebliebene Ergebnisse – Unerwartete Ereignisse – Übersehene Einflüsse Warum falsch eingeschätzt?
Bereich „Gesundheit" – –			
Bereich „Arbeit/Ausbildung"[2] – –			
Bereich „Partnerschaft/Familie" – –			
Sonstige – –			

[1] Der KlientInnen und ihres sozialen Umfeldes, der Fachkräfte anderer Institutionen, KollegInnen usw.   [2] Auf einem Extrablatt erläutern

prinzip 3, S. 167) und durch den Verweis auf Rahmenbedingungen und Ressourcen in der Kopfspalte von beiden Arbeitshilfen (siehe Abbildung 9 und Abbildung 10, S. 191) zu einem *umfeldbezogenen und ressourcenerschließenden Vorgehen* (Arbeitsprinzip 7) beitragen. Der Vergleich von geplanten und tatsächlich erreichten Zielen entspricht der Metaregel aller Reflexion: „Halte Deine Ideen und Absichten nicht für die Realität!".

In der Arbeitshilfe „*Fallbezogene Dokumentation abweichender Entwicklungen*" (siehe Abbildung 9) werden während der fortlaufenden Planung des methodischen Handelns zunächst die verschiedenen Ursachen bzw. Einflußfaktoren eingetragen, die die aktuelle Situation bestimmen. Dies geschieht für jedes derzeit bearbeitete Problem, z. B. Partnerschaftskonflikte, Ausbildungs- oder Gesundheitsprobleme. Hierzu ein Beispiel:

Bei „Gesundheit" könnte das Problem bzw. die Aufgabe zunächst präzisiert werden durch den „Besuch beim Kinderarzt". Notiert wird dann in der ersten Spalte, was die Mutter bisher davon abgehalten hat, mit ihrem Baby die Vorsorgeuntersuchungen regelmäßig zu nutzen. Inwieweit sie (nicht) in der Lage und motiviert ist, dies künftig zu tun, wird in der Spalte „Interventionshypothesen" festgehalten. Die konkreten Aktivitäten der Klientin, der Sozialarbeiterin oder anderer Personen, die vereinbart wurden, bilden den Abschluß der Planungsdokumentation. In der letzten Spalte wird die dann tatsächliche Entwicklung festgehalten und ausgewertet. Hier kann nach dem Modell des *paarweisen Vergleichs* notiert werden, welche Ziele (nicht) erreicht wurden, welche Vereinbarungen (nicht) eingehalten wurden, welche Hypothesen sich als falsch oder richtig erwiesen haben.
Es soll nicht verschwiegen werden, welche Schwierigkeiten die Konkretion der Gründe für abweichende Entwicklungen bereiten kann. Formelhafte Aussagen sind oftmals die erste Reaktion. Eine Aussage wie „Die Klientin war nicht motiviert", erklärt aber noch gar nichts. So fehlt die Erläuterung, warum die Mutter in unserem Beispiel nicht motiviert war. Kann sie den Kinderarzt nicht leiden? Hält sie die Vorsorgeuntersuchungen für unnötig, da man doch sieht, daß dem Baby nichts fehlt? Hatte sie Streit mit ihrem Partner und danach keinen Nerv mehr, sich in den Bus zu setzten und zum Arzt zu fahren? Auch Begründungen wie: „Am Wohl des Kindes nicht interessiert" bedürften der Erläuterung. Wie äußert sich das Desinteresse am Kind, und worauf beruht es? Erstreckt sich das Desinteresse auf alle Dinge, die das Kind tut? Gab es nicht doch Bereiche, in denen sich Mutter und Kind gut verstehen, Spaß miteinander haben oder hatten?
Ohne solche präzisierenden Aussagen kann auch diese Arbeitshilfe nicht dafür genutzt werden, der Tendenz zu falschen Generalisierungen und Projektionen eigener Erfahrungen und Wertvorstellungen auf die Klientin entgegenzuwirken. Ob die Erklärung der abweichenden Entwicklung ausreicht, merkt man, indem man zusätzlich nach den Gründen der Fehleinschätzung fragt. Warum hat die Sozialarbeiterin nicht erkannt, daß die Klientin nicht „motiviert" war? Von welcher Art „Motivation" ist sie denn bei ihrer Annahme ausgegangen? Hat sie der Klientin überhaupt ausreichend Gelegenheit gegeben, ihre Motive sich selbst und der Sozialarbeiterin klar zu machen? Was weiß sie von der Lebenssituation der Klientin? Welche Rolle spielt die Mutter, der Exehemann, die Freundin? Oder wenn es KollegInnen in kooperierenden Institutionen waren, die nicht reagiert haben, wie

erwartet: Warum waren sie nicht motiviert? Warum haben sie die Klientin abgewimmelt? Ein Termin außerhalb der üblichen Sprechzeiten war doch extra vereinbart worden. Warum war die Kollegin dann an diesem Tag doch nicht bereit, die Klientin zu beraten?

Die Frage nach den *Ursachen* der falschen Einschätzungen und der unerwarteten Entwicklungen vermittelt also entscheidende evaluative Impulse.

Die Spalten zur Dokumentation der geplanten Aktivitäten und der dahinter stehenden Interventionshypothesen sollen primär der Verhinderung nachträglicher Selbsttäuschung dienen und so überhaupt eine Reflexion der Ursachen von Fehleinschätzungen ermöglichen. Nicht selten stellt sich dabei heraus, daß man noch zu wenig weiß, um zu verstehen, warum es anders kam, als erwartet. Damit wird eine neue Phase der Informationssammlung, der Gespräche und der Deutung der gesammelten Aussagen notwendig. Dieser *selbstreflexive Prozeß* ist das *Kernstück methodischen Handelns in der Sozialen Arbeit.*

Diese Grundform einer Dokumentation einzelner Interventionsschritte und der damit verbundenen Deutungsmuster ist ein sehr flexibles Instrument für selbstbewußte Sozialarbeiterinnen/Sozialpädagoginnen, die keine Probleme mit der Konkretisierung von Interventionshypothesen haben. Manchmal ist eine solche Konkretisierung aber sehr mühsam. Dann kann man anhand von *Checklisten* die Faktoren durchgehen, die eine Rolle bei der Problemverursachung oder -(nicht)änderung gespielt haben könnten, und sich nur die herausgreifen, die man übersehen oder falsch eingeschätzt hat. Eine solche Liste könnte – bezogen auf die Fähigkeiten/Ressourcen von KlientInnen – lauten: geistige, körperliche Gesundheit, finanzielle, rechtliche Mittel, Information/Wissen, Fertigkeiten/Kulturtechniken, Selbstvertrauen/Tatkraft, soziale Unterstützung/Anerkennung, realistische Situationseinschätzung, sozial akzeptierte Wünsche/Ziele. Beim Durchgehen einer solchen Checkliste könnte der Sozialarbeiterin/Sozialpädagogin z. B. auffallen, daß sie dazu neigt, etwas auf Informations- und Wissensdefizite zurückzuführen, was sich dann häufig als Mangel an Selbstvertrauen und Tatkraft herausstellt. Sie könnte ebenso feststellen, daß sie den KlientInnen immer realistische Situationseinschätzungen unterstellt, wo diese die Augen fest vor der Wirklichkeit verschließen wollen. So werden bestimmte, wiederkehrende Einseitigkeiten der eigenen Denk- und Deutungsmuster offenbar. Aus der Attributionsforschung (Kelley 1972; Herkner 1991) wissen wir beispielsweise, daß Menschen dazu neigen, das Versagen anderer Menschen als Folge ihres Charakters, ihrer Persönlichkeit, also relativ unveränderbarer Eigenschaften zu erklären und ihnen situativ einen Mangel an Motivation und Anstrengung zu unterstellen (interne Attribution). Das eigene Versagen dagegen wird eher situativ gedeutet, d. h. beeinflußt von der aktuellen Befindlichkeit, den speziellen Rahmenbedingungen, z. B. der besonderen Schwierigkeit der Aufgabe und der fehlenden Unterstützung (externe Attribution). Untersuchungen der sozialpädagogischen/-arbeiterischen Praxis zeigen, daß auch professionelle Helferinnen dagegen nicht gefeit sind. Zusätzlich scheinen sie defizitorientiert zu denken. Sie bemerken eher die Schwächen der KlientInnen als deren Stärken und nutzen diese Stärken entsprechend wenig als Ressourcen für eine Verbesserung der Situation. Die in Abbildung 10 dargestellte *Arbeitshilfe zur „aktivitätenbezogenen Deutungsmusteranalyse"* soll dazu dienen, solche Fehleinschätzungen zu erkennen, indem sowohl nach „hinderlichen" (Schwächen) als auch nach „förderlichen" Faktoren (Stärken) für die Problembearbeitung gefragt wird. Wird die Planungsversion der Arbeitshilfe, die die ursprüngliche (oder bereits revidierte) Einschätzung enthält, mit der Auswertungsversion verglichen, so können auch hier Differenzen festgehalten und Gründe für die Fehleinschätzung gesucht werden. Dieses Schema soll auch dazu beitragen, die Einflüsse anderer Personen aus dem sozialen Umfeld und damit den sozialen Kontext stärker zu berücksichtigen. Pro Ziel bzw. vereinbarter Aufgabe wird für jeden Kontext, jede Bezugsperson/-gruppe oder Institution ein neues Blatt ausgefüllt.

Eine Auswahl exemplarischer Aktivitäten empfiehlt sich auch hier. Interventionsbezogen liegt es nahe, die drei Aktivitäten auszuwählen, die für die Klientin die wichtigsten sind. Reflexionsbezogen dagegen wäre es interessanter, ein Ziel zu wählen, bei dem man sich seiner Deutungen der Situation und seiner Prognose ganz besonders sicher ist, und ein oder zwei Ziele, bei denen man sehr unsicher ist.

Ein Pendeln zwischen diesen exemplarischen Detailstudien (Abbildung 10) und der Betrachtung der gesamten, dokumentierten Auflistung unerwarteter Ereignisse (Abbildung 9) erlaubt es, Querverbindungen herzustellen und entspricht der im Abschnitt 2. dargestellten Methode der Variation des Auflösungs- und Abstraktionsgrades. Zusätzlich können die in Abbildung 1 gezeigte Liste der Fehlerquellen und die Liste der Arbeitsprinzipien methodischen Handelns (Abbildung 4) als Fragenkataloge genutzt werden. Mit der Analyse der übergeordneten Denkmuster wird dadurch nochmals eine andere Abstraktionsebene eingeführt.

Wie viele Reflexionshilfen, so hat auch die Arbeitshilfe zur „aktivitätenbezogenen Deutungsmusteranalyse" (Abbildung 10) eine doppelte Funktion: Bei der Planung der Intervention trägt sie dazu bei, daß die Sozialarbeiterinnen gleichmäßig jeweils auf beide Dimensionen, auf die Persönlichkeitsmerkmale und die Rahmenbedingungen, auf die hinderlichen und die förderlichen Faktoren, achten. Bei der Auswertung kann deutlich werden, wo immer noch blinde Flecken vorhanden sind, und die möglichen Ursachen dieser Fehleinschätzungen könnten näher untersucht werden. Je nach ver-

Abbildung 10: Aktivitätenbezogene Deutungsmusteranalyse

Klientin . . . .   ☐ Planungsbogen Nr. . . . .

. . . .   oder   ☐ Auswertungsbogen Nr. . . .

1. Problem/Zielsetzung/geplante Aktivitäten (Kurzcharakterisierung):

. . . .

. . . .

2.1. Planungsbogen: Wer bzw. was kann/soll zur Problemlösung beitragen?
2.2. Auswertungsbogen: Wer bzw. was hat zur Problemlösung beigetragen?

Einfluß-faktoren / Aufgaben[1]	Persönlichkeitsmerk-male/Fähigkeiten		Rahmenbedingungen/ Ressourcen		
	Motive/ Einstel-lungen/ Erfah-rungen	Fähig-keiten/ Fertig-keiten	soziale/ interaktive	materiel-le/phy-sische/ rechtliche	kulturel-le/norma-tive
hinderliche					
förderliche					
hinderliche					
förderliche					
hinderliche					
förderliche					

Situationsübergreifende, bisher nicht aufgeführte Rahmenbedingungen

. . . .

. . . .

. . . .

. . . .

---

[1] Hier können entweder (ähnlich wie in Abbildung 9) die einzelnen Aufgaben/Aktivitäten aufgelistet werden oder zu einem zentralen Interventionsbereich (der dann unter Punkt 1 erläutert wird) die Anteile/Beiträge der beteiligten Personen aus dem sozialen und institu-tionellen Umfeld eingetragen werden (z. B. Ehepartnerin, Freundin A, Nachbarin, Haus-ärztin, Vermieterin usw.).

muteter Fehlerquelle lassen sich weitere Dokumentations- und Auswertungsbögen entwerfen. So wird Sozialarbeiterinnen/Sozialpädagoginnen z. B. nachgesagt, daß sie aufgrund ihres „Helfersyndroms" zu Überfürsorglichkeit neigen, den KlientInnen zu wenig zutrauen und sie zu lange an sich binden. In Institutionen und Arbeitsfeldern, in denen diese Gefahr besonders groß ist, liegt es nahe, das Grundmuster des paarweisen Vergleichs zwischen angenommenem bzw. prognostiziertem Verhalten der KlientInnen auf diesen Aspekt zu konzentrieren. Dabei können sowohl einzelfallbezogene als auch einzelfallübergreifende Erkenntnisse gewonnen werden. So stellt sich vielleicht heraus, daß die Klientin, Frau M., in Geldangelegenheiten und bei Behördengängen viel selbständiger und durchsetzungsfähiger ist, als vermutet, daß sie sich dagegen gegenüber ihrem Partner gar nichts von dem umzusetzen traut, was sie sich vorgenommen und mit der Sozialarbeiterin besprochen hat. Solche Differenzierungen beugen der Neigung zur Generalisierung vor. Es kann z. B. auch deutlich werden, daß die Sozialarbeiterin die Tendenz hat, ältere, introvertierte, etwas verängstigte und sich hilflos zeigende Frauen zu unterfordern, während sie von putzmunteren, immer fröhlichen jüngeren Männern häufig mehr fordert, als diese leisten können.

Zur Deutungsmusteranalyse ein Beispiel:

Frau Behnert fand ein Jahr nach ihrer Scheidung wieder einen Partner. Das Verhältnis der beiden durchlief allerdings einige Höhen und Tiefen, da Herr Merz sehr jähzornig war, dann ihre beiden Kinder anschrie und auch mal kräftig zuschlug, wenn sie nicht gleich parierten. Einerseits mißbilligte Frau Behnert dieses Verhalten, obwohl sie dann doch auch wieder meinte, daß zumindest Thorsten (12 J.), der ständig die Schule schwänzte, bei Ladendiebstählen schon erwischt worden war und sich von seiner Mutter nichts sagen ließ, eine „starke Hand" bräuchte. Frau Behnert hatte der Familienhelferin gesagt, daß sie auf keinen Fall ein weiteres Kind wolle. Erstens wäre es ihr gesundheitlich mit ihren Asthmaanfällen zu viel, außerdem wollte sie eine Umschulung beginnen. Und dann wisse man ja nicht, wie Herr Merz in einem solchen Falle reagieren würde; vielleicht würde er sein Kind vorziehen, und die anderen hätten darunter zu leiden, oder er wäre noch genervter, wenn so ein Schreihals da rumkrabbeln würde. Frau Behnert und Herr Merz lebten noch in der ursprünglichen Ehewohnung von Frau Behnert (Sozialer Wohnungsbau). Herr Merz verschwand immer wieder mal für längere Zeit, ohne sich abzumelden, was Frau Behnert deutlich ängstigte. Während der Abwesenheit von Herrn Merz tauchte auch gelegentlich wieder der Exehemann von Frau Behnert auf, die dazu nur meinte: „Der macht jedem Rock schöne Augen, selbst einem abgelegten!".
Die Familienhelferin hielt ebenso wie die zuständige Sozialarbeiterin die Verhinderung einer weiteren, ungewollten Schwangerschaft angesichts der angegriffenen Gesundheit von Frau Behnert und der labilen Partnerschaftssituation für sehr wichtig (*vorrangiges Interventionsziel*). Sie ging von der Annahme aus, daß Frau Behnert nicht ausreichend über Verhütungsmöglichkeiten informiert sei, die Pille oder Spirale nicht vertrage oder den Gebrauch von Präservativen gegenüber

Herrn Merz nicht durchsetzen könne oder wolle (*Interventionshypothesen*). Sie nahm sich vor, dieses Thema mit Frau Behnert zu besprechen, gegebenenfalls auch mit beiden Partnern und innerhalb eines Monats eine Klärung herbeizuführen. Frau Behnert reagierte ganz offen und zeigte sich vor allem interessiert, die Spirale auszuprobieren, und wollte selbst mit Herrn Merz darüber reden. Die Familienhelferin hatte den Eindruck, daß sie zu einem solchen Gespräch mit ihrem Partner auch in der Lage sei (*Motivation und Fähigkeit der Klientin*). In dieser Frage schien es in der Partnerschaft keine Empfindlichkeiten, Sprachbarrieren oder latenten Spannungen zu geben. Frau Behnert kannte auch einen sympathischen Frauenarzt, mit dem sie dann alles klären wollte. Sie war scheinbar nur noch nicht richtig über die Möglichkeiten der Spirale informiert gewesen (*Bestätigung der Hypothese*).

Die Familienhelferin fragte nach einiger Zeit nach, ob man inzwischen schon darüber geredet habe, aber Frau Behnert meinte, die Stimmung sei nicht danach gewesen. Herr Merz verschwand kurz darauf wieder einmal, diesmal für zwei Monate. Als er wieder auftauchte, erinnerte die Familienhelferin an das anstehende Gespräch. Herr Merz blieb nur eine Woche, es gab viel Streit, dann verschwand er wieder. Frau Behnert wollte mit der Familienhelferin nicht über die Vorfälle reden. Vorübergehend übernachtete der Exehemann wieder in der Wohnung, weil er von seiner Freundin vor die Tür gesetzt worden war. Er verschwand aber seinerseits, als Herr Merz zurückkam. Die Familienhelferin hatte inzwischen Frau Behnert dringend geraten, sich auf jeden Fall eine Spirale einsetzen zu lassen und eben erst danach mit Herrn Merz darüber zu reden. Frau Behnert hatte zugestimmt, aber nichts unternommen (*ausgebliebenes Ergebnis*) bis Herr Merz wieder auftauchte.

Die Familienhelferin war inzwischen etwas irritiert darüber, daß Frau Behnert nichts unternahm und entschloß sich, genauer nachzufragen und die vereinbarten Schritte anzumahnen. Sie mußte allerdings feststellen, daß Frau Behnert ihren Fragen auswich und ein Gespräch zu diesem Thema vermied. Zwei Monate später erzählte sie der Familienhelferin glücklich, daß sie ein Kind erwarte (*unerwartetes Ereignis*) und Herr Merz sich unglaublich freue. Er sei wie ausgewechselt, richtig fürsorglich. Damit sei sie dann ja auch das Problem los, daß sie vielleicht die Wohnung räumen müßte, weil ihr eine so große Sozialwohnung gar nicht zuständе, nachdem ihr Ehemann ausgezogen sei (*übersehene Bedingung*). Der Mann von der Wohnungsbaugesellschaft hätte ihr schon eine kleinere angeboten, im Tausch mit einer Aussiedlerfamilie. Der vom Sozialamt hätte zwar gesagt: „So schnell schießen die Preußen nicht, Frau Behnert!", und von der Baugesellschaft sei auch seit über einem halben Jahr keiner mehr dagewesen. Aber man wisse ja nie. Außerdem sei ein so kleines Menschenwesen doch etwas ganz Liebes. Babies und ganz kleine Kinder hätte sie sowieso viel lieber als ältere Kinder mit ihrem Dickkopf. Herr Merz sei auch so ein Babynarr, und ihre Freunde/-innen, davon seien zwei schon in den Wechseljahren, die würden sie auch alle beneiden, daß sie noch mal ein Kind bekäme (*übersehene Bedingungen*). Die Frau von der Stiftung „Mutter und Kind" hätte ihr eine nagelneue Erstausstattung zugesagt, wäre sehr freundlich gewesen und hätte ihr und dem Kind „Gottes Segen" mit auf den Weg gegeben. Und ihr Exehemann sei ganz baff, während Herr Merz es schon in der ganzen Firma rumerzählt habe (*übersehene Bedingungen*). Außerdem wäre da noch ihre Nachbarin, die selbst keine Kinder mehr kriegen kann, die würde ihr auch schon mal helfen, wenn sie mit dem Asthma zu schaffen hätte. Also sei doch alles ganz richtig so. Die Umschulung, die sie beginnen wollte, könnte sie nun ja leider nicht mehr anfangen. Aber wer weiß, ob sie die überhaupt durchgestanden hätte, und außerdem sei sie eigentlich ganz gerne Hausfrau und Mutter (*übersehene Bedingungen/irrtümliche Einschätzungen*).

Rückblickend ist man immer klüger: Die Familienhelferin konnte sich nun die Verschlossenheit der Klientin in den letzten drei Monaten gut erklären und fragte sich, ob sie zu wenig sensibel und offen für Mitteilungen war, die es der Klientin ermöglicht hätten, sie als hilfreiche Beraterin zu beanspruchen anstatt sie nur als potentielle Gefahr für eine sich anbahnende, nur begrenzt bewußte und reflektierte Entscheidung abzuwehren. Die Familienhelferin hatte sich offensichtlich nicht genügend in die Situation von Frau Behnert eingefühlt und eingefragt. Allzu sehr war sie auf das Interesse von Frau Behnert an einer Berufstätigkeit und eigenem Geld fixiert und hatte die Beziehung zu Herrn Merz als problematisch und belastend eingestuft, ohne deren Bedeutung für Frau Behnert zu erkennen (*Projektion eigener Ziele und Wertvorstellungen*; siehe auch die Auflistung der Fehlerquellen bei der Beurteilung von Interventionsprozessen in Abbildung 2). Nach ihren eigenen Wertmaßstäben war dieser Mann viel zu unzuverlässig, und Frau Behnert hätte lieber schauen sollen, daß sie auf eigenen Füßen zu stehen kommt und Thorsten konsequenter behandelt, anstatt sich noch einen Nachkömmling aufzuhalsen. Und schließlich hatte die Familienhelferin die Bedeutung der Mutterschaft im sozialen Milieu von Frau Behnert falsch eingeschätzt. Mutter zu sein stellt für viele Frauen die einzige Möglichkeit dar, sich als gesellschaftlich produktiv zu erleben und soziales Ansehen zu gewinnen. Sie hatte vorher mit einer sehr jungen alleinerziehenden Mutter zusammengearbeitet, die nach der Umschulung sofort eine Stelle gefunden hatte und ihr sehr dankbar war, daß sie ihr damals Mut gemacht hatte, sich das zuzutrauen (*falscher Analogieschluß aus anderen Erfahrungen*).

Diese Dokumentation eines Interventionsprozesses zeigt noch einmal, wie wenig eine lediglich output-bezogene Evaluation brächte. Nicht das sichtbare Ergebnis, nicht die Schwangerschaft macht den „Erfolg" oder „Mißerfolg" dieses Interventionsprozesses aus, sondern die Fehleinschätzung der Situation und die mißlungene Begleitung eines Menschen, der sich in einer schwierigen Entscheidungssituation befand. Um dies zu erkennen und zu korrigieren, ist nicht die Erhebung des Ergebnisses, sondern die Dokumentation des Prozesses, das Aufspüren falscher Deutungsmuster und blockierender Verhaltensweisen notwendig.

In der Entscheidungssituation erteilte die Familienhelferin Frau Behnert einen „dringenden" Rat und fragt später dann irritiert nach, warum denn nichts geschehen sei. Anstatt eine offene Gesprächssituation zu schaffen, um die Situation und Wünsche von Frau Behnert zu erkunden (Arbeitsprinzip 7:

„Reziprozität der Perspektiven sichern" und Arbeitsprinzip 9: *„Arbeitsbündnis fortlaufend erneuern"*), hielt sie am Ergebnis des ursprünglichen Gesprächs fest, ohne mit veränderten Rahmenbedingungen und einer veränderten Einstellung der Klientin zu rechnen. Wie sehr sich die Situation mit der langen Abwesenheit von Herrn Merz gewandelt hatte, entging ihr völlig (*Verkennen kritischer Wendepunkte*). Frau Behnert aber, so kann man vermuten, hatte sich inzwischen vorgenommen, Herrn Merz durch ein Kind an sich zu binden, während die Familienhelferin gar nicht merkte, wie wenig sie von dieser Beziehung wußte. Mit Herrn Merz hatte die Familienhelferin über die bevorstehende Umschulung nicht geredet, gerade so, als sei das eine Angelegenheit, die Frau Behnert ganz allein und unbeeinflußt zu entscheiden habe (*Verletzung des Arbeitsprinzips*). Frau Behnert hatte außerdem, vermutlich angesichts der nahenden Umschulung, Angst vor der eigenen (oder eingeredeten?) Courage bekommen. So entschied sie sich für das Bekannte, Erprobte, Bewährte: für eine Hausfrauenexistenz und die Erziehung eines Kindes.

Auffällig an diesem Fallbeispiel ist, wie wenig die Familienhelferin von den betreffenden Umständen weiß und zu begreifen versucht, was in der Klientin vorgeht. Die folgende Arbeitshilfe *„Vergleich der Deutungsmuster von Sozialarbeiterin und KlientIn"* (Abbildung 11, S. 196) stellt eine Möglichkeit dar, jeweils nach mehreren Gespräche durch gemeinsames Zusammentragen des Besprochenen noch einmal zu überprüfen, ob man sich verstanden hat und ob die allmählich erarbeitete Sicht der Probleme (noch) zutrifft. Der Bogen wird mit Unterstützung der Familienhelferin von der Klientin ausgefüllt und ist zugleich Evaluationsinstrument und Teil des Interventionsprozesses. Die Familienhelferin schlägt der Klientin vor, das bisher Besprochene einmal zu sortieren und auf einem großen Bogen Papier (DIN A3) festzuhalten. Anhand einer Reihe von Fragen werden Aussagen zu Dingen gesammelt, die die Klientin ärgern oder freuen, beunruhigen oder beruhigen, belasten oder entlasten, schwer oder leicht fallen usw. Die Klientin kann dabei sowohl eine Landkarte ihrer Gefühle als auch ihrer Interessen und Fähigkeiten zeichnen. Auch hier sollten nicht nur Probleme, sondern auch erfreuliche Lebensumstände, nicht nur Defizite, sondern auch Stärken aufgelistet werden. Ein und dieselbe Person oder derselbe Tatbestand können sowohl auf der „Sonnenseite" wie auf der „Schlechtwetterseite" dieser Auflistung erscheinen. Mit Hilfe eines Blaublattes werden gleich zwei Exemplare dieser Übersicht gefertigt. Ein Exemplar behält die Klientin. In das andere trägt die Familienhelferin nach dem Gespräch zu Hause ein, an welchen Punkten die Eintragungen der Klientin anders ausgefallen sind, als sie vermutete (*irrtümliche Einschätzung*). Dies sollte von der Sozialarbeiterin auch im Gespräch geäußert werden, aber nicht unbedingt schriftlich festgehalten

Abbildung 11: Vergleich der Deutungsmuster von Sozialarbeiterin und Klientin

Frage an die Klientin: Welche Tatsachen oder Ereignisse haben Sie in der letzten Zeit in Ihrem Leben wie erlebt? („Bitte sagen Sie in Stichworten, was Ihnen dazu einfällt.")

Eher so?		Oder so?	
	1. geärgert		1. gefreut
	2. belastet		2. entlastet
	3. beunruhigt		3. beruhigt
	4. eingeengt		4. befreit
	5. gelangweilt		5. angeregt
	6. überfordert		6. unterfordert

←――――――――――――――――――――――――――――――→

| sehr | ziemlich | weder/noch | ziemlich | sehr |

○
Thorsten (12 J.) treibt
sich herum, ist frech

Max fast   ○ ←   → ○ ――→ ○
2 Monate weg   Wutausbrüche   Max setzt   Max hat immer
                              Max Merz   Thorsten   Ideen (z. B.
                                                             (12 J.) den   Paddeln mit
                                                             Kopf zurecht den Kindern)

                                                                    ○
                                                             Miriam (6 J.)
                                                             eine hübsche
                                                             Tochter habe ich!

                                                                    ○
                                                             Evi (8 J.) ein
                              ○   ○   liebes Kind,
                              Asthma   Ich koche   kocht schon
                              ○   auch ganz   für uns!
                              Arztbesuche   gerne für alle

                                                    ○
                                             Nachbarin hat
                                             uns Kuchen   Mit Max im
                                             gebacken   Kino gewesen

                      ○ ←   → ○   ○
Aus dem Haus gehen, Kinder so   Umschulung/eigenes   Nachbarin hat
viel alleine lassen, noch mal die   Geld verdienen   mich getröstet,
Schulbank drücken bei Umschulung   als Max weg
                                                                        war

Selbstevaluation der Sozialarbeiterin: Hatte ich andere Antworten erwartet?

○   ○   ○   ○
Wutaus-   ○   Thorsten   Max als   Miriam/Evi
brüche   Asthma   Erzieher
Max   ○   ○   von
                  Nach-   Hausarbeit   Thorsten
                  barin   (z. B. Kochen)
                                 macht Spaß

196

werden, wenn sich daraus ein Anpassungsdruck für die Klientin und damit eine nur äußerliche Angleichung der Sichtweisen ergibt.

Im folgenden wird die Fallgeschichte von Herrn Merz und Frau Behnert (S. 192 ff.) verwendet, um die Benutzung dieser Arbeitshilfe exemplarisch zu veranschaulichen und dabei das Geschehene zugleich noch einmal an Hand der Kategorien aus der fallbezogenen Dokumentation abweichender Entwicklungen (siehe Abbildung 9) zu reflektieren. Beispiel:

Herr Merz wurde von Frau Behnert einerseits wegen seiner Wutausbrüche als belastend eingestuft, aber wegen seines Unternehmungsgeistes und seiner Freizeitaktivitäten (z. B. Paddeln mit den Kindern) auch als jemand, der sie entlastet, der zum Spaß in ihrem Leben beiträgt.
Die ausgefüllte Arbeitshilfe zeigt vor allem, wie zentral die Kinder für Frau Behnert sind. Aus der Sicht des Jugendamtes kümmert sie sich viel zu wenig um sie. Auch die Familienhelferin hatte die Beziehung zu Miriam und Evi falsch eingeschätzt und fast übersehen, wie viel Freude sie an den Mädchen hat (*Defizitorientierung*). Außerdem macht ihr ein Teil der Hausarbeit (Kochen/Backen) offensichtlich Spaß. Im Gespräch wurde auch deutlich, wie sehr das erneute und lang andauernde Verschwinden von Herrn Merz Frau Behnert belastet hat. Sie setzt dieses Ereignis an den äußersten Rand des Blattes, an eine Stelle, die gar nicht mehr für Eintragungen vorgesehen war. Die Familienhelferin dagegen hätte eine solche Eintragung gar nicht vorgenommen, weil sie im Grunde froh war, daß dieser jähzornige und unkooperative Mensch für einige Zeit verschwunden und sie mit Frau Behnert und den Kindern allein war. Seine entlastende Funktion als Erzieher von Thorsten hatte sie nicht erkannt (*unzureichende Systemanalyse*).
Die parallele Auflistung von Belastungs- und Entlastungsfaktoren erlaubte es Frau Behnert auch, ihre Ambivalenz hinsichtlich der Umschulung zu artikulieren, ohne damit das von der Familienhelferin sehr positiv bewertete Vorhaben direkt in Frage zu stellen. Die Familienhelferin hätte an Hand dieser Arbeitshilfe auch die tatsächlichen Antworten der Klientin, mit den Aussagen, die sie erwartet hatte vergleichen können. Dabei wäre ihr vielleicht aufgefallen, daß ihr die angeschlagene Gesundheit von Frau Behnert mehr Kopfzerbrechen machte als der Klientin. Außerdem wäre ihr im Gespräch, das die Ausfüllung der Arbeitshilfe ergänzen soll, vielleicht deutlich geworden, daß die Nachbarin offensichtlich eine sehr enge Vertraute von Frau Behnert ist. Sie hätte sich dann vornehmen können, bei geplanten Veränderungen künftig häufiger mal zu fragen; „Was hält denn Ihre Nachbarin davon? Wozu rät sie Ihnen?" So läßt sich, ähnlich wie bei der Technik des zirkulären Fragens, das soziale System erschließen und besser einschätzen, was Frau Behnert wichtig ist, was sie sich zutraut und wer sie dabei unterstützt oder bremst (*umfeldbezogene Problemlösung*).

Das Fallbeispiel wurde zur Illustration der Einsatzmöglichkeiten der Arbeitshilfe vereinfacht; dies ging zu Lasten der Familienhelferin. Im Originalfall war die Helferin ein Helfer, der erheblich unterstützender und verständnisvoller mit der Klientin umging. Dafür war er jedoch als Mann in eine besondere Zwickmühle geraten. Er empfand den Partner als „nicht gut genug" für diese Frau und erlebte sich zudem als Mann bei der Beratung einer

Frau, die das Für und Wider einer Schwangerschaft abwägt, nicht als besonders kompetent. Die Sozialarbeiterin, die die Familie kannte, und die er hinzuziehen wollte, war in der entscheidenden Phase der Entwicklung im Urlaub und ihre Vertreterin der Meinung, daß die Sache ja wohl noch drei Wochen Zeit hätte. Der unterstützende Einsatz von PsychologInnen oder TherapeutInnen war aus Kostengründen in diesem Familienhelferprogramm ebenso wenig vorgesehen wie regelmäßige Supervision. So nahm die Entwicklung nicht zuletzt auch aufgrund sozialpolitischer und institutioneller Rahmenbedingungen den beschriebenen Lauf.

7. Evaluation von Teamkonstellationen: Verfahren und Fallbeispiele

Die Reflexion der Zusammenarbeit innerhalb eines Teams oder zwischen den Teams verschiedener Organisationen profitiert besonders von einer *systemischen Herangehensweise*. Die Wechselwirkung der (mehr oder minder gut abgestimmten) Aktivitäten einzelner Personen, Gruppen und Institutionen mit ihren Konsequenzen für den Interventionsprozeß ist dabei von besonderem Interesse. Welche Möglichkeiten der Reflexion, Dokumentation und Evaluation sich durch eine Visualisierung von Einflußbereichen und Kräftefeldern ergibt, soll im folgenden an zwei Beispielen (S. 196 ff., 205 ff.) dargestellt werden.

(1) Ein Team, das Rückendeckung und Unterstützung, Anerkennung und fachliche Anregungen vermittelt: Wer wünscht sich das nicht? Genaueres Nachfragen oder gar Vorschläge der Kolleginnen zu einer anderen Gestaltung der Arbeitsabläufe werden allerdings auch leicht als ungerechtfertigte Einmischung und Kritik empfunden. Kommen persönliche Animositäten und fach(-politische) Differenzen hinzu, so rettet man den Betriebsfrieden und die konzeptionelle Übereinstimmung häufig durch Ausklammern, Wegsehen oder Abschotten und erhält sich so zugleich den Freiraum für individuelle Entscheidungen. Eher selten ist der Dauerclinch, häufiger der Scheinfrieden, verbunden mit Führungsverzicht von seiten der Leitungskräfte, alles auf Kosten notwendiger Auseinandersetzungen um die Weiterentwicklung der Arbeit und die Sicherung fachlicher Standards. In Organisationen der Sozialen Arbeit besteht häufig die Gefahr

(a) harmonisierend eher den Konsens zu unterstellen und einzuklagen („wir", „alle"), als Dissense zuzulassen,
(b) Diffusität und Beliebigkeit zu pflegen, um die eigenen Spielräume nicht durch Vereinbarungen und Vorgaben zu beschränken,

(c) Verantwortung durch unklare oder wechselnde Zuständigkeiten eher zu diffundieren, als sie klar zu definieren und zuzuordnen.

Ein übergreifendes Merkmal vieler Teams ist dabei trotz der beschworenen Gemeinschaftlichkeit ihre eher zentrifugale Tendenz, zumindest in der Aufgabenerledigung. Man strebt auseinander, nicht aufeinander zu. Jeder „kocht sein Süppchen" oder „schmort im eigenen Saft". Gemeinsame Vorhaben, eine Klärung der Konzeption der Einrichtung und eine Abstimmung der einzelnen Vorhaben mit dieser Konzeption, z. B. im Rahmen eines Jahres- und Halbjahresplanes, sind die Ausnahme. Solche zentrifugalen Tendenzen bei der Aufgabenerledigung können durchaus mit zentripetalen Verhaltensweisen einhergehen. So sitzt man häufig in der Teeküche oder im Sitzungsraum zusammen, man erzählt sich auf Teamsitzungen ausführlich die Ereignisse der Woche und stellt Fälle vor. Aber all dies geschieht ohne weiterführende Absicht. Man informiert sich, ohne sich zu beraten. Man wird etwas los, ohne Konsequenzen für den eigenen Arbeitsstil oder den des Teams. Man erhält Tips: „Du, so'n Fall hatte ich auch mal! Da habe ich schließlich … Und dann ging's!". Solche Tips sind folgenlos, weil sie nicht als begründete Handlungsregeln angeboten und damit auf ihre angebliche Brauchbarkeit im Diskussionsprozeß überprüft werden können. Daß „Tips" dennoch unreflektiert zu „Regeln" werden, ist bei diesem Arrangement nur schwer zu erkennen, da sich alle darauf geeinigt haben, daß es sich nur um einen einzelfallbezogenen Erfahrungsaustausch handelt, der keine Generalisierungen erfordert oder zuläßt. So gelingt es dem Team nicht, das Arbeitsprinzip 3: „Mehrdimensionale und multiperspektivische Erklärungen mit den Beteiligten erarbeiten" und das Arbeitsprinzip 5: „Handlungen kontextbezogen interpretieren" auch einmal auf sich selbst, auf ihr Team (Pseudoteam) anzuwenden. Für die Analyse der Teamsituation im Rahmen der Selbstevaluation lassen sich damit eine Reihe von Fragestellungen formulieren, die solche zentrifugalen Tendenzen deutlich machen und zu einer gezielteren Problembearbeitung und Entscheidungsfindung beitragen können.

Kriterien der folgenden *Evaluation* der Teamsituation sind:

(a) *Offenheit*: Werden die Konzepte regelmäßig zur Disposition gestellt und, falls nötig, umformuliert und ergänzt? Werden abweichende Ansichten dabei interessiert zur Kenntnis genommen und erörtert?

(b) *Planung*: Existieren teambezogene oder arbeitsbereichsbezogene gemeinsame Arbeitsplanungen für längere Zeiträume?

(c) *Kritikbereitschaft*: Wird bei der Diskussion der Umsetzung der Konzeption durch die einzelnen Kolleginnen auch kritisch nachgefragt? Auch noch, wenn ausweichend geantwortet wurde?

(d) *Entwicklungsorientierung*: Werden Fehlschläge und unerwartete Entwicklungen als Chancen zur Verbesserung der bisherigen Arbeit angesehen?

(e) *Abstimmung*: Hat sich in zentralen Fragen allmählich ein gemeinsames Problemverständnis und eine ähnliche Problembearbeitungsweise oder ein Konsens über die notwendigen Grenzen unterschiedlicher Herangehensweisen herausgebildet?

(f) *Partizipation*: Können im Team alle Mitglieder ihren Fähigkeiten gemäß zur Lösung der zentralen Aufgaben beitragen, unabhängig von ihrer Position in der Hierarchie der Organisation? (für weitere Aspekte: Martin 1989, 173 ff.).

Konflikte und Blockaden im Team sind häufig gruppendynamisch interpretiert worden. Damit ist jedoch nur die Binnenstruktur des Teams, allenfalls seine Beziehung zum unmittelbaren Vorgesetzten und zur Trägerorganisation erfaßt. Für viele der komplexen, hochgradig mit der Umwelt vernetzten und auf sie angewiesenen Tätigkeitsfelder der Sozialen Arbeit sind jedoch die *Außenbeziehungen* für die Teamsituation prägend und überlagern diese. Ohne Berücksichtigung der Außenbeziehungen wird leicht als Kommunikations- und Beziehungsproblem interpretiert, was Konsequenz struktureller Bedingungen ist, die von außen auf das Team einwirken.

Außenbeziehungen lassen sich im Interesse mehrniveaunaler Analysen in *Kräftefeldkarten* visualisieren. Solche Karten sind mehr als reine Auflistungen der Kooperationsbeziehungen, wie sie im Rahmen der Eco-maps (siehe Anlage, S. 219) üblich geworden sind. In diesen sozialökologischen Karten zum sozialen Netzwerk einer Person werden die sozialen Felder (Schule, Betrieb, Nachbarschaft usw.) mit den Kontaktpersonen oder Einzelpersonen in konzentrischen Kreisen um die KlientInnen angeordnet. Dabei kann die jeweilige Entfernung der Personen zur Mittelpunktsperson und/oder untereinander die Bedeutung des Kontaktes symbolisieren. Zur Art der Beziehung werden sonst keine Angaben gemacht, und oft werden die konzentrischen Kreise um die KlientInnen stereotyp nach „Kernfamilie", „Verwandte", „Freunde", „Arbeitskollegen" und „Bekannte" aufgeteilt, d. h. es wird damit unterstellt, daß die Wichtigkeit der Beziehungen in dieser Reihenfolge, von innen nach außen, abnimmt.

Bei dem hier vorgeschlagenen Verfahren kommt es dagegen darauf an, zunächst einmal die Art der Beziehungen innerhalb eines Kräftefeldes zu charakterisieren. Von besonderem Interesse sind dabei *Koalitionen* und dauerhafte *Bündnisse* oder *Konflikte zwischen bestimmten Gruppen oder Einzelpersonen*. Dabei sind der Phantasie keine Grenzen gesetzt, wie solche Beziehungen markiert werden, beispielsweise durch eine Zickzacklinie ᴧᴧᴧᴧᴧ für Feindschaften, eine Spirallinie ᴧᴧᴧᴧ für zu enge, keine Autonomie erlaubende Beziehungen, oder Pfeile ⟍ ⟋ für zentrifugale Tendenzen, z. B. infolge mangelnder Kooperation. Die jeweiligen sprachlichen und bildlichen Symbole veranschaulichen in jedem Fall Grenzziehungen bzw. Grenzüberschreitungen in sozialen Systemen. Dabei wird davon ausgegangen, daß zu starre Abgrenzungen ebenso wie zu offene Grenzen die Identität (zu offen) bzw. die Entwicklungsfähigkeit (zu abgeschlossen) gefährden. Ähnlich wie in der systemischen Familientherapie stellen „Grenzen" eine zentrale Kategorie der systemischen Analyse von Gruppenprozessen dar, weil sich Systeme über Grenzen (positiv oder negativ) definieren. Ihre Identität beruht darauf, daß eine Abgrenzung gelingt, und ihre Funktionsfähigkeit fußt darauf, daß diese Grenzen durchlässig genug sind, um flexibel auf neue Anforderungen zu reagieren (Minuchin 1973). Welche Grenzziehungen als optimal anzusehen sind, ist im Einzelfall nur durch Analyse des Musters der wiederkehrenden Konflikte zu klären, die nicht zu einer Weiterentwicklung, sondern zu einer Blockade des Systems und ohne Ergebnis zur Wiederholung der immergleichen Auseinandersetzungen führen (unproduktives Muster).

Im folgenden Beispiel werden die Außen- und Innenverhältnisse, die Bündnisse eines Teams mit Hilfe einer Kräftefeldkarte analysiert:

In einem interdisziplinären Team (Ärztin, Psychologin, Sozialarbeiterin, Krankenpfleger) des Sozialpsychiatrischen Dienstes eines Gesundheitsamtes waren die KollegInnen nur noch daran interessiert, einander nicht am Zeug zu flicken und ihre Arbeit nach ihrem individuellen Selbstverständnis erledigen zu können (*Offenheit, keine Abstimmung, keine Planung*).
Die Sozialarbeiterin war von der Tatsache genervt, daß bei bestimmten Entscheidungen letztlich nur das ärztliche Gutachten entscheidend war und daß den Diagnosen der Psychologin mehr Gewicht beigemessen wurde als ihren Beobachtungen. Sie hatte den Eindruck, daß die Ärztin als Teamleiterin wenig auf ihre Meinung gab und sie an Entscheidungen nicht beteiligte (*keine Partizipation*). Dienstbesprechungen im Team dienten nur noch von der Abklärung organisatorischer Fragen (*keine Planung*). Einige, vor allem von der Sozialarbeiterin und dem Krankenpfleger als „aufgesetzt" erlebte Falldiskussionen, bei denen alle tunlichst vermieden, ihr Befremden über die Arbeitsweise der KollegInnen zu äußern (*keine Konfliktbereitschaft*) hatten von den konkreten Fällen weg zu sehr grundsätzlichen Diskussionen über Psychiatrie und Antipsychiatrie und zu entsprechenden Polarisierungen der Positionen geführt (*keine Offenheit*).
Die Sozialarbeiterin fühlte sich schließlich in der ÖTV-Arbeitsgruppe „Sozialarbeit im Gesundheitswesen" heimischer als in ihrem Team, das mit diesem „linken Laden" nichts zu tun haben wollte. Mit den KollegInnen im Allgemeinen Sozialdienst dagegen arbeitete sie gerne und intensiv zusammen und verstand sich als deren fachliche Unterstützung (*Bündnis A*). Zu den Kliniken hielt sie nur die allernotwendigsten Kontakte, da sie der Meinung war, jede stationäre Unterbringung und therapeutische Behandlung, abgesehen von einer kurzen stationären Entgiftung der Suchtkranken, sei eine unnötige Freiheitsberaubung.

Inhaltliche Diskussionen fanden auch zwischen dem Krankenpfleger, der Ärztin und der Psychologin kaum statt. Der Krankenpfleger absolvierte eine Zusatzausbildung in Gestalttherapie, eine Richtung, die die Psychologin für die Arbeit im Gesundheitsamt nicht für sinnvoll hielt. Die Nervenärztin kooperierte eng mit den Kliniken, hatte dort ihre Ansprech- und DiskussionspartnerInnen (*Bündnis B*). Sie hielt diese Verzahnung für das zentrale Element einer erfolgreichen Arbeit im Gesundheitswesen, die sie mit den Stichworten charakterisierte: „Eine lückenlose Behandlungskette gewährleisten". Im Mittelpunkt dieser Kette stand für sie die Klinik.

Die Psychologin dagegen sah die Schwachstellen vor allem bei der psychiatrischen Nachbetreuung durch niedergelassene Ärzte und Therapeuten. Sie pflegte den Kontakt zu diesen Berufsgruppen, war in einer berufständischen Organisation der Therapeuten tätig und hatte außerdem gute Kontakte zum „Gesundheitsladen", der Anlaufstelle der Selbsthilfegruppen (*Bündnis C*). Obwohl sie bei vielen Fragen in ihren Ansichten der Ärztin näher stand und diese bei Teamkonflikten unterstützte, war auch die Psychologin nicht mehr an gemeinsamen Diskussionen interessiert, nachdem die Ärztin ihr bei einer Fallbesprechung etwas als Versagen angekreidet hatte, was aus ihrer Sicht ein ganz normales, allmähliches Vertrautwerden, Sich-Hineinfühlen in eine Klientin war, das notwendigerweise anfangs irrtumsbehaftet ist (*keine Entwicklungsorientierung*).

Bei Konflikten im Team unterstützte der Krankenpfleger trotz seiner Nähe zur Psychologin und zum therapeutischen Segment des Gesundheitswesens eher die Sozialarbeiterin – aus einem Gefühl von notwendiger Solidarität zwischen den unteren Gehalts- und Statusgruppen (*Bündnis D*).

Kam es zu Unstimmigkeiten oder Koordinationsproblemen, so konnte man im Team immer den gleichen Satz hören: „Wir müssen uns jetzt unbedingt eine Supervision besorgen". Dem stimmten alle zu. Schlug jedoch die Ärztin eine Person vor, so hatte mal die Psychologin, mal die Sozialarbeiterin Einwände. Ihre Vorschläge für eine entsprechende Person fanden aber ebensowenig die Zustimmung des Teams. Schließlich, so beteuerte das Team einmütig, müßten alle mit der Supervisorin einverstanden sein, sonst bringe es nichts. Die Blockade war perfekt (*unproduktives Muster*). Keiner war schuld und keinem fiel ein, die Entscheidung über die Supervisorin z. B. an eine von allen geschätzte Person zu delegieren. Alle fürchteten, durch Veränderungen im Team mehr zu verlieren als zu gewinnen.

Zusammen decken die MitarbeiterInnen den gesamten Sektor des Bereichs gesundheitliche Prävention ab und könnten sich wunderbar ergänzen. Stattdessen schotten sie sich weitgehend gegeneinander ab. Jeder pflegt seinen Bereich und findet bei diesen Kontakten immer wieder die Bestätigung für sein unterschiedliches Verständnis von den Zielen und Methoden der Arbeit im Gesundheitswesen.

Die zentrifugalen Kräfte und die Konflikte innerhalb des Teams lassen sich mittels einer Kräftefeldgraphik darstellen, in der die Bündnisse und Koalitionen, die zentralen Konflikte und die wesentlichen Arbeits- und Kooperationsfelder aufgezeichnet und die Mitglieder des Teams entsprechend ihrer Beziehung zueinander und zu den umgebenden Aktionsfeldern plaziert werden (siehe Abbildung 12).

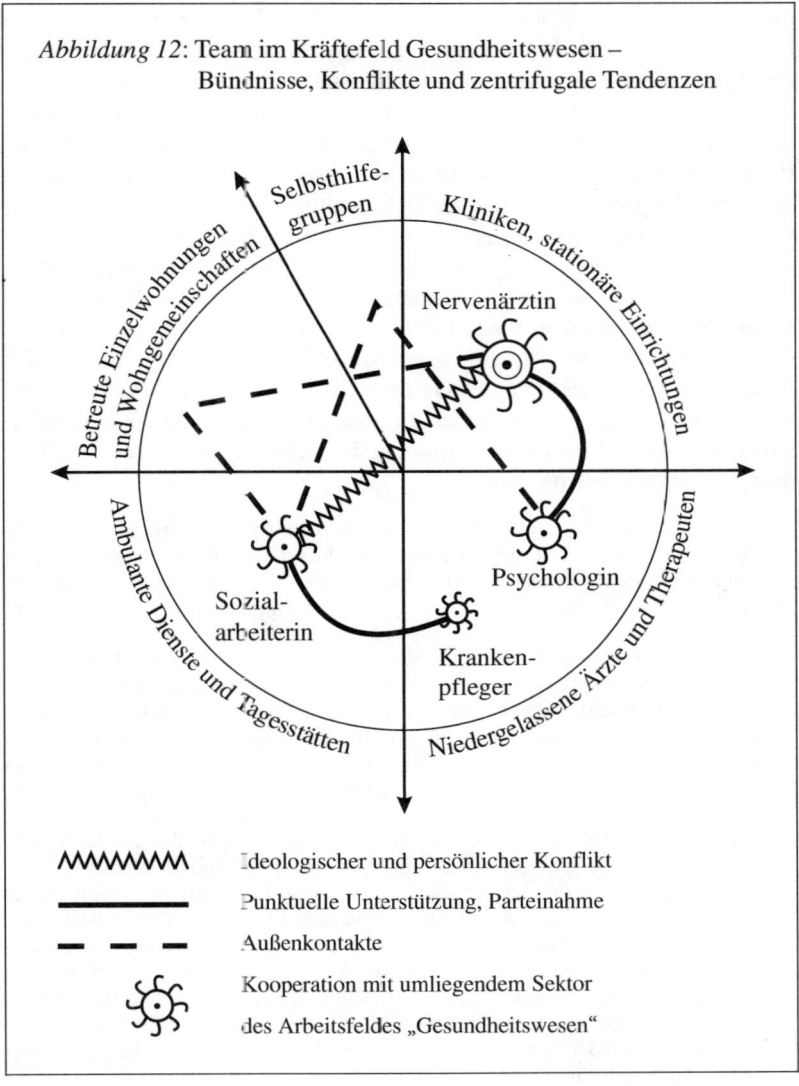

Abbildung 12: Team im Kräftefeld Gesundheitswesen –
Bündnisse, Konflikte und zentrifugale Tendenzen

ᴡᴡᴡᴡᴡᴡ	Ideologischer und persönlicher Konflikt
──────	Punktuelle Unterstützung, Parteinahme
─ ─ ─	Außenkontakte
⚙	Kooperation mit umliegendem Sektor
	des Arbeitsfeldes „Gesundheitswesen"

Die Hauptkonfliktachse zwischen der Nervenärztin und der Sozialarbeiterin
wird durch punktuelle Koalitionen zwischen der Nervenärztin und der Psychologin verstärkt. Die Kräftefeldkarte verweist aber auch auf Gemeinsamkeiten, die bisher nicht genutzt wurden und deren Berücksichtigung in weniger blockierten Teams auch ohne externe Hilfe zur Auflösung der starren

Fronten und zum Stop der Flucht in verschiedene Teile des Aufgabenfeldes beitragen könnte. Die Psychologin und die Sozialarbeiterin haben Kontakte zu Selbsthilfegruppen, halten diese offensichtlich beide für ein wichtiges Glied der therapeutischen Kette und könnten in diesem Feld zusammenarbeiten. Die Nervenärztin und die Sozialarbeiterin arbeiten beide mit Betreuten Wohngemeinschaften zusammen. Angesichts der in diesem Sektor vorhandenen großen Bandbreite der Betreuungsintensität könnte sich der durch die Antipsychiatrie-Debatte im Team forcierte Gegensatz zwischen stationärer Klinikversorgung und dem „freien Leben in der Gemeinde" relativieren, wenn z.B. ein gemeinsames Projekt im Bereich der Betreuten Wohngemeinschaften zustande käme. Ohne eine solche Kooperation werden die vorhandenen Differenzen durch die differentiellen Kontakte mit den unterschiedlichen Sektoren des Gesundheitswesens immer wieder nur bestätigt. Zunächst aber schien jeder Ansatzpunkt zu fehlen, die auseinanderstrebenden Kräfte zusammenzuführen, bis schließlich externe Einflüsse doch eine Wende bewirkten.

In dieser verfahrenen Situation kam eine Halbjahrespraktikantin ins Team. Die MitarbeiterInnen waren sehr überrascht, als die Ärztin vorschlug, nach längerer Pause doch wieder einmal eine Praktikantin zu nehmen (*unerwartetes Ereignis*). Aber dann befreundete man sich mit dem Gedanken, nach drei Jahren ein neues Gesicht im Team zu sehen. Die Auswahl wurde gemeinsam getroffen, und man entschied sich für eine Psychologiestudentin, die vorher schon fünf Jahre als Sozialarbeiterin in der Psychiatrie tätig gewesen war. Die Praktikantin hatte gebeten, bei allen MitarbeiterInnen hospitieren zu dürfen, da ihr daran gelegen sei, möglichst viele Arbeitsschwerpunkte und Arbeitsstile kennenzulernen. Zur Irritation des Teams fand die neue Praktikantin die verschiedenen Ansätze innerhalb des Teams nicht so unvereinbar wie die MitarbeiterInnen selbst (*unerwartetes Ereignis*).

Nach einigen Monaten entdeckte sie ein „Geheimnis" des Teams, das das Verhalten aller beeinflußt: die Sozialarbeiterin, die Psychologin und der Krankenpfleger waren der Meinung, die Ärztin habe ihren Posten als Leiterin nur über gute Beziehungen, über ihren Mann, bekommen. Denn eigentlich sei der Posten damals für eine Psychologin und nicht für eine Medizinerin ausgeschrieben gewesen, wie es auch der offiziellen Konzeption entspräche. Aber ihr Mann, der als stadtbekannter Rechtsanwalt die richtigen Leute in der Politik kennt, hätte wohl dafür gesorgt, daß man sich anders entschied. Und nun, so die Phantasie der Teammitglieder, erwarte man von der Frau natürlich Wohlverhalten, wenn es um Kürzungen oder andere fachpolitische Fragen geht. Über so etwas könne man natürlich mit ihr nicht reden. Wozu auch? Es würde sie ja nur kränken, und wahrscheinlich würde sie es ihnen übel nehmen.

Die Ärztin ihrerseits berichtete, daß sie das Team von Anfang an als „verschlossen und unehrlich" erlebt hätte. Hinten herum sei verbreitet worden, sie hätte den Posten ja nur über Beziehungen bekommen, eigentlich wäre ja eine Psychologin gesucht worden. Und die wäre sicher auch geeigneter gewesen. Das Team hätte ihr nie Gelegenheit gegeben, den politischen Hintergrund der damaligen Entscheidung einmal darzustellen. Sie hätte zweimal versucht zu erläutern, wie es dazu gekommen sei. Aber die KollegInnen hätten immer schon im Vorfeld mit dem Hinweis abgeblockt, hier gehe es nicht um politische, sondern um fachliche Fragen, und darüber wolle man mit ihr reden und sehen, ob man eine gemeinsame Position entwickeln könne. Daraus habe sie die Konsequenz gezogen, wenn irgendwelche politischen Entscheidungen (im Verband oder im Kommunalparlament) anstanden, auch immer nur über das „Fachliche" zu berichten, obwohl das meist nicht zur Einschätzung der Lage ausreiche. Das Mißtrauen der KollegInnen sei weiterhin deutlich spürbar gewesen.

Die Praktikantin ließ sich von einer Supervisorin beraten, wie sie nun mit diesem „Geheimnis" umgehen soll. Sie erzählte schließlich in einer Teamsitzung, daß sie den Eindruck hätte, auf etwas gestoßen zu sein, das alle im Team als eine Art Tabu behandelten, so daß es unmöglich sei, darüber zu reden. Auch sie traue sich nicht, das „Geheimnis" zu lüften. Ob man nicht eine Supervisorin hinzuziehen könnte? Nachdem sie sich standhaft über längere Zeit geweigert hatte, in der Gruppe und unter vier Augen doch zu sagen, was das denn für ein Geheimnis sei, wurde die Möglichkeit der Supervision wieder einmal im Team angesprochen. Man einigte sich zunächst darauf, eine von allen anerkannte Person um den Vorschlag einer Supervisorin (aber nicht eine der bisher benannten) zu bitten, diesen Vorschlag in jedem Fall zu akzeptieren, zumindest für den Zeitraum, der nötig sei, um das „Geheimnis" zu besprechen. Und so wurde auf Vorschlag einer von allen anerkannten Person außerhalb des Teams ein Supervisor akzeptiert. Er ermunterte das Team dazu, sich dieses und andere Geheimnisse zu erzählen, was nach einiger Unruhe und dem Stellenwechsel einer Person zu neuen, produktiven Kooperationsstrukturen führte.

Die Praktikantin konnte durch ihre multiperspektivische, sich zunächst alle Situationsdeutungen offen haltende Herangehensweise (siehe Arbeitsprinzip 3: „Mehrdimensionale, multiperspektivische und zirkuläre Erklärungen mit den Beteiligten erarbeiten" und Arbeitsprinzip 4: „Situationsdeutungen bis zum Eintreffen weiterer Informationen offenhalten") allmählich erkennen, daß alle Beteiligten in einem negativen, sich bestätigenden Kreislauf gefangen waren (systemischer Charakter sozialer Prozesse), für den durch das „Geheimnis" schon früh die Weichen gestellt worden waren.

Nur wenn (wieder) Veränderungsbereitschaft im Team vorhanden ist, lassen sich solche Kräftefeldkarten als Klärungs- und Planungshilfen einsetzen. Obwohl dabei bekannte Tatsachen lediglich in eine andere Form gebracht werden, verursacht der Gesamtüberblick über Bündnisse und Grenzziehungen, die damit offen gelegt werden, einen Überraschungseffekt und ermöglicht produktive Diskussionen über Alternativen. Führt die Diskussion von Kräftefeldkarten nicht zur Minderung zentrifugaler Tendenzen, so ist diese Tatsache selbst bereits ein Indiz für Systemblockaden.

(2) Kräftefeldkarten können zur Visualisierung von Zusammenarbeitsstrukturen, Interessenbündnissen, institutionellen und ideologischen Loyalitäten und emotionalen Beziehungen genutzt werden. All diese sehr unterschied-

lichen Faktoren können in die symbolische Positionierung einer Person im sozialen Feld einfließen. Ebenso wie die Außenbeziehungen des Teams lassen sich auf diese Weise auch die Bezüge innerhalb des Teams darstellen. Auf die Möglichkeiten, das systemische Konzept der „Triangulation" zur Analyse und Veränderung von Konstellationen zu nutzen, durch die Familien und Teams „im Gestrüpp der Institutionen" hängen bleiben und sich aus unerfreulichen Beziehungen befreien können, sei hier nur verwiesen. Die Reflexion von Strukturen und Prozessen, die sich über Kleingruppen hinausgreifend auf institutionelle Kontexte erstreckt, kann der Qualitätssicherung in der Sozialen Arbeit auf diesem Weg wichtige Anregungen vermitteln. Da die Reflexion teaminterner Strukturen jedoch eher üblich ist und darüber dann leicht der umfassendere soziale und institutionelle Kontext vergessen wird, sollen in einem weiteren Beispiel die Impulse dargestellt werden, die sich aus unterschiedlichen Bezügen zum Umfeld einer Institution ergeben. Beispiel (siehe Abbildung 13, S. 208):

In einer Trabantenstadt mit einem überproportionalen Anteil an Ausländern und Alleinerziehenden ist ein Gemeinwesenprojekt (GWA) in vier Arbeitsfeldern tätig: in der Nachmittagsbetreuung mit Schulaufgabenhilfe, in der Arbeit mit ausländischen Mädchen und Frauen, in der Wohnumfeldverbesserung durch bauliche und gärtnerische Maßnahmen und in der Familienhilfe im Rahmen des Allgemeinen Sozialdienstes (ASD).

Die KollegInnen verstehen sich persönlich gut und bedauern es, sich so wenig zu sehen. Sie haben das Gefühl, trotz aller Bezüge zum Stadtteil noch kein richtiges Gemeinwesenprojekt zu sein. Die MitarbeiterInnen einzelner Arbeitsfelder werkeln weitgehend isoliert voneinander vor sich hin (*keine Abstimmung*).

Der Leiter des GWA-Teams ist vor allem für die Wohnumfeldprojekte zuständig und sitzt in dieser Funktion in mehreren Planungsgremien, die über die Verwendung der 1,5 Mio Bundes- und Landeszuschüsse für diesen Stadtteil entscheiden müssen. Er hat dadurch nicht nur Kontakte zur Baubehörde und zur privaten Wohnungswirtschaft, sondern auch zu den politischen Spitzenbeamten der Verwaltung und zu Kommunalpolitikern aller Parteien knüpfen können, die er geschickt für die Interessengruppen des Stadtteils und für die Ausweitung des eigenen Projektes nutzt. Die anderen Teammitglieder sind von diesen Kontakten weitgehend abgeschnitten und trauen sich auch nicht so recht zu, sich in diesem kommunalpolitischen Gewirr von Interessen und Koalitionen strategisch richtig zu verhalten (*keine Partizipation*). Den Kontakt zur Mieterinitiative des Stadtteils pflegt ebenfalls vorrangig der Leiter des Projektes. Daß die Mieterinitiative schließlich auch einen Platz im Planungsgremium erhalten hat, verdankt sie im wesentlichen ihm. Der Leiter hat auch die anderen, öffentlichkeitswirksamen Außenkontakte weitgehend monopolisiert. Nicht zuletzt muß er das Informationsbedürfnis von diversen Entscheidungsgremien des Trägers dieser Einrichtung befriedigen. Gelegentlich telefoniert er außerdem mit den LeiterInnen der Grund- und Hauptschule, des Jugendfreizeitheims, des Bürgerhauses und des Kindergartens. Die im Stadtteil tätigen Jugendfreizeiteinrichtungen und das Bürgerhaus sind dem neuen Projekt im Stadtteil nicht sonderlich grün und beäugen die Konkurrenz eher argwöhnisch. Den Kontakt zur Polizeidienststelle hat der Leiter ebenfalls übernommen. Die

Beziehung zur örtlichen Polizei geht vor allem auf den Wunsch der Mieterinitiative zurück, die sich am Abend mehr Rundgänge von Beamten wünscht, weil Autos aufgebrochen und mehreren Frauen am Hauseingang von Personen die Handtasche weggerissen wurde, die nach Überzeugung der Mieter Junkies waren, angeblich Asylanten. Seitdem ist im Stadtteil der Ruf nach Selbstschutz laut geworden. „Wenn die Politiker und die Partei nichts tun, muß man die Sache selbst in die Hand nehmen und die Junkies verjagen", meinen die Mieter. Der Leiter sieht seine Aufgabe darin, Tendenzen zur radikalen Selbsthilfe vorzubeugen und tätliche Angriffe auf alles, was sich nachts bewegt, dunkelhäutig ist und/oder wie ein Junky aussieht, zu verhindern.

Zwei Mitarbeiterinnen des GWA-Projektes haben in mühseliger Kleinarbeit über mehrere Kindergruppen schließlich auch das Vertrauen der ausländischen Familien gewonnen. Sie bieten nun Frauen- und Mädchengruppen zu den verschiedensten Themen und Tätigkeitsbereichen an (Handarbeiten, Schneidern, Kochen, häusliche Krankenpflege, Deutsch für AusländerInnen usw.). Sie treffen sich regelmäßig zum Erfahrungsaustausch über einzelne Familien (*Abstimmung*), da viele Frauen zwischen den Gruppen der beiden Kolleginnen pendeln. Über die Kindergruppen haben sie einen guten Einblick in die Probleme der Familien bekommen, die vor allem mit dem zunehmenden Alter der in Deutschland aufgewachsenen Kinder entstehen, und bedauern die fehlende Vernetzung mit dem Projekt „Wohnumfeldverbesserung" und der Hausaufgabenhilfe. Die Nachmittagsbetreuung mit integrierter Hausaufgabenhilfe hat sich als der Renner unter den Angeboten des GWA-Projektes erwiesen. Über zwanzig Honorarkräfte sind neben dem pädagogischen Leiter und einem Zivildienstleistenden ständig in diesem Projekt tätig. Als Lehrer hält sich der Leiter der Hausaufgabenhilfe für qualifizierter als die SozialarbeiterInnen, einschließlich des Leiters des Gesamtprojektes. Er verbittet sich von ihnen jedes fachliche Urteil über seinen Bereich (*keine Offenheit*). Bei „schwierigen" Kindern sucht er punktuell die Unterstützung der erfahrenen Kollegin aus dem ASD, die auch schon einmal Kinder vermittelt hat. Zu anderen Jugendfreizeit- und Jugendbildungseinrichtungen im Stadtteil hat der Lehrer kaum Kontakt.

Der Leiter des GWA-Projektes hat es weitgehend aufgegeben, diese mangelhafte Vernetzung mit den anderen Jugendhilfeeinrichtungen des Stadtteils noch zu thematisieren (*keine Kritikbereitschaft*). Die Zusammenarbeit mit der Schule hatte sich dagegen sehr positiv entwickelt. Bei schwierigen Schülern tauscht man Erfahrungen aus. An der sonstigen Arbeit des GWA-Projektes zeigte sich der Leiter der Hausaufgabenhilfe dagegen geradezu demonstrativ desinteressiert, nachdem er nicht zum stellvertretenden Leiter des Projektes ernannt worden war. Selbst an der Organisation des jährlichen Stadtteilfestes beteiligt er sich erst wieder, seitdem die Schule einen Teil des Programms bestreitet.

Am schwierigsten fällt es der Sozialarbeiterin des ASD des Jugendamtes, ihre Rolle in diesem Team zu definieren. Das Jugendamt hatte diese staatliche Regelaufgabe an den freien Träger übertragen, um „mehr Bürgernähe" zu gewährleisten. Ob örtlich näher oder entfernter, der Kontrollcharakter dieser Familienberatung ließ sich trotzdem nicht leugnen. Insbesondere bei (vermuteter) Kindesvernachlässigung und -mißhandlung, aber auch bei der Frage der Notwendigkeit zusätzlicher finanzieller Leistungen für die Familie auf der Grundlage des Bundessozialhilfegesetzes muß die Kollegin kontrollierend eingreifen und auch gegen den Willen der Familien tätig werden. Die anderen Kolleginnen, die die Frei-

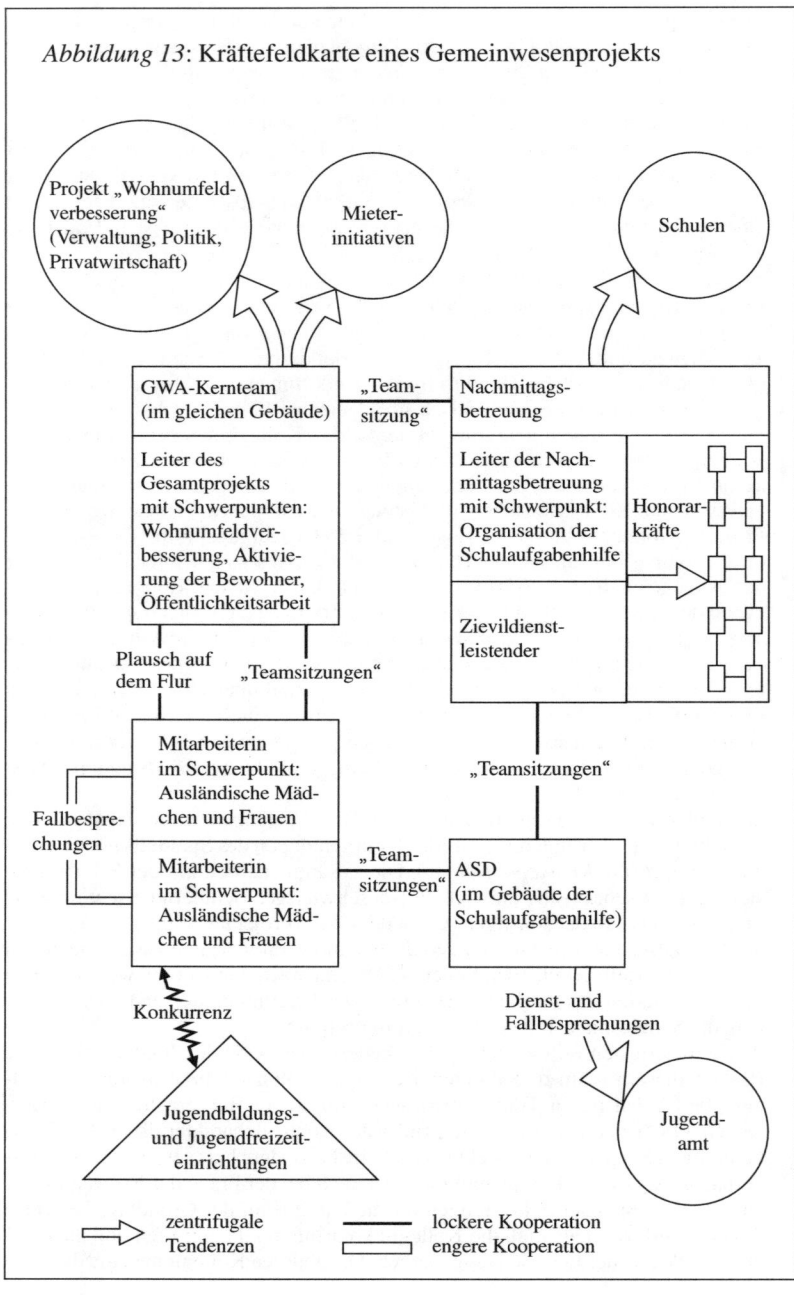

Abbildung 13: Kräftefeldkarte eines Gemeinwesenprojekts

Projekt „Wohnumfeldverbesserung" (Verwaltung, Politik, Privatwirtschaft)

Mieterinitiativen

Schulen

GWA-Kernteam (im gleichen Gebäude) — „Teamsitzung"

Nachmittagsbetreuung

Leiter des Gesamtprojekts mit Schwerpunkten: Wohnumfeldverbesserung, Aktivierung der Bewohner, Öffentlichkeitsarbeit

Leiter der Nachmittagsbetreuung mit Schwerpunkt: Organisation der Schulaufgabenhilfe

Honorarkräfte

Zievildienstleistender

Plausch auf dem Flur „Teamsitzungen"

Mitarbeiterin im Schwerpunkt: Ausländische Mädchen und Frauen

„Teamsitzungen"

Fallbesprechungen

Mitarbeiterin im Schwerpunkt: Ausländische Mädchen und Frauen

„Teamsitzungen"

ASD (im Gebäude der Schulaufgabenhilfe)

Konkurrenz

Jugendbildungsund Jugendfreizeiteinrichtungen

Dienst- und Fallbesprechungen

Jugendamt

⇒ zentrifugale Tendenzen   —— lockere Kooperation
                                  ⬜ engere Kooperation

willigkeit der Nutzung ihrer Angebote betonen, können sich eine Kooperation daher nur schlecht vorstellen. Der Leiter des GWA-Projektes wiederum möchte ihre Zurückhaltung nicht kritisieren, weil er der Meinung ist „man kann Kooperation doch nicht verordnen".

Erschwerend für die Kooperation kommt noch hinzu, daß die Auslastung des ASD über Fallzahlen geregelt wird. Die Kollegin des ASD klagt entsprechend über ihre geringen Möglichkeiten, eigene Schwerpunktsetzungen vorzunehmen. Nur kurz ist bisher im Team diskutiert worden, ob es nicht Möglichkeiten gäbe, Fälle unterschiedlichen Schwierigkeitsgrades, die in die Meßzahl zur Fallbelastung eingehen, so zu definieren, daß sich doch gewisse Spielräume für eigene Prioritätensetzungen ergeben.

Inwieweit solche Kooperationsideen umsetzbar wären, blieb dem GWA-Team nicht zuletzt deswegen unklar, weil die Kollegin vom ASD ihre Fälle nicht im GWA-Team, sondern in den Dienstbesprechungen und Fallkonferenzen des Jugendamtes ausführlich besprach. Trotz aller sozialen Nähe zum GWA-Team bildeten in fachlichen Fragen eindeutig die KollegInnen im Jugendamt ihre zentrale Bezugsgruppe. Und mit ihr ihre Einzelfälle im GWA-Team zu besprechen, hatten die eher gruppenorientierten KollegInnen auch keine Lust und Zeit (*keine Abstimmung, keine Planung*).

Die graphische Darstellung dieser zentrifugalen Tendenzen und der unterschiedlichen Bezugsgruppen und die Diskussion dieser Kräftefeldkarte (siehe Abbildung 13) machte den ProjektmitarbeiterInnen zwar klar, wie sehr sie auseinanderstrebten. Aber zunächst erschien ihnen dies als eine unerläßliche Spezialisierung, die nicht unbedingt problematisch sei. Das Arbeitsfeld sei eben so heterogen. Die gedankliche Simulation eines möglichen Konfliktes in einem einzelnen Arbeitsbereich machte jedoch bald deutlich, wie sehr eine solche Sichtweise zu kurz greift. Erweitert man das zu untersuchende Kräftefeld und betrachtet nun auch den Kontext des Kontextes (multiniveaunale Analyse) zunächst nur für den Arbeitsbereich „Wohnumfeldverbesserung", so zeigt sich die Notwendigkeit, daß nicht nur die Mitglieder im Beirat des Projektes „Wohnumfeldverbesserung", sondern auch die anderen Teammitglieder Kontakte zu Gremien, wie etwa dem Ausländerbeirat der Stadt oder dem Ausländerausschuß des Parlamentes pflegen und damit zugleich den zentrifugalen Tendenzen im Projekt entgegenwirken.

Zum Verständnis des Kontextes bedarf es einer weiteren Kräftefeldkarte (Abbildung 14, S. 211), die zugleich die weitere Entwicklung des GWA-Projektes veranschaulicht.

Die Mehrheitsfraktion im Parlament bedrängte den Beirat des Wohnumfeldprojektes, endlich „Ergebnisse" zu produzieren, damit die Bürger noch vor der Wahl sehen, wo das Geld geblieben ist und was die Stadt alles für sie tut. Als sich sowohl die Baufirmen und die Vermieterin der Häuser sperren, weil sie an einer soliden Sanierung und nicht an rasch herbeizuführenden äußerlichen Verschönerungen interessiert sind, erinnern sich einzelne Mitglieder der Mehrheitsfraktion an die guten Beziehungen zum Geschäftsführer des Wohlfahrtsverbandes, von dem das GWA-Projekt getragen wird. Man bittet darum, sich doch „vermittelnd" in diesen

Konflikt einzuschalten, um den Leiter des GWA-Teams zu einer entsprechenden Haltung im Beirat zu bewegen. Der Gemeinwesenarbeiter möge außerdem doch seinerseits den BewohnervertreterInnen klar machen, daß sie an Glaubwürdigkeit bei der Bevölkerung verlieren werden und sich von den BewohnerInnen niemand mehr an irgendwelchen Planungen beteiligen wird, wenn sie nicht bald einmal sichtbare Verbesserungen vorzeigen können.

Dieser Druck auf das Teilprojekt „Wohnumfeldverbesserung" und den Leiter des GWA-Projektes verlangte die Bildung von Koalitionen, um das Prinzip der Planungsbeteiligung und vor allem die Möglichkeit einer grundlegenden Bestandssanierung und Verbesserung der sozialen Infrastruktur zu retten. Auch die sonstige soziale Gruppenarbeit im Stadtteil würde einen erheblichen Rückschlag erleiden, wenn es nicht gelänge, diesem Druck etwas entgegenzusetzen, um die BewohnerInneninteressen weiterhin vertreten zu können. Dazu mußte zunächst dem Leiter des GWA-Projektes der Rücken gestärkt werden.

Das Team beschloß eine Entlastung durch eine Kollegin, die ihm sowohl Termine abnehmen als auch den Druck mittragen würde, dem er durch „wohlwollende Ratschläge" seitens des Trägers ausgesetzt war. Darüberhinaus erarbeitete das Team zwei Entwicklungsoptionen: eine eher politisch orientierte und eine teaminterne, angebotsorientierte Verbesserung der Kooperation. Angesichts der knappen Personaldecke des Projektes durfte man sich nicht dem Vorwurf aussetzen, Angebote für die BewohnerInnen zu Gunsten „unnötiger Politisiererei" abzuschaffen. Daher wurde zunächst anhand der beiden Kräftefeldkarten (Abbildung 13, Abbildung 14) nach Querverbindungen zwischen den bisher vom Leiter wahrgenommenen sozialplanerischen und sozialpolitischen Aufgaben und den anderen Arbeitsfeldern des Projektes gesucht, um Ressourcen poolen zu können. Angesichts des großen Ausländeranteils im Stadtteil und der Teilnahme von Vertretern der ausländischen Vereine und Initiativen im Beirat lag es nahe, die Sicherung der Partizipationschancen der BewohnerInnen in der Planung der Wohnumfeldverbesserungen mit einer Ausweitung der Aktivitäten zu verknüpfen, in denen ausländische TeilnehmerInnen Forderungen äußern. Diese können dann in die sozialplanerischen Überlegungen des Beirates (z. B. bei der Planung von Gemeinschaftsräumen) einfließen. Das Team entschloß sich, die Forderungen vieler Mütter nach einem Treffpunkt mit Kinderbetreuung unter dem Moto „Multikulturelles Mütterzentrum" aufzugreifen. Ein Konzept und ein Forderungskatalog sollte erarbeitet und im Beirat des „Wohnumfeldverbesserungsprojektes" vorgestellt werden, eventuell mit dem Fernziel, ebenso wie für die Mieterinitiative auch für die Fraueninitiative „Multikulturelles Mütterzentrum" Sitz und Stimme in diesem Gremium zu erhalten.

Die Sozialarbeiterin, die die Frauengruppen betreute, würde damit einen stärkeren Einblick in die kommunalpolitische Arbeit des Projekts gewinnen, über die bisher ausschließlich der Leiter verfügte, und ihn auch gelegentlich vertreten können. Zugleich könnte sie bei der Vorbereitung und Durchführung dieses Projektes vermehrt Kontakt zum Ausländerbeirat und zum Ausländerausschuß des Parlamentes knüpfen, um den Einfluß dieser potentiellen Bündnispartner zu nutzen (siehe Kräftefeldkarte, Abbildung 14). Durch die Integration dieser Aktivitäten in die bisherige Gruppenarbeit mit Frauen würde sich der zusätzliche Arbeitsaufwand in Grenzen halten.

Die zweite Überlegung zu einer möglichen Intensivierung der Kooperation im Team ging nicht von einem möglichen Konflikt und der notwendigen Suche nach

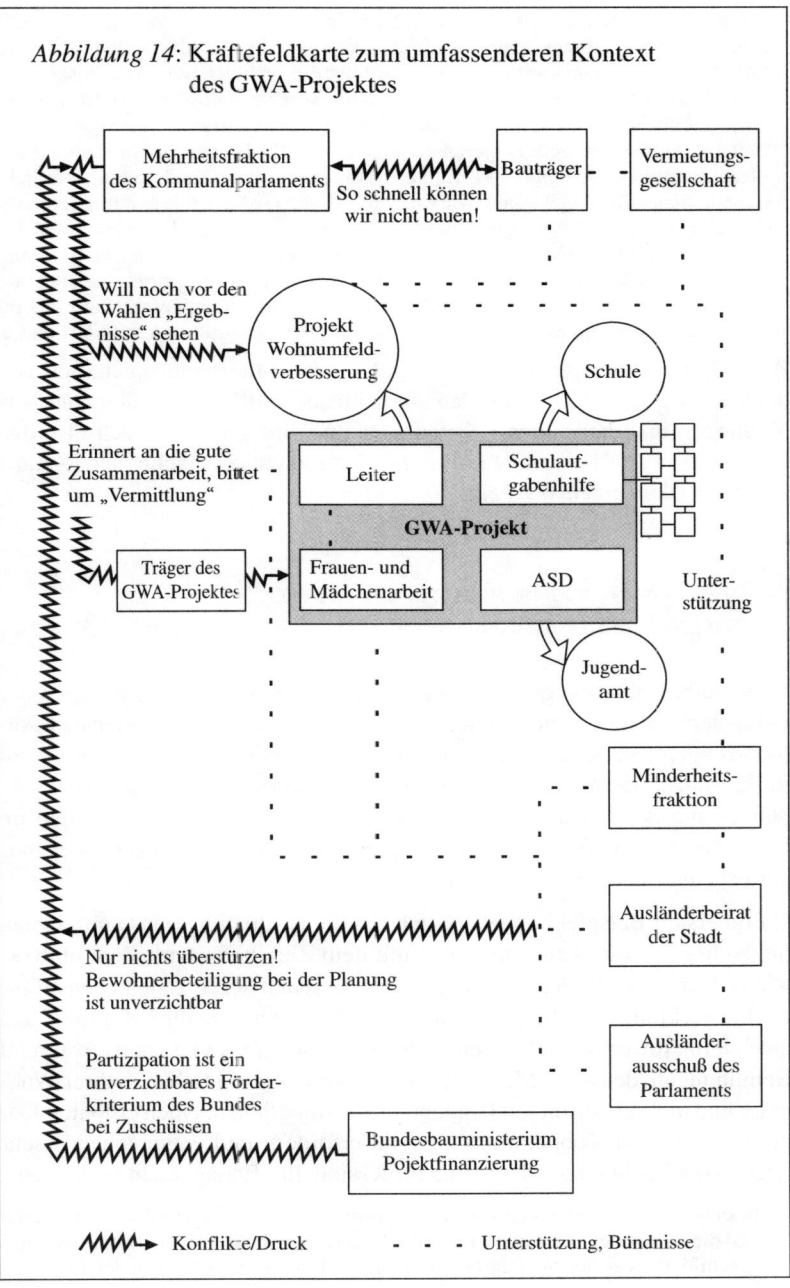

Abbildung 14: Kräftefeldkarte zum umfassenderen Kontext des GWA-Projektes

Bündnispartnern aus, sondern von folgenden Überlegungen: Wo haben wir gemeinsame KlientInnen bzw. gemeinsame/ähnliche Problemlagen? Über welche Möglichkeiten gemeinsamer Ressourcennutzung verfügen wir? Aus dieser Analyse entwickelte das Team die Konzeption für das zweite Projekt, eine freiwillige, informelle Erziehungsberatung. Aktivitäten der Schulaufgabenhilfe sollten verknüpft werden mit dem Angebot einer Beratung für Eltern, die im Rahmen der Hausaufgabenhilfe beiläufig erzählten, daß sie mit ihren Kindern zur Zeit nicht klar kämen und nicht wüßten, wie sie sich verhalten sollten. Die Mitarbeiterin des ASD wollte diese Beratungen zusammen mit dem Kollegen der Schulaufgabenhilfe übernehmen. Mit dem Jugendamt wurde vereinbart, daß sich ihre Beratung dabei auf die Eltern von notorischen Schulschwänzern konzentrieren sollte, und daß dies einer bestimmten Anzahl „leichterer Fälle" gleichgestellt und auf ihr Pflichtkontigent angerechnet würde, ohne daß eine Aktenführung erforderlich sei.

Beide Projekte entsprachen den Neigungen der MitarbeiterInnen, und von beiden erhoffte sich das Team den allmählichen Aufbau sinnvoller Querverbindungen innerhalb ihres Arbeitsfeldes und eine größere, wechselseitige Unterstützung bei kommunalpolitischen Konflikten oder fachlichen Kontroversen mit dem eigenen Träger.

8. ARBEITSFELDSPEZIFISCHE REFLEXIONSHILFEN UND EVALUATIONSBÖGEN

Neben arbeitsfeldübergreifenden Fragestellungen tauchen im Rahmen der Praxisberatung auch immer wieder Fragestellungen auf, die spezifische Anforderungen und Arbeitsabläufe in einem Teilgebiet der Sozialen Arbeit betreffen und bei der Dokumentation und Evaluation die Erarbeitung von Erhebungs- und Auswertungsbögen erfordern. Diese Möglichkeiten sollen im folgenden an zwei Beispielen, an einem aus der Altenhilfe und an einem aus der Psychiatrie, dargelegt werden.

(1) Im ersten Beispiel handelt es sich um die Evaluation eines ambulanten Sozialdienstes für ältere Menschen mit dem Ziel, herauszufinden, ob bzw. wie sich ein erhöhter Ressourceneinsatz von seiten der Sozialen Dienste auf die Entwicklung der KlientInnen auswirkt. Dahinter steht die Erfahrung, daß eine Heimeinweisung relativ einfach und schnell abzuwickeln ist, während Bemühungen, den alten Menschen möglichst lange ein Leben in ihrer Wohnung und in ihrer vertrauten Umgebung zu ermöglichen, einen erhöhten Koordinations- und Kooperationsaufwand erfordern und entsprechend mehr Arbeitszeit, fachliches Wissen und professionelles Engagement verlangen:

In einem ersten Untersuchungsschritt werden exemplarische Fälle ausgewertet und die möglichen Intensitätsstufen der Intervention beschrieben. Detailliert wird geschildert, was der Sozialarbeiter auf jeder Intensitätsstufe, in jeder Interventionsphase, bei jedem notwendigen Arbeitsschritt tut. Zugleich wird geschätzt, wieviel Zeit dies erfordert. Die Interventionen werden auf der Grundlage eines Phasenmodells beschrieben, das die Aktivitäten der Sozialarbeiterinnen/Sozialpädagoginnen in vier Arbeitsschritte gliedert: Aktuelle Situationsanalyse/Bedarfsentwicklung, Motivierung/Unterstützung der KlientInnen, Hilfeplanung und -erschließung, Begleitung und Auswertung des Hilfeprozesses. Diese Kategorien zur Beschreibung der einzelnen Tätigkeiten im Verlauf des Interventionsprozesses tauchen wieder in der vertikalen Spalte des Zeiterfassungsbogens auf (siehe Abbildung 15, S. 214), mit dem festgehalten werden kann, wie viele Minuten pro KlientIn auf die einzelnen Arbeitsschritte entfallen.

Mit der Erhebung der tatsächlichen Aktivitäten und der dafür benötigten Arbeitszeit ist jedoch noch nichts darüber gesagt, ob diese Intervention aus der Sicht der Sozialarbeiterinnen/Sozialpädagoginnen eine mehr oder minder angemessene Form der Problembearbeitung darstellte. Der Zeitaufwand wird daher in Beziehung gesetzt zu:

(a) einer Beschreibung der Problemlage der KlientInnen,
(b) einer Einschätzung des notwendigen Arbeitsaufwandes, der zu einer fachlich angemessenen Bearbeitung der Probleme notwendig wäre (Zeitbedarf, SOLL) und
(c) mit dem tatsächlichen Zeitaufwand (Zeitbedarf, IST) verglichen (siehe Abbildung 15).

Auf diese Weise ist es möglich, nicht nur pauschal die Diskrepanz zwischen dem als notwendig erachteten Bearbeitungsaufwand und der angesichts des rigorosen Personalabbaus noch leistbaren, tatsächlichen Arbeit zu vergleichen. Zugleich läßt sich der Bedarf auch nach Problemfeldern und Interventionsanforderungen, z. B. hauswirtschaftliche Versorgung, pflegerische Versorgung, wirtschaftliche Grundsicherung, Finanzierung von Rehabilitationsmaßnahmen, soziale Isolation usw., differenzieren.

Ein mögliches Ergebnis einer solchen Untersuchung könnte z. B. sein, daß der Soziale Dienst für ältere Menschen zwar eine ungenügende pflegerische Versorgung noch verhindern kann, daß aber soziale Konflikte oder Probleme der sozialen Isolation nicht mehr bearbeitet werden können. Häufig sind Angehörige, die sich überfordert fühlen, oder NachbarInnen, die die Verwahrlosungserscheinungen oder die Konsequenzen von Altersverwirrtheit nicht ertragen können, diejenigen, die zu einer Heimeinweisung drängen, obwohl bei entsprechender Unterstützung ein Verbleib des alten Menschen in der Wohnung durchaus möglich wäre. Ein geringes oder fehlendes Engagement des Sozialen Dienstes in solchen zunächst nicht so dringlich erscheinenden, aber für die Prävention zentralen Tätigkeitsfeldern könnte daher eine der Ursachen sein, daß das Hauptziel, die (zumeist teurere) Heimunterbringung zu verhindern, nicht erreicht wird. Durch den Vergleich mit der tatsächlichen Entwicklung der KlientInnen, die in der vorletzten Spalte festgehalten wird, läßt sich feststellen, welche Schwerpunktsetzungen im Rahmen des gesamten Tätigkeitsprofils zu welchen Resultaten beigetragen haben. Die Auswertung solcher Daten dürfte sowohl für den Personalbedarf

Abbildung 15: Fallbearbeitung und Fallentwicklung

KlientIn. . . . .
. . . .
. . . .
. . . .

Neufall   ja/nein
Bearbeitung seit. . . . .

Alleinlebend   ja/nein
Mann/Alter. . . . .
Frau/Alter. . . . .
(zu Beginn dieser Interventionsphase)

Arbeitsaufwand
Stunden in 3 Monaten. . . . .
Stunden seit der letzten Problemanalyse [1]. . . . .

Problemlage [1] (Zutreffendes bitte ankreuzen)	Problemeinschätzung Zeitbedarf (SOLL)			Problembearbeitung Zeitaufwand (IST)			keine Bearbeitung		Problementwicklung Veränderung des/der Klienten/in und seiner/ihrer sozialen Situation nach . . . . Tagen/Wochen					Anmerkungen
	hoch	mittel	niedrig	hoch	mittel	niedrig	Zeit-mangel	sonst. Gründe	negativ 1	à 2	unverändert 3	4	positiv 5	
ungenügende hauswirtschaftliche Versorgung														
ungenügende pflegerische Versorgung ambulant teilstationär stationär vorübergehend stationär auf Dauer														
mangelnde wirtschaftliche Grund-sicherung/HLU/Rente usw.														
Finanzierung von Dienst- und Pflege-leistungen, Rehamaßnahmen, Kuren														
krankheitsbedingte Steuerungsausfälle														
Soziale Konflikte, Anpassungsprobleme														
Soziale Isolation														
Sonstige (bitte erläutern):														
Gesamteinschätzung														

[1] Wenn im Zeitraum der Untersuchung gravierende Veränderungen der Problemlage aufgetreten sind, so beziehen Sie sich bei der Ausfüllung des Bogens bitte nur auf die seitdem geleistete Arbeit. Legen Sie nur diesen Zeitraum bei der Berechnung des „Arbeitsaufwandes" unter Ziffer 2 zugrunde, und tragen Sie unter „Problementwicklung" den Zeitraum in Tagen oder Wochen ein.

des Sozialen Dienstes als auch für die Entscheidung über Arbeitsschwerpunkte und fachliche Standards der Intervention wichtige Hinweise geben.

(2) Das zweite Beispiel ist charakterisch für Arbeitsbereiche, in denen Sozialarbeiterinnen/Sozialpädagoginnen einem interdisziplinären Team angehören, in dem sie nach Ausbildungsstand und Entscheidungskompetenz eher auf den unteren Stufen der betrieblichen Prestigeleiter stehen. Überall dort, wo sie z. B. mit ÄrztInnen, PsychologInnen und JuristInnen zu tun haben, kann dies trotz der propagierten „Teamarbeit" zu erheblichen persönlichen Kränkungen, Konkurrenzen oder resignierten Rückzügen führen:

Die Sozialarbeiterin einer Psychiatrischen Klinik hatte den Eindruck, daß man auf ihr Urteil im Team keinen Wert legte, daß ihre Redebeiträge kaum beachtet und aufgegriffen wurden, daß vor allem die leitende Stationsärztin manche von ihr eingebrachten Fragen und Aussagen durch „Nichtbeachtung", „Vergessen" oder „Vertagen" erledigte. Aber auch die Psychologin hörte ihr nicht aufmerksam zu, nahm ihre Argumente nicht ernst. Und die Stationsschwester schloß sich sowieso fast immer der Meinung der Ärztin an. Manchmal unterstützte die Beschäftigungstherapeutin noch ihre Position. Wenn es ihr einmal gelang, die Diskussion auf einen wichtigen Punkt zu bringen, so blieb dies meistens folgenlos. Man stellte fest, es müßte etwas geschehen, aber es wurden keine konkreten Veränderungen und Schritte zur Umsetzung dieser Einsicht geplant.
Die Sozialarbeiterin hatte den Eindruck, gegen eine freundliche Wattewand zu laufen, und fragte sich, ob es sich überhaupt noch lohne, den Mund aufzumachen: „Wozu soll ich überhaupt noch versuchen, auf bestimmte Erzählungen einer Klientin aus ihrem Leben, ihre Reaktionen während eines Ausfluges mit mir, auf ihre Berichte über die Erlebnisse während des Wochenendes zu Hause hinzuweisen? Offenbar traut man mir gar nicht zu, etwas zu den anstehenden Problemlösungen beisteuern zu können, was über die ,höherbezahlte Einsicht' der Ärztin und der Psychologin hinausgeht. Wie kann ich mir im Team mehr Gehör verschaffen?".
Da zu vermuten war, daß nicht nur das Verhalten der KollegInnen, sondern auch ihr eigenes Verhalten zu der Situation beigetragen hatte und weiterhin beitragen würde (Arbeitsprinzip 2: Den systemischen Charakter sozialer Probleme beachten), wurde ihr im Rahmen einer Fortbildung zur Selbstevaluation vorgeschlagen, festzulegen, wann und wie sie sich mehr Gehör verschaffen könnte; und dann ihr eigenes Verhalten und das der KollegInnen zu dokumentieren. Sie erarbeitete dazu einen Beobachtungsbogen (siehe Abbildung 16, S. 217), auf dem bei allen Neuaufnahmen die Reaktionen der Teammitglieder auf ihre Redebeiträge in den Stationsgesprächen festgehalten werden konnten. Zusätzlich wurde das abschließende Gesamturteil des Teams notiert, sofern eine solche gemeinsame bzw. mehrheitliche Tendenz erkennbar war. Neben den Reaktionen der drei „Säulen" der Station, der Ärztin, der Psychologin und der Stationsschwester, konnten von Fall zu Fall auch die Beiträge anderer Mitarbeiter festgehalten werden. Um zu überprüfen, ob das Bereden der Probleme zu Konsequenzen führte, sollte der Bogen nach etwa vier Wochen oder zu dem unter „Wiedervorlage" (Wv.) vermerkten Termin wieder hervorgeholt werden. So ließ sich feststellen, ob ins Auge gefaßte mittelfristige Veränderungen, z. B. der Arbeitsabläufe und Absprachen im Team

oder die allmähliche Umstellung des Behandlungsplanes usw., auch tatsächlich stattgefunden hatten. Vor Beginn jeder Sitzung trug die Sozialarbeiterin ein, was sie sich vorgenommen hatte, im Team mit Bezug auf diese Klientin anzusprechen, und was sie damit zu erreichen hoffte.

Bei Erprobung dieser Evaluationsarbeitshilfe bemerkte die Sozialarbeiterin zunächst, wie schwer es ihr manchmal fiel, genau zu formulieren, was sie in der Sitzung vortragen wollte und was sie damit bezweckte. Sie hatten den Eindruck, daß diese gründlichere Vorbereitung dazu beitrug, daß sie in den Teambesprechungen zunehmend selbstbewußter und zielstrebiger auftreten konnte und genauer zu begründen vermochte, warum sie trotz einer immer schon zu langen Tagesordnung die Klärung einer bestimmten Fragestellung für wichtig hielt. Fast immer waren die Reaktionen der Ärztin und der Psychologin positiv. Die Themen wurden behandelt und die Ausführungen der Sozialarbeiterin interessiert und wohlwollend erörtert. Der Sozialarbeiterin fiel auf, daß sie selbst häufig diejenige war, die Fragen, die sie ins Team einbringen wollte, dann doch nicht vortrug. Auch an Themen, die vertagt worden waren, mochte sie nur ungern auf der nächsten Sitzung erinnern, weil sie die Vertagung als Ablehnung interpretierte. Fast immer jedoch führte eine Erinnerung dazu, daß die Frage im zweiten Anlauf auch wirklich behandelt wurde. Das vermutete Desinteresse an ihrer fachlichen Meinung war also in entscheidendem Maße eine Projektion eigener Unsicherheiten und das Ergebnis mangelnder Vorbereitung auf die Sitzungen.

An diesem Beispiel lassen sich die unterschiedlichen Akzente darstellen, die durch Supervision und Selbstevaluation bei der Reflexion von Interventionsprozessen gesetzt werden können. In der Supervision hätte man die Handlungsblockade z. B. über eine Bearbeitung der Gefühle gegenüber der Ärztin und der Psychologin erschlossen und so den projektiven Anteil der Situationsdeutung entdeckt. In der Selbstevaluation steht das beobachtbare Verhalten im Vordergrund. Das eigene Verhalten wie auch die Reaktionen der Teammitglieder werden nicht nur aus der Erinnerung dargestellt, sondern sofort nach der Sitzung in standardisierter Form dokumentiert. Deutungsmuster und Empfindungen, die damit verbunden sind, werden durch Erläuterung festgehalten. Die Beobachtung bezieht sich, dem entscheidungsorientierten Prozeßmodell entsprechend (siehe Abschnitt 2.1.) auf bestimmte Zielsetzungen und deren Umsetzung. Da dieser Evaluationsbogen zugleich ein Planungs- und Vorbereitungsinstrument ist, besteht die Notwendigkeit, für die jeweilige Teamsitzung Ziele zu formulieren und zu begründen. Wie fast immer erwies sich dies als einer der schwierigsten, aber auch produktivsten Arbeitsschritte dieser Selbstevaluation und trug nicht nur zur Erkenntnis, sondern auch erstaunlich schnell zum Abbau der Handlungsdefizite bei.

Abbildung 16: Evaluation einer gezielten Einflußnahme auf die
Meinungsbildung in einem interdisziplinären Team

KlientIn:	Datum:
Erstaufnahme am:	Wv. am: Wv. am: Wv. am: Wv. am:

Kurze Fassung des Redebeitrages, der von mir in die Teambesprechung eingebracht werden soll:

Zielsetzung des Redebeitrages?

Wurde der Beitrag eingebracht?   ☐ wie geplant?   ☐ gar nicht? [☐ stark verändert? [

Beteiligte Aktivitäten	Ärztin	Psycho-login	Stations-schwester	Sonstige	Gesamt-eindruck
Die Behandlung meines Themas/meiner Frage wurde – abgelehnt [– vertagt, vergessen – partiell unterstützt – umfassend unterstützt					
Auf meine Ausführungen reagierten die KollegInnen mit – aufmerksamen Zuhörer – partieller Zustimmung – umfassender Zustimmung – partieller Ablehnung – umfassender Ablehnung					
Meine Ausführungen und die dadurch angeregte Diskussion führten zu Ver-änderungen – der Diagnose – der Therapie/Behandlung – der Arbeitsorganisation – des Selbstverständnisses – keinen Veränderungen – Sonstiges [					

[Bitte auf einem Extrablatt die Begründungen der Beteiligten erläutern bzw. die Art der Änderungen und die Gründe dafür darstellen.

9. AUSBLICK

Die bisherigen Ausführungen könnten dazu verführen anzunehmen, daß methodisches Handeln vor allem in der Planung, in der begleitenden Beobachtung und in der abschließenden Auswertung von Interventionen besteht, also im Nach-Denken über das Handeln. Aber bekanntlich kann, wer alles weiß, dennoch nichts können. Und auch entgegen besseren Wissens und bester Absichten kann man vieles falsch machen. Davor kann die Entwicklung selbstreflexiver Kompetenz SozialarbeiterInnen nicht bewahren. Zumindest aber sollte ihnen eher und öfter auffallen, daß es anders gekommen ist, als erwartet, und sie sollten fundierter sagen können, warum und wie es dazu kam, welche der typischen Fehler bei der Planung und Beurteilung von Interventionsprozessen ihnen unterlaufen sind und welche der Basisregeln sie mißachtet haben.

Anhang: Eco-Map

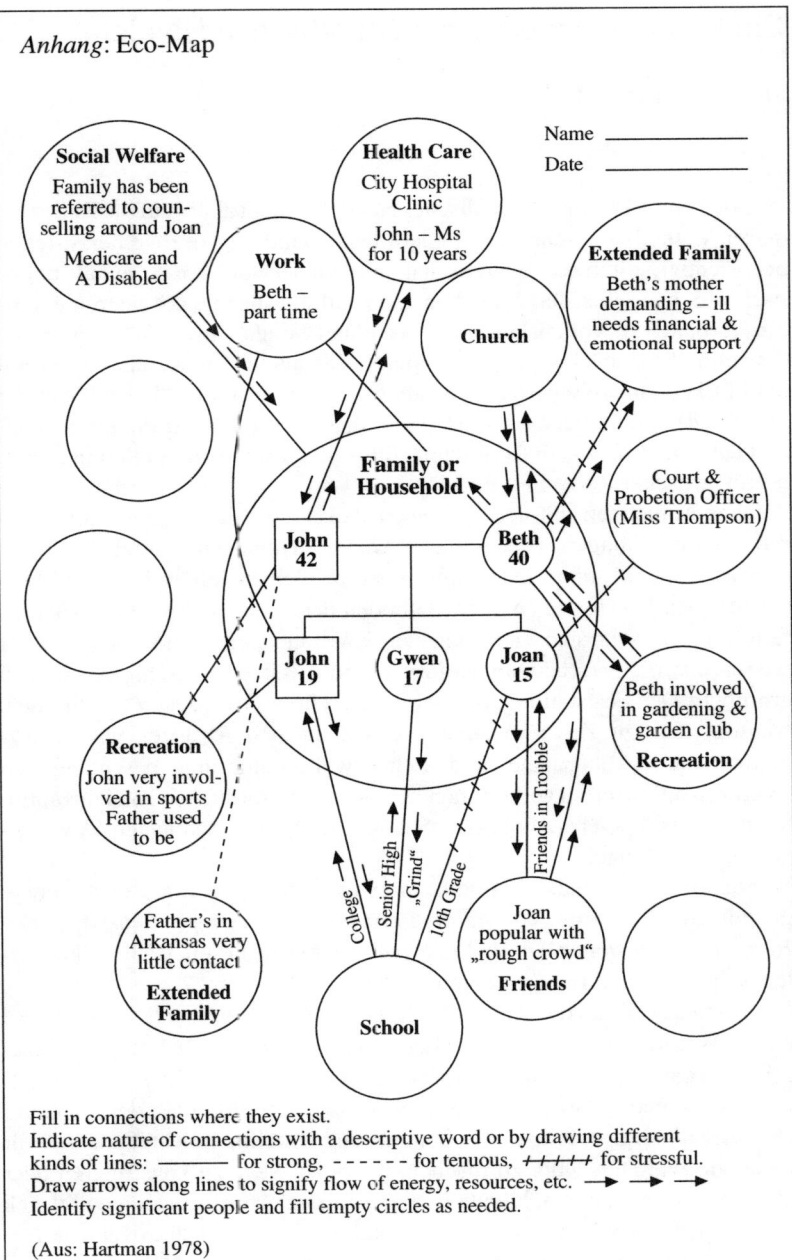

Name _____

Date _____

Social Welfare
Family has been referred to counselling around Joan

Medicare and A Disabled

Work
Beth – part time

Health Care
City Hospital Clinic

John – Ms for 10 years

Church

Extended Family
Beth's mother demanding – ill needs financial & emotional support

Family or Household

John 42

Beth 40

John 19

Gwen 17

Joan 15

Court & Probetion Officer (Miss Thompson)

Beth involved in gardening & garden club
Recreation

Recreation
John very involved in sports Father used to be

College

Senior High „Grind"

10th Grade

Friends in Trouble

Father's in Arkansas very little contact
Extended Family

School

Joan popular with „rough crowd"
Friends

Fill in connections where they exist.
Indicate nature of connections with a descriptive word or by drawing different kinds of lines: ————— for strong, - - - - - for tenuous, +++++ for stressful.
Draw arrows along lines to signify flow of energy, resources, etc. → → →
Identify significant people and fill empty circles as needed.

(Aus: Hartman 1978)

Ein Rahmenmodell zum methodischen Handeln

Marianne Meinhold

Wer sich beim Thema „methodisches Handeln" nicht allein auf die Reflexion dieser Methoden beschränkt, sondern auch Handlungsbezüge herzustellen beabsichtigt, gilt in den Wissenschaftszirkeln der Sozialen Arbeit als unkritisch und theorielos. Das Vorhaben, ein handlungsbezogenes Instrumentarium erarbeiten zu wollen, läuft in Deutschland Gefahr – in der Wissenschaftsdisziplin „Sozialpädagogik" noch deutlicher als in der Sozialarbeit –, mit dem Etikett „unwissenschaftlich" abgewertet zu werden. Michael Winkler (1988, 14) spricht beispielsweise von „theoriefeindlichem Pragmatismus" und hält „die Liebe zum Konkreten" für fragwürdig, weil mit ihr ein „Mangel an kritischer Reflexion" einhergehe.

Solchen Annahmen läßt sich entgegnen, daß kritische Reflexionen und theoretische Bemühungen in der Sozialen Arbeit pragmatische Fähigkeiten gerade voraussetzen, sofern jene nicht folgenlos bleiben sollen. In den wissenschaftlichen Diskussionen über Methoden der Sozialen Arbeit hierzulande fällt auf, wie sehr sich viele scheuen, handlungspraktische Aspekte ihrer wissenschaftlich erarbeiteten Konzepte und Ansätze zu beschreiben und zu erproben. Der Feststellung von Wolfgang Hinte (1991) ist zuzustimmen, wenn er den zur Zeit populärsten Konzepten und Ansätzen wie „Ganzheitlichkeit", „Alltagsnähe" und „Lebensweltorientierung" bescheinigt, zu „leeren Worthülsen zu verkommen". An solchen Worthülsen und konzeptionellen Ansprüchen herrscht in der Sozialarbeit und Sozialpädagogik gegenwärtig kein Mangel.

Wenig wissenschatliche Aufmerksamkeit wurde dagegen bisher der Frage gewidmet, *wie aus wissenschaftlich erarbeiteten Konzepten und Ansätzen Handlungen entstehen.* Dieser Frage soll mit dem in diesem Beitrag skizzierten Rahmenmodell nachgegangen werden.

Ein Wanderer, der sich in einem Gelände zurechtzufinden sucht, kann sich an einem Wegweiser orientieren; dabei erfährt er, welche Richtung er einzuschlagen hat, um ans gewünschte Ziel zu gelangen. Allerding sollte er sich zuvor entschieden haben, welches Ziel er anstreben wird. Falls der Wanderer aber unschlüssig ist, falls er das Gelände durchstreifen möchte, um Orte für lohnende Ziele ausfindig zu machen, um neue Wege zu konstruieren oder alte Wege zu befestigen, könnte er einen Aussichtsturm besteigen und sich somit einen ersten Überblick zur Beschaffenheit des Geländes verschaffen. Nützlich wäre es, wenn er beim ersten Überblicken des Geländes wüßte, wohin er schauen soll und wie das, was er sieht, zu ordnen und festzuschreiben sei. Dabei könnte er sich einer Handlungsanleitung bedienen, die ihn gewissermaßen auf die Fixpunkte im Gelände hin orientiert. Einer solchen *Handlungsanleitung* ist das hier vorgestellt *Rahmenmodell zum methodischen Handeln* vergleichbar. Es lenkt die Aufmerksamkeit auf solche Fixpunkte im Gelände – im folgenden „Ebenen" genannt –, die zu beachten sind, um sich im „Gestrüpp" vielfältiger Ereignisse zurechtzufinden.

Methoden sind – in einer verkürzten Sichtweise – „Mittel und Wege zum Erreichen von Zielen". Dieser Methodenbegriff führt nicht weiter; denn Wege existieren selten unabhängig von Zielen (Einsiedler 1976). Deshalb bevorzuge ich in diesem Beitrag den Begriff „methodisches Handeln" (siehe auch die Begriffsklärung, S. 323 ff.). Methodisches Handeln in der Sozialen Arbeit umfaßt alle Tätigkeiten, um die Ereignisse in komplexen sozialen Situationen in einen systematischen Zusammenhang zu bringen. Methodisches Handeln strukturiert den gesamten Prozeß der Wahrnehmung von Arbeitsaufträgen, des Nachdenkens über die Notwendigkeit und Legitimation zum Handeln, des Entwerfens und Erprobens von Handlungsplänen und der Auswertung des Geschehens.

Die Planung, Umsetzung, Auswertung und Reflexion methodischen Handelns läßt sich auf mehreren Ebenen betrachten. In dem unten dargestellten Rahmenmodell werden die Ebenen „Arbeitskontexte", „Arbeitsprinzipien" und „Verfahren und Techniken" beschrieben. Die Frage, wieweit die einzelnen Entscheidungen auf den jeweiligen Ebenen zueinander passen, ist ein zentrales Anliegen der Reflexion methodischen Handelns; diese Frage ist für jeden Arbeitskontext neu zu klären.

Durch methodisches Handeln läßt sich ein Arbeitsfeld strukturieren und ordnen, so daß durch die Verbindung von fachlichem Wissen mit beruflichen Werten Arbeitsaufträge erkannt werden können. Silvia Staub-Bernasconi (1986, 9) spricht in diesem Zusammenhang von einer „handlungstheoretischen Wissensbasis", deren Aufgabe die „Zusammenschau und systematische Verknüpfung" unterschiedlicher Wissenselemente sei. Somit handelt es sich beim methodischen Handeln mehr um das Erstellen einer Landkarte als um das Nachzeichnen eines Weges.

Zur ersten „Orientierung im Gelände" vermittelt das Rahmenmodell den Sozialarbeiterinnen und Sozialpädagoginnen (im folgenden: Fachkräfte) in Ämtern oder anderen Einrichtungen der Sozialen Arbeit Anhaltspunkte zur Klärung und Auswertung ihrer Arbeit (Abschnitt 1.). Sodann zeige ich (Abschnitt 2.), wie sich dieses Rahmenkonzept auch für Veränderungen im konzeptionellen Bereich eignet, konkret: wenn methodisches Handeln nicht nur auf einzelne Personen bzw. Klienten ausgerichtet ist, sondern konzeptionell eine sozialräumliche oder sozioökologische Perspektive eingenommen wird. Es reicht aber nicht aus, nur die Elemente des Rahmenkonzepts zu beschreiben; in einem weiteren Abschnitt (Abschnitt 3.) werden Regeln zur Umsetzung des Rahmenkonzepts erarbeitet, welche die Komplexität und Wandelbarkeit sozialer Phänomene angemessen berücksichtigen. An Beispielen zeige ich im abschließenden Abschnitt (Abschnitt 5.), wie die Begleitung und Auswertung praktischer Arbeit durch die Begrifflichkeit des Rahmenmodells unterstützt werden kann.

1. DAS RAHMENMODELL ZUM METHODISCHEN HANDELN: ÜBERBLICK

Planung, Umsetzung, Auswertung und Reflexion methodischen Handelns lassen sich auf mehreren Ebenen beschreiben (Abschnitt 1.1.) und in ihrer Bedeutung für das praktische Handeln reflektieren (Abschnitt 1.2.).

1.1. Beschreibung der Ebenen des Rahmenmodells

1.1.1. Die Ebene „Arbeitskontext"

Diese Ebene läßt sich im wesentlichen durch den „offiziellen Arbeitsauftrag" und dem sich daraus ergebenen Handlungsspielraum beschreiben, der den Fachkräften zur fachlichen Ausgestaltung ihrer Arbeit verbleibt. Die Arbeitskontexte, die räumlichen und die institutionellen Rahmenbedingungen, die offiziellen Arbeitsaufträge usw. beeinflussen und begrenzen die vorhandenen Ressourcen, die bevorzugten Problemwahrnehmungen, die Arbeitsweisen und die Erwartungen der KlientInnen.

Trotz administrativer Erfordernisse, Verfahrensregeln und Geschäftsordnungen verbleibt in allen Feldern der Sozialen Arbeit ein mehr oder minder großer Handlungsspielraum, frei von äußerem Erwartungsdruck, da die formellen Arbeitsaufträge so allgemein formuliert sind, daß sie vielfältige Konkretisierungen gestatten und herausfordern. Es bestehen durchaus Bedürfnisse unter den Fachkräften, für die Gestaltung dieser Handlungsräume bzw. für die entsprechenden Arbeitsweisen selbstbestimmt Qualitätskriterien zu entwickeln. Ein Beispiel:

> Auch im Jugendamt stellt das System aus rechtlichen und administrativen Vorgaben und Pflichtaufgaben nur einen Rahmen bereit, den ich „offiziellen Arbeitsauftrag" nenne; dieser offizielle Arbeitsauftrag läßt sich durch selbst gestellte „sozialpädagogische Arbeitsaufträge", welche auf pädagogischen Überzeugungen, Arbeitsprinzipien und dem beruflichen Selbstverständnis gründen, ausgestalten.

222

1.2. Die Ebene „Arbeitsprinzipien"

Arbeitsprinzipien oder handlungsleitende Orientierungsrahmen sind allgemeine Grundsätze, an denen sich das Handeln orientiert (Boulet/Krauss/Oelschlegel 1980). Sie stellen gewissermaßen die Brücke zwischen Denken und Handeln dar. Sie sind gewöhnlich als normative Aufforderungen zum Handeln formuliert, etwa „Hilfe zur Selbsthilfe", in denen sich eine eigentümliche Vermischung von zeittypischen Werten mit dazu passenden fachlichen Orientierungen widerspiegelt. Arbeitsprinzipien können entweder sehr allgemein gefaßt sein, beispielsweise „Stadtteilorientierung", „Partizipation", oder eingegrenzt sein, z. B. „Entlasten des Klienten", „Vernetzen".

Demgegenüber handelt es sich bei einem *Konzept* gewöhnlich um eine Sammlung mehrerer Arbeitsprinzipien, die im Rahmen eines bestimmten Arbeitskontextes, z. B. „offenes Café", die Verwirklichung gegebener Arbeitsaufträge steuern, z. B. „der Isolation von entlassenen Psychiatriepatienten entgegenzuwirken".

1.3. Die Ebene „Verfahren und Techniken"

Zu diesen Fertigkeiten gehören die in unterschiedlichen therapeutischen Schule geformten Techniken, um Gespräche zu führen, Feedback zu geben, Selbstvertrauen zu stärken, Fähigkeiten schrittweise erlernen zu lassen, zwischen Beteiligten zu schlichten, weiterhin: die Fertigkeiten des Spielens, der Animation, des Aufbaus von Lerneinheiten; daneben auch das Errechnen von Bedarf nach dem Bundessozialhilfegesetz und das regelgerechte Erheben von Einsprüchen gegen Verwaltungsentscheidungen.

Da die Kritik am technisch-instrumentellen Vorgehen meistens von Autoren geäußert wird, denen es an praktischen Erfahrungen mit diesen Arbeitsformen mangelt, werden die Wirkungen der methodischen Hilfen dramatisch überschätzt. Es wird beispielsweise gewarnt vor einer Sozialtechnologie, durch welche Klienten gegen ihren Willen manipuliert und verändert werden. Auch wird unterstellt, diese Arbeitsformen würden blind und unkritisch wie Rezepte verwendet, obgleich doch jede Orientierung an Rezepten mehr einer kreativen Ausgestaltung der Vorlage ähnelt als einer mechanischen Anwendung. –

Die Reihenfolge, in der die drei Ebenen des methodischen Handelns vorgestellt worden sind, bestimmt nicht die Reihenfolge des Vorgehens in der Praxis. Es ist denkbar, daß ein Team damit beginnt, seine Arbeit auszuwerten, indem es zunächst einzelne Handlungen protokolliert und sich anschließend fragt, wie diese Handlungen zu den vormals konzipierten Arbeitsprinzipien passen oder ob diese in Vergessenheit geraten sind, und sich erst zuletzt die offiziellen Arbeitsaufträge ins Gedächtnis ruft. Vorstellbar ist aber auch, daß ein Team ein Konzept entwirft, allgemeine Arbeitsprinzipien formuliert und danach mit dem Kostenträger darüber verhandelt, wieweit diese Planungen den offiziellen Arbeitsauftrag erfüllen können.

Je nach Bedarf können die einzelnen Ebenen weiter ausdifferenziert werden. Wieweit ein Team die Ebenen des Rahmenmodells nur oberflächlich abhandelt oder weiter ausdifferenziert, hängt einmal von den Besonderheiten des Arbeitsfeldes ab und zum zweiten von den Vorlieben und Fähigkeiten der handelnden Personen – konkret:

Im Bereich einer kommerziell geführten Sozialstation sind die Fachkräfte beispielsweise dazu angehalten, die finanziellen Mittel zum Erhalt der Station zu erwirtschaften. Diese Notwendigkeit könnte ein Ausdifferenzieren der Ebene „Arbeitskontext" erforderlich machen, um neben dem bekannten Element „offizieller Arbeitsauftrag" (= ambulante Versorgung Pflegebedürftiger) einen weiteren „ökonomischen Arbeitsauftrag" in die Planungen und Auswertungen der Arbeit miteinzubeziehen.

Ganz andere Präferenzen dürften die Mitarbeiterinnen einer staatlich geförderten Ehebratungsstelle setzen. Hier sind die Rahmenbedinungen und offiziellen Arbeitsaufträge seit langem stabil, während auf der Ebene „Verfahren und Techniken" einiger Reflexionsbedarf sichtbar wird: um etwas mehr Klarheit über die Wirkungen zweier konkurrierender therapeutischer Verfahren zu gewinnen, könnten die Mitarbeiterinnen dieser Einrichtung die Ebene „Verfahren und Techniken" insoweit differenzieren, daß die Auswertung des Geschehens (z.B. „Evaluation") einen eigenen Stellenwert erhält.

1.2. Zur Bedeutung der „Ebenen" für das praktische Handeln

1.2.1. Zur Ebene „Arbeitskontexte": offizielle Arbeitsaufträge und fachliche Handlungsspielräume

Die beruflichen Fähigkeiten von Fachkräften entfalten sich nicht im luftleeren Raum, sondern in unterschiedlichen Arbeitskontexten: in Institutionen, auf der Grundlage gesetzlicher Vorgaben und Ausführungsvorschriften, Dienstanweisungen und administrativer Regeln. Sie definieren die „offiziellen Arbeitsaufträge" und schreiben vor, aus welchen Anlässen und in welcher Weise, Fachkräfte tätig werden sollen.

Die Sprach- und Denksysteme, die in die Formulierung der offiziellen Arbeitsaufträge einfließen, orientieren sich primär an administrativen Erfordernissen und unterscheiden sich von den mehr praktisch geprägten Denk- und Sprachgewohnheiten der Fachkräfte (Funk/Haupt/Narr/Werkentin 1984).

Diese Sichtweise hat immense Bedeutung für die praktische Arbeit: Die Fachkräfte müssen zwei unterschiedliche Sprachsysteme beherrschen. Fachlich begründete Absichten müssen in eine verwaltungsgerechte Sprache übersetzt werden. Die beiden unterschiedlichen Sprachsysteme dürfen aber nicht als Gegensätze aufgefaßt werden. Manchmal vermischen sich die Sprachen, manchmal berühren sie sich gar nicht. Wichtig ist, daß die Fachkraft weiß, welche Sprache in welcher Situation gefordert und wirksam ist. Der Begriff „Verantwortung" bedeutet beispielsweise in der Sprache der Administration etwas anderes als in der sozialarbeiterischen Sprache: Im administrativen Bereich heißt „Ich bin verantwortlich": „Ich bin dafür zuständig, weil dieser Vorfall in den Bereich meiner Rechte und Pflichten fällt: Wenn ich diese Pflichten und Rechte beachte, handle ich richtig, unabhängig vom substantiellen Ergebnis meiner Handlungen".

Dieses substantielle Ergebnis interessiert nun gerade die Sozialarbeiterin oder Sozialpädagogin, und zwar jenseits von Zuständigkeiten und Richtlinien (Burns/Stalker 1961). Sozialarbeiterinnen oder Sozialpädagoginnen in Bürokratien und in vergleichbar organisierten Einrichtungen sind aber nicht zu „fachlich sinnlosen" Tätigkeiten verdammt; denn je nach Arbeitsfeld ist der Handlungsspielraum zwischen dem offiziellen Auftrag einerseits und den praktischen Leitlinien andererseits unterschiedlich groß.

Meine eigenen Beobachtungen bei Praxisberatungen zeigen, daß die Sozialarbeiterinnen und Sozialpädagoginnen in Behörden und Verbänden die offiziellen Aufträge weniger als administrativ zu bearbeitende Probleme, sondern – gemäß ihrem beruflichen Selbstverständnis – als sozialpädagogische oder sozialarbeiterische Aufgaben begreifen. Entsprechend gestalten sie auch die offiziellen Arbeitsaufträge aus.

Ein Team, das seinen Handlungsspielraum einschätzen möchte, könnte sich folgende Fragen stellen: Wer definiert, ob ein Ereignis „erfolgreich" war? Wer bewertet die Qualität unserer Arbeit? Können wir selbst entscheiden, in welcher Reihenfolge wir die einzelnen Arbeiten erledigen? Können wir entscheiden, ob und wie wir mit Klienten sprechen, welche Hilfen wir anbieten oder organisieren? Diese Fragen werden beispielsweise von Mitarbeiterinnen in Jugendämtern überwiegend positiv beantwortet; d. h. die Mitglieder des Teams bestimmen die Kriterien zur Bewertung ihrer Arbeit selbst. Auch treffen sie einen großen Teil der klientenbezogenen Entscheidungen selbst. Allerdings gibt es keine Garantie, daß sich übergeordnete Instanzen an diese Entscheidungen halten. Einschränkungen des Handlungsspielraumes erleben sie infolge des Mangels an verfügbaren Ressourcen und wegen der zeitlichen Belastung durch Pflichtaufgaben.

Denkbar wäre natürlich auch, daß die Kunden sozialer Dienstleistungen, also die KlientInnen, die Arbeit bewerten und somit beeinflussen. In den behördlich organisierten Einrichtungen sind „Nutzerkontrollen" noch die Ausnahme. Im Selbsthilfebereich und in freien Projekten beeinflussen die KlientInnen etwa durch die Akzeptanz oder Ablehnung eines Angebots den Handlungsspielraum der Fachkräfte sehr viel nachhaltiger.

1.2.2. Zur Ebene „Arbeitsprinzipien"

Arbeitsprinzipien oder handlungsleitende Orientierungsrahmen liefern die Begriffe, mit denen die Handelnden ihr Tun verstehen, deuten und legitimieren können. Arbeitsprinzipien basieren auf unterschiedlichen Wissensbeständen: auf dem Wissen um die Lebenslagen von KlientInnen, auf dem Erklärungswissen aus den Sozialwissenschaften (Geissler/Hege 1978), auf dem Wissen über Verfahren und Arbeitstechniken sowie auf Wertorientierungen der Sozialarbeiterinnen und Sozialpädagoginnen.

Diese Wissensbestände zeigen ihre Wirkung in den Köpfen und Herzen der Fachkräfte, aber nicht nachvollziehbar jeweils für sich getrennt oder in ihrem gegenseitigen Bezug. Das Ganze ist mehr ein Gemenge aus unterschiedlichen Erfahrungs- und Wissensfragmenten, Werten, Gefühlen, welches von einem gut funktionierenden Alltagsverstand zusammengehalten wird. Manches von dem, was in der Handlungsplanung als gesichertes wissenschaftliches Wissen zur Begründung verwendet wird, entpuppt sich als Ergebnis subkulturell gefärbter Wünsche, Sprachspiele und Deutungsmuster (Kagan 1987).

Eine weitere Unsicherheit entsteht, weil mit der Entscheidung für einen handlungsleitenden Orientierungsrahmen in Gestalt von Arbeitsprinzipien nicht immer auch passende Arbeitsformen für jede gegebene Situation vorhanden sind. In welchen Handlungen sich ein Arbeitsprinzip schließlich niederschlägt, hängt von Situationen und Personen ab. Sehr allgemein gefaßte Prinzipien – wie etwa „Hilfe zur Selbsthilfe" – können je nach Kontext sogar zur Legitimation ganz unterschiedlicher oder gegensätzlicher Vorgehensweisen verwendet werden. Da die theoretischen Konzepte und moralischen Überzeugungen, auf denen die Arbeitsprinzipien basieren, immer nur Ausschnitte eines komplexen Geschehens beleuchten und strukturieren, verbleibt ein beträchtlicher Handlungsspielraum zwischen dem konzeptionellen Überbau einerseits und dem tatsächlichen Verhalten der einzelnen Fachkraft andererseits. Ein solcher Handlungsspielraum läßt sich kreativ nutzen. Er birgt aber auch die Gefahr in sich, daß konzeptionelle Übereinkünfte nicht viel mehr als nur verbale Rechtfertigungen für beliebige Handlungen liefern.

Um zu erkunden, welche kontextspezifschen Vorgehensweisen mit einzelnen Arbeitsprinzipien verbunden werden, habe ich im Rahmen von Praxisberatungen verschiedene Formen der Selbst- und Fremdbefragung erprobt: Dabei ging es darum, „Klarheit durch Konkretisieren" zu gewinnen. Hierbei beschrieben die beteiligten Personen unter anderem Beispielssituationen, in denen es ihnen gelang, ein bestimmtes Arbeitsprinzip zu berücksichtigen. Anschließend wurden Situationen beschrieben, in denen das gleiche Arbeitsprinzip nur unter Schwierigkeiten oder gar nicht beachtet werden konnte. Oder es wurde gefragt, in welchen konkreten Aktivitäten eines Teams oder einer Dienststelle sich eine gewählte Handlungsorientierung niedergeschlagen hat. In solchen Diskussionen wurde die konkrete Bedeutung dieses Arbeitsprinzips für einen bestimmten Kontext erarbeitet.

Indem wir den Weg verfolgen, den *einzelne Handlungsorientierungen vom Schreibtisch hin in spezifische Praxisbereiche* zurücklegen, und indem wir dokumentieren, wie diese Konzepte dabei mit Bedeutungen angereichert werden, könnte sich das Wissen derjenigen erweitern, die diese Handlungsorientierungen konstruiert haben. Solche Dokumentationen können übrigens durch methodische Vorgehensweisen wie der „Selbst-Evaluation" gewonnen werden (Heiner 1988a):

(1) *„Autonomer Umgang" mit wissenschaftlichem Wissen*: Die Wissensbasis, von der aus Arbeitsprinzipien und Handlungsorientierungen entwickelt werden, ist fragmentarisch und vorläufig. Um im Alltag zu überleben oder diesen zu gestalten, bedarf es zusätzlicher, situationsangemessener Erfindungen, Neuschöpfungen und Gewohnheiten, die weit über die verfügbare Wissensbasis hinausgehen. Bereits 1972 gab Hartmut von Hentig folgende Einschätzung ab: Das, was die Sozialwissenschaften für die Praktikerinnen interessant machen könnte, sind weniger die meist kurzlebigen Forschungsergebnisse als vielmehr die Forschungsprozesse, die Regeln zum Erheben, Formulieren und Lösen von Problemen, das systematische Beobachten, Sammeln, Zergliedern und Kombinieren. Wissenschaft wird in diesem Zusammenhang als „geistiges Instrument" verstanden, als eine zusätzliche Art und Weise, die Realität wahrzunehmen, zu dokumentieren, zu befragen und von allen Seiten zu beschauen, als ein „Denkmodus" (von Hentig 1972). Bei dieser Betrachtungsweise kann die Praktikerin zu ihrem eigenen Begleitforscher werden. Als solche geht sie mit wissenschaftlichem „Wissen" autonom um. „Autonomer Umgang" heißt nicht: „beliebige Auswahl", sondern läuft darauf hinaus, jede Entscheidung des methodischen Prozesses als eine nachvollziehbare und zu revidierende anzusehen. Auf diese Weise ließe sich auch die manchmal beklagte „Pluralität" der Arbeitsansätze handhaben. Die Entscheidung für nur ein einziges übergeordnetes Konzept – ohne Rück-

sicht auf die Klientenerwartungen und den institutionellen Rahmen – wird mit Sicherheit die Flexibilität der Fachkräfte einschränken. Um die unterschiedlichen Klientenanliegen angemessen beantworten zu können, werden sie in Zukunft mehr als nur eine einzige Handlungsorientierung mit Inhalt füllen müssen.

Eine Befähigung zum autonomen Umgang mit sozialwissenschaftlichem Wissen ist auch deshalb vonnöten, weil die sozialwissenschaftlichen Wortschöpfungen, die durchaus wechselnden Moden unterworfen sind, den Praktikerinnen manchmal in einer Weise angeboten werden, die eine Entwertung bisheriger Arbeitsformen und Anschauungen nahelegen, anstatt diese zu erweitern.

(2) *Von den Arbeitsprinzipien zu den Zielen*: In die Formulierung von Arbeitsprinzipien fließen bewußte oder auch unausgesprochene Zielvorstellungen über wünschenswerte Zustände in Gesellschaften, Gruppen und Familien sowie über das Verhalten von Personen ein. Wenn diese wünschenswerten Zustände durch die Aktivitäten der Beteiligten verwirklicht werden sollen, spricht man von „Zielen". Für die Bereiche der Therapie und der Schulpädagogik gibt es präzise Anweisungen bzw. Kriterien, wann eine Zielformulierung erfüllt ist. Solche Anweisungen sind für den Bereich der Sozialen Arbeit nur begrenzt brauchbar, und zwar aus folgenden Gründen:

(a) Die Formulierung von Zielen suggeriert, daß das Handeln in der Sozialen Arbeit ergebnisorientiert ist. Dies ist aber eher die Ausnahme. Das Handeln in der Sozialen Arbeit ist prozeßorientiert: Gemäß den Arbeitsprinzipien werden Prozesse angebahnt und deren Verlauf begleitet, aber kaum präzise gesteuert und bestimmt.
(b) Die Ereignisse in komplexen sozialen Systemen lassen sich nicht bis ins Detail regeln. Die Ziele können sich im Verlauf der Arbeit ändern oder aus den Augen verloren werden.
(c) Der Zielbegriff wird gewöhnlich in Kontexten verwendet, in denen es nur eine bestimmende und lenkende Instanz gibt. In der Sozialen Arbeit haben wir es mit zahlreichen Beteiligten zu tun, deren Ziele unterschiedlich und widersprüchlich sein können.

Trotz dieser Einschränkungen kann es in folgenden Situationen sinnvoll sein, mit dem Zielbegriff zu operieren: Bei der Planung von kurzfristigen Ereignissen in überschaubaren Kontexten (z. B. ein Gruppennachmittag; ein Gespräch mit einem Stadtrat) erleichtert die Formulierung von Zielen die Orientierung. Die Ziele sollten in solchen Kontexten situationsspezifisch und verhaltensnah formuliert sein. Bei der Reflexion über Ziele wird der abstrakte Boden der Arbeitsprinzipien verlassen.

Bei der Planung solcher Situationen und bei deren Auswertung ist es zweckmäßig, zwischen selbstinitiierbaren („primären") Zielen einerseits und anderen („sekundären") Zielen andererseits zu unterscheiden. Das Erreichen selbstinitiierbarer Ziele hängt primär von den Aktivitäten derjenigen ab, die das Ziel aufstellen, also zumeist der Sozialarbeiterinnen oder Sozialpädagoginnen („Ich möchte dem Stadtrat die Vorteile meines Vorschlages verdeutlichen"). Das Erreichen der anderen, sekundären Ziele wird überwiegend von anderen Ereignissen und Personen bestimmt („Ich möchte, daß der Stadtrat meinen Vorschlägen zustimmt"). Diese Unterscheidung erleichtert es, die die Realitätsnähe von Zielen einzuschätzen, und beugt Resignation vor (Bandler/Grinder 1981). Eine solche Unterscheidung bedeutet aber nicht, daß auf eine Entwicklung oder ein Erreichen von nicht selbstinitiierbaren Zielen verzichtet werden sollte. Es geht vielmehr darum herauszufinden, durch welche eigenen Aktivitäten das Erreichen der anderen Ziele wahrscheinlicher wird. Diese Aktivitäten können wiederum zu selbstinitiierbaren Zielen werden.

1.2.3. Zur Ebene „Verfahren und Techniken"

Die Frage, ob ein in Verruf geratenes „therapeutisches" Verfahren in der Sozialen Arbeit weniger wertvoll ist als ein anderes, kann nicht von Schreibtisch aus beantwortet werden. Welche Verfahren für welche Aufgabenstellungen „passen", wird von den Klientenanliegen, von den institutionellen Kontexten und von den Arbeitsaufträgen abhängen. Wenn wir uns vergegenwärtigen, daß mehr als die Hälfte der Interaktionen von Sozialarbeiterinnen und Sozialpädagoginnen nicht unmittelbar KlientInnen betreffen, sondern Kolleginnen, Vorgesetzte und Mediatoren, dann könnte der Gebrauch solcher „therapienaher" Fertigkeiten in Gesprächen mit diesen Personen auch der Sicherung von Hilfen für KlientInnen dienen. Sozialarbeiterinnen und Sozialpädagoginnen können beispielsweise ihre kommunikativen Fertigkeiten immer dann anwenden, wenn Ansprüche von KlientInnen gegenüber anderen Leistungsträgern durchzusetzen sind.

Die Arbeitsfelder der Sozialen Arbeit sind so vielfältig, daß es unsinnig wäre, eine einzige Handlungsstrategie – sei sie nun „politisch", „therapeutisch" oder „alltagsnah" – zu empfehlen. Vor der Anwendung „technisch" anmutender Verfahren wird vielfach unter dem Stichwort „Expertenkritik" gewarnt. Die ersten Veröffentlichungen zur neuen Selbsthilfebewegung setzten sich kritisch mit der „Professionalität" von Experten auseinander. In dieser Literatur wird den Professionellen unterstellt, mit ihrem Expertenwissen zur Entmündigung der angeblich nicht-wissenden KlientInnen oder PatientInnen beizutragen. Die negativen Folgen einer Abhängigkeit vom Experten sind bekannt: überlange Therapiezeiten, Verlust der Eigenverantwortlichkeit und damit eine Beeinträchtigung der Genesungsprozesse sowie eine sich steigernde Anspruchshaltung gegenüber helfenden Institutionen und zunehmende Hilflosigkeit auf seiten der KlientInnen und PatientInnen. Kritisiert wird ferner die zunehmende Spezialisierung der Professionellen, die eine segmentierte Bearbeitung von Teilproblemen zur Folge hat. Auf seiten der Professionellen haben diese kritischen Diskussionen, sofern deren Ergebnisse unzulässig verallgemeinert wurden, zu absurden Verunsicherungen geführt: Expertenwissen und berufliche Fertigkeiten wurden plötzlich generell für schädlich gehalten. Da Sozialarbeiterinnen und Sozialpädagoginnen bislang nicht in dem Rufe stehen, ein Übermaß an Expertenwissen und beruflichen Fertigkeiten aufzuweisen, werden sie durch solche Verallgemeinerungen besonders tief getroffen. Aus diesem Grunde halte ich es für erforderlich, pauschale Verallgemeinerungen in folgender Weise aufzubrechen:

(a) Ein hohes Maß an Expertenwissen und beruflichen Fertigkeiten führt nicht zwangsläufig zu einer Entmündigung und Passivität von KlientInnen; desgleichen legt es nicht automatisch segmentierte Problembearbeitungen nahe.

(b) Berufliches Können schließt auch eine Kontrolle durch die Nutzer, also die KlientInnen, nicht aus, im Gegenteil: nur Menschen mit hohen professionellen Standards und zahlreichen Kompetenzen werden sich einer Nutzerkontrolle aussetzen können.

(c) Andererseits kann die soziale und kulturelle Distanz zwischen Professionellen und KlientInnen nicht durch berufliche Fertigkeiten ausgeglichen oder abgebaut werden. Die emotionalen Qualitäten, die in Selbsthilfegruppen durch die Anwesenheit und den Austausch mit „Betroffenen" entstehen, können durch professionelle Helferinnen nicht hergestellt werden. Allerdings ist auch die Mitarbeit oder Leitung durch ehrenamtliche Helferinnen nicht mit einer Abwesenheit von Professionellen gleichzusetzen, da auch (arbeitslose, angestellte oder pensionierte) Professionelle ehrenamtlich tätig werden. Desgleichen garantieren ehrenamtliche Helferinnen nicht automatisch größere „Nähe zur Lebenswelt" der KlientInnen als Professionelle, da sie oft anderen soziokulturellen Gruppen zuzurechnen sind.

(d) Die Abwesenheit von Professionellen garantiert nicht unbedingt hierarchiefreie Gruppen. Auch in Gruppen von Laien formen sich Strukturen entsprechend den Fähigkeiten und Erwartungen der Beteiligten. „Leitende" oder „strukturierende" Gruppenmitglieder übernehmen ähnliche Funktionen wie ein professioneller Gruppenleiter, oftmals sogar mit rigideren Führungspraktiken.

2. SOZIALRÄUMLICHE ORIENTIERUNG UND RESSOURCENARBEIT ALS ARBEITSPRINZIPIEN

Die Notwendigkeit zum Handeln oder gar zum „Eingreifen" wird in der sozialpädagogischen und sozialarbeiterischen Methoden-Literatur oft mit der Behandlungsbedürftigkeit von einzelnen Personen oder Gruppen begründet. Dabei entsteht folgendes Dilemma: Diesen Personen oder Gruppen werden damit unversehens Mängel und Defizite unterstellt; von fehlenden Kompetenzen, ungünstigen Verhaltensweisen, Einstellungen oder Bewältigungsformen und von Risikofaktoren ist die Rede. Eine solche Sichtweise wird die Vielfalt möglicher Arbeitsformen sehr wahrscheinlich beschränken. Will man sich einer Bevorzugung personenbezogener Arbeitsformen entziehen und „personenbezogene" Sichtweisen ergänzen, dann ist dafür eine „sozialräumliche" oder „soziökologische" Sichtweise hilfreich. Wie sich das im vorangehenden Kapitel dargestellte Rahmenkonzept auch für solche konzeptionellen Veränderungen eignet, soll im folgenden gezeigt werden.

2.1. Personenbezogene und sozialräumliche Perspektiven im Vergleich

Während die „personenbezogene" Sichtweise Schwierigkeiten und Probleme einer Person primär auf deren (Un-)Fähigkeiten, Motivationen und Bewältigungsstrategien zurückführt, wird bei der „soziökologischen" Sichtweise nach Anregungen, Belastungen und Ressourcen in dem „Sozial-Raum", der Nahumwelt von Personen gefragt. Der „Sozial-Raum" einer Person oder einer Gruppe kann deren Wohnung, die Nachbarschaft oder das Wohngebiet sein. Ein Beispiel:

> Die sieben und acht Jahre alten Kinder von Frau F. bekommen selten Mittagessen ... Eine einseitig personenbezogene Sichtweise würde hier primär Defizite von Frau F. beschreiben und eventuell deren Unwilligkeit oder Unfähigkeit zu kochen zu bearbeiten suchen. Aus soziökologischer Sicht wäre nach passenden Ressourcen im Wohngebiet zu suchen, z. B. nach einem Mittagstisch für Schulkinder.

Die sozialräumliche oder soziökologische Perspektive öffnet den Blick für Mängel in Einrichtungen, z. B. in der Schule und im Umfeld von Personen und Gruppen. Die Suche nach Defiziten beschränkt sich nicht mehr allein auf Personen, sondern betrifft auch Lebensraum-Faktoren wie Straßenverkehr, Wohngebiet, Ausstattung von Heimen oder Spielplätzen usw. (Meinhold 1988a)

Mit diesem Perspektivenwechsel erweitern sich die Interventionsformen und -richtungen: Nicht mehr allein die KlientInnen im engeren Sinne sind jetzt Adressaten methodischen Handelns, sondern möglicherweise auch (zusätzlich oder schwerpunktmäßig) deren Nachbarn, die Geldgeber von freien Trägern, die Kommunalpolitik usw. Methodisches Handeln in diesem Sinne besteht dann weniger aus einem „Eingreifen" als vielmehr aus einem „Gestalten" von Sozialräumen, Lebensbedingungen usw.

Wenn wir die sozialräumliche oder sozioökologische Perspektive nicht als Gegensatz, sondern als Ergänzung personenbezogener Sichtweisen verstehen, läßt sich eine zentrale Aufgabe der Sozialen Arbeit als „Ressourcenarbeit" charakterisieren.

2.2. Ressourcenarbeit

Unter „Ressourcenarbeit" verstehe ich im einzelnen:

(a) persönliche Ressourcen bei den beteiligten Personen und in deren Umfeld entdecken, fördern und erweitern;
(b) KlientInnen bei Bedarf zur Nutzung vorhandener Ressourcen anregen;
(c) den Mangel an Ressourcen dokumentieren, bekannt machen und zu beheben suchen.

Ein Beispiel:

Im Rahmen einer Sozialpädagogischen Familienhilfe wird sich eine sozialräumlich orientierte Ressourcenarbeit nicht darauf beschränken, die persönlichen Ressourcen der beteiligten Personen zu erweitern, also etwa die Erziehungskompetenzen der Eltern und deren Fähigkeiten zu unterstützen, mit Geld umzugehen. Darüberhinaus werden die Familienhelferinnen des Stadtteils bemüht sein, einen Treffpunkt für betroffene Eltern und Kinder und für zuständige „Schlüsselpersonen" aufzubauen. Durch die Gespräche und Konferenzen der Familienhelferinnen mit Schlüsselpersonen (z.B. mit LehrerInnen) erhalten alle Beteiligten Kenntnis über die stadtteiltypischen Belastungen; dieses Wissen kommt auch solchen Familien zugute, die den Fachkräften in den „Ämtern" bislang noch nicht aufgefallen sind.
In dem Treffpunkt lassen sich die Angebote für betroffene Familienmitglieder (z.B. Mittagstisch, Freizeitaktivitäten) so gestalten, daß einzelne KlientInnen angeregt werden, ihre Fähigkeiten einzubringen (z.B. kochen, Reparaturarbeiten durchführen). Die Erfahrung, eigene Fähigkeiten nutzbringend einsetzen zu können, wird die Selbstachtung dieser KlientInnen nachhaltiger stabilisieren, als dies bei einer ausschließlich personenbezogenen Gesprächsführung durch eine Fachkraft möglich ist.
Vom Arbeitskontext her erfordert eine derartig gestaltete Familienhilfe passende Rahmenbedingungen (Räume) und eine Akzeptanz dieser Arbeitsweise durch die Anstellungsträger, die auch die Arbeit der Familienhelferinnen im Treffpunkt finanzieren müssen.
Desgleichen sollten die privaten und pädagogischen Überzeugungen der Familienhelferinnen zur verbal bejahten Handlungsorientierung „sozialräumliche Ressourcenarbeit" passen; d.h. neben der weit verbreiteten Vorliebe für familientherapeutisches Diagnostizieren und für therapienahe Gesprächsführung

müßten die Familienhelferinnen auch die Organsiation eines Mittagstisches als eine wertvolle sozialarbeiterische Handlung akzeptieren können.

(1) *Kritik am Begriff „Ressourcen"*: Am Begriff „Ressourcen" wird in der Fachdiskussion kritisiert, daß dieser zu „schwammig" sei. Diese Kritik trifft insoweit zu, als dieser Begriff viele Bedeutungsinhalte umfaßt und entsprechend „unscharf" ist. Zugleich kann diese Bedeutungsbreite dann nützlich sein, wenn damit eine „Richtung" des Handelns angegeben wird, auch wenn sich die Details der Wege und Ziele im einzelnen noch nicht präzise abzeichnen. Die Richtung, die mit diesem Begriff angegeben wird, ist aber insoweit präzise, wie sie sich von anderen „Richtungen" unterscheiden läßt, beispielsweise von Vorhaben, die ausschließlich auf die Person des Klienten zielen. Eine Orientierung auf „Ressourcenarbeit" aktiviert außerdem vielfältigere „Arbeitsformen", als dies bei einer Reduktion von Sozialer Arbeit auf Beratung oder (Sozial-)Therapie der Fall ist. So könnten dadurch Fachkräfte dazu angeregt werden, auf vielen Ebenen nach vorhandenen oder fehlenden Ressourcen zu fahnden, z. B. auf den Ebenen „Kommune", „Wohngebiet", „Gesetzgebung", „beteiligte Personen und Institutionen". Damit wird das potentielle Interventionsfeld der Fachkräfte verbreitert und die „Multi-Dimensionalität" des Problemfeldes (Staub-Bernasconi 1983) zumindest gedanklich berücksichtigt, auch wenn die tatsächlichen Handlungen dieser Multi-Dimenionalität nicht genügen werden und dieses auch nicht können. Denn welche Formen der Ressourcenmobilisierung im Einzelfall möglich sein werden, wird durch den offiziellen Arbeitsauftrag bestimmt und durch die Art, wie die vorhandenen Handlungsspielräume erkannt und genutzt werden können.

Eine Erweiterung und Vervielfältigung der Interventionsfelder Sozialer Arbeit erfordert außer der von Silvia Staub-Bernasconi (1983, 208) erarbeiteten Konzeptualisierung sozialer Probleme auch die Etablierung vielfältiger Institutionen, d. h. Arbeitskontexte, um die „Multi-Funktionalität des Arbeitsfeldes" nicht allein „neu formulieren" zu müssen, sondern um auch entsprechende Arbeitsaufträge und Handlungsmuster erproben zu können.

Am Beispiel der Institutionalisierung von Frauenbüros oder Gleichstellungsstellen läßt sich erkunden, wie es gelingen kann – wenn auch nur mit recht begrenzten Erfolgen –, soziale Ausstattungs- und Kriterienprobleme nicht mehr allein an den Benachteiligten, sondern auch an den „Bevorzugten" zu bearbeiten. In diesem Feld erstreckt sich die Arbeit von Frauenbeauftragten nicht mehr allein auf beraterische oder organsiatorische Tätigkeiten und Öffentlichkeitsarbeit, sondern auf politisches Wirken und auf Initiativen zur Änderung von Gesetzen. Vergleicht man etwa den Arbeitskontext von kommunalen Frauenbeauftragten mit jenem, der für die meisten Sozialarbeiterinnen typisch ist, dann wird deutlich, wie wenig Sozialarbeiterinnen dazu autorisiert und beauftragt sind, unmittelbar politisch tätig zu werden.

Die von Silvia Staub-Bernasconi formulierte Konzeption sozialer Probleme ist hoch elaboriert, aber es fehlt als Fortsetzung eine vergleichbare Konzeption komplexen Handelns. Die Ressourcenarbeit erfüllt – auch wenn sie hier propagiert wird – noch nicht einmal die Ansprüche einer Heuristik für komplexes Handeln, aber sie weist einen Weg, wie über die evaluativen Diskurse das hierfür erforderliche Wissen gewonnen werden könnte.

(2) *Ressourcenorientierung versus Fixierung auf Problemlösungen*: Die Ressourcenorientierung hilft, bei der Arbeit mit einzelnen KlientInnen oder mit Gruppen unsere Wahrnehmung zu erweitern und die KlientInnen nicht nur als „problembehaftete" Menschen zu sehen, sondern auch deren Kompetenzen zu erkennen und zu achten (Meinhold 1988 b). Generell dürfte eine Fixierung der Perspektive und des Handlungsansatzes auf „Problemlösungen" schneller zu Resignation und Einschränkungen führen, als dies bei der Suche nach fehlenden oder vorhandenen Ressourcen der Fall ist. Denn viele Probleme, denen Sozialarbeiterinnen und Sozialpädagoginnen im Alltag begegnen, entziehen sich entweder ganz einer „Lösung" oder sie sind mit den gegenwärtigen Mitteln der Sozialen Arbeit nicht zu erfassen.

Damit wird nicht behauptet, daß eine Konzeptualisierung sozialer Probleme, wie sie von Silvia Staub-Bernasconi formuliert wurde, für die alltägliche Soziale Arbeit irrelevant sei, im Gegenteil: Im Wissen um die „Multi-Dimensionalität des Problemfeldes" werden die Fachkräfte zu Handelnden im Problemfeld. Sie werden sich z.B. bei der Analyse der offiziellen Arbeitsaufträge fragen können, welche „beschränkten" Problemdefinitionen und Bearbeitungsweisen ihre Institution nahelegt und in welcher Weise solche institutionellen Beschränkungen überschritten werden können. Letzteres könnte dazu führen, die Kooperation mit geeigneteren Einrichtungen zu suchen. Somit blenden sie solche Probleme nicht aus, die vordergründig nicht zu ihrem aktuellen Arbeitsfeld passen, wie es beispielsweise Peter Lüssi (1991) empfiehlt, wenn er die von den Fachkräften zu „lösenden" Probleme ausdrücklich auf die „sozialarbeiterische Dimension", d.h. auf jene in der aktuellen Sozialarbeitspraxis zu bearbeitenden Probleme verengt (Lüssi 1991, 80ff.). Er fällt damit hinter die Ansprüche Sozialer Arbeit in der Vergangenheit (z.B. Jane Addams) zurück.

Für den von ihm verengt als „sozialarbeiterisch" definierten Bereich gibt Peter Lüssi aus systemischer Perspektive sehr sinnvolle und brauchbare Handlungsorientierungen. Obgleich er im Lösen sozialer Probleme im engen Sinne die zentrale Aufgabe von Sozialarbeiterinnen und Sozialpädagoginnen sieht, stellt auch er am Ende fest: „Der Sozialarbeiter vermag durch sein Handeln nur bestimmte Elemente in das problematische Geschehen einzuflechten, Elemente, die problemlösende Potenz haben, indem sie dieses Geschehen auf günstige Weise beeinflussen, ordnen und lenken" (Lüssi 1991,

136). Des weiteren ist ihm klar, daß eine aktuelle Problemlösung längerfristig wiederum neue Probleme erzeugen kann: „So ist die soziale Problemlösung nie endgültig am Ziele" (Lüssi 1991, 137). Warum wird das Ergebnis sozialarbeiterischen oder sozialpädagogischen Handelns dann „Problemlösung" genannt? Der Begriff „Problemlösung" verleitet dazu, den Blick vorzugsweise auf „lösbare Teile" zu lenken und andere zu vernachlässigen bzw. wegen deren „Nicht-Lösbarkeit" zu resignieren.

Selbstverständlich trägt auch Ressourcenarbeit zur Lösung einzelner überschaubarer Probleme bei, sei es, daß ein Kindergartenplatz vermittelt wird, sei es, daß eine ambulante Betreuung für einen behinderten Menschen organisiert oder ein offenes Café für Kontaktsuchende eingerichtet wird. Ressourcenarbeit kann aber von den Handelnden auch dann noch als sinnvoll erlebt werden, wenn deren Handlungen nur vage definierte und keinesfalls garantierte günstige Verläufe wahrscheinlich werden lassen.

(3) *Kriterien für „Fallbezug" oder „Feldbezug" unter dem Gesichtspunkt des Arbeitsprinzips „Ressourcen"*: Zahlreiche Kontroversen um angemessenes methodisches Arbeiten verlieren im Rahmen des Ressourcenkonzepts etwas von ihrer Brisanz. Die Frage, ob feldbezogene Interventionsformen sinnvoller seien als fallbezogene Interventionen (Hinte 1991), wird weitgehend gegenstandslos, weil beide Formen berechtigt und notwendig sind, je nach den Anliegen der KlientInnen und je nach den institutionellen Rahmenbedingungen.

Welche Formen der Ressourcenmobilisierung in einem Arbeitsbereich möglich sind, hängt nicht allein von den Kompetenzen und guten Absichten der dort arbeitenden Fachkräfte ab, sondern auch von institutionellen Organisationsformen und Vorgaben, des weiteren von Traditionen und von den Anliegen der beteiligten KlientInnen. Es ist deshalb wenig sinnvoll, die Arbeitsweise einer Institution gewissermaßen kontextfrei und per Postulat auf eine – angeblich bessere – Orientierung verengen zu wollen, sei sie nun „fallbezogen" oder „feldbezogen". Es geht viel mehr darum, Entscheidungskriterien zu finden, nach welchen sich die Bevorzugung bestimmter Orientierungen begründen läßt:

(a) Ein erstes Kriterium ist die *Sicherung der Grundversorgung* von (potentiellen) KlientInnen, also eine Mindestausstattung mit Wohnraum, finanzielle Grundsicherung, bei Bedarf auch Betreuung und Pflege. Bevor diese elementare Versorgung nicht garantiert ist, dürften „elaboriertere" Formen sozialpädagogischer oder -arbeiterischer sowie therapeutischer Arbeit wenig Aussicht auf Erfolg haben, wie dies das Beispiel in einem niedrigschwelligen Hilfeangebot zeigt (Meinhold 1988a):

> Junge Mütter, die von Sozialhilfe und Erziehungsgeld leben, geraten immer wieder in dramatische Krisensituationen, die vordergründig durch die instabile Le-

benssituation, z. B. durch Partnerwechsel und damit erzwungenen Wohnungs-
wechsel, bedingt sind. In solchen Situationen können Gesundheit und Leben der
betroffenen Kinder (zumeist Säuglinge) gefährdet sein; diese Gefährdungen sind
umso ernster zu nehmen, da die Säuglingssterblichkeit in den betroffenen Familien überdurchschnittlich hoch ist. Hier kann Einzelfall- oder Familienarbeit sinnvoll sein, im günstigen Fall wird sie jedoch nur die vielfach beklagte „Feuerwehr-
funktion" erfüllen können. Demgegenüber könnte eine flächendekende Versorgung mit Betreuungseinrichtungen für Kleinkinder und Säuglinge zumindest sicherstellen, daß die betroffenen Kinder einige Stunden lang täglich betreut und versorgt werden und daß damit die Überlebenschancen der Säuglinge und Kleinkinder steigen, und zwar
durchaus auch in solchen Einrichtungen, die dem sozialpädagogisch wünschenswerten Standard nicht entsprechen.

(b) Sobald und insofern die Grundversorgung von (potentiellen) KlientInnen
einigermaßen gesichert ist, ist als zweites Kriterium zu prüfen, ob deren
Wohngebiete und Wohnumwelten *genügend Lebenschancen und Entwick-
lungsmöglichkeiten* bieten, damit individuelle Einschränkungen und „soziale Konstruktionsfehler" (Staub-Bernasconi 1983) langfristig verhindert
werden können. Soweit entsprechende Ressourcen zur Lebensbewältigung
und -entfaltung fehlen, sind im Rahmen der gegebenen Möglichkeiten passende Einrichtungen und Angebote zu planen.

(c) Aber selbst dann, wenn die Lebensbedingungen ausreichend und für Kri-
senfälle ausreichend Angebote vorhanden sind, gibt es zahlreiche KlientInnen, die den für sie geschaffenen Einrichtungen fernbleiben und diese nicht
nutzen. Der *Abbau von „Nutzungsbarrieren"* erfordert sowohl „fallbezogene" wie auch „feldbezogene" Aktivitäten. Hier wird es sinnvollerweise
Einzelfall-Unterstützung geben können mit dem Ziel, die KlientInnen zur
Nutzung von Angeboten im Stadtteil anzuregen bzw. die Angebote bedarfs-
gerecht zu verändern (Meinhold 1988a; Klatezki/Winter 1990).

(d) Daneben wird es viele KlientInnen geben, deren Probleme oder Wünsche
– viertes Kriterium – einer *fallbezogenen, therapieorientierten Bearbeitung*
bedürfen und diese auch rechtfertigen. Solche Klientenanliegen zeichnen
sich dadurch aus, daß sie relativ spezifisch formuliert sind (z. B. Ehebera-
tung, Adoptionsvermittlung).

Sowohl bei der Sicherung der Grundversorgung als auch bei anderen Formen von Ressourcenarbeit werden Sozialarbeiterinnen und Sozialpädagoginnen stärker als bisher öffentlichkeitswirksam zu arbeiten haben. In diesem Fall reicht es nicht aus, an den Mut der Fachkräfte zu appellieren oder
entsprechende Kompetenzen zu vermitteln. Selbstverständlich wird das
mutige, private Verhalten einzelner Fachkräfte, die sich über das Verbot der
öffentlichen Äußerung hinwegsetzen, einige Spuren hinterlassen. Darüberhinaus bedarf es aber entsprechender Strukturen und Arbeitsaufträge, damit

das Öffentlich-Werden-Dürfen und -Können zu einer breit akzeptierten beruflichen Handlungsstrategie wird. Am Beispiel der Institutionalisierung von Gleichstellungsbeauftragten läßt sich nachweisen, welche rechtlichen Rahmenbedingungen erforderlich sind, um ein Minimum an sozialpolitischer Veränderung im Interesse der Klientel zu bewirken.

„Feldbezug" heißt aber nicht allein, das Feld der KlientInnen mitzugestalten, sondern seine Aufmerksamkeit auch auf die Bedingungen und Strukturen des eigenen Arbeitsfeldes zu richten. Der Blick auf die strukturellen Bedingungen der eigenen Arbeit und der anfallenden Probleme erweitert das Repertoire möglicher Arbeitsformen. Beispiel:

Stellen wir uns Sozialstationen vor, in denen bis zu 100 Mitarbeiterinnen mit ungünstigen Honorarverträgen als Hauspflegerinnen beschäftigt sind. In diesen Stationen kommt es vor, daß einzelne Pflegeaufträge fahrlässig vernachlässigt werden. Die zuständigen Sozialarbeiterinnen, die sich die fachliche Begleitung der Hauspflegerinnen zur Aufgabe gemacht haben, versuchen diesem Phänomen zunächst mit einer eher personenbezogenen Strategie – mit Fallbesprechungen und Supervision für die Hauspflegerinnen – zu begegnen. Dieses Angebot wird von den wenigen sehr engagierten Hauspflegerinnen als Entlastung begrüßt; die Fluktuation der übrigen Kräfte und die Unzuverlässigkeit einiger von ihnen läßt sich damit nur schlecht auffangen. Eine Verbesserung zeichnet sich erst ab, nachdem strukturelle Maßnahmen – feste Anstellungen der Kräfte – die Bindung der Hauspflegerinnen an die Stationen ermöglichen. Unter diesen Bedingungen werden auch die sinnvollen personenbezogenen Hilfen von einem größeren Teil der Betroffenen genutzt.

3. REGELN ZUR MEHRDIMENSIONALEN INTERPRETATION KOMPLEXER EREIGNISSE

Nach der Beschreibung der einzelnen Elemente des Rahmenmodells sollen im folgenden die Regeln zur Arbeit mit diesem Modell vorgestellt werden (Abschnitt 3.2.), welche die Komplexität und Wandelbarkeit sozialer Phänomene (Abschnitt 3.1.) angemessen berücksichtigt.

3.1. Grenzen der Planbarkeit

Wir können über komplexe Ereignisse nicht soviel wissen wie über einfache (Malik 1989). Dieser lapidare Satz wird häufig zitiert, aber selten beachtet. Um das Ausmaß unserer Wissenslücken hinsichtlich komplexer Ereignisse zu veranschaulichen, verwendet Fredmund Malik (1984/9, S. 186 ff.) ein einprägsames Beispiel:

Die Komplexität eines Systems läßt sich anhand der Anzahl unterscheidbarer Zustände, die ein System annehmen kann, berechnen. Eine Tafel mit fünf Glühbirnen, von denen jede einzelne Birne zwei Zustände aufweisen kann, nämlich „an" und „aus", kann insgesamt 2^5 (= 32) unterschiedliche Zustände zeigen. Bei einer Leuchttafel mit 25 Glühbirnen können wir bereit 2^{25} (= über 33 Millionen) unterschiedliche Zustände beobachten.

Wenn wir uns vergegenwärtigen, daß das menschliche Gehirn etwa zehn Milliarden Nervenzellen aufweist, von denen wiederum jede zwei unterschiedliche Zustände aufweisen kann, dann könnte es uns leichter fallen, die folgende Überlegung zu aktzeptieren: Die Ereignisse in komplexen sozialen Systemen lassen sich nicht bis ins Detail vorausplanen und steuern. Die Praktikerinnen können sich bestenfalls an allgemeinen Prinzipien orientieren, um zu vermuten, welche Bedingungen in jenen komplexen Situationen, die sie mitgestalten möchten, günstig wirken. Um der Gefahr zu entgehen, die eigenen Wahrnehmungen und Interpretationen vorschnell zu beschränken, könnten sich die Praktikerinnen an Regeln zur mehrdimensionalen Informationsverarbeitung orientieren. Diese Regeln gehen auf frühe Arbeiten zur Kreativitätsforschung in den 20er Jahren zurück. Sie fördern die Wahrnehmung vielfältiger Informationen und tragen dazu bei, daß diejenige, die sich ihrer bedient ihre Erkenntnismöglichkeiten erweitert, indem sie beispielsweise widersprüchliche Information verarbeitet. Ferner erleichtern diese Regeln es, Handlungsspielräume wahrzunehmen, weil sie Denkblokierungen aufheben können.

3.2. Regeln und Beispiele

Wenn wir Erfahrungen auswerten, bilden wir bewußt oder unbewußt Regeln, die über das verfügbare Informationsmaterial hinausgehen. Ein Beispiel:

Die Beobachtung, daß die Klientin A. zweimal 50 Minuten später als verabredet in die Dienststelle gekommen ist, führt zu einer mehr oder minder stabilen Regel über die mangelnde Zuverlässigkeit der Klientin. Diese Regel kann das Verhalten der betroffenen Sozialarbeiterin gegenüber der Klientin steuern, indem sie die Klientin z. B. das nächste Mal einfach 50 Minuten vor dem Termin bestellt, den sie für sie bereithält. Nun erscheint die Klientin aber pünktlich zum verabredeten Termin, und die Sozialarbeiterin wird sich je nach dem Grad ihrer seelischen Elastizität wundern, ärgern oder freuen. Wahrscheinlich wird sie bemerken, daß ihre zuerst gebildete Regel Ergebnis einer vorschnellen Generalisierung war. Über den Mechanismus der Differenzierung wird sie versuchen, neue Regeln zu bilden, wie etwa: „Manchmal kommt sie pünktlich, manchmal kommt sie unpünktlich."

Da sie diese neue Regel wenig zufriedenstellt, wird sie möglicherweise nach weiteren Informationen suchen, um vorherzusagen, in welchen Situationen sie (nicht) pünktlich ist. Beim Nachdenken über diese Frage werden ihr Annahmen über die Hintergründe der Unpünktlichkeit einfallen. Je vielfältiger und unterschiedlicher diese Annahmen sind, desto besser wird es ihr gelingen, die Situation und den möglichen Bedarf der Klientin richtig einzuschätzen.

Die Regeln zur komplexen Informationsverarbeitung lauten:

(a) Situationsspezifisch verallgemeinern, statt vorschnell über alle Situationen hinweg zu generalisieren. Das oben aufgeführte Beispiel zeigt, wie Generalisierungen situationsspezifische Gegebenheiten mißachten und welche Folgen ein solches Verhalten haben kann.

(b) Mehrdimensionale Interpretationen statt eindimensionale Erklärungen erzeugen. Diese Denkform erleichtert auch den Umgang mit sogenannten unerfreulichen Ereignissen im Berufsalltag, wie z. B. das Erleben von „Widerstand" seitens der KlientInnen oder InstitutionenvertreterInnen gegen durchdachte Vorschläge. Wenn man auf Ablehnungen stößt, ist die Interpretation „Widerstand" nur eine von mehreren möglichen Sichtweisen. Es könnte auch sein, daß bei den ablehnenden Instanzen gute Gründe gegen Vorschläge bestehen und die Widerstände schwinden, wenn diese Gründe gewürdigt worden sind. Ein Beispiel:

Eine Kollegin in einer Sozialstation wollte – eingedenk der Arbeitsprinzipien „Stadtteilarbeit"/„Vernetzen" – eine Frauengruppe unter dem Thema „Vorbereitung auf den Ruhestand" aufbauen. Bei der Suche nach geeigneten Multiplikatoren traf sie auf Kolleginnen im nahegelegenen Nachbarschaftsheim, die ein ähnliches Vorhaben planten. Es gab gute Gründe, diese beiden Vorhaben zusammenzulegen. Insbesondere verfügte das Nachbarschaftsheim über attraktivere Räume. Deshalb wollte man die gemeinsame Gruppe auch dort tagen lassen. Doch die Kollegin aus der Sozialstation spürte von seiten ihres Vorgesetzten „Widerstand": Da das Nachbarschaftsheim einem anderen Träger unterstand, wollte er der Kollegin nicht erlauben, die Gruppe während ihrer Arbeitszeit dort zu organisieren. Eine „alternative Interpretation" der Sturheit ihres Vorgesetzten ließ sie nach dessen „guten Gründen" fahnden: Er brauchte Erfolgsmeldungen aus dem eigenen Haus. Als sie ihm die Vorteile dieser Arbeit für das eigene Haus verdeutlicht hatte – „Es lassen sich auf diesem Wege ehrenamtliche Helferinnen gewinnen" und „Die Station wird im Wohngebiet besser akzeptiert" –, stimmte er zu.

(c) Widersprüchliche Information verarbeiten, statt Entweder-Oder-Entscheidungen treffen; eine Variante dieser Regel besteht darin, möglichst zahlreiche Aspekte eines sozialen Ereignisses oder Persönlichkeitsmerkmals wahrzunehmen. Ein Beispiel:

Im Fall einer mißhandelten Ehefrau, die nach mehreren Klinikaufenthalten zu ihrem Mißhandler zurückkehrt, würde unter eindimensionaler Anwendung der Defizit-Perspektive nach Persönlichkeitsmerkmalen und biographischen Ereignissen gefahndet werden, die dieses Verhalten erklären. Eine durch sozioökologische Perspektiven erweiterte Sichtweise fragt nun danach, welche Einrichtungen für Frauen in solchen Lebenslagen bestehen, wie Frauen davon erfahren, wie diese Einrichtungen zu nutzen sind und welche Nutzungsbarrieren bestehen, unabhängig davon, ob diese Frau zu ihrem Mann zurückkehrt oder nicht. Selbstverständlich schließt diese Sichtweise nicht aus, dieser Klientin, wenn sie es wünscht, bei der Suche nach Einsichten über ihre Person und nach für sie passenden Deutungsmustern zu unterstützen. Nur: dieses Vorgehen steht am Anfang der Begegnung mit einer solchen Klientin nicht als einziger Arbeitsweg fest.

Schauen wir uns anhand dieses Beispiels die forschenden Tätigkeiten von Fachkräften an: Eine Praktikerin im Sinne von „Rezeptanwenderin" würde den Fall und die Klientin sehen und wissen, was zu tun ist, oder eben nicht wissen, was zu tun ist; ihr stünden nur fest gefügte Deutungsmuster und Handlungsregeln zur Verfügung stehen. Eine „forschende" Praktikerin dagegen beobachtet und überprüft ihr Handeln und die damit verknüpften Ereignisse. Sie orientiert sich möglicherweise auch an einer bewährten Handlungsregel, aber dank ihrer Bereitschaft, neue Information wahrzunehmen, wird sie die Nicht-Anwendbarkeit dieser Handlungsregel nicht als „Mißerfolg" werten, sondern als wertvolle Information.

(d) Bestandsaufnahmen mehrdimensional vornehmen. Damit ist gemeint, daß gleichzeitig mehrere Ebenen aus verschiedener Perspektive in den Blick genommen werden. Ein Beispiel:

Wenn ich von Einrichtungen oder Fachkräften um Organisationsberatungen gebeten werde, fällt mir in vielen Einrichtungen ein zentrales Anliegen der Kolleginnen auf: der Wunsch, die Kluft zwischen den eigenen Ansprüchen und der alltäglichen Arbeitswirklichkeit zu überbrücken. Ein unverzichtbares Element jeder Beratung ist die Bestandsaufnahme. Wichtig ist hierbei, daß jede Situation möglichst konkret und situationsnah beschrieben oder durch eine Beispielsituation veranschaulicht wird. Das Ziel der Bestandsaufnahme ist, den Beteiligten eine realitätsnahe Einschätzung der Leistungen ihrer Einrichtung zu ermöglichen. Dies ist umso bedeutsamer, als das Ersuchen um Beratung häufig zu einem Zeitpunkt erfolgt, wo die eigenen Leistungen als relativ niedrig eingestuft werden. Die Einsicht, daß trotz diffuser Gefühle von Unzulänglichkeit eine ganze Menge von Aufgaben – zumeist mehr als vermutet – zufriedenstellend bewältigt werden, begünstig die weiteren Lernprozesse. Mehrdimensional ist eine solche Bestandsaufnahme, weil mehrere Ebenen des Geschehens gleichzeitig betrachtet werden: die positiven und die als unerfreuliche wahrgenommenen Leistungen, die gewünschte Idealsituation wie auch die unterbliebenen Leistungen. Konkret: Ein Jugendamt hatte um Beratung gebeten, weil die MitarbeiterInnen das diffuse Gefühl hatten, auf der Stelle zu treten. Sie fanden mit diesem Verfahren beispielsweise heraus, daß die Arbeit mit den KlientInnen problemlos lief, die Kommunikation mit bzw. die Unterstützung durch die KollegInnen aber als recht unbefriedigend erlebt wurden. Bei einer Analyse der „Hindernisse", die einer Änderung der Kommunikation im Wege standen, wurden die Vorteile des Alleine-Vor-Sich-Hinarbeitens deutlich: Man wurde von anderen nicht kontrolliert. Deshalb wurde bei der Erarbeitung eines Verfahrens zur Verbesserung der kollegialen Kommunikation darauf geachtet, diese Vorteile zu erhalten.

Die Anwendung dieser Regel ist auch immer dann sinnvoll, wenn neue Konzepte im Arbeitsalltag praktisch umzusetzen sind, also wenn es um die Frage geht: Wie verwandeln sich Konzepte in Handlungen? Ein Beispiel:

Ein Verband für Kinder- und Jugendarbeit möchte das Konzept „interkulturelle Erziehung" umsetzen. Die Bestandsaufnahme dient dazu, Klarheit durch Konkretisieren zu gewinnen, indem z. B. die Frage „Woran würde ich merken, daß bei uns interkulturell erzogen wird?" anhand von Beispielsituationen beantwortet werden kann. Am Ende einer solchen Bestandsaufnahme könnten die Prioritäten im eigenen Arbeitsbereich verändert werden; es könnte aber auch die selbstbewußte und bescheidene Einsicht entstanden sein, daß das gewählte Handlungskonzept besser auf andere Einrichtugen paßt und deshalb eine Kooperation mit diesen Einrichtungen anzustreben ist.

4. BEISPIELE: METHODEN LEHREN UND LERNEN

Anhand von zwei Beispielen zum „Lehren und Lernen von methodischem Handeln" in Projekten (Abschnitt 4.1.) und in Fortbildung (Abschnitt 4.2.) läßt sich veranschaulichen, wie die Begleitung und Auswertung praktischer Arbeit durch die Begrifflichkeit des Rahmenmodells unterstützt werden kann. Allerdings ist mir beim Niederschreiben der nachfolgenden Textpassagen aufgefallen, wie unsystematisch das Methodenlehren und -lernen „im Alltag" verläuft. Wir bewegen uns in einem Meer von Nichtwissen, in welchem wir mit unseren Regeln, Prinzipien und Modellen kleine Wissensinseln bauen, die wir manchmal für das Festland halten.

Methodenlernen im Alltag unterscheidet sich grundsätzlich von der konzeptionellen Arbeit. Gemessen an den Modellen für methodisches Arbeiten, mögen die Berichte über Methodenlehren unvollständig, sprunghaft und bescheiden wirken. Dies liegt unter anderem daran, daß eine Methodenlehrerin den Informationsbedarf und die Aufnahmekapazität der Lernenden respektieren sollte. Der Informationsbedarf der Lernenden, der häufig unter Handlungsdruck entsteht, zwingt aber auch, das „Erprobte" umzuwerfen und Neues zu erfinden. Insofern ist Methodenlehren immer auch Methodenlernen. Die nachträgliche Auswertung des Geschehens erbringt Abweichungen von den Idealmodellen. Diese Abweichungen müssen nicht als Fehler verstanden werden, sondern können die Basis einer neuen Regel bilden.

4.1. Lernen in Projekten: Beispiel „Ausbildungsprojekt ‚Familiendienste'"

Das Ausbildungsprojekt „Familiendienste" besteht seit 1984 (Meinhold 1988a). Es handelt sich um ein unspezialisiertes Hilfeangebot für „Familien in schwierigen Lebenslagen"; dies sind zumeist alleinerziehende SozialhilfeempfängerInnen, die von sich aus andere, spezialisiertere Hilfeangebote nicht nutzen. Eingebunden in dieses Hilfeangebot ist eine kostenlose Betreuung für die Kinder für einige Stunden pro Woche, sei es in der Form eines Baby-Sittings oder in der Form einer Schularbeitshilfe; die Helferinnen bzw. Betreuerinnen sind überwiegend Studentinnen der Sozialarbeit im Hauptstudium.

(1) *Analyse des Arbeitsauftrags*: Die Aufgabe der Studentinnen bestand darin, eine Familie zu entlasten und im Verlauf der Arbeit zusammen mit der Familie herauszufinden, ob und welcher Bedarf nach weitergehenden Hilfeangeboten vorhanden ist, sowie die Familie zur Nutzung bestehender Hilfsangebote anzuregen.

(2) *Klärung der Arbeitsprinzipien*: Die Studentinnen lernten die Arbeitsprinzipien in dem Semester vor der Projektarbeit kennen, teils aus der Literatur, teils aus Erfahrungsberichten ihrer Vorgängerinnen. Welche Bedeutung diese Arbeitsprinzipien für einzelne berufliche Handlungen und Entscheidungen haben können, wurde in dieser Vorbereitungsphase an fiktiven Beispielen oder anhand von Erfahrungen diskutiert. Um den Bedeutungsrahmen einzelner Prinzipien einschätzen zu können, wurden einem Prinzip „passende" sowie „weniger passende" Handlungsbeispiele zugeordnet. In dem beschriebenen Projekt orientier(t)en wir uns an folgenden Arbeitsprinzipien: „Verstehbarkeit", „Entlastung der KlientInnen", „Freiwilligkeit", „Nicht-Diskriminierung", „Partizipation", „Aufbau kleiner sozialer Netze"; in der nachstehenden Lernsituation spielten die folgenden Arbeitsprinzipien eine besondere Rolle: „Respektieren der Sichtweisen und Problemdefinitionen der Familien" (dazu gehört auch: ohne Zustimmung der betroffenen Familien werden keine Vorkommnisse an die zuständigen Ämter gemeldet, da diese Verpflichtung für die Akzeptanz unseres Angebots sehr bedeutsam ist); „Ressourcen-Arbeit", d. h. Probleme werden nicht primär als Defizite oder Fehler" einer Familie beschrieben, sondern als Mangel an Ressourcen in der Familie und in deren Umfeld.

(3) *Situationen in dem Ausbildungsprojekt*:

(a) *Situation 1*: Vorbereitung und Auswertung des ersten Kontakts mit einer Klientin und ihren Kindern:

> In der Vorbereitung wurden zunächst die Ziele für den ersten Kontakt thematisiert; sie lauteten: Kennenlernen der Familie, Informieren über die Art der Dienstleistung (Kinderbetreuung und für Fragen zur Verfügung stehen), Gemeinsames Aushandeln über die Art, wann und wie oft die Familie den Dienst nutzen kann. Als übergreifendes Ziel wurde formuliert: Es soll nach dem ersten Kontakt zu einem zweiten Kontakt kommen. Dieses Ziel ist aber nicht selbstinitiierbar. Deshalb erarbeiteten die Studentinnen selbstinitiierbare Ziele, die das Erreichen des übergreifenden Zieles wahrscheinlicher werden liessen. Als besonders geeignet erwiesen sich Ziele wie etwa: Hinweise für die Mutter, daß sie mitbestimmen kann, wie der Dienst genutzt wird, oder daß sie das Angebot beenden kann, wenn

sie möchte, ohne dafür Gründe angeben zu müssen, daß sie das Angebot nutzen kann, wie sie es wünscht, und daß ohne ihre Zustimmung keine Meldungen über sie an das Amt gehen.

Die Gestaltung des ersten Kontakts mit der Mutter wurde in drei unterschiedlichen Rollenspielen geübt. In der jeweils anschließenden Auswertung wurde auch das Sprachverhalten der Baby-Sitterinnen bewertet. Es wurden jeweils Alternativen vorgeschlagen.

Die Auswertung der tatsächlichen Erstkontakte erfolgte eine Woche später. Dabei wurde bemerkt, daß die im Rollenspiel phantasierten Ereignisse selten eintrafen. Dieser Mangel an Übereinstimmung zwischen Geplantem und Erfahrenem wurde nun aber nicht als Fehler in der Planung oder Durchführung gedeutet, sondern als Informationsgewinn. Die „mentale" Vorbereitung auf das Gespräch einerseits und das Wissen um die Vielfältigkeit der möglichen Ereignisse hatte bei den Studentinnen die subjektive Sicherheit erhöht und eine Neugier für das partiell Unvorhersehbare geweckt.

(b) *Situation 2*: „Nicht mehr weiter wissen":

Circa acht Wochen nach Beginn der praktischen Arbeit rief mich eine Studentin an einem Montagnachmittag an und berichtete, daß sie am Vormittag bei Familie X, bei der sie seit einigen Wochen eingesetzt war, die Kinder, fünf, drei und anderthalb Jahre alt, hüten wollte. Dabei habe sie Frau X als ziemlich sediert und apathisch wirkend angetroffen. Frau X habe nach einer Salbe gefragt, mit der man blaue Flecken überschminken kann. Das Gesicht der 5jährigen Tochter sei geschwollen und voller blauer Flecken gewesen. Die Tochter sei laut Frau X am Abend vorher von ihrem Vater verprügelt worden. Frau X habe gesagt, daß ihr alles zuviel sei und sie einen Tag lang ausschlafen möchte … In dieser Situation habe sie, die Studentin, angeboten, die Kinder für zwei Tage lang zu sich nach Hause zu nehmen, bis es Frau X wieder besser gehe. Frau X habe das Angebot erleichtert angenommen. Die Studentin rief nun an, weil sie sich der Sache nicht mehr gewachsen fühlte. Sie hat selbst eine 10jährige Tochter, die drei Tage später auf eine Klassenfahrt gehen und für deren Reise noch einiges eingekauft werden sollte. Sie konnte aber nicht einkaufen gehen, solange die Kinder bei ihr waren. Auch wollte sie nicht alleine die Verantwortung für das weitere Geschehen tragen. Ihr eigenes Zeitbudget und ihre Kräfte liessen eine umfassende Betreuung der Kinder und der Familie nicht mehr zu. Zudem wollte sie aber auch das Prinzip „Keine Meldung an das Amt ohne Zustimmung der Mutter" berücksichtigen und das Vertrauen von Frau X nicht mißbrauchen. Da zur Zeit keine Vertretungsstudentinnen frei waren, bot ich ihr an, die Kinder ab Dienstagnachmittag in ihrer Wohnung zu hüten. Wir verabredeten, daß ich abends nochmals anrufe; bis dahin wollten wir uns beide weitere Handlungsmöglichkeiten überlegt haben. Ich empfahl ihr, sich beim Kinderschutzzentrum telefonisch nach „Kinderwohnungen" zu erkundigen.

Beim Telefongespräch am Montagabend meinte die Studentin, daß sie es bis Dienstagmittag aushalten werde. Ich sagte ihr, daß wir das „Amt" wahrscheinlich einschalten müssen; wir könnten uns aber überlegen, wie und wann. Diese Entscheidung habe ich aus dem Grunde getroffen, weil viele zusätzliche Belastungen diese Familie bedrückten: drohender Verlust der Wohnung im nächsten Monat; Wohnung der Freundin des Vaters in der Familie; anstehende Entlassung des 3jährigen behinderten Kindes aus dem Krankenhaus, so daß noch weniger Kräfte für eine Entspannung der Eltern-Kinder-Situation frei waren.

Kommentar:

In dieser Situation ging es zunächst einmal ums Überleben, und zwar für alle Beteiligten, auch für mich. Ich denke in solchen Situationen keineswegs nur an die Hilfen für die Familien, sondern eben auch an den Ruf unseres Projektes. Es zeichneten sich auch hier früh verallgemeinerbare Regeln ab, die wir später in der Auswertung im Seminar festgehalten haben: Man kommt in solche Situationen; es ist gut, solche Situationen kommunikativ zu bearbeiten (die Studentin rief mich an; ich ließ mich von einer befreundeten Sozialarbeiterin beraten usw.); ein Regelverstoß wie etwa der gegen den Grundsatz „Vermische deine privaten Angelegenheiten nicht mit Klientenangelegenheiten" kann manchmal sinnvoll oder unumgänglich sein, vor allem, wenn passende Alternativen fehlen; nicht allein pädagogisch-fachliche Kriterien, sondern auch die eigenen Zeitbudgets und physischen Kapazitäten bestimmen die weiteren Entscheidungen.

Fortsetzung des Beispiels:

Für mich ergaben sich bei der Betreuung der beiden Kinder der Familie X zwei günstige Umstände: Die Kinder waren zwar vital, aber leicht für Spiele zu begeistern. Die Tochter der Studentin unterstützte mich offensichtlich gern und spielte bei der Fünfjährigen „Mutterersatz". Die Studentin konnte in dieser Zeit mit dem Vater der Kinder ein Telefongespräch führen und einen Besuch mit der Familie verabreden. Es gelang der Studentin bei diesem Besuch, die Eltern zu überzeugen, daß eine Kontaktaufnahme mit der zuständigen Sozialarbeiterin, also dem „Amt", sinnvoll sei, zumal die Eltern für einige Zeit lang „Ferien von den Kindern" wünschten. Im Beisein der Eltern rief sie dann die Sozialarbeiterin an.

Kommentar:

Die Studentin war mit dem Ergebnis zufrieden. Sie hatte an ihrem Arbeitsprinzip festhalten können, ohne die Kinder zu gefährden. Damit waren aber die Probleme der Familie noch nicht gelöst, auch wenn die Eltern mit einer vorübergehenden Fremdunterbringung der Kinder in einer Pflegefamilie einverstanden waren. Die Erleichterung, die wir am Tag nach dieser Entscheidung verspürten, als wir die Kinder wieder in die Familie zurückbrachten und sich die Situation etwas beruhigt hatte, kam vor allem daher, daß wir nicht mehr allein „zuständig" waren.

Weiterarbeit an dieser Situation im Seminar mit allen Studentinnen:

Die betroffene Studentin berichtete von dem Vorgang. Einzelne Episoden wurden besprochen, für die möglichst zahlreiche alternative Entscheidungen mit ihren möglichen Folgen diskutiert wurden. Die Entscheidungen wurden nach Prioritätsgesichtspunkten bewertet. Hierbei fiel auf, daß die Bedingungen der Kinder und zum Teil auch der Mutter zumeist berücksichtigt wurden, der Vater aber eher als „Störenfried" wahrgenommen und bei den Planungen vernachlässigt wurde. Unter dem Stichwort „Ressourcenarbeit" wurden Merkmale „idealer" Hilfeangebote für diese Familie gesammelt. Die ideale Hilfe müßte unbürokratisch und schnell erfolgen und frei sein von so weitreichenden Folgen und diskriminierenden Begleiterscheinungen wie eine Fremdunterbringung. Es wurde über vergleichbare Angebote im Ausland berichtet, z. B. über Heime, die eine ganze Familie aufnehmen, oder über „Gastpflegefamilien" im Wohngebiet, bei denen der Kontakt zwischen Eltern und Kindern erhalten bleibt. Es stellte sich heraus, daß es in einem anderen Berliner Bezirk ansatzweise solche „unbürokratischen" Pflegeformen gibt, über die wir uns anschließend informieren wollten. Wir stellten auch fest, daß in Berlin dieser Familie vor Eintritt der Wohnungskatastrophe noch gut hätte geholfen werden können.

(c) *Situation 3*: Geschlechterverhältnisse, Ressourcenmängel und das Zusammenprallen von armen mit reichen Welten:

In einem Teilprojekt wird unser Hilfeangebot in Zusammenarbeit mit dem Jugendgesundheitsdienst eines Berliner Bezirks für sehr junge Mütter angeboten. Die Studentinnen hatten das Gefühl, in diesem Projekt „auf der Stelle zu treten". Die Arbeit kam in ihren Augen nicht darüber hinaus, „Betreuungsarbeit" für Mütter mit Kind(ern) zu sein, die von einer Krise zur nächsten zu geraten schienen. Typische Krisenstationen betrafen Trennungen der Mütter von ihren Freunden/ Männern; dabei drohte vor allem der Verlust der Wohnung. Beim Zusammenziehen mit einem neuen Freund bildete wiederum die Versorgung der Kleinstkinder ein Problem. Die Studentinnen hätten ihr Unbehagen zwar abschwächen können mit dem Trost, daß ohne ihre Betreuungsarbeit alles noch viel schlimmer wäre, oder mit dem Hinweis, daß sich die Mütter den fremdbestimmten Vorstellungen der Studentinnen nicht unterordnen und zum Schulbesuch oder zur Berufsausbildung überreden liessen. Doch angesichts der Aussicht, daß diese Mütter wahrscheinlich lebenslang von Sozialhilfe abhängig sein würden, bewirkten diese Beschwichtigungen wenig.
Um die Lebenslage dieser Mütter zu erfassen und mögliche Perspektiven zumindest gedanklich entwerfen zu können, mußten zunächst die strukturellen Gemeinsamkeiten im Einzelfall erkannt werden. Mithilfe eines Arbeitspapiers liessen sich die Probleme als „Ausstattungs-, Beziehungs-, Kriterien- und Machtprobleme, kurz: als kumulative soziale Randständigkeit" verstehen und in ihrem Zusammenwirken und in ihrer gegenseitigen Verstärkung begreifen. Damit gelang es, Deutungsmuster mit individueller Schuldzuschreibung aufzugeben.
Eine Arbeitstagung für Mitarbeiterinnen in Projekten für denselben Personenkreis verdeutlichte den Studentinnen, was „soziale Kriterien-Probleme" und „Behinderungsmacht" beinhalten können: In dem skandalösen Mangel an Betreuungseinrichtungen für Kinder erkennen wir jene durch das Geschlechterverhältnis geprägten Selbstverständlichkeiten, nach denen öffentliche und private Aufgaben unterschieden werden. In den spärlichen Kursen etwa zum Erwerb des Hauptschulabschlusses für diese Mütter können deren Fertigkeiten und Kenntnisse zur Säuglingspflege nicht als „schulisch wertvoll" angerechnet werden. Die Geringschätzung traditionell weiblicher Tätigkeiten beschränkt somit die Anreize für diesen Personenkreis, sich weiterzubilden bzw. den Schulabschluß nachzuholen.
Wir mußten außerdem erfahren, daß die Vereinigung der beiden Teile Berlins die öffentlichen Ausgaben reduzierte und diese Sparmaßnahmen zuerst die innovativen Projekte – „Luxusprojekte", wie ein aus dem Ostteil der Stadt stammender Politiker sie nannte – trafen und ihnen vielfach die finanzielle Grundlage entzogen. Nach dem ersten Ärger über solche Fehlbeurteilungen erkannten wir aber auch, wie sehr unsere Sozialarbeits-Standards – so lückenhaft sie auch sein

mögen – in die industrielle Wohlstandsgesellschaft eingebettet sind und durch Ereignisse wie etwa den Zusammenprall ärmerer und reicherer Länder in Frage gestellt sind.

Dieses erweiterte Reflexionsrepertoire und die daraus gewonnenen Erkenntnisse nützten den Klientinnen im Projekt wenig, mehr schon den Studentinnen: Einige von ihnen erarbeiteten im Brainstorming das Modell eines optimalen Hilfeangebots für junge Mütter: ein regionales Zentrum für Teenager mit Kind, in das unser Hilfeangebot mit dem Babysitter-Dienst zusammen mit anderen Angeboten in ein solches Zentrum integriert werden könnte; das Zentrum müßte ferner einige unbürokratisch nutzbare Wohnmöglichkeiten bieten. Die Tatsache, daß dieser Entwurf in absehbarer Zeit nicht zu realisieren sein würde, entmutigte die Studentinnen nicht. Die konkreten Vorstellungen über das fehlende Hilfeangebot motivierten sie vielmehr zu Gesprächen mit Politikern und Kollegen; in einem Rundfunkinterview wurden die „Kriterien-Probleme" zum Thema gemacht.

4.2. Lernen in der Fortbildung: Beispiel „Sozialarbeit in Sozialstationen"

Während im vorangehenden Beispiel „ganzheitliche" Situationserfahrungen die Basis für einige verallgemeinerbare Regeln bildeten, ging es im folgenden Beispiel darum, den Teilnehmerinnen einer Fortbildungsveranstaltung einige Instrumente und Regeln zu vermitteln, die sie zur Realisierung von Arbeitszielen verwenden können. Das Beispiel stammt aus einer drei Monate (10×4 Stunden) dauernden Beratungsphase, in der unter den Sozialarbeitsfachkräften einer Sozialstation Fragen der Arbeitsorganisation und Schwerpunktbildung diskutiert wurden:

Die Teilnehmerinnen wollten ihre Stationen stärker im Wohngebiet „verankern", mit Stadtteilprojekten und Nachbarschaftsheimen kooperieren, die unterschiedlichen Angebote aufeinander abstimmen u. a. m. Diese Bemühungen schienen aber z. T. infrage gestellt durch die Einführung von Maßnahmen zur Qualitätssicherung in der Arbeit der Sozialstationen. Die Mitarbeiterinnen befürchteten nämlich, daß mit Hilfe des Begriffs „Qualitätssicherung" Sparmaßnahmen legitimiert werden könnten. Eine vorläufige Abklärung dieser Frage half, die Situation etwas zu entspannen: Über den umstrittenen Begriff sollten die kranken- und hauspflegerischen Standards in den Leistungen von Sozialstationen festgeschrieben werden. Andererseits wurde die Auseinandersetzung mit Standards auch für sehr vielversprechend gehalten, „Qualitätsanforderungen" an die Sozialarbeit in Sozialstationen zu formulieren, um diese unter anderem offensiv gegenüber den Kostenträgern vertreten zu können.

Die Abwehr von Qualitätsstandards betraf – wie die Diskussionen ergaben – auf seiten der Sozialarbeiterinnen überwiegend nur solche Vorschriften, die von außen kamen. Intern bemühten sie sich intensiv um eine Erarbeitung von Qualitätsstandards und um den Erwerb fehlender Kompetenzen. Eine solche Motivation sollte nicht zerstört werden, indem Wunschbilder oder wünschenswerte Idealzustände zum Standard erhoben werden. Qualitätsanforderungen sollten so formuliert werden, daß die meisten der betroffenen Sozialarbeiterinnen diese auch erbringen können. Damit sollte keine Beschränkung auf diese erbrachten Anforderungen vorgenommen werden. Andererseits sollte das innovationsfreudige Erweitern der eigenen Arbeitsformen und Kompetenzen dadurch gefördert werden, daß die bisherigen Arbeitskonzepte nicht entwertet werden. Qualitätsstandards an die Sozialarbeit können aber nicht allein Forderungen an die Sozialarbeiterinnen beinhalten, sondern müssen auch Hinweise zu den Rahmenbedingungen enthalten, in denen sich Qualitäten entfalten können.

Nun bereitet das Entwerfen von „Zielvorstellungen für die Qualität der Sozialarbeit" nur selten Schwierigkeiten, denn Anforderungen gibt es genügend. Die wesentlich schwierigere Aufgabe besteht zum einen in der Konkretisierung dieser Anforderungen, um eine Voraussetzung für deren Verwirklichung und Überprüfung zu schaffen; so kann beispielsweise „Bürgernähe" für den einen durch die räumliche Nähe zur Station gesichert sein, während ein anderer unter „Bürgernähe" weitestgehende Bürgerbeteiligung versteht. Zum anderen besteht die Aufgabe darin, die aufgestellten Anforderungen realitätsnah zu formulieren, damit überhaupt die Chance für eine Verwirklichung besteht und die Anforderungen nicht dehnbare Leerformeln bleiben.

(1) *Analyse der offiziellen Arbeitsaufträge*:

Die Erarbeitung der Aufgabenkataloge für die Sozialarbeit in Sozialstationen erfolgte in Berlin in den Jahren 1983 bis 1986 unter weitgehender Beteiligung der betroffenen Sozialarbeiterinnen. In die Formulierung der „offiziellen Arbeitsaufträge" ist also bereits viel sozialarbeiterisches Gedankengut eingeflossen. Solches sichert aber nicht automatisch eine hohe Akzeptanz sozialarbeiterischer Arbeitsinhalte auf seiten berufsfremder Kostenträger und Vorgesetzter; die formale Akzeptanz der Arbeitsinhalte bedeutet nicht ohne weiteres, daß deren Bedeutung auch verstanden und anerkannt wird. Die Aufgabenkataloge für Sozialarbeiterinnen in Sozialstationen enthielten gewöhnlich die folgenden Bereiche (Bosch/Sagebiel 1989; Eichler 1989):

(a) Einzelfallhilfe, d. h. Beratungen über Hilfen nach dem Bundessozialhilfegesetz und anderer Kostenträger, soziale Beratung und emotionale Unterstützung in Krisen, auch das Feststellen von Defiziten in der Versorgung und die Anregung aller Beteiligten zu rehabilitativen Maßnahmen;
(b) Psychosoziale Unterstützung der Angehörigen von Patienten, einschließlich der Stabilisierung des sozialen Netzes;
(c) Gruppenarbeit mit Angehörigen und potentiellen Nutzern sowie die Entwicklung von Angeboten für bestimmte Zielgruppen, z. B. zur Vorbereitung auf den Ruhestand;
(d) Begleitung, Beratung und teilweise auch die Fortbildung von Mitarbeiterinnen, insbesondere von Hauspflegerinnen; diese Personengruppe benötigt diese Unterstützung für ihre emotional stark belastende Tätigkeit zum einen für sich selbst, zum anderen, um sich in die Situation von pflegebedürftigen, bisweilen desorientierten PatientInnen einfühlen zu können; auch die Verbesserung der Kommunikation im Team, die Koordination unterschiedlicher Leistungen für

eine/n Pflegebedürftige/n und die Vermittlung zwischen verschiedenen Berufsgruppen, z. B. der Krankenpflege und der Hauspflege, fällt in diesen Aufgabenbereich der Sozialarbeiterinnen.

(e) Vermittlung, Vernetzung und Koordination von Hilfen im Stadtteil, z. B. Information über soziale Ressourcen im Stadtteil, Kontakte und Kooperationen mit Ämtern, Ärzten und Nachbarschaftsheimen; Gewinnung von ehrenamtlichen Helferinnen; Öffentlichkeitsarbeit.

Die Adressaten der Sozialarbeit sind also nicht allein die KlientInnen oder PatientInnen, die Hilfebedürftigen, sondern auch die Helferinnen wie etwa Nachbarn, Ehrenamtliche, Kolleginnen aus anderen Einrichtungen und aus dem Gesundheitswesen (siehe Meinhold 1989).

(2) *Ergebnisse der Bestandsaufnahme*:

Diese Ergebnisse sind z. T. unsystematisch in Gruppendiskussionen (Wandzeitungen) gewonnen worden; des weiteren wurden Arbeitsprotokolle und Tagebücher ausgewertet. Die Gegenüberstellung der mehr oder minder ausführlichen Aufgabenkataloge und der tatsächlich ausgeführten Aufgaben ergab folgendes Bild: Es wurden zwar die meisten der genannten Aufgaben irgendwie und irgendwo ausgeführt, aber es gab keine Sozialstation, die alle diese Aufgaben bearbeitete; es gab Schwerpunkte und Vorlieben, und es gab Bereiche, die aus verschiedenen Gründen vernachlässigt wurden – im einzelnen:

(a) Der Bereich „Einzelfallhilfe und die Klärung dieser Kosten" wurde nach Meinung der Sozialarbeiterinnen zufriedenstellend bearbeitet. Daß Sozialarbeiterinnen Spezialistinnen für Kostenklärungen sind, sei weithin anerkannt. Auch wenn sie diesen Aufgabenbereich nicht sehr schätzten, gewährte die Bearbeitung dieser Fragen einen relativ leichten Zugang zum Klienten und zu dessen Bezugspersonen, die ihrerseits „materielle" Fragen nicht von psychsozialen Befindlichkeiten trennen. Das Erkennen dieser positiven Bedeutung des wenig geliebten Arbeitsbereichs „Kostenklärung" war das Ergebnis einer „mehrdimensionalen Bewertung" dieser Arbeitstätigkeit.
(b) Auch die psychosoziale Beratung und Unterstützung einzelner KlientInnen war von den anderen Mitarbeiterinnen der Stationen als ein notwendiger Bestandteil der Sozialarbeit weitgehend akzeptiert. Es wurde sogar erwähnt, daß jetzt, nach Abschluß der Aufbauphase der Sozialarbeit in den Berliner Sozialstationen, genügend Zeit für einzelne KlientInnen vorhanden sei.
(c) Der Bereich „Unterstützung von Hauspflegerinnen" wurde von allen Sozialarbeiterinnen als ein notwendiger Arbeitsbereich anerkannt. Auch fanden in den Stationen regelmäßige Teamsitzungen, Fallbesprechungen oder Treffen mit den anderen Berufsgruppen statt. Allerdings müßten aus der Sicht der Sozialarbeiterinnen die Qualität der Treffen mit den Hauspflegerinnen noch verbessert werden; auch die Treffen und Fallbesprechungen sollten institutionalisiert und damit gesichert werden.
(d) Der Bereich „Gruppenarbeit" wurde von den Sozialarbeiterinnen als sehr positiv bewertet; allerdings erlaubten die räumlichen und arbeitsorganisaorischen Bedingungen nach ihrer Ansicht nur kleinere Vorhaben, zumeist Angebote für pflegende Angehörige.
(e) Der Bereich „Stadtteilarbeit" muß laut Sozialarbeiterinnen als „vernachlässigter" Bereich gelten, auch wenn punktuelle Kooperationen mit einzelnen Institu-

tionen stattfinden, bei denen es zumeist um die Regelung von Einzelfällen geht. Auch die von einzelnen Stationen aufgebauten Projekte können noch nicht als Kontaktstellen für Hilfesuchende und Hilfegebende angesehen werden.

Als einschränkende Bedingungen, als Gründe für Mängel, Reibungspunkte und Grenzen bei der Bewältigung ihrer Aufgaben wurden von den Sozialarbeiterinnen genannt:

(a) Partiell nicht sachkompetente Vorgesetzte: Bedingt durch die Entstehungsgeschichte der Sozialstationen sind in bestimmten Funktionen bis dato immer noch ehrenamtlich tätige Personen im Amte, die den gewachsenen Anforderungen nicht gerecht werden. Solche Funktionsträger beziehen die Sozialarbeiterinnen in der Regel nicht in sie betreffende Entscheidungen ein. Längerfristige Planungen, wie sie beispielsweise für Stadtteilarbeit erforderlich sind, werden so nur schwer möglich sein. Des weiteren erschweren sie Arbeitsvorhaben mit Netzwerk-Charakter, wenn sie beispielsweise gemeinsame Gruppenarbeit in einem Nachbarschaftsheim eines anderen Trägers aus Konkurrenzgründen untersagten. Die Organisationsstrukturen der großen Wohlfahrtsverbände sind denn auch in letzter Zeit immer wieder kritisiert worden (Merchel 1990), desgleichen die mangelnde Ausbildung einzelner Funktionsträger. Qualitativ gute Sozialarbeit in Sozialstationen könnte nach Ansicht der Sozialarbeiterinnen gefördert werden, wenn auch Vorgesetzte elementare Kompetenzen aus den Bereichen „Kommunikation" und „Führung" erwerben würden und Sozialarbeiterinnen ihre Zeit nicht damit vergeuden müßten, ihren ehrenamtlichen Vorgesetzten dazu zu befähigen, sie nicht bei der Arbeit zu behindern.

(b) Unbefriedigende Arbeitsorganisation in den Stationen: In den Tagesprotokollen, in denen die Sozialarbeiterinnen minutiös alle Tätigkeiten eines Tages eintrugen, fiel durchweg ein Mangel an ungestörten Arbeitsperioden auf; Zeitabschnitte von 30 Minuten und mehr, in denen konzentriert und ungestört gearbeitet werden konnte, tauchten im Durchschnitt höchstens zweimal täglich auf. Als Gründe hierfür wurden zum einen die begrenzten räumlichen Kapazitäten mancher Stationen genannt, und zum anderen, daß die Kolleginnen aus dem Pflegebereich die Notwendigkeit dazu nicht einsehen mochten oder verstehen konnten.

(c) Nicht ausreichender Finanzierungsrahmen: Immer wenn aufwendigere Vorhaben einer stadtteilnahen Arbeit diskutiert werden, etwa der Aufbau einer Börse „Hilfe geben – Hilfe nehmen" oder auch nur Kurse zur Vorbereitung auf den Ruhestand, um systematisch Kontakte zu potentiellen ehrenamtlichen Helferinnen aufzubauen, dann wird das Argument laut: „Wir müssen unsere Kosten erwirtschaften. Für solche Vorhaben fehlen die Mittel". Die Finanzierung der Dienste ist seit jeher bekanntlich knapp bemessen, so daß eine optimale Pflege bis heute nicht zu gewährleisten ist. Erschwerend kommt der Umstand hinzu, daß die anderen Berufsgruppen in der Station die Notwendigkeit wohngebietsbezogener Arbeiten nicht immer erkennen und andere Prioritäten setzen.

(d) Eine Häufung von Belastungen bei KlientInnen und deren Angehörigen: Bei den meisten KlientInnen von Sozialstationen handelt es sich nach Auskunft der Sozialarbeiterinnen um einen Personenkreis, der besonders stark belastet ist. Ihnen und insbesondere ihren Angehörigen können nicht noch zusätzliche Aufgaben aufgebürdet werden. Potentielle Helferinnen, Menschen, die zu nachbarschaftlichen Hilfeleistungen bereit sind, sind leichter dort zu finden, wo Einrichtungen ein breites, nicht nur problemorientiertes Angebotsspektrum aufweisen.

Abhilfe kann zum einen geschaffen werden durch eine Erweiterung der Angebote der Sozialstationen, z. B. durch Angebote zur Gesunderhaltung. Solche Bestrebungen rufen aber bekanntlich erbitterten Widerstand anderer Gesundheitsanbieter, etwa der Ärzte, hervor. Vielversprechender ist nach Ansicht der Sozialarbeiterinnen zum anderen die organisierte Kooperation einzelner Einrichtungen und Projekte in einem Wohngebiet, auch wenn es problematisch ist, ausgerechnet den Sozialstationen alle Aufgaben anzutragen, die sich mit dem Begriff „gemeindenah" verbinden lassen.

(e) Mangelnde Kompetenzen der Sozialarbeiterinnen im Bereich „soziales Management": Dieser Mangel an einschlägigen Kenntnissen und Fertigkeiten wird von ihnen als problematisch erlebt; es werden z. T. große Anstrengungen unternommen, diese Mängel auf eigene Kosten zu beheben. In entsprechenden Fortbildungsangeboten erhoffen sich die beteiligten Sozialarbeiterinnen Kenntnisse zur Bewältigung von Aufgaben wie „optimale Arbeitsorganisation", „interne Öffentlichkeitsarbeit" (um zu verdeutlichen, was das Soziale an der Sozialarbeit ist), „Verhandlungführung mit den eigenen Anstellungsträgern und anderen Institutionen", „Koordination und Planung von bedarfsgerechten Hilfeangeboten im Stadtteil", „Motivierung von Mitarbeiterinnen", „Zusammenarbeit mit den niedergelassenen Ärzten".

Gerade am letzten Beispiel wird – so die Sozialarbeiterinnen – aber deutlich, daß diese Aufgaben allein mit besseren Kenntnissen und Fertigkeiten nicht zu bewältigen sind; so können beispielsweise die vorliegenden Interessensgegensätze zwischen den verschiedenen Berufsgruppen im Bereich der Gesundheitsversorgung von den Sozialarbeiterinnen nicht beinflußt werden. Die stärkere Beachtung rehabilitativer Aufgaben gegenüber den kurativen erfordert nicht nur einen Perspektivwechsel der Beteiligten, sondern führt auch auf seiten der traditionellen Gesundheitsanbieter zu vermeintlichen oder tatsächlichen Einkommensverlusten, etwa wenn ein Arzt anstelle einer Krankenpflegerin der Sozialstation seine Arzthelferin zu einer Patientin zum Spritzen schickt, dann kann er die Leistung abrechnen.

Kommentar:

Die Analyse der „einschränkenden Bedingungen" führte keineswegs zu einem „resignierten Gejammere", sondern verhalf den Teilnehmerinnen zu einer realitätsnahen Einschätzungen über Veränderungschancen. Es konnten Prioritäten gesetzt und Ziele für kurzfristig realisierbare Veränderungen gesetzt werden (siehe unten S. 215). Die Frage der Qualitätssicherung konnte mit zunehmender Selbstsicherheit bearbeitet werden: Es wurde erkannt, daß sich Qualitätskontrollen kaum über formale Vorschriften durchführen lassen, sofern diese auf seiten der Kontrollierten Widerstände und elastische Gegenmaßnahmen mit absurden Ergebnissen hervorrufen (Westerlund/Sjöstrand 1981). Dagegen wurden interne „Kontrollen" in Gestalt von Fallbesprechungen oder Selbstevaluation von den beteiligten Sozialarbeiterinnen nicht nur akzeptiert, sondern sogar gewünscht, da sie das Gefühl verstärkten, „sinnvolle" Arbeit zu leisten. Es konnte auch ein größeres Verständnis für die Position der Hauspflegerinnen in den Sozialstationen gewonnen werden: Bei ihren niedriger qualifizierten, wenig angesehenen und schlecht entlohnten Arbeiten fiel es offenbar leichter, objektive Qualitätskriterien festzusetzen und deren Einhaltung zu überprüfen. Je höher die Hierarchieleiter hinaufgestiegen wird, desto vager sind die Anforderungen formuliert und desto eher entziehen diese sich einer Überprüfung.

(3) *Ziele und Verfahren*:

Die Wünsche der Teilnehmerinnen betrafen zwei Ebenen der methodischens Handelns: die Analyse der offiziellen Arbeitsaufträge, einschließlich der Frage, was davon tatsächlich erfüllt wurde, und die Suche danach, wie die fehlenden und gewünschten Fertigkeiten zu erwerben sind. Die Ebene der Arbeitsprinzipien wurde hingegen kaum gestreift. Dies mag daran liegen, daß berufstypische Wertvorstellungen und Fachkenntnisse bereits in die Formulierung der Aufgabenkataloge eingeflossen waren. Es konnte auch der vielzitierte berufliche „Habitus" (Müller 1991) sein, der das bewußte Reflektieren über sozialarbeiterische Selbstverständlichkeiten überflüssig macht. Die Fragen „An welchen Werten und Fachkenntnissen orientieren wir uns?" oder „Könnten wir auch andere Werte und Überzeugungen akzeptieren?" wurde von den Sozialarbeiterinnen im Unterschied zu den Studentinnen für zweitrangig gehalten, weil sie vordergründig den Handlungsdruck nicht zu lindern versprachen. Erst wenn diese Fragen Bestandteil der Aufgabe „Wie bearbeite ich mein aktuelles Problem?" wurde, konnten allgemeinere konzeptionelle Diskussionen akzeptiert werden. Auf diese Weise konnten einige Mythen entkräftet werden, so beispielsweise die Vorstellung, das Sterben in der eigenen Wohnung sei einem Sterben im Krankenhaus in jedem Fall vorzuziehen, oder eine Aktivierung von Pflegebedürftigen sei immer sinnvoll.

Beispiel aus der Arbeitseinheit „Bestandsaufnahme ‚Stadtteilarbeit' und ‚Vernetzung'":

Auf Wandzeitungen wurde gemeinsam zu folgenden Fragen Material gesammelt: „Die ideale Stadtteilarbeit in meiner Station: Wie sieht sie aus? Was für Aktivitäten fänden dann statt?", „Was läuft bei uns bisher schon an Stadtteilarbeit?", „Wie können wir das, was jetzt schon läuft, erweitern?". Es ging hierbei nicht darum, Kenntnisse über irgendwelche Formen von Stadtteilarbeit zu vermitteln, sondern darum, die Vorstellungen der Teilnehmerinnen zur „Stadtteilarbeit" und damit auch die Bedeutung des Konzepts für ihren spezifischen Arbeitsbereich bewußt zu machen. Desgleichen stand auch der Entwurf eines Gesamtkonzepts von Stadtteilarbeit nicht zur Debatte; denn die Stationen arbeiteten bereits seit sechs Jahren; die Aufgaben sind weitgehend festgelegt. Der vorhandene Handlungsspielraum ließ nur leichte Akzentverschiebungen zu.

Beispiel aus der Arbeitseinheit „Ziele formulieren und die Realitätsnähe von Zielen einschätzen":

Anhand des Protokolls zu den Wandzeitungen und der anschließenden Diskussion formulierte jede Teilnehmerin ein Ziel oder einen Wunsch zur „Stadtteilarbeit". An jedem dieser Ziele konnte die Gruppe exemplarisch erarbeiten, welche Aktivitäten verlangt werden, und die Realisierungschancen überprüfen. Es wurden z. B. folgende Ziele genannt: „Ich möchte, daß meine Station im Stadtteil bekannter wird", „Ich möchte Gruppenarbeit mit pflegenden Angehörigen aufbauen", „Ich möchte mit dem benachbarten Nachbarschaftsheim zusammenarbeiten", „Ich möchte, daß meine Vorgesetzte meine Arbeit mehr unterstützt."

Bei der weiteren Arbeit wurde ein Informationsbogen „Regeln zur Arbeit mit Zielen und Wünschen" als Hilfsmittel verwandt (Stahl 1988):

(a) Ist das Ziel von mir selbst initiierbar? Das Erreichen des Zieles ist wesentlich von meinen eigenen Aktivitäten abhängig, wenngleich ich damit das Ziel noch nicht erreicht habe. (Das erste und vierte der genannten Ziele ist nicht selbstinitiierbar; für sie geht es mit Schritt g weiter).

(b) Habe ich das Ziel sprachlich „positiv" formuliert? Wenn nicht, sollte es möglichst umformuliert werden. Wenn mein Ziel beispielsweise heißt: „Ich möchte nicht immer so aufgeregt sein", dann weiß ich damit noch nicht, wie ich sein will, wenn ich nicht aufgeregt bin; außerdem sollte gefragt werden, in welchen Situationen ich nicht aufgeregt sein will, denn es gibt sicher auch Situationen, in denen es günstig ist, aufgeregt zu sein. Das Ziel sollte vielmehr lauten: „Ich möchte nicht immer so aufgeregt sein, wenn ich meiner Vorgesetzten einen Vorschlag mache"; damit es sehr konkret wird und alle dasselbe unter „nicht aufgeregt" verstehen, kann noch gefragt werden: „Woran merke ich, daß ich nicht aufgeregt bin?".

(c) Was ist zu tun, damit ich das Ziel erreiche? Zu unternehmen sind oft mehrere und unterschiedliche Aktivitäten. Manchmal muß ich noch Informationen sammeln, etwas lernen, präzisere Unterziele beschreiben oder etwas an andere Personen delegieren.

(d) Was habe ich bisher schon zum Erreichen des Ziels getan? Ich muß beispielsweise beim Ziel „mehr Fallbesprechungen mit Ehrenamtlichen" danach sehen, was jetzt schon an Fallarbeit oder Besprechungen mit Ehrenamtlichen läuft und dieses genau festhalten.

(e) Wie kann ich das, was ich bisher schon mache oder getan habe, erweitern? Auf diese Weise komme ich zu sehr konkreten Handlungen.

(f) Worauf muß ich verzichten, wenn ich das Bestehende erweitere? Dies ist eine wichtige Frage, denn meistens leide ich ja nicht an einem Mangel an Arbeit. Ich bekomme dann einen realitätsnahen Überblick, über zusätzliche Belastungen und mögliche Hindernisse. Deshalb ist es günstig, auch zu fragen: Wer oder was kann mich daran hindern, das Ziel anzustreben. Es sollten mindestens drei Hindernisse genannt werden. Ich kann dann entscheiden, ob ich das Ziel trotzdem weiter verfolgen will und überlegen, wie ich mit den Hindernissen umgehe.

(g) Wie muß ich vorgehen, wenn das Ziel nicht selbstinitiierbar ist? In diesem Fall wird alles etwas schwieriger: Ich könnte das Ziel aufgeben oder überlegen, was ich dazu beitragen kann, damit das Erreichen des Zieles wahrscheinlicher wird. Die Antworten darauf finde ich leichter, wenn ich mir die Frage stelle: „Woran merke ich … ?" – etwa: „Die Vorgesetzte soll meine Arbeit nicht nur dulden, sondern auch unterstützen. Woran merke ich, daß sie mich unterstützt? Ich merke es z. B. daran, daß sie mich die Briefe an Angehörige von Klienten unterschreiben läßt, daß sie mich in Planungen einbezieht, daß sie meine Argumente in Diskussionen unterstützt". Alle diese Handlungen kann ich wie „Ziele" behandeln und mich fragen: „Was kann ich dazu tun, damit sie mich die Briefe unterschreiben läßt?". (Bei Bedarf sollten die Schritte b bis f durchgearbeitet werden, um so auch diesen Zielen näher zu kommen).

(h) Wie kann ich die Realitätsnähe einschätzen? Die Realitätsnähe kann durch folgende Fragen eingeschätzt werden: Wer wird davon betroffen, wenn ich dieses Ziel anstrebe? Wie werden die Betroffenen darauf reagieren? Welchen Gewinn haben die anderen davon, und welche Verluste werden sie befürchten? Gibt es

Möglichkeiten, die Betroffenen davon zu überzeugen, daß für sie auch etwas dabei herauskommt oder daß sie nichts zu befürchten haben? Welche Interessen oder Meta-Ziele haben die anderen; lassen sich diese mit meinem Ziel oder mit Unterzielen verbinden? Wie kann ich die Befürchtungen der anderen entkräften? Welchen Nutzen kann ich aus dem Widerstand der anderen ziehen (wenn ich hierauf eine Antwort finde, kann ich mich beglückwünschen)? Warum hat bisher niemand anderes versucht, dieses Ziel zu erreichen (habe ich Hindernisse übersehen)? Was verliere oder gewinne ich, wenn ich dieses Ziel erst später anstrebe? Welche Alternativen habe ich? Will ich es noch anstreben?

Kommentar:

Beim Einüben spezieller Fertigkeiten, wie z. B. von Verfahren zur Gestaltung von Teamsitzungen, Abstimmungen, Befragungen, Verhandlungen, Öffentlichkeitsarbeit usw., fiel folgendes auf:

(a) Die Handhabung solcher „Techniken" dient weniger der „Manipulation" von KlientInnen als vielmehr der Auseinandersetzung mit Vorgesetzten und Mediatoren.

(b) Wenn entsprechende Kenntisse und Fertigkeiten fehlen, entstehen bei den Sozialarbeiterinnen Gefühle von Überforderung.

(c) Manches von dem was in der Literatur der Hilflosigkeit des Helfers zugeschrieben wird, dürfte bei genauerem Hinsehen weniger eine Folge frühkindlicher narzistischer Störungen sein, als vielmehr auf einen Mangel an Fertigkeiten zurückgeführt werden.

5. Abschliessende Bemerkung

Es wird in der Methodenliteratur manchmal auf einen vermeintlichen oder tatsächlichen Gegensatz zwischen sogenannten „Ideal-Entwürfen" und angeblich weniger wertvollen realen Möglichkeiten hingewiesen. Ich glaube nicht an diesen Gegensatz; es gibt meines Erachtens nur gute und weniger gute Entwürfe. Ein „guter" Entwurf besteht aus potentiell realisierbaren Elementen; er enthält aber immer mehr Forderungen und Möglichkeiten, als sich im Einzelfall realisieren lassen. In der konkreten Handlungssituation wird entsprechend den Arbeitsaufträgen und den Anliegen der Beteiligten eine „Teilmenge" des Entwurfs realisiert und weiter ausdifferenziert. Der Sinn von Entwürfen kann nicht darin liegen, die Handelnden zu entmutigen, indem die Diskrepanzen, die zwischen dem Wünschenswerten und dem Realisierbaren bestehen, als Ausdruck mangelnder Fachkompetenz oder unveränderbarer Zustände gedeutet werden. Die auffallenden Diskrepanzen können hingegen das Problemverständnis erweitern; sie könnten ferner die Suche nach fehlenden Ressourcen anregen oder die Kooperation mit geeigneten Einrichtungen nahelegen; möglicherweise liefern sie aber auch Information, um den Entwurf zu modifizieren.

Arbeitshilfen für das methodische Handeln

Hiltrud von Spiegel

In der Methodenliteratur für die Soziale Arbeit findet man unterschiedliche Vorschläge zur Methodisierung beruflichen Handelns:

(a) Es gibt *arbeitsfeldspezifische und arbeitsfeldunabhängige* (z. B. psychoanalytische, klientenorientierte oder kommunikationstheoretisch orientierte Beratungs-)*Konzepte*, nach denen die Anwenderinnen gehalten sind, Ziele, Inhalte und Methoden als „Paket", also im sinnhaft begründeten Zusammenhang zu benutzen[1]. Wenn Fachkräfte der Sozialen Arbeit mit solchen Konzepten arbeiten, gehen sie implizit oder explizit davon aus, daß die mitgelieferte theoretische Orientierung bzw. das inhärente Menschenbild des bevorzugten Konzeptes auch die Definition des Problems und die Anwendung bestimmter Methoden und Techniken vorschreiben.
Solche professionellen Konzepte im Sinne unserer Grundbegriffe (siehe Begriffsklärung, S. 323), beziehen sich in der Regel auf den wissenschaftlich und normativ begründeten Teil der beruflichen Arbeit.
Im beruflichen Alltag haben es die Fachkräfte jedoch mit politisch ausgehandelten *Konzeptionen* (siehe Begriffsklärung, S. 323) zu tun; denn sie müssen die Arbeitsaufträge, die sich aus dem inner- und interinstitutionellen Umgang mit Kolleginnen und Vorgesetzen inklusive der dazugehörigen politischen und Verwaltungsarbeit ergeben, mit den professionellen Konzepten vereinbaren.

(b) Ein weiteres Beispiel sind die unterschiedlich differenzierten *Phasenmodelle*[2], die Ziele, Inhalte und Methoden in eine handlungslogische Abfolge bringen. Diese Modelle vermitteln leicht den mißverständlichen Eindruck, daß sich bei sachgerechter Anwendung die Ereignisse so entwickeln, wie es vorher geplant war. Sie sind aber ursprünglich nicht als Planungsinstrumente konzipiert, sondern als (nachträgliche) Einordnungs- und Reflexionshilfen, um z. B. methodisches Handeln „lehrbar" zu machen; denn das berufliche Handeln in der Sozialen Arbeit gestaltet sich zu komplex, als daß es exakt geplant werden könnte.

---

[1] Siehe z. B. die von Karlheinz Geißler und Marianne Hege (1991) zusammengestellten „Konzepte sozialpädagogischen Handelns".

[2] Siehe z. B. die Modelle von Marinus van Beugen (1972) oder von Allen Pincus und Anne Minahan (1980).

254

Eine *„Umsetzung"* von Konzepten oder Phasenmodellen auf soziale Situationen mit der Absicht eines „Transfers" von der „Theorie" zur „Praxis" ist daher *nicht möglich.* Denn auf jeder Handlungsebene sind die konstitutiven Variablen anders zusammengesetzt, und auch das Verhältnis von wissenschaftlichen und erfahrungsbezogenen Wissensbeständen wird auf jeder Handlungsebene anders gewichtet. Alle Beteiligten deuten die objektiv gleiche Situation unterschiedlich und entwerfen widersprüchliche oder zumindest alternative Ziele und Wege. Man muß mit einer Vielzahl von (wechselseitig verknüpften) Einflüssen rechnen, die auch eigendynamische Wirkungen entfalten. Konstellationen und Sachverhalte verändern sich, ohne daß die Fachkräfte etwas dazutun; sie können viele der Einflußfaktoren weder berücksichtigen noch wirksam steuern (Heiner 1988a). In ihrer alltäglichen Arbeit lösen sie darum (oft mit einem schlechten „theoretischen" Gewissen) Methoden, Verfahren und Techniken aus ihren jeweiligen konzeptuellen Kontexten heraus und „mixen" sie pragmatisch – nach Kenntnis, Gutdünken, Kompetenz und Erfahrung. Sie transformieren also biographische Gegebenheiten, professionelle Konzeptionen und institutionelle Bedingungen in situatives Handeln. Den „Sinn" dieses Handelns, den sie oft erst im Nachhinein begründen können, entnehmen sie dem Reservoir ihres verfügbaren wissenschaftlichen und erfahrungsabhängigen Erklärungswissens. Sie gehen situations- und problemadäquat und somit eklektisch vor. Das bedeutet, daß die Persönlichkeit der Sozialarbeiterin/Sozialpädagogin selbst und ihre berufliche Identität den Kristallisationspunkt beruflicher Handlungskompetenz bilden (siehe beispielsweise Gildemeister 1983; Dewe/Ferchhoff 1986).

„Methodisch" arbeiten diejenigen Fachkräfte, die ihr berufliches Handeln durch *Dokumentation ihrer Arbeitsvollzüge nachvollziehbar* und somit *überprüfbar* und *legitimierbar* gestalten und *mit Hilfe von Reflexion und Evaluation veränderbar* und/oder idealerweise annähernd *wiederholbar machen* (siehe Begriffsklärung, S. 323).

Ich stelle in diesem Beitrag einige Arbeitshilfen vor, die ich im Zusammenhang mit meiner Konzeption zentraler Tätigkeiten methodischen Arbeitens entwickelt habe. Ich vertrete einen *eklektischen Ansatz*, was bedeutet, daß die Fachkräfte die Handlungssituation und die Problemkonstellation so adäquat wie möglich erfassen sollten, um dann sehr klare und explizite Ziele festzulegen. Da kein diagnostisches und auch kein methodisches Verfahren universal einsetzbar ist, sollten sie über eine angemessene Bandbreite an Analyse- und Interventionshilfen verfügen, um situationsgerecht arbeiten zu können. Ich orientiere meine Vorschläge zum methodischen Handeln am Bild der „Collage", nach dem die Fachkräfte subjektiv *Teilstücke aus professionellen Konzeptionen auswählen* und *subjektiv situations- bzw. problem-*

orientiert einsetzen. Das Bild der Collage erscheint mir gerechtfertigt, weil Fachkräfte in ihrer Praxis Fragmente verwenden, – Fragmente, die nicht immer zusammenpassen, die sie aber einzeln mit Bedeutung versehen und die sie situativ und jeden Tag anders zusammenstellen – collagenhaft eben. Methodisches Handeln soll dazu führen, daß sie ihre subjektive *Auswahl stärker theoriegeleitet betreiben* und daß sie ihre *Kompetenzen weniger* „egozentrisch" und mehr *situations-* und *problemorientiert einsetzen.* Sie sollen sich ihrer impliziten Theorien und Handlungsregeln bewußt werden und auf diese Weise darüber nachdenken, ob sie dem Gegenstand und dem Ziel ihrer Arbeit sowie ihren eigenen Wertvorstellungen bzw. denen ihrer Institution gerecht werden. Auf dieser Grundlage können sie ihre Handlungen begründen, rechtfertigen und bilanzieren (siehe von Spiegel 1993, 135).

Die in diesem Beitrag vorgestellten Arbeitshilfen entstanden im Zusammenhang mit einer umfassenden Auswertung der vorliegenden Literatur über methodisches Arbeiten und über die berufliche Arbeit von Fachkräften Sozialer Arbeit. Wesentliche Anregungen fand ich hauptsächlich in den Arbeiten von Allen Pincus und Anne Minahan (1980)[3], von Silvia Staub-Bernasconi (1986)[4], Marianne Meinhold (1988)[5] und Maja Heiner (1986; 1987; 1988a; 1988b; 1989)[6]. Ich habe sie im Laufe meiner Lehr- und Fortbildungs-

---

[3] Allen Pincus und Anne Minahan entwickelten mit amerikanischen Kolleginnen ein methodenintegratives Rahmenmodell im Sinne eines „Gerüstes", in das man selektiv theoretische Orientierungen bzw. Konzepte einbauen kann; siehe den in deutscher Übersetzung erschienenen Sammelband von Harry Specht und Anne Vickery (1980) und das diesem Konzept verwandte Modell von Marinus van Beugen (1972).

[4] Silvia Staub-Bernasconi strebt weitergehend eine Integration von Problemsichten, Methodenelementen, Funktions- und Erklärungswissen im „metatheoretischen Bezugsrahmen einer Prozeß- und Systemtheorie" (1986, 58) an. Ein Produkt ihrer Arbeit sind die „Konstruktionselemente einer Handlungstheorie", eine elaborierte Übersicht und Klassifizierung von maßgeblichen Elementen methodischer Arbeit (ebd., 53).

[5] Marianne Meinhold (1988) präsentiert in ihrem Modell zum methodischen Handeln sechs Ebenen: (a) Analyse des „offiziellen Auftrages"; (b) Einschätzung des Handlungsspielraumes für „inoffizielle", sozialpädagogische Arbeitsaufträge; (c) Entwicklung von Arbeitsprinzipien und Erarbeitung eines Bedeutungsrahmens einzelner Arbeitsprinzipien; (d) Formulierung von Zielen; (e) Einsatz und Variation von technisch-instrumentellen Fertigkeiten und detaillierten Arbeitsformen als sekundäre Hilfsmittel; (f) Auswertung, Dokumentation und Modifikation der Arbeitsformen (zur Weiterentwicklung des Modells siehe den Beitrag von Marianne Meinhold in diesem Band, S. 220 ff.).

[6] Maja Heiner (1986, 1988a) führte das Konzept der Selbstevaluation in die Methodendiskussion ein und entwickelte und erprobte diesbezüglich verschiedene Methoden.

tätigkeit erprobt und weiterentwickelt. In Lehrveranstaltungen und Fortbildungen haben Studentinnen, Berufspraktikantinnen und berufserfahrene Fachkräfte der Sozialen Arbeit die Möglichkeit, frei von Handlungs- und Entscheidungsdruck (abgelaufene) Handlungen zu strukturieren und somit das anscheinend unüberschaubare Gewirr von Einflüssen auf das Alltagshandeln „theoretisch" zu ordnen, zu reflektieren und Handlungsalternativen zu entwickeln. Die Arbeitshilfen tragen nach meiner Erfahrung auch dazu bei, das wissenschaftliche Zustands-, Erklärungs-, Wert- und Verfahrenswissen mit praktischen Anforderungen und Problemen in eine systematische Beziehung zu setzen. Dabei erleben die Fachkräfte, daß ihnen das „theoretische" Erklärungswissen zwar keine Anleitung für ihr alltägliches Handeln vermittelt, daß es ihnen aber bei der Deutung und Interpretation von Situationen und Problemen hilft und somit auch Perspektiven professionellen Handelns offenlegt, die sich qualitativ vom Alltagshandeln der sogenannten Laien unterscheiden.

Im folgenden stelle ich vier ausgearbeitete Arbeitshilfen vor. Die *Analyse der Arbeitsaufträge* (Abschnitt 1.) soll den jeweils spezifischen institutionellen Hintergrund und seine Bedeutung für die konkrete Soziale Arbeit der Reflexion zugänglich machen. Mit Hilfe der *Analyse der Handlungsregeln* (Abschnitt 2.) können die Professionellen ihr spontanes und zunächst unreflektiertes Handeln unter die Lupe nehmen und die darin realisierten impliziten Regeln analysieren und beurteilen. Auch die *Anleitung zur Situations- und Problemanalyse* (Abschnitt 3.) soll eine differenziertere und mehrdimensionale Sichtweise von Situationen bzw. Problemen ermöglichen. Die *Checkliste zur Handlungsplanung* (Abschnitt 4.) soll die Fachkräfte zur Klärung einiger unabdingbarer Merkpunkte für das berufliche Handeln veranlassen. Die Ergebnisse all dieser systematischen und dokumentierten Reflexionen können im weiteren für die *Selbstevaluation* (Abschnitt 5.) weiterbearbeitet werden.

Mit den verschiedenen Arbeitshilfen lassen sich Prozesse auf unterschiedlichen Handlungsebenen (interpersonell, inner- und interinstitutionell) und in ihren vertikalen (Macht-) und horizontalen (Verknüpfungs-, Austausch-)Dimensionen (Staub-Bernasconi 1986) beschreiben und analysieren. Sie sind einzeln oder in Kombination handhabbar und können beweglich – etwa in Form einer Collage – eingesetzt werden[7]. Je nach Fokus eröffnen sie Möglichkeiten der Erörterung, des Abwägens und der Variation von (alternativen) Situations- bzw. Problemdefinitionen, Zielsetzungen und Arbeitsprinzipien, Handlungsregeln und -anweisungen sowie Arbeitsformen. Sie sind

---

[7]   Weitere Vorschläge finden sich in von Spiegel 1997a.

gedacht als „Ideenpool" und sollen monokausales oder ausschließlich finales Denken mit kreativen, heuristischen und dialektischen Aspekten anreichern. Nach einer gewissen Einübungszeit können die Fachkräfte die Verfahren ohne Beratung von außen selbst vorbereiten und durchführen. Alle Arbeitshilfen sind auf eine *schriftliche Bearbeitung* hin angelegt; denn die üblichen mündlichen und gedanklichen Reflexionen aller Fachkräfte sind oft zu unstrukturiert. Sie verführen zur Ungenauigkeit und Unverbindlichkeit. Eine schriftliche Reflexion regt auch dazu an, gelungene und fehlgeschlagene berufliche Handlungen zu analysieren und zu bilanzieren, und fördert somit den evaluativen Diskurs.
In jedem Abschnitt erläutere ich jeweils kurz die Arbeitshilfe (.1), beschreibe deren Einsatz- und Gebrauchsmöglichkeiten (.2), berichte über Erfahrungen mit dem Einsatz der Raster und Checklisten (.3) und konkretisiere schließlich ihre Anwendung anhand eines Beispiels (.4).
Im Kontrast zu den stärker „sozialarbeiterischen" Beispielen der anderen Autorinnen dieses Buches beziehe ich mich mit meinen Beispielen auf ein typisch „sozialpädagogisches" Feld: die außerschulische Kinder- und Jugendarbeit. Entsprechend benutze ich auch die dort gebräuchliche arbeitsfeldspezifische Begrifflichkeit (im Jugendzentrum gibt es beispielsweise keine „Klientinnen", sondern Kinder und Jugendliche) und beziehe mich auf die dortigen Herausforderungen und Aufgabenstellungen. Da in diesen Bereichen die Teilnehmerinnen freiwillig kommen, arbeiten die Fachkräfte fast ausschließlich situationsorientiert und befassen sich stärker mit dem Arrangement des pädagogischen Rahmens.

1. ZUR ANALYSE DER ARBEITSAUFTRÄGE

Arbeitsaufträge thematisieren den Tatbestand, daß Soziale Arbeit in der Bundesrepublik Deutschland immer *in Trägerschaft gesellschaftlicher Institutionen* geleistet wird. In den professionellen Konzeptionen Sozialer Arbeit wird idealer Weise unterstellt, daß die Arbeitsinhalte an den Bedürfnissen und Interessen jener orientiert werden, die als „Klientinnen", „Adressatinnen", „Betroffene" bzw. „Teilnehmerinnen" gelten. Aus dieser „Dienstleistungsperspektive" sollten die Fachkräfte also auch deren Erwartungen als „Aufträge" auffassen. Die weltanschauliche Ausrichtung des Trägers einer Einrichtung, gesetzliche Vorgaben, Verwaltungsvorschriften, administrative Verfahrensregelungen und die verfügbaren institutionellen Ressourcen, aber auch Erwartungen von Kolleginnen, Vorgesetzten und außenstehenden einflußreichen Personen prägen das institutionelle Setting, ohne daß sie jeweils ausdrücklich als Einflußfaktoren analysiert würden. Diese *Rah-*

menbedingungen der alltäglichen Arbeit bilden unter anderem den Hintergrund für Planungsprozesse, und als eigenständige (strukturelle) Quelle beeinflussen sie immer auch die jeweilige Handlungssituation und die verwendeten Arbeitsformen.

Ich bezeichne alle diese Erwartungen im folgenden als „vorgegebene" Arbeitsaufträge. Sie bilden aber kein homogenes „Paket" und wirken auch nicht mit gleicher Intensität; so können beispielsweise die Wünsche und Bedürfnisse der Klientinnen in einen Widerspruch zu den Vorstellungen und Erwartungen von Trägern und Vorgesetzten geraten. Welche Orientierungen letztlich für die Arbeit der einzelnen Fachkräfte maßgebend werden, wird von allen Beteiligten ausgehandelt, auch wenn es nicht so wahrgenommen wird.

Das Ergebnis dieses Prozesses hängt unter anderem von Machtkonstellationen[8] ab; das bedeutet, daß die alltäglichen Berufsvollzüge meist durch institutionelle Imperative dominiert werden: In den klassischen Feldern der Sozialen Arbeit verfügen sowohl die Vorgesetzten als auch die Fachkräfte selbst über eine recht umfangreiche Definitionsmacht, während die Professionellen im sozial*pädagogischen* Bereich von der Akzeptanz aller Beteiligten wesentlich abhängiger sind. Im Jugendzentrum müssen die Fachkräfte immer mit der sogenannten „Abstimmung mit den Füßen" ihrer Besucherinnen rechnen, während die Klientinnen im Allgemeinen Sozialen Dienst wesentlich stärker von den Professionellen abhängig sind.

1.1. Darstellung der Arbeitshilfe und Erläuterungen

Der als Raster angelegte Vorschlag zur Analyse der Arbeitsaufträge (siehe Übersicht 1, S. 260 f.) dient dazu, einen großen Teil derjenigen Einflußfaktoren zu erfassen, die systematisch in beruflichen Handlungssituationen wirksam werden. Ein großer Teil der Checkpunkte in der Vertikalen bezieht sich auf Einflüsse und Ressourcen der Institution, andere auf die Erfassung der Erwartungen und Bedürfnisse anderer relevanter Beteiligter. Mit den Recherchen und Überlegungen während des Ausfüllens der leeren Spalten sollen die Fachkräfte in gewisser Weise den Prozeß des Aushandelns von Erwartungen und Ansprüchen der Beteiligten (Menschen und Strukturen) reflexiv nachvollziehen

In der *ersten Spalte* sollen diese *Aufträge* („Ich soll") möglichst unverfälscht eingetragen werden. Dazu müssen die unterschiedlichsten Recherchen angestellt werden:

---

[8]   Siehe hierzu den Vorschlag zur Machtquellenanalyse von Silvia Staub-Bernasconi in diesem Band, S. 24 ff., 66 f. und 76 ff.

Übersicht 1: Vorschlag für eine Analyse der Arbeitsaufträge

Bestandsaufnahme	Vorgegebene Arbeitsaufträge: „Ich soll…"	Eigene Arbeitsaufträge: „Ich will…"	Resultate aus dem Vergleich
(1) Konzeptionelle Ziele der Einrichtung/ des Trägers (abgeleitet aus der Ideologie des Trägers, dem Einrichtungszweck, der Konzeption)			
(2) Erwartete Tätigkeiten (Welche Zielgruppe, welche „Angebotsstruktur" erwarten Träger und Vorgesetzte? Was bedeutet für sie Erfolg?)			
(3) Individuell modifizierte Trägeraufträge (Aussagen und Vorlieben bzw. „kritische" Punkte und Erfolgskriterien maßgeblicher Menschen, z. B. von Vorgesetzten)			
(4) Personelle Ressourcen (Mitarbeiterinnenzahl, Hierarchie, Qualifikationen und Kompetenzen, Vorlieben und Erfolgskriterien, zeitliche Einschränkungen)			
(5) Öffentliche Vorgaben und wesentliche Gesprächsthemen im Stadtteil (Wünsche, Rückmeldungen, Erfolgskriterien von NachbarInnen, BürgerInnen, PolitikerInnen)			

(Fortsetzung S. 261)

(6) Interessen, Bedürfnisse und Erwartungen der Kinder/Jugendlichen, abgeleitet aus ihrem Verhalten und ihren Aussagen zu Wünschen, Bedürfnissen und Gütekriterien sowie aus dem Wissen über ihre Lebenswelt			
(7) Erwartungen und Interessen anderer Personen aus dem relevanten Kontext (abgeleitet aus Gesprächen, aber auch aus der Analyse ihrer Lebensverhältnisse im Stadtteil)			
(8) Lage, Zugangsmöglichkeiten, Öffnungszeiten, Arbeitszeiten, Architektur, Nutzungsvorschriften, Spezifika der Einrichtung			
(9) Rechtliche Vorgaben, Verwaltungsvorschriften und Dienstwege (z. B. bezüglich Materialbeschaffung, Berichterstattung Aktenführung, Aufsichtspflicht u. a.)			
(10) Materielle Ressourcen (Etat, alternative Finanzierungsquellen, Spiel- und Bastelgeräte und -material, Fahrzeuge und andere Hilfsmittel)			

(a) Die Fachkräfte müssen z. B. die sogenannte „Firmenphilosophie" (weltanschaulich begründete institutionelle Ausrichtung des Trägers) und die damit korrespondierende (politisch ausgehandelte) Konzeption studieren.

(b) Sie sollten sich über gesetzliche Grundlagen und Verwaltungsvorschriften, das Organigramm der Einrichtung und die formelle und informelle Hierarchie informieren.

(c) Sie sollten möglichst viele der beteiligten Personengruppen (Vorgesetzte, Kolleginnen, Kinder, Eltern, Nachbarinnen, Politikerinnen, eventuell auch andere Expertinnen im Stadtteil) zu den betreffenden Fragen interviewen und somit authentische Aussagen zusammentragen. Wo direkte Befragungen nicht möglich sind, bieten sich (teilnehmende) Beobachtungen oder andere Methoden, beispielsweise der Lebensweltanalyse[9], an.

(d) Sie sollten sich auch den Stadtteil selbst und seine Infrastruktur anschauen, um eine Einschätzung über die Einbindung der Einrichtung in diesen Stadtteil zu gewinnen (Zugänglichkeit, Architektur, Öffnungszeiten in Relation zu den Möglichkeiten und Wünschen der Klientinnen).

(e) Und nicht zuletzt sollten die Fachkräfte auch eine „Inventur" der vorhandenen personellen, materiellen und räumlichen Ressourcen vornehmen.

Hiervon ist abhängig, welche der zusammengetragenen Aufträge überhaupt mit Hilfe der zur Verfügung stehenden Ressourcen erledigt werden können.

Die *zweite Spalte* dient der *Klärung der eigenen Vorstellungen*. Der Leitsatz „Ich will" wirkt allerdings beim Ausfüllen der letzten fünf Kategorien etwas irreführend: Es geht nämlich in allen Spalten darum, zu überlegen, mit welchem Arbeitsauftrag sich die Fachkräfte identifizieren können. In der Auseinandersetzung mit den vorgegebenen Arbeitsaufträgen formulieren sie im folgenden eigene Arbeitsaufträge[10], die sie in ihrer beruflichen Arbeit reali-

---

[9] Siehe das Methodenset zur Lebensweltanalyse mit Kindern (von Spiegel 1997).

[10] Marianne Meinhold hat im Zusammenhang mit dem methodischen Handeln als erste von Arbeitsaufträgen gesprochen und zwischen „offiziellen" und „inoffiziellen" Arbeitsaufträgen unterschieden (Meinhold 1988, 3f.). In einer späteren Version spricht sie von „offiziellen" und „pädagogischen" Arbeitsaufträgen. Ihr geht es im wesentlichen um die Erkundung der Handlungsspielräume, die den Fachkräften für den Prozeß der Ausgestaltung der offiziellen Arbeitsaufträge verbleiben und um die „Übersetzungsleistungen", die zur Vermittlung zwischen den unterschiedlichen Sprach- und Denkebenen von Administration und Sozialer Arbeit notwendig sind. Sie bezieht sich hauptsächlich auf institutionelle, also administrative und rechtliche Vorgaben, während pädagogische Arbeitsaufträge aus dem beruflichen Selbstverständnis der Fachkräfte entstehen und „klientennäher" sind (siehe ihre Ausführungen in diesem Band, S. 220ff.). Im Unterschied dazu fasse ich alle „vorgegebenen" Erwartungen (von „oben" und „unten") zusammen und stelle diese den „eigenen" gegenüber.

sieren möchten. Diese sind durch ihre eigene Lebensgeschichte beeinflußt und werden mit einer in der Ausbildung erworbenen beruflichen Ethik und entsprechenden fachlichen Standards, Interessen und Zielen angereichert. In die eigenen Arbeitsaufträge gehen auch Interessen eines möglichst kräfte- und ressourcensparenden Einsatzes der eigenen Arbeitskraft ein; Soziale Arbeit ist schließlich „Lohnarbeit".

Die Gegenüberstellung der Arbeitsaufträge ist nicht wertend gemeint: Vorgegebene Arbeitsaufträge sind nicht per se negativ, eigene Arbeitsaufträge nicht nur positiv zu sehen. Professionelle müssen sich immer eine eigenständige Position erarbeiten, weil sie weder grundsätzlich im Interesse ihrer Klientinnen tätig werden, noch ausschließlich institutionellen Imperativen folgen können.[11]
Die *dritte Spalte* dient dem *Vergleich der Arbeitsaufträge* und einer *bewertenden Stellungnahme.* Hier können die Fachkräfte auch die „Realität" würdigen, die sie selbst wahrnehmen, denn das, was täglich in der Einrichtung passiert, hat häufig wenig mit den verschiedenen Arbeitsaufträgen und manchmal auch nicht viel mit den eigenen Vorstellungen zu tun. Stichworte zur eigenen Zufriedenheit, zu Änderungswünschen, zu Widersprüchen und erwarteten Hemmnissen bei der Realisierung der Wünsche kann man ebenfalls in dieser Spalte unterbringen. Das Raster dient jedoch hauptsächlich der Erfassung der institutionellen Realität sowie der eigenen Handlungsspielräume und nicht der Analyse dessen, was die einzelnen Beteiligten tatsächlich *tun.*[12]

1.2. Einsatz- und Auswertungsmöglichkeiten

Der Raster kann von einzelnen Fachkräften zur Erkundung ihrer institutionellen Bedingungen bearbeitet werden oder von Teammitgliedern, die es zunächst allein ausfüllen und dann ihre Eintragungen miteinander vergleichen. Wenn sie ad hoc und stichwortartig die Informationen und Hintergründe eintragen, die ihnen präsent sind, entdecken sie auch Lücken. Sie können das Raster aber auch als Leitfaden für eine umfassende institutionelle Analyse benutzen. Letzteres wird kaum ohne die oben angesprochenen intensiven Recherchen gehen, und auf diese Weise können sehr umfassende Werke entstehen (z. B. Diplomarbeiten oder Abschlußarbeiten für die Berufspraktische Prüfung).

---

[11] Siehe dazu den vielzitierten Widerspruch zwischen Hilfe und Kontrolle sowie die von Regine Gildemeister (1983) herausgearbeiteten weiteren „Paradoxien der Berufsrolle".

[12] Die Erfassung und Beurteilung der tatsächlichen Abläufe wäre eher die Aufgabe von evaluativen Bemühungen (siehe Abschnitt 5, S. 296 ff.).

Für die *alltägliche Arbeit* ist so etwas aber nicht praktikabel. Das Raster sollte auf ein DIN-A-3-Format vergrößert werden. Der dann immer noch begrenzte Platz zwingt die Analysierenden zu Entscheidungen über das Wesentliche (und das Leistbare) und legt die Verwendung von Stichworten (statt ausgearbeiteten Sätzen) nahe, was wiederum der verbreiteten Abneigung gegen das Abfassen von „Berichten" entgegenwirken kann. Ein Team kann darüber hinaus auch mehr oder weniger Außenstehende, z. B. Praktikantinnen oder Diplomandinnen, mit einer solchen Analyse beauftragen und die Ergebnisse insgesamt oder in ausgewählten Punkten mit der eigenen Arbeit in Beziehung setzen. Es kann im weiteren von Zeit zu Zeit überprüfen, ob die Ergebnisse noch „stimmen" oder ob neue Fakten (politische Entwicklungen, Ressourcenkürzungen, Änderung der Besucherinnenstruktur, neue Teammitglieder u. a.) Einfluß auf die vorgegebenen und eigenen Arbeitsaufträge hatten.

Die *Auswertung* einer Analyse der Arbeitsaufträge geschieht im wesentlichen über den Vergleich einzelner Positionen:

(a) Der Vergleich der verschiedenen Erwartungen und Sichtweisen der Beteiligten in der Vertikalen zeigt Differenzen auf, die zu erörtern sind. Möglicherweise ergeben sich auch Hinweise auf Handlungsspielräume und Chancen, die bisher so nicht gesehen wurden.

(b) Ein Vergleich von konzeptionellen Zielsetzungen und vorhandenen materiellen und personellen Ressourcen inklusive der persönlichen Kompetenzen der betreffenden Kolleginnen kann auch ergeben, daß Ziele mit den vorhandenen Mitteln nicht realisierbar sind oder daß die Fachkräfte bestimmte Kompetenzen erwerben müssen.

(c) Ein Vergleich der Erfolgskriterien der Teammitglieder mit denen von Vorgesetzten bzw. Trägern kann dazu führen, daß die Fachkräfte beschließen, ihre Arbeit nach „außen" und „oben" besser darzustellen.

(d) Ein Vergleich der vom Träger und/oder Team gewünschten Zielgruppe und den Kindern oder Jugendlichen, die tatsächlich die Einrichtung besuchen, kann zur Revision der Konzeption oder des Angebots (oder natürlich auch der Suche nach anderen Zielgruppen) führen.

(e) Ein Vergleich der „von oben" erwarteten oder auch der von Kolleginnen gewünschten Tätigkeiten mit denen, die tatsächlich stattfinden kann zu Schwerpunktverlagerungen, zu Rationalisierungen der Arbeit oder eben auch zu Auseinandersetzungen mit dem Träger um zusätzliche Ressourcen oder zu einer Konzeptionsrevision führen.

(f) Die Fachkräfte können auch ihre Änderungswünsche mit den (möglichen bzw. drohenden) Sanktionen des Trägers oder ihres Teams ins Verhältnis setzen. Ob sie ihren Wünschen Nachdruck verleihen, hängt auch davon ab, inwieweit die Betroffenen auf harmonische Beziehungen aus sind und wie groß ihre Frustrationstoleranz ist.

(g) Sie können die verschiedenen Faktoren auch bezüglich der Stärke des Einflusses gewichten und eine Analyse der Machtfaktoren vornehmen.

(h) Sie können bestimmte Daten (wie die Aufteilung der Arbeitszeit) kategorisieren, um die tatsächlich geleisteten Tätigkeiten besser zu bewerten: Wieviel Arbeitszeit nehmen Kontaktarbeit, Verwaltungsarbeit, Angebote bzw. Spiele, Gespräche zur Pflege der Kommunikation, Beratungsgespräche, Organisation usw. in Anspruch? Deckt sich diese Aufteilung mit der eigenen Einschätzung und den eigenen Wünschen? Wo und wie ist etwas zu verändern?

(i) Sie können auch die strukturellen Wirkungen (den „heimlichen Lehrplan") von institutionellen Bedingungen und Prozessen untersuchen: Wie *wirken* Einschränkungen personeller und finanzieller Art, wie Öffnungszeiten, Angebotszeiten und Achitektur auf die Anzahl und die Motivation der BesucherInnen? Sprechen die Fachkräfte eine bestimmte jugendliche Subkultur oder Schicht an? Werden Mädchen benachteiligt? Überschneiden sich Öffnungszeiten mit Schulzeiten, Hausaufgabenzeiten oder Familienzeiten? Solche Fragen gehören jedoch schon in den Zusammenhang der Selbstevaluation.

1.3. Erfahrungen mit dem Einsatz des Rasters

Ich habe den Vorschlag zur Analyse der Arbeitsaufträge in vielen Lern- und Fortbildungssituationen eingesetzt und glaube, daß sich die Fachkräfte mit dieser Erhebung ihrer institutionellen Bedingungen gut auf weitere Analyse- und Evaluationsfragen vorbereiten können. Im folgenden zeige ich am *Beispiel einer einwöchigen Fortbildung* mit Mitarbeiterinnen aus der außerschulischen Kinderarbeit, was dabei herauskommen kann:

Während der Fortbildung bat ich die Teilnehmerinnen, dieses Raster sozusagen als Einstimmung zu bearbeiten. Ich wollte damit erreichen, daß jede ein Thema aus ihrem Arbeitsbereich fokussiert, welches sie im weiteren Verlauf der Fortbildung bearbeiten möchte. In kleinen, über die ganze Woche stabilen Gruppen konnten die Teilnehmerinnen ihre Praxiserfahrungen reflektieren. Im Plenum wurde versucht, das von den Teilnehmerinnen zusammengetragene Zustandswissen mit wissenschaftlichem Erklärungswissen zu interpretieren und anzureichern.

Eine Teilnehmerin teilte gleich nach dem Ausfüllen des Rasters der Plenumsrunde mit, daß sie „völlig schockiert" sei, wie wenig sie nach mehreren Berufsjahren sowohl über ihre Dienststelle (Verwaltungswege, Kommunikation mit dem Jugendamt, Personalplanung, konzeptionelle Ziele) als auch über die Kinder auf ihrem Abenteuerspielplatz wisse. Diesen „Schock" bewältigte sie in der Folge mit einer regressiven Haltung. Sie meinte, diese Art, schriftlich zu reflektieren, sei „zu theoretisch" und „brächte" ihr nichts. Auch im weiteren Verlauf der Fortbildung hielt sie sich sehr zurück.

Eine andere Sozialpädagogin berichtete von Differenzen mit ihren sehr jungen Vorgesetzten (Vorstand eines freien Trägers der Jugendarbeit), die teilweise auch ehrenamtlich in ihrer Einrichtung arbeiteten. Sie sah sich mit den unterschiedlichsten Erwartungen und Kritiken dieser jungen Leute konfrontiert, die sie häufig als divergierend, realitätsfern und überfordernd erlebte. Wir besprachen verschiedene kritische Punkte ihres Arbeitsplatzes (ehrenamtliche versus hauptamtliche Arbeit, ältere Mitarbeiterin versus jüngere „Chefs", pädagogische versus politische Zielsetzung der Arbeit, die Rolle eines Zivildienstleistenden usw., und sie nahm sich vor, nach ihrer Rückkehr ihre beruflichen Interessen zu klären, um mit allen Beteiligten ihre Arbeitsaufgaben abzugrenzen. Sie schrieb mir vier Monate später, daß sie auf großes Desinteresse gestoßen sei, und zog folgenden Schluß: „Diejenigen, die zuvor mit ihren Ansprüchen und Vorstellungen über meine (OT-) Arbeit an mich herangetreten waren, haben zukünftig durch ihr Desinteresse ihre Wirkung bei mir verloren. D. h.: Im Prinzip konzentriert sich alles, was in meiner Arbeit passiert, tatsächlich auf meine Aktionen alleine und auf die Möglichkeiten, die ich anleitend und unterstützend auf unsere ‚Jungmitarbeiter' habe. Damit wurde mir mit einem Male klar, daß ich nur noch für zwei Arbeitsbereiche zuständig sein kann und andere Aufgaben von mir weisen muß, wenn ich weiterhin Erfolg sehen will. Dieser Gesichtspunkt ließ mich sehr tief aufatmen und neuen Mut finden…". Diese Sozialpädagogin hat also die Arbeit mit dem Raster in der Folge dazu genutzt, sich sowohl nach „oben" als auch nach „unten" (Zivildienstleistender) abzugrenzen und für ihre Arbeit Verantwortung zu übernehmen, statt es allen recht machen zu wollen.

Für die Bestandsaufnahme schien uns die Klärung der Hierarchie (Punkt 1) und der Erwartungen der verschiedenen Vorgesetzten (Punkt 2) besonders wichtig. In großen Städten übernehmen freie Träger oft „progressive" fachliche konzeptionelle Vorstellungen, z. B. lebenswelt- bzw. stadtteilorientierte Kinder- und Jugendarbeit. „Theoretisch" stimmen viele Fachkräfte den vorhandenen Konzeptionen voll und ganz zu. Die Vorgesetzten interpretieren diese „progressiven" Konzeptionen oft vor dem Hintergrund ihrer individuellen Interessen, oder materielle Rahmenbedingungen verhindern eine Umsetzung. Oft konnten die Teilnehmerinnen auch gar nicht auf eine schriftliche Konzeption zurückgreifen.

Zu Punkt 3 der Bestandsaufnahme diskutierten wir darüber, was die relevanten Beteiligten „eigentlich" erwarten. Es ging um Einsparungen, um Legitimation gegenüber Kritikern von außen, um „Nicht-Auffallen", um die Profilierung von Vorgesetzten oder einzelnen PolitikerInnen, die das Thema „Kinder" kurzzeitig zu ihrem Thema gemacht hatten, oder um das Verhalten gegenüber Geschäftsleuten, die ihre Kinderfreundlichkeit demonstrieren wollten. Die Teilnehmerinnen berichteten, daß vor allem langjährige Kolleginnen konzeptionell formulierte Ziele ganz im Sinne ihrer Arbeitsplatzinteressen umdeuteten. Sie vereinbarten die Öffnungszeiten der Einrichtungen eher mit ihren privaten Terminen als mit den Bedürfnissen der Kinder und gestalteten die Angebote in Korrespondenz mit ihren „Hobbies". Da wird in einer Einrichtung überwiegend Wassersport (segeln, surfen, Kanu fahren) angeboten, in einer anderen kann man es als Kind zum „Profi" im Weben bringen, und eine dritte hat sich in eine Drachenbauwerkstatt verwandelt.

Die in diesem Beispiel aufgezeigten Sachverhalte sind nicht „neu" und auch nicht „unbewußt". Die Fachkräfte können sie mit Hilfe einer systematischen Analyse der Reflexion zugänglich machen, um dann bewußt zu entscheiden, wie sie damit umgehen möchten. Der Umgang mit diesem Raster im Plenum zeigte im übrigen auch, daß die Zeit zu kurz war: Die Erörterung der Analysen der einzelnen Teilnehmerinnen und die jeweiligen Verallgemeinerungen hätten drei ganze Arbeitstage ausfüllen können[13]. Außerdem ist es bei einer Blockveranstaltung ohne Folgetreffen kaum möglich, zusätzliche Recherchen zur weiteren Vertiefung der Analyse einzuholen. Solche Aktivitäten bleiben den einzelnen überlassen.

Ich setze das Raster überwiegend in der Ausbildung ein:

Zur Vorbereitung auf das Orientierungspraktikum im Grundstudium bekommen die Studierenden die Aufgabe, die Rasterfragen in einen Interviewleitfaden umzuarbeiten und ihre künftigen Anleiterinnen vor Beginn des Praktikums zu interviewen. Auf der Basis dieser Interviews, die auf Kassette aufgezeichnet wurden, legen wir im Seminar die Beobachtungsschwerpunkte für die Zeit des Praktikums fest.

Ebenso können Projektstudierende im Hauptstudium und Berufspraktikantinnen mithilfe des Rasters zunächst einmal ihre Arbeitsstelle erkunden (siehe obiges Beispiel, S. 265 f.). Gerade Projektstudierende erleben – ähnlich wie Honorarmitarbeiterinnen – oft nur kleine Ausschnitte ihres Praxisfeldes; und oft nehmen sich hauptamtliche MitarbeiterInnen wenig Zeit, sie angemessen in das Arbeitsfeld einzuführen.

Es gibt auch Studierende, die eine solche Analyse zu einer „integrierten Hausarbeit" (schriftliche Fachprüfung in zwei Fächern) oder zu einer Diplom-Hausarbeit erweitert haben. Mit solchen umfänglicheren Vorhaben nähern sie sich an Evaluationsvorhaben an und/oder liefern den Teams Material für Konzeptionsüberlegungen. Sie interviewen dann verschiedene Mitarbeiterinnen, Vorgesetzte, interessierte Bürgerinnen und/oder starten lebenswelt- und stadtteilbezogene Erkundungen im Hinblick auf ihre Klientel – Kinder und Jugendliche. Schon eine getrennte Befragung der Kolleginnen kann aber Abwehr, Mißtrauen, Kontrollängste und Konflikte auslösen – sowohl der Interviewerin gegenüber als auch untereinander. Eine Studierende wurde nach einer solchen Befragung (sie arbeitete als Honorarkraft in der Einrichtung) von einigen Mitarbeiterinnen stark ausgegrenzt. Sie hatte zunächst Probleme, die Ablehnung zu verkraften (später wurde sie vom Leiter der Einrichtung als kompetente „Fachfrau" neu engagiert). Sie gab ihrer Arbeit den Titel: „Wer fragt, bewegt". Eine Berufspraktikantin interviewte ihren Anleiter, mit dem sie große Kommunikationsschwierigkeiten hatte (er war ein halbes Jahr später als sie eingestellt worden und hatte deshalb Schwierigkei-

---

13 Ein ähnliches zeitliches Dilemma stellt sich bei Fortbildungen mit Berufspraktikantinnen, die einmal wöchentlich oder im Block stattfinden. Wenn eine Berufspraktikantin ihre Analyse vorstellt, bitte ich sie, das ausgefüllte Raster für alle Seminarteilnehmerinnen zu kopieren, sich aber vorher schon auf einige Schwerpunkte festzulegen, die sie thematisieren möchte.

ten, die „ordnungsgemäße" Hierarchie herzustellen). Sie erlebte, daß der Anleiter „aufblühte", weil sie ein ernstes Interesse an seinen konzeptionellen Vorstellungen und auch an seinen administrativen Aufgaben und Schwierigkeiten zeigte. Das war der Beginn einer fruchtbaren Zusammenarbeit. Wichtig ist m.E., daß diejenigen, die recherchieren, garantieren, daß die Ergebnisse nicht „in falsche Hände geraten". Immerhin wird hier ein Stück institutioneller Realität aufgedeckt, das so nicht zutage träte, wenn es zu Kontrollen und Disziplinierungen Anlaß gäbe.

1.4. Beispiel

Das im folgenden dokumentierte Beispiel (siehe Übersicht 2) für die Analyse von Arbeitsaufträgen wurde von einem Berufspraktikanten zur „Halbzeit" seines Anerkennungsjahres angefertigt. Er wollte damit seine Institution kennenlernen und seine eigenen Aktivitäten beurteilen. Es handelt sich um ein kreisangehöriges Jugendzentrum in einer Kleinstadt, das in neuerer Zeit modernisiert wurde und dessen Mitarbeiterinnen den Auftrag haben, die offene Jugendarbeit stärker in Richtung Kulturarbeit umzuorientieren, um neben den bisherigen Stammbesucherinnen – vor allem ausländische und Arbeiterjugendliche – auch andere junge Leute zur Nutzung des Zentrums zu gewinnen.

2. Zur Analyse von Handlungsregeln

Berufliches Handeln kommt unter Bedingungen zustande, die in professionellen Konzepten und auch in Arbeitsprinzipien keine Berücksichtigung finden können. Konzepte und Arbeitsprinzipien bieten Anhaltspunkte und Leitlinien. Sie müssen in einer konkreten Situation und in der Interaktion mit den jeweils Beteiligten unter Berücksichtigung der institutionellen Bedingungen, der eigenen Gefühle, Vorlieben und Fähigkeiten, der vorhandenen Ressourcen, der zur Verfügung stehenden Zeit konkretisiert und variiert werden. Auf diese Weise werden *aus Konzepten* und *Arbeitsprinzipien Handlungsregeln* und *Handlungsanweisungen* (siehe Begriffsklärung, S. 323 ff.). Die Bildung situationsspezifischer Handlungsregeln erfolgt nach individuellen und erfahrungsgeleiteten Gesichtspunkten. Handlungsregeln schließen fachliche Standards und wissenschaftliches Erklärungswissen ein und beinhalten auch die Art und Weise, wie die einzelne Fachkraft aufgrund ihrer Erfahrungen Situationen deutet, was sie als Problem definiert und über welche Handlungskompetenzen sie verfügt. Handlungsregeln sind immer „unvollständig", weil sie eine begrenzte *Auswahl aus einer Vielzahl von Mög-*

Übersicht 2: Analyse der Arbeitsaufträge eines Jugendzentrums

Bestandsaufnahme	Vorgegebene Arbeitsaufträge: Ich soll:	Eigene Arbeitsaufträge: Ich will:	Resultate aus dem Vergleich
(1) Konzeptionelle Ziele der Einrichtung/des Trägers (abgeleitet aus der Ideologie des Trägers, dem Einrichtungszweck, der Konzeption)	(a) offener Bereich als Treffpunkt, Kontaktort, muß möglichst vielen Leuten angenehm erscheinen (b) soziokultureller Ansatz – möglichst keine Alters- und Nationalitätenbeschränkung (c) nicht nur Angebote machen, sondern Bedingungen zur Entwicklung eigener Kreativität/Fähigkeiten	(a) Akzeptanz der Ziele auch als eigene (b) finde Mädchenarbeit wichtig	(a) Diskrepanz zwischen Zielen, Aufträgen und Realität; Konzept wird nur teilweise berücksichtigt/umgesetzt (b) Kolleginnen haben ein ungeklärtes Verhältnis zur Mädchenarbeit (c) tägliche Öffnung des Cafés nur plakatives Ziel; realitätsfern, Diskussion nur schwer möglich, Folgen gering, keine Zielrevision
(2) Erwartete Tätigkeiten (Welche Zielgruppe, welche „Angebotsstruktur" erwarten Träger und Vorgesetzte? Was bedeutet für sie Erfolg?)	(a) Verwaltung: Abrechnung von Getränken, Veranstaltungen, Einkäufen – Bargeldverwaltung (b) situative Kommunikationsleistungen im offenen Bereich (c) pädagogische Leistungen: Planung und Durchführung von Workshops (d) konzeptionelle Leistungen: ständige Weiterentwicklung der Konzeption, einzelner Angebote (e) Öffentlichkeitsarbeit, Werbung für Kulturveranstaltungen (f) Serviceleistungen: Theke, Frühstück, Ausgabe von Spielen, Geldwechsel (g) Konkurrenz zu kommerziellen Angeboten (Kneipen, Spielhallen, Disco) (h) Adressaten: offener Bereich: Jugendliche, junge Erwachsene im Schwerpunkt; Kulturveranstaltungen: alle Interessierten, die bereit sind, zu zahlen, 1 bis 2 Kinderveranstaltungen pro Halbjahr beim Kunstfrühstück; jugendliche Besucherinnen können Arbeitsleistungen gemäß §15 JGG erbringen	(a) verschiedene Arbeitsbereiche kennenlernen (b) geringes Interesse am Thekendienst, wenn nichts los (z. B. am Dienstagnachmittag, teilweise auch Freitag, Samstag) (c) im Workshop-Bereich planen/mitarbeiten (d) Professionalisierung bei Werbung, Pressearbeit (e) mir wird das Haus zu wenig nachgefragt (Ausnahme: Disco), was den offenen Bereich betrifft – in einer Arbeitsgruppe/einem Workshop zählt m. E. auch die Qualität. (f) wichtig ist auch bei uns das Presseecho (g) Besucherinnenzahlen spielen bei Kulturveranstaltungen eine Rolle (h) keine Weitergabe von Zahlen an Sozialamt/Jugendausschuß	(a) gründliche Planung einer Videogruppe in Kleingruppe (2 Mädchen aus B., 2 Mädchen aus E.), aber seit die Videogruppen laufen, hapert es mit der Abstimmung der Vorbereitungsarbeiten (b) 3 Monate Öffentlichkeitsarbeit eigenverantwortlich gemacht, derzeit Abrechnung der Gelder (c) zu starke Konzentration auf das Kulturprogramm, was heißen soll: bessere Vorbereitung/Öffentlichkeitsarbeit durch Verantwortlichkeit bei einer Person, um so Spielräume zu schaffen (d) mit Kulturprogramm gute Außendarstellung möglich (e) Stadt zwingt uns nicht, Zahlen bekanntzugeben (f) mäßige Nachfrage beim Sonntagabendprogramm sollte zum Nachdenken anregen über Gründe; geschieht teilweise

(Fortsetzung S. 270)

(3) Individuell modifizierte Trägeraufträge (Aussagen und Vorlieben bzw. „kritische" Punkte und Erfolgskriterien maßgeblicher Menschen, z. B. von Vorgesetzten)	(a) Entwicklung weg vom reinen Jugendzentrum, Kontakte zu Schulen, Ausländerzentrum, Musikschule, Kulturamt suchen (hauptamtlicher Kreisjugendpfleger) (b) keine ausschließliche Orientierung am „Stammpublikum" (c) Kreisjugendpfleger nimmt durch starkes persönliches Engagement viel Einfluß (d) Erfolg: „Wieviel kommen denn? ... daß alle Jugendlichen von der Straße kommen" (Träger); Jugendausschuß nimmt regelmäßig Bericht (mündlich) von MA entgegen; Presseecho auf Veranstaltungen	(a) stärkere Eigenverantwortlichkeit/ Kompetenzverteilung im Team (b) Konzeption mitgestalten	(a) Kreisjugendpfleger hat zu starke Position bei Inhalten und Wertungen (b) leitet sich aber nicht aus Position als Vorgesetzter ab (c) Einführung von Protokollführung durchgesetzt (d) Diskussion im Team zeigt geringe Beweglichkeit, Einführung von Verantwortlichkeiten wurde nur unvollständig umgesetzt
(4) Personelle Ressourcen (Mitarbeiterinnenzahl, Hierarchie, Qualifikationen und Kompetenzen, Vorlieben und Erfolgskriterien, zeitliche Einschränkungen)	(a) Team: 4 pädagogische Kräfte: 2 Sozialarbeiter, 1 Sozialarbeiterin (ABM), 1 Jahrespraktikant (b) Hierarchie: Kreisbedienstete, Kreisjugendpfleger (= direkter Vorgesetzter), Haus der Stadt – zuständig ist der Sozialamtsleiter (c) Dienstgespräche auf unterschiedlichen Ebenen: kreisweit (3 Std.); mit anderem HOT in E. (2 Std.); im Team (2 Std.; jeweils pro Woche); zusammen: 5 Std. Vorbereitung pro Woche für jede(n) – nicht im Haus abzuleisten, bietet Flexibilität	(a) gemeinsames Interesse: ein Zivildienstleistender (b) Dienstgespräche effektivieren (c) weg vom Gefühl der phasenweisen Überlastung	(a) Zivildienstleistender kommt voraussichtlich im Herbst (3/4. Jahr nach Antrag) (b) Versuch, die Arbeitsweise des Teams zu thematisieren, scheiterten, Arbeit läuft weiterhin wenig koordiniert, problematische Teamsituation (c) war zunächst vorsichtig beim Einfordern dieser Diskussion, bin dann gescheitert, habe dann teilweise individuellen Lösungsweg gewählt, um eigene Belastung zu verringern (d) übernehme nur partiell Verantwortung
(5) Öffentliche Vorgaben und wesentliche Gesprächsthemen im Stadtteil (Wünsche, Rückmeldungen, Erfolgskriterien von Nachbarinnen, Bürgerinnen, Politikerinnen)	(a) Aufgrund der Geschichte des Jugendzentrums ist in B. ein kommunales HOT entstanden (b) Zufriedenheit, daß das Haus kein Konflikt-/Brennpunkt ist; hier liegt die wesentliche Aufgabenzuschreibung (c) im Bewußtsein (Verwaltung, Politiker, Jugendausschuß, Presse) noch verhaftet, daß es ein Jugendzentrum ist (d) zurückhaltende Beobachtung der sich verändernden Arbeit im Haus	(a) beitragen zur Profilierung des Standbeins Kultur (b) Nachdenken im Team über öffentliche Erwartungen	(a) es bestehen wenig Kontakte zu Kommunalpolitikerinnen (nur Jugendausschuß alle 3 bis 4 Monate) (b) Abkehr von defizitorientierter Jugendarbeit wird nicht offensiv diskutiert (c) Veränderung geschieht so nur über Presseartikel zu Veranstaltungen

(Fortsetzung S. 271)

(6) Interessen, Bedürfnisse und Erwartungen der Kinder/Jugendlichen, abgeleitet aus ihrem Verhalten und ihren Aussagen zu Wünschen, Bedürfnissen und Gütekriterien sowie aus dem Wissen über ihre Lebenswelt	(a) im Haus soll „was los sein" (Jugendliche) (b) „sollen nicht so viele Ausländer in der Disco sein" (vor allem Mädchen) (c) Kaffee und Süßigkeiten ständig, Donnerstag: Pizza/Baguette als selbstverständlicher Service (Jugendliche) (d) Frühstückspublikum: reichhaltiges Büffet, geduldig bei kleinen Verzögerungen (e) Bier und Sekt bei Sonntagsabendveranstaltung, angenehme Atmosphäre (f) „zu chic/ordentlich", „früher war's gemütlicher, mußteste nicht so Acht geben" (einige Jugendliche)	(a) fitte, fordernde Jugendliche, die unsere Arbeit auch mal hinterfragen (b) mehr Betrieb im Haus an besucherschwachen Tagen (c) Jugendliche als Besucher zum Kabarett o. ä. (d) Jugendliche miteinbeziehen in Servicebereich, um sie so zur Mitverantwortung statt Anspruchsdenken zu „erziehen"	(a) fehlende Phantasie bei mir und im Team, wie neue Besucherschichten erreicht werden können (b) uns gelingt es nur selten, Jugendliche für das Sonntagsprogramm zu interessieren, hier ist ein radikaler Bruch spürbar (c) Erfahrungen mit Thekendienst waren früher schlecht, derzeit werden Jugendliche in Einzelfällen einbezogen
(7) Erwartungen und Interessen anderer Personen aus dem relevanten Kontext (abgeleitet aus Gesprächen, aber auch aus der Analyse ihrer Lebensverhältnisse im Stadtteil)	entfällt	entfällt	
(8) Lage, Zugangsmöglichkeiten, Öffnungszeiten, Arbeitszeiten, Architektur, Nutzungsvorschriften, Spezifika der Einrichtung	(a) Lage zentral, Haus schlecht erkennbar von außen, Adresse wenig bekannt (kurze Sackgasse), Bushaltestelle vor der Haustür; Behinderteneingang (b) Arbeitszeiten: nachmittags/abends, teilweise am Wochenende, unregelmäßig	(a) gemeinsames Interesse des Teams: Erkennbarkeit des Hauses verbessern (b) bessere Strukturierung der Arbeit innerhalb des Teams	(a) Bauamt der Stadt erwies sich als totaler Bremser, als wir zur besseren Erkennbarkeit des Hauses eine Neontafel anbringen wollten (b) problematische Teamsituation

(Fortsetzung S. 272)

271

(9) Rechtliche Vorgaben, Verwaltungsvorschriften und Dienstwege (z. B. bezüglich Materialbeschaffung, Berichterstattung, Aktenführung, Aufsichtspflicht u. a.)	(a) HOT nach Richtlinien des Landesjugendplanes (b) bisher: freiwillige Leistung § 11 SGB VIII (c) Aufsichtspflicht/JÖSchG (d) Ausübung des Hausrechts im Auftrag des Trägers (nur als zweite Kraft im Haus) (e) kein Ausschank von Alkohol; keine Duldung von Alkoholkonsum (Ausnahme: Kulturveranstaltung sonntagabends) (f) viel auf „kleinem" Dienstweg möglich (mündlich, telefonisch) (g) wenig Aktenführung (Finanzen, wenig Vermerke)	*(a) widersprüchliche Haltung zu Alkoholverbot*
(10) Materielle Ressourcen (Etat, alternative Finanzierungsquellen, Spiel- und Bastelgeräte und -material, Fahrzeuge und andere Hilfsmittel.	*(a) neben städtischem Etat für pädagogische Arbeit (DM 24.000,–) zusätzliche Kreisgelder für Kulturveranstaltungen*	*entfällt* *(a) Der Sozialamtsleiter kann die Finanzierung reglementieren*

lichkeiten darstellen; denn wer handelt, muß sich entscheiden und schließt damit andere Handlungsweisen aus.

Jede Fachkraft verfügt über ein *individuelles Repertoire* an Handlungsregeln, die sie in Entscheidungssituationen realisiert, ohne daß sie sich dessen immer voll bewußt wäre. Da sich auch die Art und Weise, wie sie bestimmte Handlungen vollzieht, im Laufe der Lebensgeschichte und durch institutionelle Routinen zu bestimmten *Mustern* verfestigt hat, lassen sich Handlungsregeln durch Weiterbildung und Berufserfahrung nur *schwer modifizieren* und nur teilweise professionalisieren. Die Fachkräfte können sie sich aber bewußt machen und sie vergleichen, bewerten und gegebenenfalls korrigieren. Es wird sich dabei herausstellen, daß die übergreifenden Arbeitsprinzipien, die sie auf Nachfrage benennen, nicht immer mit den Handlungsregeln übereinstimmen, die sie in der täglichen Arbeit realisieren.

Die im folgenden vorgestellte Checkliste dient dazu, kleinste Alltagssituationen auf die in ihnen realisierten Handlungsregeln hin zu untersuchen und diese zu bewerten. In einem zweiten Schritt können die Fachkräfte sie mit ihren persönlichen und den konzeptionellen Arbeitsprinzipien in Beziehung setzen (Ist-Soll-Vergleich auf einer realitätsnahen Ebene). Ein Ziel dieser Vorgehensweise ist die „fachliche" Qualifizierung der Handlungsregeln, vorausgesetzt, die Reflexion bezieht sich sowohl auf wissenschaftlich begründete als auch auf erfahrungsbezogene Wissensbestände.

2.1. Darstellung der Checkliste und Erläuterungen

Eine Analyse der Handlungsregeln läßt sich am besten auf der Grundlage einer knappen, aber detaillierten Beschreibung einer Entscheidungssituation[14] bewerkstelligen. Die Fachkräfte sollen dann zunächst spontan ihre in dieser Situation praktizierten Handlungsregeln in Hypothesenform (wenn – dann) benennen. Mit Hilfe der Checkliste (siehe Übersicht 3, S. 270) sollen Sie die Regeln auf ihre Grundlagen hin untersuchen (siehe Ziffern 1 bis 3) und im weiteren um alternative Deutungen aus den verschiedenen Wissensdimensionen anreichern (Ziffern 4 bis 7). Wichtig ist, daß es sich hier um eine Untersuchung der Strategien der Fachkräfte selbst handelt und weniger darum, die Entscheidungssituation selbst zu analysieren. Folgendes Vorgehen bietet sich mit Blick auf die in der Übersicht 3 genannten Vorschläge an:

---

[14] Eine (auf Minuten) begrenzte Situation, in der ein Handlungszwang vorlag, soll möglichst authentisch beschrieben werden. Nach einer einleitenden Skizze des Situationskontextes sollen die Handlungsabfolge und die Interaktionen (möglichst wörtliche Rede) inklusive der erlebten eigenen Gefühle und der wahrgenommenen Gefühle der anderen Beteiligten festgehalten werden.

Übersicht 3: Vorschlag für eine Analyse der Handlungsregeln

Entscheidungssituation, in der die zu untersuchenden Handlungsregeln zur Anwendung kamen (Skizzierung in Stichworten):
Vorläufig formulierte Handlungsregeln (wenn…, dann…):

(1) Situationsdeutung bzw. assoziierbares Zustandswissen („Ich
handelte so, weil ich die Situation folgendermaßen wahrnahm: …"):

(2) Erfahrungsbezogenes Wertwissen („Ich folgte dabei folgenden
Zielen bzw. Werten: …"):

(3) Erfahrungsbezogenes Erklärungswissen („Ich habe so gehandelt,
weil…"):

(4) Erweiterung des Zustandswissens („Welche alternativen Situationsdeutungen sind denkbar? Welche Forschungsergebnisse oder
Theorien könnte ich zur Erklärung heranziehen?"):

(5) Alternatives Wertwissen („Welchen Zielen bzw. Werten sollte ich
folgen?"):

(6) Alternative Handlungsregeln („Welche alternativen Überlegungen für ‚wirksames' Handeln lassen sich finden?"):

(7) Kontinuität oder Veränderung („Welche mittelfristig akzeptierbaren Handlungsregeln wünsche ich für mich?"):

Zu 1: Zunächst sollten die Fachkräfte klären, aufgrund welcher Informationen über den gegenwärtigen „Zustand", also aufgrund welcher Situationsdefinition sie handelten.
Zu 2: Die Frage nach dem erfahrungsbezogenen, also persönlichen Werten
und Zielen ist die nach der situativen Rechtfertigung des eigenen Handelns.
Hier kommen die selbstbehauptenden Strategien sowie Ziele, die aus der
eigenen Befindlichkeit resultieren, zur Sprache. Sie können später, unter Ziffer 5, mit den konzeptionellen Zielen und den Zielen und Bedürfnissen anderer Beteiligter verglichen werden.
Zu 3: Die Frage nach dem erfahrungsbezogenen Erklärungswissen zielt auf
die Begründung des Handelns: Welche „Wirkung" rechneten sich die Fachkräfte aufgrund der bisherigen Erfahrung in solchen Situationen aus?
Zu 4: Sodann sollten sie prüfen, ob das Wissen für die Situationsdefinition
ausreichend war, ob also auch alternative Deutungen möglich wären. Diesbezüglich sollten sie vor allem Ausschau nach Forschungsergebnissen und
empirisch gewonnenen Theorien halten.

Zu 5: Im nächsten Schritt kommt das professionelle „Über-Ich" zu Wort: Hier tragen die Fachkräfte ein, welche Ziele sie bezüglich der fraglichen Entscheidungssituation aus dem berufsspezifischen Code of Ethics und den konzeptionellen Zielen und Werten ableiten können.

Zu 6: Schließlich sollen sie alternative Handlungsregeln entwerfen. Das kann zunächst durchaus kreativ und ohne „Realitätsnähe" geschehen. Im weiteren müssen sie dann die Entwürfe auf ihre Wirksamkeit prüfen.

Zu 7: Am Ende dieser Vorgehensweise steht dann eine Überprüfung der bisher praktizierten Handlungsregeln an. Im Falle einer Modifizierung können sich die Fachkräfte dazu entschließen, diese Regeln in ausgewählten Situationen regelrecht „einzuüben" und sie im weiteren wieder in Routinen zu überführen (siehe dazu auch die Vorschläge zur Qualitätssicherung; von Spiegel 1997b).

2.2. Einsatz- und Auswertungsmöglichkeiten der Checkliste

Entscheidungssituationen kann man zwischendurch immer wieder ohne großen Aufwand schriftlich festhalten. Man kann sie sammeln und dann für sich oder z. B. auch zur Vorbereitung einer Teamtagung auf die praktizierten Handlungsregeln hin auswerten. Beispiele:

(a) Manchmal wird sich herausstellen, daß wissenschaftliches Erklärungswissen in der konkreten Situation fehlt, was Anlaß zum Nachlesen in der Fachliteratur geben kann. Es kann z. B. einen Unterschied machen, ob eine restriktive Maßnahme (gegen die Gefahren eines zu hohen Alkoholkonsums) aufgrund der gesundheitsschädigenden Wirkung des Rauchens oder zum Zweck der Aufrechterhaltung der Autorität getroffen wird.

(b) Aus den neueren Forschungsergebnissen zur Situation der Zehn- bis Vierzehnjährigen[15] lassen sich Arbeitsprinzipien konstruieren, die in der Praxis an Grenzen stoßen: So lassen sich die entwicklungspsychologisch begründeten, gleichwohl enervierenden und zeitraubenden persönlichen Auseinandersetzungen mit den Kindern und Jugendlichen oft schwer mit dem Bedürfnis der Pädagoginnen nach einem geordneten, überschaubaren und auch harmonischen Ablauf eines Arbeitstages vereinbaren. Hier könnte also ein Vergleich der Handlungsregeln mit den postulierten Arbeitsprinzipien fruchtbare Anregungen geben.

(c) Wenn die Fachkräfte ihre unterschiedlichen Problem- und Situationsdefinitionen untereinander vergleichen, können sie aus der Beschwörung des diffusen „Wir-müssen-alle-an-einem-Strang-ziehen" herauskommen

---

[15] Siehe dazu von Spiegel (1988).

und konkreter besprechen, ob sie sich auf wesentliche gemeinsame Handlungsregeln einigen können.

(d) Jede Fachkraft kann ihre Handlungsregeln auch zu sogenannten Leistungsprofilen (siehe Heiner 1982) zusammenfassen. Damit werden die Stärken, die besonderen Fähigkeiten und auch die Schwächen aller Kolleginnen deutlicher, und sie können bewußter mit ihnen umgehen. Bestimmte „weiße Flecken" auf der Kompetenzlandkarte des Teams werden auf diese Weise deutlich, und das Team kann überlegen, wie diese Defizite behoben werden können („Schulung" der Mitarbeiterinnen bzw. konzeptionelle Änderungen als Anpassung an die vorhandenen Ressourcen und Kompetenzen).

(e) Die Fachkräfte können ihre praktizierten Handlungsregeln mit den Arbeitsaufträgen der Einrichtung abgleichen und nach Divergenzen suchen. Meiner Meinung nach sollten sie auch ihre Regeln mit den Ressourcen der Institution in Beziehung setzen und prüfen, ob sie sich den zur Durchführung notwendigen personellen und materiellen Aufwand leisten können.

(f) Wenn die Fachkräfte regelmäßig ihre Handlungsregeln erheben, werden sie beobachten, daß diese sich ändern. Dann können sie nach den Gründen fragen: Sind begrenzte Kompetenzen, veränderte Ressourcen, andere (ältere, jüngere usw.) Kinder und damit veränderte Situationen die Ursache? Haben sich etwa Probleme gelöst/geändert?

(g) Ein gesammeltes Set von Handlungsregeln kann darüber hinaus wichtige legitimatorische Funktionen erfüllen. Die Fachkräfte können am Beispiel von kleinen Entscheidungssituationen Außenstehenden die Arbeit – auch die pädagogischen Aspekte – der Einrichtung transparent machen.

(h) In einem weitergehenden evaluativen Schritt können sie ihre Handlungsregeln mit den vorgegebenen und den eigenen Erfolgskriterien in Beziehung setzen.

2.3. Erfahrungen mit dem Einsatz der Checkliste

Handlungsregeln können zwar miteinander verglichen, aber nicht in allen Bestandteilen konstruiert und/oder im Team egalisiert werden. Mir geht es in erster Linie darum, daß sich die Fachkräfte in der Sozialen Arbeit ihre *persönlichen Handlungsregeln* bewußt machen. Sie sollen dabei nicht ihre eigene „Unfähigkeit" entlarven, sondern die Regeln auf ihre Stimmigkeit untersuchen und sie mit anderen vergleichen, gegebenenfalls verändern und situationsspezifisch verallgemeinern. Sie können bei der Ergründung von Handlungsregeln lernen, wissenschaftliches und erfahrungsbezogenes Zustands-, Kriterien- und Erklärungwissen situativ aufeinander zu beziehen. Wünschenswert wäre, die in den meisten Regeln recht verschwommen vorzufindenden wissenschaftlichen Anteile zu präzisieren und zu erweitern. Und da sich für jede Ziffer der Übersicht 3 fast immer alternative und auch widersprüchliche Erklärungen finden lassen, fördert eine Analyse der Handlungsregeln auch mehrdimensionale Erklärungen, die im weiteren abgewogen werden müssen.

Erfahrungsgemäß fällt den Fachkräften das Beantworten jener Fragen, die „wissenschaftliche" Anteile thematisieren, sehr schwer. Die meisten Fachkräfte begründen ihr Handeln mit den wahrgenommenen situativen Faktoren bzw. mit sogenannten „Überlebenstechniken": „Die Jungen sollten wissen, daß ich auch konsequent handeln kann", oder: „Ich darf mich nicht provozieren lassen". Daß sie ihr Handeln auch z. B. mit Wissen aus der Entwicklungs- oder der Sozialpsychologie begründen könnten, ist situativ kaum präsent. Schwierigkeiten bereitet manchmal auch das Benennen von Handlungsregeln und ein Abgrenzen ihrer Reichweite. Meist lassen sich auch aus einer Entscheidungssituation mehrere Regeln extrahieren. Das ist erwünscht, irritiert aber zunächst einmal.

Nach meiner Erfahrung protokollieren Studierende, Berufspraktikantinnen und auch berufserfahrene Fachkräfte überwiegend solche Entscheidungssituationen, die sie problematisch finden. Das dokumentiert meines Erachtens die ungebrochene „Defizitperspektive" unserer Zunft, und es kann zu einer Wahrnehmungsverschiebung führen, wenn man den Blick nur auf das „Problematische" lenkt. Wenn wir aber „Ressourcenarbeit" als übergreifendes Arbeitsprinzip formulieren (siehe Meinhold 1988), sollten wir stärker die sogenannten „normalen Situationen" und die Stärken der Beteiligten beschreiben und analysieren.

Außerdem beobachtete ich, daß die Studierenden und Berufspraktikantinnen fast durchgängig Entscheidungssituationen präsentierten, die das Beziehungsverhältnis „Klientinnen"-Fachkräfte thematisierten. Probleme und Interaktionen im Team oder gar im Umgang mit Vorgesetzten und Kolleginnen aus dem öffentlichen Bereich (Gemeinwesen, PolitikerInnen) blieben außen vor, obwohl gerade Berufspraktikantinnen häufig wesentlich mehr mit Fragen des Umgangs im Team befaßt sind als mit ihren Klientinnen. Das kann damit zusammenhängen, daß in der Institution „Fachhochschule" häufig ausschließlich die Klientinnenperspektive thematisiert wird; es kann auch sein, daß solche „Fälle" für Übungszwecke übersichtlicher erscheinen. Plausibel finde ich auch die Erklärung, daß Studierende und Berufspraktikantinnen sich lieber mit „Sachverhalten" beschäftigen, die ihnen persönlich nicht so nahe gehen. Wenn sie einen „Fall" besprechen, brauchen sie ihre eigenen Anteile nicht so genau anzuschauen. Viele der Verhaltensweisen von Klientinnen, die als „problematische" bearbeitet werden, entstehen jedoch erst im sozialen Zusammenhang der sekundären und tertiären Sozialisationsagenturen (Kindergarten, Schule, Jugendzentren) und durchaus unter tätiger Mitwirkung der dortigen Fachkräfte. Somit wäre es ausgesprochen sinnvoll, die eigenen Handlungsregeln sehr genau zu untersuchen.

Ein Berufspraktikant zieht z. B. folgenden Schluß aus der Analyse seiner Handlungsregeln:

„Ich habe es geschafft, intuitives, gefühlsmäßiges Handeln begreif- und handhabbar zu machen." Er unterscheidet in seiner Analyse „Arbeitsprinzipien, die praktisch durch Träger und Team vorgegeben wurden, und Handlungsregeln, die in der eigenen pädagogischen Laufbahn entwickelt worden sind. Dies heißt jedoch nicht, daß letztere unbedingt neu sein müssen, sondern daß sie ausprobiert und als richtig angenommen worden sind. Zu der ersten Kategorie gehören... die Freiwilligkeit und das Prinzip, Schlägereien zu unterbinden. Sie sind für mich einleuchtend und können auch so vertreten werden. Einen Begriff von Ordnung zu vermitteln und Kinder nicht nach Sympathie und Antipathie zu behandeln, sind dagegen Vorsätze, die längere Zeit brauchten, um so formuliert werden zu können". Abschließend resümiert er, daß die Arbeit mit der Checkliste ein „hohes Maß an Ehrlichkeit und Durchhaltevermögen" fordert, weil diese Arbeit ja nur sinnvoll ist, wenn man sie über einen längeren Zeitraum durchhält. Er ist auch skeptisch, wie das Team mit seinen erzielten Ergebnissen („in denen schließlich auch einige Kritik steckt") weiter umgehen wird. Er traut sich selbst zu, neue Wege auszuprobieren, bezweifelt aber, daß sein Team zur Auseinandersetzung bereit ist.

2.4. Beispiel

Das folgende Beispiel (siehe S. 279 ff.) der Analyse einer Entscheidungssituation im Hinblick auf ihre inhärenten Handlungsregeln ist von demselben Berufpraktikanten in demselben Jugendzentrum aufgezeichnet, von dem im vorigen Beispiel (siehe S. 268 ff.) schon die Rede war. Die Analyse habe ich allerdings selbst vorgenommen, weil mir daran gelegen war, die verschiedenen Analysemöglichkeiten an möglichst einem einzigen Beispiel aufzuzeigen.

3. ZUR SITUATIONS- UND PROBLEMANALYSE

In der außerschulischen Kinder- und Jugendarbeit gehen wir weniger von Problemen aus, sondern deuten und definieren sehr viel öfter *Situationen*. Für das pädagogische Handeln und seine Zielsetzungen ist es nun entscheidend, auf welche Analyse der Situation man sich bezieht. Ähnlich wie bei den vorgegebenen Arbeitsaufträgen formulieren auch die verschiedenen Beteiligten einer relevanten Situation das, was sie als Problem empfinden (oder eben auch nicht als Problem sehen) unterschiedlich. Vorgesetzte, Kollegin-

Entscheidungssituation

Donnerstag: Im Haus ist Disco, für uns Sozis bedeutet das heute wieder Streß, weil das Haus voll ist und mehrere Plätze im Auge behalten werden müssen. Ich mache einen Rundgang, schaue in die Disco, gehe dann durchs Treppenhaus vor die Tür. Draußen stehen mehrere Gruppen Jugendlicher. Am Behindertenaufgang, vielleicht fünfzehn Meter entfernt, sehe ich vier ca. fünfzehnjährige Jungen aus der Stammclique des Hauses, die uns in letzter Zeit oft genervt haben. Sie trinken Bier – ist bei uns auf dem Gelände verboten. Ich überlege noch, ob ich überhaupt hingehe oder nicht, als ich sehe, wie Heiko seine leere Flasche auf die Wiese wirft. Jetzt gehe ich hin. Teddy wirft ebenfalls eine Flasche weg, ein leerer Conti liegt schon in den Büschen.

„Ihr wißt doch, daß Biertrinken hier verboten ist – und außerdem: die Flaschen hier wegwerfen, so geht's ja wohl nicht", fange ich an, leicht genervt.

Heiko: „Wie, ich hab' nix weggeworfen."

Ich: „Hab' ich doch geseh'n."

Teddy öffnet eine weitere Flasche Herforder Pils: „Da liegt doch 'ne Barre, trink' ich doch nicht."

Ich: „Komm, da liegen noch ganz andere Flaschen."

Schulterzucken.

Ich: „Ihr sammelt die Flaschen wieder ein, bringt sie in den Müll, dann isses okay – andernfalls hat's Konsequenzen."

Heiko: „Hab' ich da nicht hingeschmissen."

Ich weiß, daß ich allein nur mit großer Mühe etwas erreichen kann. Für sie ist Wolfgang (Hauptamtlicher) der „Chef", ihn kennen sie seit sechs Jahren.

Ich: „Also Flaschen weg, sonst hat's Konsequenzen."

Ich gehe ins Haus, informiere Wolfgang über den Sachverhalt, wir gehen beide nach draußen, ich erneut vorne herum, Wolfgang durch den Behindertenzugang. Markus und Römer, zwei weitere Jungen aus der Clique gesellen sich dazu, mit Bierflaschen (Barre) in der Hand. Längere Diskussion, Teddy bringt nach längerem Hin und Her aufgrund meines Drucks (oder Nervens?) eine Flasche in den Müll. Heiko, Teddy, Römer und Markus bekommen von Wolfgang eine Frist von fünf Minuten gesetzt für's Wegräumen der Flaschen. Wolfgang und ich gehen ins Haus. Wolfgang geht ca. zehn Minuten später hinaus, kommt wieder, sagt, die vier hätten für heute Hausverbot erhalten.

Zehn Minuten später stehen Heiko und Markus wieder im Cafébereich an der Theke. Heike sieht mich, wie ich hinter der Theke hervorkomme.

Heiko: „Wollen nur was mit Eugen bereden."

Eugen sitzt auf einem Barhocker und schaut zu, was jetzt passiert.

Ich: „Du hast Hausverbot, also geh' jetzt."

Heiko: „Dauert nicht lange."

Ich: „Eugen kann ja mit 'raus gehen, wenn Ihr was zu besprechen habt."

Eugen selbst reagiert nicht darauf.

Heiko: „Mann!"

Wolfgang ist inzwischen mit Markus beschäftigt, Heiko bewegt sich langsam, ich hinterher. Markus folgt, Wolfgang zum Schluß. Kurz vor der Treppe versucht Markus, mir ein Bein zu stellen. Ich gehe einen Schritt zur Seite, bekomme von Markus beim Herausgehen noch ein „Arschloch" zugesteckt, dann sind sie wieder drau-

(Fortsetzung S. 280)

ßen. Etwa eine halbe Stunde achtet Wolfgang an der Eingangstür darauf, daß die Jungen nicht wieder hereinkommen. Zwischendurch komme ich mehrmals kurz hinzu, bis die vier, die vor unserem Gelände noch weitertrinken, zusammen weggehen.

Analyse der Handlungsregeln

Entscheidungssituation (in Stichworten):

Fünzehnjährige trinken verbotenerweise auf dem Gelände Bier, werfen Flaschen auf die Wiese, Aufforderung, die Flaschen einzusammeln, wird nicht befolgt. Konsequenz: Hausverbot.

Vorläufig formulierte *Handlungsregel*:

(a) Wenn Jugendliche zu sehr provozieren, müssen sie Konsequenzen spüren.
(b) Wenn ich sehe, daß ich mit meiner Autorität die Konsequenz nicht durchsetzen kann, hole ich „Verstärkung".
(c) Wenn ich eine Konsequenz (Hausverbot) androhe, muß ich auch dafür sorgen, daß sie eingehalten wird.

(1) *Situationsdeutung bzw. assoziierbares Zustandswissen* („Ich handelte so, weil ich die Situation folgendermaßen wahrnahm: ... "):

Da wir das Biertrinken auf dem Gelände sowieso nicht verhindern können, versuche ich möglichst, es zu ignorieren, solange die Jungen es nicht durch provokative Handlungen darauf anlegen, mich zum Eingreifen zu zwingen. Wenn sie ihre Bierflaschen auf die Wiese werfen, gibt es Ärger mit BürgerInnen und PolitikerInnen (im Jugendzentrum wird getrunken). Wenn ich also nicht selbst in der Nacht noch die Flaschen aufsammeln will, muß ich dafür sorgen, daß die Verursacher es tun.

(2) *Erfahrungsbezogenes Wertwissen* („ Ich folgte dabei folgenden Zielen bzw. Werten: ... "):

(a) Es ist wichtig, die Arbeit im Jugendzentrum gegen die üble Nachrede von außen abzuschirmen.
(b) Wenn die Jungen schon trinken müssen, sollen sie es nicht vor meiner Nase tun.
(c) Es ist eine Ungehörigkeit, den Müll einfach so in die Gegend zu werfen. Ich bin schließlich nicht die Putzfrau der Jungen.
(d) Sie sollen begreifen lernen, daß wir hier die „Chefs" sind, d. h., daß sie unserer Aufforderung auf unserem Gelände Folge zu leisten haben.

(3) *Erfahrungsbezogenes Erklärungswissen* („Ich habe so gehandelt, weil ... "):

Die Arbeit im Jugendzentrum steht und fällt mit der Anerkennung der Mitarbeiterinnen als Autorität. Ein Großteil der Arbeit bezieht sich daher auf Aktionen, diese Autorität aufzubauen und aufrechtzuerhalten. Ein Nachgeben in solchen Fragen würde mir von den Jungen als Schwäche ausgelegt, und sie würden beim nächsten Konflikt noch weniger auf mich hören.

(Fortsetzung S. 281)

(4) *Erweiterung des Zustandswissens* („Welche alternativen Situationsdeutungen sind denkbar?"):

Es wäre zu prüfen, ob man das Problem nicht auch anders definieren könnte:

(a) Es könnte sein, daß diese Jungen schon so dem Alkohol verfallen sind, daß sie ohne Bier nicht mehr auskommen könnten (Ausstattungsproblem).

(b) Das Biertrinken in der Gruppe und auch die Provokation der Umweltverschmutzung könnte zum Gruppenstil dieser peer group gehören (Austauschproblem).

(c) Das inkriminierte Verhalten könnte direkt an meine Adresse (Berufspraktikant) gerichtet sein, um Reaktionen zu testen (Machtdimension).

(d) Es könnte aber auch sein, daß in der Werteskala dieser Jungen das Biertrinken als etwas Erstrebenswertes gilt und das Wegwerfen der Flaschen nicht als Umweltsünde aufgefaßt wird (Wertedimension).

(5) *Alternatives Wertwissen* („Welchen Zielen bzw. Werten sollte ich folgen?"):

Vielleicht sollte ich in meinen Interventionen weniger auf die Reaktionen von außen achten als darauf, was den (unterstellten) Interessen und Bedürfnissen der Jungen entspricht:

(a) Ist Alkoholkonsum von Fünfzehnjährigen wirklich so harmlos, daß ich ihn tolerieren kann, solange sie mich nicht zum Eingreifen zwingen?

(b) Liegt vielleicht unsere Arbeit im Jugendzentrum so weit neben den Bedürfnissen der Jugendlichen, daß sie auf das Trinken ausweichen?

(c) Vielleicht sollte ich mich stärker als „Mensch" und nicht so sehr als „Autorität" in die Auseinandersetzung mit den Jungen einbringen.

(6) *Alternative Handlungsregeln* („Welche alternativen Überlegungen für ‚wirksames' Handeln lassen sich finden?"):

(a) Jugendliche in diesem Alter sind sehr abhängig von den Verhaltensregeln der peer group. Wir sollten wohl daher mit der ganzen Clique arbeiten.

(b) Zur Moralentwicklung gehört auch, die eigenen und die Grenzen anderer zu erkunden; Regelverstöße gehören insofern zum Experimentierverhalten.

(c) Es ist in jedem Falle wichtig, mehr über die konkrete Lebenswelt der Jungen in Erfahrung zu bringen, bevor ich entscheiden kann, was und wer hier in welcher Weise zu beeinflussen wäre und welches Handeln „Erfolg" hätte.

(7) *Kontinuität oder Veränderung* („Welche mittelfristig akzeptierbaren Handlungsregeln wünsche ich für mich?"):

(a) Wenn sich Jugendliche provokant verhalten, muß ich zuallererst überlegen, wem die Provokation gilt, bevor ich mich angesprochen fühle.

(b) Wenn ich tatsächlich eingreife und auch das (im Bereich des Jugendzentrum „härteste") Sanktionsmittel „Hausverbot" einsetze, muß ich mir vorher sicher sein, welches Ziel ich erreichen will (Kein Bier auf dem Gelände? Keine Flaschen auf die Wiese?).

nen, Klientinnen, deren Angehörige, Nachbarn – alle akzentuieren dieselbe Situation kognitiv und emotional verschieden. Es kann daher sein, daß die Fachkräfte nur einen – für sie relevanten – Ausschnitt besonders intensiv wahrnehmen und keinen Blick dafür haben, daß ihre Interaktionsparterinnen ganz andere Dinge wichtig finden. Wenn sie keine Einigung über das, was zur Bearbeitung ansteht erzielen, ist ein Mißerfolg ihrer Interventionen vorprogrammiert, auch wenn diese fachlich gut fundiert sind. Die hier vorgeschlagene *mehrdimensionale Situations- und Problemanalyse* soll daher anregen, die unterschiedlichen Sichtweisen bzw. Deutungen miteinander in Beziehung zu setzen.

3.1. Darstellung des Rasters und Erläuterungen

Ausgangspunkt der Arbeit mit diesem Raster (siehe Übersicht 4, S. 283) soll wieder eine protokollierte Entscheidungssituation sein.

Mit dem Ausfüllen der *vertikalen Zeilen* (1–5) üben sich die Fachkräfte im gedanklichen Rollentausch und damit im (kontrollierten) Perspektivenwechsel, denn sie sollen sich parallel zur eigenen in mindestens zwei andere Sichtweisen versetzen. Eine davon wird sinnvollerweise der eigenen übergeordnet (z. B. die der Vorgesetzten), eine untergeordnet (z. B. die der Klientin). In anderen Situationen, etwa bei der Analyse von Teamschwierigkeiten, geht es um die Gruppierung von Parteien auf der gleichen Hierarchieebene. Das Verfahren dient der emotionalen Distanzierung von der gewohnten Sichtweise und schafft Raum für alternative Situationsdeutungen. Die letzte Zeile in der Vertikalen ist als „Ergebnisspalte" den Schlußfolgerungen aus dem Vergleich der Sichtweisen vorbehalten.

Im folgenden beschreibe ich die Spalten (a–g) in horizontaler Abfolge. Situations- und Problemanalysen sind meist handlungs- bzw. entscheidungsorientiert. Deshalb beziehen sich die Punkte (a) bis (e) der Übersicht stärker auf die Analyse der Situation und des Problems, während die Fachkräfte mit den Punkten (f) und (g) schon mögliche Aktivitäten antizipieren:

(a) Als erstes sollen die Fachkräfte für alle Sichtweisen das vermutliche Zustandswissen beschreiben, da – wie oben schon angemerkt – ein und derselbe Sachverhalt von jedem Menschen unterschiedlich empfunden und wahrgenommen wird, so daß es keine „objektive" Beschreibung geben kann.

(b) In der zweiten Spalte sollen sie den Geschehnissen in der Situation aus jeder eingenommenen Perspektive Bedeutungen unterlegen.

(c) Jede Beteiligte begründet außerdem ihre Einschätzung unterschiedlich: Hier sollten die Fachkräfte wiederum nach Erklärungswissen zu ursächlichen Zusammenhängen suchen. Das ist für Professionelle (hoffentlich) oft Wissen aus den Depots der wissenschaftlichen Disziplinen und für Kinder

Übersicht 4: Vorschlag für eine Situationsanalyse

Mutmaßliche Situations- bzw. Problemdefinition:	(a) Zustandswissen: Was ist passiert? Wer ist beteiligt?	(b) Situationsdeutung: Warum ist die Situation so, wie sie ist?	(c) Erklärungswissen (wissenschaftlich/erfahrungsbezogen)	(d) Wertewissen: Was sind die Ziele? Welche Bedürfnisse liegen vor?	(e) Problemdefinition: Wo liegt das Problem?	(f) Folgenabschätzung: Wer soll was tun bzw. verändern?	(g) Handlungswissen: Was könnte bei Veränderung passieren?
(1) „offizielle" Sicht (Träger, Verwaltung, Team usw.)							
(2) Sicht der KlientInnen							
(3) eigene fachliche Sicht							
(4) weitere Sichtweisen aus dem relevanten Kontext							
(5) Schlußfolgerungen aus dem Vergleich der Sichtweisen							Begründete Situations- bzw. Problemdefinition

283

oder Jugendliche und ihre Eltern, für Vorgesetzte und Verwaltungsfachleute eher ihr erfahrungsbezogenes Alltagswissen oder eben ihr spezielles Fachwissen.

(d) In die vierte Spalte gehören Ziele, Interessen und Bedürfnisse der Beteiligten, die ihrem Wertehintergrund zuzuordnen sind und die sich aus dem angenommenen Vergleich ihres jeweiligen Ist-Zustandes mit einem angenommenen wünschbaren Zustand ergeben.

(e) In der Spalte (e) wird gefragt, wer das Problem hat und wie es zu beschreiben ist. Ist ein Problem „mein" Problem – also das der Fachkraft? Ist es eines der Eltern oder der Klientin? Ist es eines der institutionellen Struktur oder global „der" Gesellschaft? Auch hier kann die Sichtweise sehr unterschiedlich sein. Und da anzunehmen ist, daß alle Beteiligten Schuld zuschreiben, können die Fachkräfte auf diese Weise eine Zuschreibungskette offenlegen und somit möglicherweise auch schon Mechanismen aufdecken, die das Problem am Leben erhalten (Watzlawik u. a. 1974).

(f) Die Frage „Wer soll was tun bzw. verändern?" zielt auf die Formulierung einer Veränderungsperspektive. Es soll deutlich werden, welche Veränderungswünsche und -ziele die Fachkräfte den Beteiligten unterstellen. Zum anderen bringt der Vergleich dieser Perspektiven auch Informationen für die Wahl der Interventionsebene (siehe Staub-Bernasconi 1986). Denn es macht einen Unterschied, ob die Fachkräfte z. B. ein Problem stellvertretend für eine Person lösen oder ob sie Ressourcen bei eben dieser Person oder in deren sozialen Kontext mobilisieren wollen.

(g) Und schließlich sollen die Fachkräfte in der letzten Spalte Mutmaßungen darüber anstellen, warum alles so bleibt, wie es ist. Sie bekommen über diesen Weg Aufschluß darüber, warum Veränderungen so schwer zu organisieren sind. Denn wenn der vermutliche Nutzen, den eine Person aus der bestehenden Situation zieht, größer zu sein scheint als der ungewisse Erfolg, der mit einer Veränderung ins Haus steht – warum sollte sie etwas verändern (Watzlawik u. a. 1974; auch B. Müller 1978)? Mit Hilfe der Frage „Was könnte im Falle einer Veränderung passieren – im besten Falle und im schlimmsten Falle?" (Wagner 1979) können die Fachkräfte Befürchtungen und Hoffnungen sinnvoll antizipieren.

3.2. Einsatz- und Auswertungsmöglichkeiten des Rasters

Die Fachkräfte sollten ihre anfänglichen (Vor-)Urteile, die sie beim ersten Lesen einer protokollierten Entscheidungssituation bilden, in Form von „Ad-hoc-Hypothesen" schriftlich festhalten. Am Schluß der Prozedur können sie die anfänglichen Hypothesen überprüfen und gegebenenfalls einer Korrektur unterziehen. Die Situations- und Problemdefinition ruht jetzt hoffentlich auf einer besseren Datenbasis und kann als Grundlage für Handlungsplanungen und Aushandlungsprozesse dienen. Wenn es um eine reine Situations- und Problemanalyse geht, können die Fachkräfte die Anwendung des Rasters im übrigen auch auf die Positionen (a) bis (e) begrenzen; die letzten beiden Positionen dienen schon eher der Vorbereitung von Entscheidungen.

Die Fachkräfte können Situations- und Problemanalysen verwenden, wenn sie komplizierte Verhältnisse strukturieren müssen. Denn manchmal müssen sie sich vergewissern, ob ihre Einschätzungen einschließlich ihrer Begründungen und Rechtfertigungen noch stimmig sind. Kontexte und Deutungsmuster verändern sich im Laufe der Zeit, und bisher unbekannte oder unbeachtete Faktoren wirken in einer Weise, die sie vielleicht nicht einkalkuliert haben. Situations- und Problemanalysen helfen zu verstehen, daß es unterschiedliche Sichtweisen – und entsprechend auch verschiedene Ansatzpunkte gibt. So sollten die Fachkräfte nicht nur fragen, wer oder was sich ändern muß, sondern auch, ob sie überhaupt etwas ändern können.[16] Es werden sich nicht immer gleich Lösungsmöglichkeiten abzeichnen; aber der Perspektivenwechsel beschert alternative Deutungsangebote, die es gestatten, die Situation und das in einem anderen Zusammenhang zu sehen.[17]

Ich arbeite mit Situations- und Problemanalysen hauptsächlich in *Projektseminaren* und in der *Fortbildung von Berufspraktikantinnen*. Wenn es darum geht, einen schwierigen Sachverhalt aufzuklären, bitte ich die betreffende Studierende um das Protokoll einer typischen Entscheidungssituation. Wir füllen dann gemeinsam im Seminar die Checkliste aus. Die Betroffene übernimmt dabei die Realitätskontrolle, um zu verhindern, daß sich die Seminargruppe in Unkenntnis des Situationskontextes in ihren Deutungen zu sehr vom tatsächlichen Geschehen entfernt. Manchmal bringen Berufspraktikantinnen auch selbst Analysen mit, um sie zu diskutieren, oder wir verabreden, wer zum nächsten Treffen eine Situationsanalyse vorlegt. Eine andere Möglichkeit besteht darin, drei oder vier Gruppen zu bilden und jede zu beauftragen, aufgrund der für alle gleichen Entscheidungssituation eine der Beteiligtenperspektiven „parteilich" auszufüllen. Im Plenum werden dann die Perspektiven verglichen. Mit diesem Vorgehen möchte ich auch „un-

---

16 Siehe auch die Frage von Marianne Meinhold nach den selbstinitiierbaren Zielen in diesem Band, S. 220 ff.

17 Dies kann bisweilen schon die Lösung sein (Watzlawik u. a. 1974). Bernd Dewe und Wilfried Ferchhoff (1986) sehen eine Hauptaufgabe der Fachkräfte in der Erweiterung des Deutungsangebotes. Dieses kann sie aber auch verwirren und Entscheidungen erschweren. In Ergänzung dazu sind daher auch Handlungsregeln zum Umgang mit diesen Deutungen notwendig.

denkbare" und „unkonventionelle" Deutungen hervorlocken und somit festgefahrene Vorurteile relativieren. Die Realitätskontrolle erfolgt hier erst nachträglich.

Es ist auch möglich, Situations- und Problemanalysen zum Ausgangspunkt für „theoretische" Recherchen zu nehmen: Die Studierenden können nachlesen, wie bestimmte Situationen vor dem Hintergrund (sozial-)psychologischer oder soziologischer Forschungsergebnisse oder mit Hilfe einschlägiger sozialpädagogischer Theorien zu verstehen wären. Das wäre dann eine Art kasuistischer Unterricht.

Die Fachkräfte können sie auch für *evaluative Zwecke* nutzen. Da die pädagogische Arbeit ja nicht bei „Punkt Null" beginnt, kann man auf diese Weise den Ausgangspunkt der pädagogischen Arbeit bestimmen. Wenn man später bewerten will, ob, wie und warum sich etwas verändert hat, kann man auf diesen Ausgangspunkt zurückgreifen. So schützt man sich auch vor falschen Ansprüchen, denn man braucht sich nicht für Entwicklungen verantwortlich zu fühlen, die bereits früher begonnen haben (Heiner 1989). Einzelne Fachkräfte oder ein Team können auf diese Weise üben, sich mittelfristig erreichbare, also realitätsnahe Ziele zu setzen und somit Frustrationen vorbeugen.

3.3. Erfahrungen mit dem Raster

Dieses aufwendige Verfahren kann natürlich nicht für jede kleine Alltagssituation angewendet werden. Situations- und Problemanalysen ermöglichen – wie alle hier vorgestellten Arbeitshilfen – Momentaufnahmen. Sie fixieren einen bestimmten Stand der Arbeit, die ihrerseits einem ständigen Modifikationsprozeß unterworfen ist.

Ich bin mir allerdings nicht sicher, ob die Analyse nicht selbst erlebter Entscheidungssituationen in der Seminardiskussion den „analytischen Blick" doch verfälscht. Zumindest beschäftigen sich die Studierenden nicht so lange mit Problemen, wenn es nicht ihre eigenen Erlebnisse sind, die da verhandelt werden.

Die „Problemgeberinnen" verteidigen dagegen oft hartnäckig ihre Handlungen und Deutungen und führen aus dem nur ihnen bekannten Kontext der Situation immer neue Legitimationen ihrer Sichtweise an, um alternative Vorschläge und Deutungen ihrer Kolleginnen zu entwerten. Da wir aber nicht die eine Wahrheit suchen, sondern nur die Wahrnehmung erweitern wollen, veranlasse ich die „Situationsgeberin" während einer zeitlich festgelegten Suchphase zum Zuhören. In dieser Zeit darf sie die Vorschläge und Deutungen der anderen weder kommentieren noch revidieren. Sie kann sie auf sich wirken lassen und später selbst und ohne Rechtfertigungsdruck entscheiden, welche Deutung sie überdenken und annehmen will. Die Vorgehensweise ist also ähnlich wie in der kollegialen Beratung.

Eine weiterführende Aufgabe für die Problem- oder Situationsgeberin könnte darin bestehen, die verschiedenen Hypothesen vor Ort mit Hilfe von Daten und Fakten zu überprüfen.

In einer ersten Version dieses Rasters hatte ich statt der „weiteren Sichtweisen" (Position 4) eine „Datenspalte" eingezogen. Dort sollten Fakten (Indizien) zum Kontext der Situation aufgeführt werden, mit Hilfe derer die verschiedenen Sichtweisen auf ihre Realitätsnähe überprüft werden könnten. Diese Spalte blieb fast immer unausgefüllt: Unter der Position „Zustandswissen" fällt denjenigen, die die Situation selbst erlebt haben, zwar meistens viel ein; das Absichern von Deutungen und Interpretationen der anderen Spalten fällt dagegen schwer. Es kann aber auch sein, daß auch Fachkräfte Spekulationen und Urteile gern und schnell aus dem „gesunden Menschenverstand" oder der „Erfahrung" heraus produzieren, während ein Vergleich mit „Fakten" mühsam und unangenehm ist und zwangsläufig auch zur Revision so manchen Urteils führen müßte.

Eine Berufspraktikantin kommentiert ihre „Lernerfahrungen" wie folgt:

„Für mich war es hilfreich, die Situation anhand eines Rasters zu strukturieren und mir die einzelnen Perspektiven zu verdeutlichen. Durch die Differenzierung und emotionale Distanzierung wurde mir deutlich, wie die Situation durch eingespielte Verhaltensweisen und Umgangsformen der direkt und indirekt Beteiligten bestimmt wurde. Für mich war es in diesem Zusammenhang neu, ihnen zu begegnen. Ich nahm Verhalten und Erwartungen wahr und in mich auf, ohne für mich umgehend adäquate Reaktionsmuster gefunden zu haben. Mir scheint jetzt nicht mehr die Frage wesentlich, was ich soll und darf…, sondern was ich will. … Die aufgeführte Situation steht stellvertretend für andere Zusammenhänge mit ähnlichen Konflikten, die aber oft unsichtbar bleiben bzw. nur innerhalb meiner Person ausgetragen werden." Wegen des Zeitaufwandes will die Schreiberin sich noch nicht festlegen, ob sie die Checkliste auch außerhalb der Fortbildung einsetzen wird. Sie meint aber, die Motivation hinge wohl entscheidend von der Dringlichkeit einer Situation und vom Engagement der Kolleginnen ab.

Abschließend halte ich fest, daß man diese Arbeitshilfe mit mehr oder weniger Aufwand bearbeiten kann. Wenn man die Perspektiven der Pflicht halber in kürzester Zeit „durchdekliniert", bleibt die Ausbeute gering.

3.4. Beispiel

Das Beispiel (siehe Übersicht 5, S. 288f.) bezieht sich auf die oben (S. 279ff.) schon eingeführte Entscheidungssituation und wurde von dem Berufspraktikanten erarbeitet, der auch die Analyse der Arbeitsaufträge verfaßte. Zum Kontext der Situation schreibt er:

„Die Jungen sind ca. fünfzehn/sechzehn Jahre alt, machen keine Berufsausbildungen und jobben. Alle sind seit ca. 1984 Besucher des Hauses – vor dem Umbau

Übersicht 5: Beispiel einer Situationsanalyse

	(a) Zustands-wissen: Was ist passiert? Wer ist beteiligt?	(b) Situations-deutung: Warum ist die Situation so, wie sie ist?	(c) Erklärungs-wissen (wissen-schaftlich/erfah-rungsbezogen)	(d) Wertwissen (Ziele/Bedürf-nisse)	(f)[1] Wer soll was tun bzw. verändern?	(g) Was könnte bei Veränderung passieren?
Sicht des Teams	Vier Heranwachsende haben die Hausordnung mißachtet, sind der Aufforderung durch zwei Sozialarbeiter nicht nachgekommen, haben Hausverbot erhalten, was dann wegen Ignoranz mit Nachdruck durchgesetzt wurde.	Ein Problem ist die Verletzung der Hausordnung, die öffentlich, weil das Grundstück von der Straße aus einsehbar ist; ein weiteres die Versuche der vier Jungen, die Sozialarbeiter zu nerven und zu ärgern.	Die Hausordnung ist ein Regelwerk, das eingehalten werden muß. Hieraus ergeben sich Konflikte mit den Bedürfnissen der Betroffenen. Grenzen eigenen Handelns sowie Konsequenzen müssen aufgezeigt werden. Die Sozialarbeiter dürfen sich nicht auf die Rolle als „Kumpel" beschränken – Autorität (!)	Wenn die vier sich nicht einpassen, müssen sie mal ein längeres Hausverbot bekommen. Wir wollen uns nicht aufreiben. Im Haus sollen sich möglichst nur Leute aufhalten, die keine Konflikte provozieren. Geringes Interesse an offenem Bereich und Disco – nicht einverstanden mit generellem Alkoholverbot.	Die Jungen sollen endlich begreifen, daß sie sich an die Regeln halten müssen und sollen sich an den sinnvollen kulturellen Veranstaltungen beteiligen, die im Haus angeboten werden. Oder sie sollen woanders hingehen und nicht weiter nerven. Eine Lösung wäre vielleicht auch die Aufhebung des Alkoholverbotes. Dann brauchten wir nicht zu disziplinieren. Ist aber politisch schwer durchsetzbar.	Wenn sie sich auf unsere Angebote einlassen könnten, könnten sie auch mal neue Erfahrungen mit sich selbst und auch in der Gruppe machen. Wenn wir wirklich konsequent in der Alkoholsache vorgehen wollten, müßten wir uns im Team erst einmal auf bestimmte Vorgehensweisen einigen und diese dann auch durchhalten. Es könnte sein, daß wir dann auch Erfolg hätten. So ist das Hausverbot eine Möglichkeit, die Ordnung aufrechtzuerhalten, ohne sich mit den Bedürfnissen der Jungen auseinanderzusetzen.

(Fortsetzung S. 289)

	Sicht der Jugendlichen					

Wir (H. und T.) tranken draußen Bier, unterhielten uns, da kam Sozialarbeiter (A) und machte uns wegen der paar Flaschen an und wegen des Bieres; später kam A. mit W. wieder, wir waren jetzt zu viert. Die wollten, daß wir die Flaschen wegräumen, haben wir aber nicht, deshalb gab's von W. Hausverbot — später durften wir (H. und M.) nicht mal mit E. was bequatschen.

Darfst kein Bier im Haus trinken, auch nicht draußen – ist doch sonst schon nix los hier; für so 'ne Lappalie kriegst'e jetzt schon Hausverbot. Oder: Die Sozialarbeiter wollen uns loswerden. Wir sind denen nicht mehr gut genug.

Den Sozis ist sowieso egal, was wir machen. Meistens regen sie sich ja auch nicht auf, wenn wir hier draußen Bier trinken. Aber manchmal meinen sie, sie müßten den dicken Hallas machen und sprechen von Hausverbot und so. Das geht aber wieder vorbei. Muß man nicht so ernst nehmen. Ernsthaft können die uns sowieso nichts verbieten.

Wir möchten Pils trinken können, am liebsten im Haus selbst. „Wenn Ihr Bier verkaufen würdet, wäre das Haus garantiert voll." „Wir fanden das Haus früher (mit Fernsehraum, Flipper, schmuddeliger) besser, fühlten uns wohler."

Die Sozialarbeiter sollen sich nicht so anstellen und Bier verkaufen. Schließlich ist das unsere Freizeit und da gehört Bier einfach dazu. Außerdem sollen sie mehr Disco machen und wieder einen Kicker und einen Flipper im Haus aufstellen. Die vernachlässigen uns echt. Früher war das anders. Die sollen uns nicht immer nur anmeckern, sondern mal wieder mit uns reden.

Wenn es wieder so wäre wie früher, gäb's auch nicht so viel Ärger mit uns. Wenn die Sozialarbeiter uns wirklich akzeptieren würden, könnten wir vielleicht auch über das Biertrinken reden. Ist ja vielleicht auch wirklich nicht so doll, was wir hier machen. Sozialarbeiter ärgern bringt wenigstens etwas Leben in den ätzend langweiligen Alltag – Konsequenzen sind gering.

	Eigene Sicht					

Zunächst haben H. und T. draußen Bier getrunken, Flaschen ins Gelände geworfen. Sind meiner Aufforderung nicht nachgekommen. Ich habe mir W. zu Hilfe geholt. R. und M. kamen biertrinkend hinzu, alle kamen unserer gemeinsamen Aufforderung nicht nach. Nach Fristablauf hat W. Hausverbot erteilt, woran sich H. und M. nicht hielten. Wir mußten sie hinauswerfen.

Ich hab erst eingegriffen, als die Flaschen flogen, hätte es sonst wohl sein gelassen. Das Problem ist das Alkoholverbot. Ein weiteres Problem ist auch, daß ich Schwierigkeiten mit konsequentem Durchgreifen bei dieser Gruppe habe.

Die Jugendlichen müssen Grenzen austesten. Regelverstöße sind dabei unerläßlich. Nur so können sie ihre eigenen Handlungsspielräume entwickeln. Alkohol ist in unserer Gesellschaft akzeptiert, hat eine soziale Funktion, gerade auch für sozial benachteiligte Jugendliche (Gemeinsamkeit), da ihre Lebenswelt wenig -perspektiven und Positives bieten. Alkoholverbot hat für sie lediglich Ordnungsfunktion.

Ich habe keine Lust, die Flaschen selbst einzusammeln. Ich wünsche mir eine Disco mit wenig Streß. Ich hätte mir ganz gerne diese Auseinandersetzung erspart.

Das Team ist zu sehr fixiert auf seine Kontrollfunktionen im offenen Bereich. Es muß thematisiert werden, ob es nicht auch andere Lösungsmöglichkeiten gibt. Ich muß mir selbst Spielräume für Gespräche mit dieser Gruppe schaffen (ob das ein realistisches Ziel ist, ist noch fraglich).

Wenn ich selbst mehr Autorität gegenüber den Jungen hätte, könnte ich ganz anders mit ihnen umgehen. Diese Autorität erwächst aus einer intensiven Beschäftigung mit ihnen. Wenn ich bei Konfliktfällen nicht hinsehe oder Kollegen zu Hilfe hole, muß ich mir bei dieser Gruppe keine Autorität erarbeiten. Immerhin ist sie nicht unproblematisch.

[1] Die Spalte (e) wurde in diesem Beispiel „vergessen".

fühlten sie sich wohler – sie haben einen Großteil ihrer Zeit im Haus verbracht – auch an Videogruppen teilgenommen – sie werden jetzt im Haus nur noch geduldet, es gibt keine Angebote für sie. Teilweise waren sie auch schon mit dem Gesetz in Konflikt – in ihrer Freizeit schauen sie Videos, trinken Alkohol; am Wochenende stürzen sie fast regelmäßig ab." Und: „In der Neukonzeption ist defizitorientierte Jugendarbeit kein Thema mehr. Die Angebotsstruktur wurde dahingehend geändert, daß es keinen Kicker, Flipper und Fernsehraum mehr gibt. Den Bedürfnissen der bisherigen BesucherInnen wird bewußt nicht mehr entsprochen, um sie so wenig wie möglich im Haus zu haben".

Die Schlußfolgerungen aus dem Vergleich hat der Berufspraktikant zusammengefaßt, statt für jede einzelne Spalte ein Zwischenresümee zu ziehen. Ich zitiere hier seine Reflexionsergebnisse:

(a) Es gibt Besucher, die vom Team nicht als Zielgruppe akzeptiert werden, weil sie nicht unproblematisch sind; eine Auseinandersetzung des Teams mit diesen Gruppen findet nicht (mehr) ausreichend statt; Thematisierung erforderlich.

(b) Inwieweit ist es möglich, bei Alkoholkonsum zunächst nur das Gespräch zu suchen mit dem Ziel, daß die Besucher auf dem Gelände nicht mehr trinken, ohne mit Hausverbot drohen zu müssen?

(c) Diskussion über Auftrag der Einrichtung im Verhältnis zur Neukonzeption (nicht deckungsgleich) und dessen praktischer Anwendung erforderlich.

(d) Obwohl ich mit der Arbeit unzufrieden bin, verhalte ich mich funktional.

4. ZUR HANDLUNGSPLANUNG

Einer der schwierigsten Prozesse des methodischen Arbeitens ist die Festlegung der Ansatzpunkte für die Entwicklung von Handlungsregeln und Handlungsanweisungen und die entsprechende Planung der weiteren Schritte. Jede sozialpädagogische Fachkraft weiß, daß es in der beruflichen Praxis kaum möglich ist, eine umfassende Abfolge von Handlungsschritten zu planen, geschweige denn, diese Planung dann auch in die Praxis umzusetzen. Planen bedeutet im wesentlichen, eine Reihe von Entscheidungen zu treffen und Aktivitäten vorzubereiten.[18] Voraussetzungen dafür kann eine Situationsanalyse (siehe S. 278 ff.) liefern (sofern sie Folgerungen für die Planung zuläßt).

---

[18] Siehe dazu Ernst Martin (1989, 60ff.), der vier Teilschritte methodischen Handelns – er nennt dies „didaktische Reflexion" – unterscheidet: (a) analysieren (mit den Teilschritten „beschreiben" und „erklären"); (b) planen („entscheiden" und „vorbereiten"); (c) handeln (praktisches Umsetzen der Planung); (d) auswerten (kontrollieren, das in die erneute Analyse einmündet).

4.1. Darstellung der Checkliste und Erläuterungen

Die im folgenden dargestellte und erläuterte Checkliste (siehe Übersicht 6, S. 288) ist vor allem für eine *Analyse bzw. Planung von Aktivitäten in konflikthaften Situationen* gedacht. Sie soll wie ein „Merkzettel" benutzt werden, mit dem man sicherstellen kann, daß die wichtigsten Bestandteile einer Planung im Blick bleiben. Auch wenn die Checkliste es nahelegt, die einzelnen Positionen nacheinander abzuarbeiten, geht es mir weniger um eine Abfolge als um das Verhältnis der einzelnen Punkte zueinander. Zu den einzelnen Positionen sind folgende Erläuterungen zu geben:

Zu 1: Mit Hilfe der Situationsanalyse können die Fachkräfte Richtungen für die Weiterarbeit erspüren; an dieser Stelle sollen sie sich entscheiden, welche Personen und welche Situationen sich verändern sollen, und realitätsnahe und mittelfristig erreichbare Ziele bestimmen. Solche Ziele werden im Idealfall mit allen Beteiligten ausgehandelt. Die Ziele und Interessen – wie in unserem Beispiel – von Jugendlichen haben in der sozialpädagogischen Ethik einen hohen Stellenwert; in der Praxis verblassen sie leicht unter der Dominanz der anderen – mächtigeren – „Mitspielerinnen". Wenn die Fachkräfte jedoch die Ziele der KlientInnen zu wenig berücksichtigen, rächt sich das oft genug in Form einer „Abstimmung mit den Füßen".

Zu 2: Pädagogische Situationen haben keinen „Anfang"; die Fachkräfte greifen immer in einen laufenden Prozeß ein. Deshalb sollten sie sich vergegenwärtigen, was bisher geschehen ist. Was haben welche Beteiligten getan? Mit welchen Folgen? In vielen Fällen existieren Akten oder andere Dokumente; häufig sind auch Gespräche notwendig. Eine Beurteilung der zurückliegenden Geschehnisse gibt Anhaltspunkte für die weitere Strategie, für deren Revision oder neue Ansätze. Hier ist auch die eigene Standortbestimmung unerläßlich: Wie ist die Kontaktaufnahme verlaufen? Welche Kontakte bestehen bisher zu wem? Wie lassen sich der Stand und die Qualität der bisherigen Beziehung einschätzen? Besteht eine Verhandlungs- oder eine Konfliktbeziehung – oder sind die Verhandlungsbeziehungen gar zusammengebrochen? Welches Interesse können die Beteiligten überhaupt an einer Zusammenarbeit haben, d. h. welchen Nutzen können sie sich erhoffen? Ist es möglich, zwischen den Beteiligten einen Vertrag (siehe Pincus/Minahan 1980) zu formulieren, und wie könnte er aussehen? Möglich ist auch, das Zusammenwirken als Koproduktion der Beteiligten zu denken, wie das etwa von Burkhard Müller (1996) vertreten wird.

Zu 3: Für jede Planung ist es sinnvoll, die Interventionsebene (Individuum, Gruppe bzw. Familie, Nachbarschaft, Gemeinwesen, Organisationen) und somit den Ansatzpunkt der geplanten Aktion festzulegen. Diese Entscheidung steht in Korrespondenz mit der Definition der Situation/des Pro-

Übersicht 6: Checkliste zur Analyse und Planung von Handlungen

(1) Änderungsperspektive

    (a) Wer oder was soll sich in welche Richtung ändern?

    (b) Welche selbstinitiierbaren und anderen Ziele lassen sich formulieren?

(2) Analyse des Prozesses und der Beziehungen

    (a) Handelt es sich um Konflikt- oder Verhandlungsbeziehungen?

    (b) Welches Interesse haben die Beteiligten an einer Zusammenarbeit?

    (c) Soll ein Vertrag formuliert oder eine Kooperation vereinbart werden?

    (d) Welche Rolle spiele ich in diesem Prozeß?

(3) Ansatzpunkte der geplanten Aktivität

    (a) Auf welcher Ebene soll interveniert werden?

    (b) Welche Faktoren könnten eine Veränderung bewirken?

(4) Gruppierung der Beteiligten

    (a) In wessen Sinne („Klientin") wird Einfluß genommen?

    (b) Auf wen („Adressatin") wird Einfluß genommen?

    (c) Mit Hilfe welcher „Verbündeter" wird Einfluß genommen?

(5) Geeignete Arbeitsformen und entsprechende Handlungsanweisungen

(6) Formulierung geeigneter Handlungsregeln

(7) Überprüfung (und gegebenenfalls Ergänzung) der vorhandenen Ressourcen und Kompetenzen

(8) Folgenabschätzung

    (a) Welche Auswirkungen der geplanten Handlungen sind zu vermuten?

    (b) Wie sind diese ethisch zu legitimieren (rechtfertigen)?

    (c) Welche Sanktionen sind von seiten der Beteiligten (welcher?) zu erwarten?

(9) Zeit- bzw. Organisationsplan (sofern nötig und angebracht)

(10) Verantwortung für die Durchführung?

    (a) Wer ist verantwortlich?

    (b) Wann und wie wird die geplante Aktivität ausgewertet?

blems.[19] Und da sich sowohl Menschen als auch Institutionen selten freiwillig und schon gar nicht grundlos verändern, sollten die Fachkräfte nach Faktoren suchen, die eine Veränderung bewirken können. Wenn sie eine Vorstellung darüber gewinnen können, worin der Nutzen der bestehenden Situation für die Beteiligten liegt, können sie auch darüber nachdenken, mit welchen Mitteln sie sie motivieren können, eine Veränderung anzustreben.

Zu 4: Je nach formulierten Zielen und Ansatzpunkten sollten die Fachkräfte die Beteiligten in verschiedene Gruppen einteilen. Oft müssen Ziele auf Umwegen angesteuert werden: sie nehmen z. B. auf Eltern Einfluß in der Hoffnung, daß diese dafür sorgen, daß ihre Sprößlinge sich im Jugendzentrum besser benehmen. Nicht immer bezieht sich also das pädagogische Handeln unmittelbar auf die Jugendlichen; die Fachkräfte müssen sich aber in jedem Falle entscheiden, in wessen Sinne sie arbeiten (wer also Klientin ist[20]) und auf wen oder was sie ihre Aktivitäten ausrichten wollen (wer „Adressatin" der Aktion ist). Meist müssen sie auch Verbündete[21] zur punktuellen Zusammenarbeit gewinnen. Das können andere hauptamtliche oder ehrenamtliche Mitarbeiterinnen, andere Institutionen, aber auch z. B. Eltern sein.

Zu 5: Bei der Auswahl geeigneter Arbeitsformen und der Einigung auf entsprechende Handlungsanweisungen sollten sie den konzeptuellen Kontext der ausgesuchten Verfahren und Techniken, ihre Reichweite und ihre vermutliche Wirkung beurteilen können (siehe Geißler/Hege 1991).

Zu 6: Für die Realisierung der Ziele und die Umsetzung der Handlungsanweisungen müssen sie dann geeignete Handlungsregeln konstruieren. Dabei können sie auf „bewährte" und erprobte Arbeitsprinzipien und Handlungsregeln zurückgreifen; sie können auch als Resümee der Situationsanalyse neue Regeln erfinden.

---

[19] Soll an der individuellen Ausstattung, der persönlichen Handlungskompetenz einzelner Kinder/Jugendlicher angesetzt werden? Handelt es sich um Beziehungs- bzw. Austauschprobleme zwischen einzelnen und ihrer (personellen oder bebauten) Umgebung, oder um eines der Hierarchie (zwischen Eltern und Kindern, zwischen Geschlechtern, zwischen Staat und einzelnen)? Oder geht es um weltanschauliche/ ethische/politische Fragen (siehe Staub-Bernasconi 1986)?

[20] Im Beispiel zu dieser Checkliste ist gar nicht sicher, ob die Jungen überhaupt als Klienten zu betrachten sind. Vielleicht sind in diesem Falle die Nachbarinnen des Jugendzentrums Klientinnen in dem Sinne, daß die Fachkräfte in deren Interesse (nach Ruhe und Ordnung) auf die Jungen disziplinierend einwirken (siehe S. 292 ff.).

[21] Allen Pincus und Anne Minahan (1980) unterscheiden nach „Klientensystem" und „Zielsystem". Der Ansatzpunkt ist für sie die „Zielscheibe", die Pädagoginnen selbst nennen sie „change-agents" und diejenigen, mit denen die Fachkräfte für bestimmte Zwecke ein Arbeitsbündnis eingehen, bilden das „Aktionssystem". Ich habe diese Bezeichnungen „eingedeutscht".

Zu 7: Mit Blick auf die Planung sollten die Fachkräfte ihre eigenen Handlungskompetenzen und ihre Fähigkeiten, die geplanten Veränderungen in Gang zu bringen, realistisch einschätzen. Sie müssen abchecken, ob sie ihre Planungen mit den vorhandenen institutionellen Ressourcen (sowohl den materiellen Hilfsmitteln als auch den personellen Kapazitäten) realisieren können und gegebenenfalls Material besorgen, bestimmte Arrangements treffen oder auch neue Techniken einüben.

Zu 8: Weitere wichtige Erwägungen könnte man als Folgenabschätzung bezeichnen (Heiner 1986), denn die Fachkräfte müssen eine Vorstellung dazu entwickeln, welche Folgen die geplanten pädagogischen Handlungen sowohl für die Jugendlichen als auch für deren sozialen Kontext zeitigen werden. Was nützen z. B. kurzfristig erreichte Verhaltensänderungen der Jugendlichen, wenn kein Einfluß auf die verursachende bzw. begünstigende Umwelt genommen werden kann? Oder welche Folgen hat eine „feministische" Pädagogik für ausländische Mädchen? Zur Folgenabschätzung gehört auch eine Antizipation der möglichen Sanktionen von seiten aller Beteiligten: Bringen die Fachkräfte durch die Maßnahmen Eltern gegen sich auf? Billigen Vorgesetzte die gewählte Vorgehensweise? Können und wollen die Fachkräfte solche Sanktionen angesichts des angestrebten Zieles in Kauf nehmen? Und wie gehen sie persönlich mit Ablehnung, Mißbilligung und Maßregelungen um?

Zu 9: Als Konsequenz der Abarbeitung der Checkliste kann unter Umständen ein Zeit- bzw. Organisationsplan entstehen (Wer macht bis zu welcher Zeit was?). Ein dezidierter Ablaufplan empfiehlt sich allerdings nur für die organisatorische Seite der Arbeit, z. B. für die Durchführung von Projekten, Aktionen oder Festen (siehe Martin 1989). Bezieht sich die Handlungsplanung auf eine bestimmte pädagogische Situation, sind Handlungsregeln angemessener.

Zu 10: Für unabdingbar halte ich es, Verantwortlichkeiten festzuhalten und auch Absprachen darüber zu treffen, in welcher Form und vom wem diese Verantwortlichkeit innerhalb welchen Zeitraumes übernommen und kontrolliert wird. Denn jede Fachkraft plant für sich, und in jeder Teambesprechung werden ständig neue Vorhaben und Pläne abgesprochen. Doch kaum jemals fragt jemand nach, was aus den Plänen wurde, so daß es auch schwierig ist, aus Fehlern zu lernen.

4.2. Einsatz- und Auswertungsmöglichkeiten der Checkliste

Die einzelnen Positionen der Checkliste verdeutlichen die verschiedenen Stationen von Planung, wie sie vielfach abläuft.

Meines Erachtens kann man diese Arbeitshilfe begrenzt in Projekt-Seminaren einsetzen, nämlich dort, wo eine Studierende vor Situationen steht, die sie nicht überschauen kann. Ich denke, daß sie vor allem eine Hilfe für Team-beratungen ist, z. B. dann, wenn eine schwierige Situation zu bewältigen ist. Die Checkliste zur Handlungsplanung könnte *Möglichkeiten zum Experimentieren* bieten, um verschiedene Handlungsregeln auszuprobieren. Sie veranlaßt die Fachkräfte zur Konkretisierung der Ziele und verhilft zu einer realitätsnahen Planung. Und sie regt die Fachkräfte an, darüber nachzudenken, an welcher Stelle sie in den laufenden Prozeß einsteigen und in welche Beziehungskonstellation sie hineingeraten.

Die Arbeit mit dieser Liste kann als wesentliche *Voraussetzung* für eine Ergebnisevaluation gelten; denn nur, wenn die Fachkräfte den Ausgangspunkt der Aktivitäten fixieren, können sie im weiteren verläßliche Informationen für die Einschätzung von Erfolgen oder Effekten erheben.

4.3. Erfahrungen mit dem Einsatz der Checkliste

Ich habe diese Arbeitshilfe vereinzelt in Projektseminaren ausprobiert und mit Studentinnen zusammen Perspektiven zur Bearbeitung von Situationen erörtert, in denen sie ratlos waren.

Im Unterschied zu den üblichen Ratschlägen („Probier doch mal…"; „Hast du schon mal…?") führten die Fragen nicht selten zu neuen Einsichten. Auffällig finde ich, daß die Überlegungen der Studentinnen recht häufig von der Planung wieder zurück zur Analyse der Situation wanderten, die hier ja gar nicht mehr gefragt war. So wurden immer wieder neue Situationsdeutungen ausprobiert. Zumindest Studierende scheinen davon überzeugt zu sein, daß man mit der richtigen Ursachendiagnose auch automatisch zu den richtigen Handlungen komme.

Ich vermute, daß sich die Kolleginnen an den Fachbereichen „Sozialwesen" zu sehr auf Fallanalysen beschränken. Es kann interessant und spannend sein, problematisches Verhalten in seinen Zusammenhängen zu erklären. Ob eine „Diagnose" zutrifft, kann in sogenannten Fallklausuren allerdings lediglich über Plausibilitäten glaubhaft gemacht werden. Die Fachkräfte gelangen darüber aber nicht ohne weiteres zur Entwicklung von Handlungsregeln und -anweisungen.

Ich vertrete die Auffassung, daß Studierenden und auch berufserfahrenen Fachkräften (nicht nur) im Bereich der außerschulischen Kinder- und Jugendarbeit vielfach ein *solides Verfahrenswissen fehlt*. In den „Methodenbüchern" findet man zwar eine Unmenge an Vorschlägen für Spiele und Aktionen – auch solche, mit denen man angeblich Konflikte lösen können soll. Doch wie Fachkräfte Situationen arrangieren, in denen sich solche Spiele überhaupt einsetzen lassen (damit zunächst einmal genügend Kinder oder Jugendliche pünktlich, kontinuierlich und motiviert erscheinen), wie sie den institutionellen Kontext der Arbeit besser erfassen, wie sie einen Stadtteilbezug herstellen und welche Rolle dabei die eigene Person spielt, wie sie die eigenen Handlungskompetenzen wahrnehmen und erweitern, das alles lernen sie in den Methodenbüchern nicht.

Nun wird möglicherweise eingewendet, daß man kompetentes „Handeln" ohnehin nicht in Seminaren lernen könne, dafür sei die „Praxis" da. Ich will meine Vorbehalte gegen eine solche Behauptung an einem Beispiel belegen:

> Aus meiner eigenen Erfahrung in Teams und durch eigene Beobachtungen habe ich gelernt, daß Teamgespräche im wesentlichen um drei Themenbereiche kreisen: Zum einen werden persönliche Befindlichkeiten ausgetauscht (siehe auch Bader 1987), zum anderen geht es um die Verteilung von Arbeiten auf der organisatorischen Ebene: „Wer fährt den Bulli?", „Wer kauft ein?", „Wer macht sauber?". Und schließlich erörtern die Teammitglieder – wenn dafür überhaupt noch Zeit ist – mehr oder weniger spekulatorisch und wenig systematisch die Hintergründe des Verhaltens von (unangenehm) auffallenden Kindern und Jugendlichen. Wenn ihnen dann noch Zeit bleibt, über Aktivitäten und Handlungsmöglichkeiten nachzudenken, geht es meist um disziplinarische Maßnahmen.

Daher sehe ich eher für uns Lehrende die Verantwortung, künftigen Praktikerinnen in der Ausbildung sowohl ein fachspezifisches Verfahrenswissen als auch Arbeitshilfen für methodisches Handeln zu vermitteln. Eine Teambesprechung könnte von beidem profitieren.

4.4. Beispiel

Das folgende Beispiel (siehe S. 297 ff.) bezieht sich wieder auf die bereits angesprochene Entscheidungssituation (siehe S. 279 ff.) und wurde von mir bearbeitet.

5. AUSWERTUNG BZW. SELBSTEVALUATION

Bekanntermaßen kann der berufliche Alltag in der Sozialen Arbeit ziemlich unübersichtlich sein. Die Fachkräfte agieren gleichzeitig in verschiedenen Situationen, in unterschiedlichen Prozeßphasen mit wechselnden Arbeitsprinzipien und Handlungsregeln. Sie handeln, beurteilen intuitiv ihren Erfolg und variieren ihre Handlungen. Die Reflexion von Arbeitsaufträgen, Situationsdefinitionen, Arbeitsprinzipien und Handlungsregeln kommt nach Versicherung vieler Praktikerinnen in der Hektik des Alltags zu kurz. Methodisches Handeln bedeutet zuallererst, sich die *Abläufe durch eine nachträgliche Strukturierung zu vergegenwärtigen*. Die Ergebnisse des Nach-Denkens fließen dann – mit einiger Übung – in künftiges Handeln ein. Alle in diesem Beitrag vorgestellten Raster und Checklisten sind systematische

(1) Änderungsperspektive

(a) Wer oder was soll sich in welche Richtung ändern?

Das Team soll diese Jungen wieder als Zielgruppe anerkennen.

Die Jungen sollen sich nicht nur auf Alkohol fixieren und lernen, daß es auch andere befriedigende Formen der Freizeitbeschäftigung gibt.

Ich selbst will auf die Jungen zugehen und ein akzeptabler Ansprechpartner sein.

(b) Welche selbstinitiierbaren und anderen Ziele lassen sich formulieren?

Ich kann auf die Jungen zugehen, wenn sie gerade nicht trinken oder uns ärgern, dann brauche ich auch nicht mit dem problematischen Hausverbot zu jonglieren.

Ich kann auf das Team Einfluß nehmen, damit sich dessen Meinung über diese Zielgruppe ändert und um eine Freistellung zur besonderen Betreuung der Jungen zu erreichen.

Ich kann versuchen, mehr über ihre Lebenswelt (und ihre Gruppenstruktur), auch außerhalb des Jugendzentrums, zu erfahren, indem ich sie teilweise begleite. Möglicherweise werden sich bei genauerer Kenntnis neue Ziele ergeben.

Das Team soll seine Konzeption überdenken (ist Kulturarbeit bei dieser BesucherInnenstruktur das richtige Arbeitsprinzip?).

Die Jungen sollen alternative Freizeit- und Problembewältigungsmöglichkeiten entwickeln.

(2) Analyse des Prozesses und der Beziehungen

(a) Handelt es sich um Konflikt- oder Verhandlungsbeziehungen?

Zu den Jungen wurde vom Team aus die Verhandlung weitgehend abgebrochen; ich habe zu ihnen eigentlich keine Beziehung; sie haben zu mir (wie zu allen im Team) eine Konfliktbeziehung.

Gegenüber dem Team habe ich eine ganz gute Beziehung; habe allerdings bisher wenig Forderungen gestellt, die den anderen nicht paßten.

(b) Welches Interesse haben die Beteiligten an einer Zusammenarbeit? Soll ein Vertrag formuliert oder eine Kooperation vereinbart werden?

Die Jungen haben offensichtlich keinen anderen angemessenen Treffpunkt, also werden sie verhandlungsbereit sein.

Das Team wird wahrscheinlich von sich aus keinen Grund sehen, auf meine Vorstellungen und die Jungen einzugehen. Sie haben ein anderes Ziel im Auge (Kulturarbeit) und arbeiten formal mit der Hausordnung.

Zur Vertragsformulierung bezüglich der Jungen – bisher: „Ich akzeptiere Euch nicht, wie ihr seid, also sorgt Ihr dafür, daß wir uns ärgern." Wunsch: „Ich lasse mich auf Eure Persönlichkeiten und Eure Lebenswelt ein; dafür seid Ihr bereit, auf vordergründige Provokationen zu verzichten;" bezüglich des Teams – bisher: „Du kritisierst uns nicht, und wir verzichten darauf, Dich immer wieder auf Deinen untergeordneten Status als Berufspraktikanten hinzuweisen." Wunsch: „Ich beweise mich als vollwertige Arbeitskraft mit eigenen Ideen und Verantwortung; dafür integriert Ihr meine kritischen Anmerkungen und seid bereit, Euch zu verändern."

(Fortsetzung S. 298)

(c) Welche Rolle spiele ich in diesem Prozeß?

Ich spiele bisher eine untergeordnete Rolle: Die Jungen kennen und akzeptieren mich kaum, und die Mitarbeiterinnen im Team nehmen mich nicht richtig ernst.

(3) Ansatzpunkte der geplanten Aktivität

(a) Auf welcher Ebene soll interveniert werden?

Teamgespräch: Erlaubnis für die Arbeit mit den Jungen erwirken; Diskussion über Konzeption und Arbeitsstil anzetteln.
Jungen: Möglichkeiten der Annäherung überlegen, ohne gleich von ihnen in der bekannten Ordnungsfunktion wahrgenommen zu werden.

(b) Welche Faktoren könnten eine Veränderung bewirken?

Eine veränderte Einstellung und entspannteres Verhalten meinerseits (des Teams) gegenüber den Verhaltensweisen der Jungen.
Ein aktiveres und verantwortlicheres Verhalten meinerseits.
Bereitschaft des Teams, alternative Verhaltensweisen auszuprobieren und gegebenenfalls die Arbeit umzustrukturieren.

(4) Gruppierung der Beteiligten

(a) In wessen Sinne („Klientin") wird Einfluß genommen?

Klienten sind die Jungen.

(b) Auf wen („Adressatin") wird Einfluß genommen?

Adressatin ist das Team (um Freiräume für die Arbeit mit den Jungen zu schaffen); auf die Jungen direkt muß ich Einfluß nehmen.

(c) Mithilfe welcher „Verbündeter" wird Einfluß genommen?

Eventuell sollte ich mal mit der Mitarbeiterin Anne sprechen, die eine ähnliche Situationseinschätzung wie ich zu haben scheint.
Ich sollte vielleicht neuere Fachliteratur und modellhafte Vorschläge ins Team einbringen.

(5) Geeignete Arbeitsformen und entsprechende Handlungsanweisungen

Teambesprechung zu diesem Thema einberufen.
Kontakt zu Jungen herstellen; im Zweifelsfalle mit der Begründung, daß ich als Berufspraktikant ja neu bin und sie besser kennenlernen möchte. Es muß aber ehrlich gemeint sein.
Prüfen, ob das Jugendzentrum ihre Bedürfnisse überhaupt noch erfüllen kann; eventuell mit ihnen geeignetere Orte und Möglichkeiten erschließen.
Mit der ganzen Clique arbeiten (Patenschaft übernehmen) und die Gruppenstruktur und den Gruppenstil (Grund für und Ausmaß des Alkoholkonsums) erforschen, um hier eventuell Ansatzpunkte zu finden.

(Fortsetzung S. 299)

Methoden der Lebensweltanalyse einsetzen, z.B. Autofotografie oder Erkundung der Kleinstadt als Videoreporter, Erstellung einer Medienbiografie usw. (weil sie schon mal in einer Videogruppe mitgearbeitet haben).

(6) Formulierung geeigneter Handlungsregeln

Wenn die Jungen Ärger machen, möglichst nicht eingreifen.
Wenn sie im Haus und der Umgebung sind, zwanglos auf sie zugehen bzw. mit ihnen mitgehen.
Geäußerte Bedürfnisse der Jungen situativ aufgreifen; ihre Stärken und positiven Seiten ausfindig machen und hier ansetzen.
Genau hinhören, was hinter ihren vordergründig geäußerten Wünschen steckt, z.B. ihren Wunsch nach persönlicher Auseinandersetzung annehmen und nicht formal reagieren.

(7) Überprüfung (und gegebenenfalls Ergänzung) der vorhandenen Ressourcen und Kompetenzen

Ich kann gut mit dem Kamcorder umgehen und habe verschiedene Methoden der Lebensweltanalyse mit Teenies schon mal in der Projektarbeit an der Fachhochschule ausprobiert. Daher verfüge ich auch über Erfahrungen mit der Unsicherheit, wie es ist, wenn man sich ohne Ordnungsfunktion fremden Jugendlichen nähert und riskieren muß, von ihnen abgewiesen zu werden.

(8) Folgenabschätzung

(a) Welche Auswirkungen der geplanten Handlungen sind zu vermuten?

Im besten Falle kann ich die Gruppe wieder ins Jugendzentrum integrieren oder ihnen zu einer geglückten Ablösung verhelfen.

(b) Wie sind diese ethisch zu legitimieren (rechtfertigen)?

Orientierung an den Bedürfnissen der Jungen sollte für uns eines der wichtigsten Arbeitsprinzipien sein.

(c) Welche Sanktionen sind von seiten der Beteiligten (welcher?) zu erwarten?

Das Team könnte mir die Unterstützung für die Arbeit mit den Jungen verweigern und mich mit anderen Arbeitsaufträgen eindecken. Der Kreisjugendpfleger könnte seine Mißbilligung darüber äußern, daß wir das Arbeitsprinzip der Kulturarbeit nicht einhalten.
Die PolitikerInnen könnten sich darüber beschweren, daß wir nicht „Angebote für alle" machen.

(9) Zeit- bzw. Organisationsplan (sofern nötig und angebracht)

Entfällt hier; Teambesprechung muß aber kurzfristig stattfinden (diese Besprechung muß ich gut vorbereiten).

(Fortsetzung S. 300)

(10) Verantwortung für die Durchführung?

(a) Wer ist verantwortlich?

Ich selbst; die Teammitglieder müssen aber meine Haltung tragen und unterstützen.

(b) Wann und wie wird die geplante Aktivität ausgewertet?

Im Team festlegen; spätestens gegen Ende meines Berufspraktikums – Abschlußbericht als Anlaß?

Nach-Denk-Hilfen. Mit ihrer Hilfe können die Fachkräfte ihr Handeln in Situationen gedanklich in systematische Zusammenhänge bringen. Sie begünstigen somit Typisierungen und Generalisierungen, auch wenn sie handlungsbezogen formuliert sind. Die Reflexionen beziehen sich immer nur auf *einen Teil einer Situation*; dieser Teil ist dann aber diskutierbar und deshalb auch kontrollierbar.

Es ist eine Alltagsweisheit, daß Handlungen unter dem Einfluß der subjektiven, situativen und gesellschaftlichen Faktoren oft völlig andere Effekte zeitigen, als es (begründet) geplant war. Darum ist es eigentlich unabdingbar, die *tatsächliche Umsetzung dieser Handlungen und ihre Effekte* unter die Lupe zu nehmen. Allerdings fühlen sich die Fachkräfte wegen der Kontrollen von Trägern und Öffentlichkeit oft unter starkem Legitimationsdruck, was eine selbstkritische Einschätzung und Bewertung der eigenen Arbeit erschwert. Die vorherrschende Meinung ist, daß nur Außenstehende, z. B. Evaluatorinnen, die „Wirkung" sozialpädagogischer Arbeit beurteilen könnten. Die Möglichkeit der „Selbst-Evaluation" wird wohl auch aus dem Bewußtsein heraus bezweifelt, daß die Fachkräfte nicht gleichzeitig Teilnehmerinnen und Beobachterinnen, also nicht zugleich involviert bzw. identifiziert und kritisch distanziert sein können. Sie können die beiden „Rollen" jedoch nacheinander einnehmen – zumindest, wenn sie sich zeitweilig vom Handlungsdruck befreien und wenn sichergestellt ist, daß die Bewertung keine Sanktionen „von oben" nach sich zieht (siehe C. W. Müller 1988). Ich betrachte die *selbstevaluative Arbeit als Teil methodischen Handelns*. Das Konzept der Selbstevaluation vereinigt die Anteile von Supervision und Evaluation, die die Fachkräfte selbst bzw. mit einer kompetenten Begleiterin durchführen können. Wie in der Supervision geht es um Selbstreflexion und um fachlich begründetes, situationsentsprechendes, persönlichkeitsadäquates Handeln. Wie in der Evaluation geht es aber auch um die Optimierung der eigenen Arbeitsprozesse, um die Einführung von Innovationen und Prozesse der Bewertung (siehe ausführlich: von Spiegel 1993). Die Erfolgskriterien sind dabei allerdings eher selbstreferentielle; sie entstehen im Einzelfall und beziehen die Wertvorstellungen und Entwicklungsfähigkeiten und -möglichkeiten der Klientinnen bzw. der Fachkräfte mit ein (Heiner 1987).

5.1. Einsatzmöglichkeiten selbstevaluativer Methoden

Untersucht werden können in erster Linie die *eigenen Arbeitsvollzüge* oder die des Teams und deren kontextuelle Umstände. Eine zentrale Voraussetzung der Selbstevaluation ist die *Dokumentation* der beruflichen Handlungen mithilfe von Tagebüchern, Protokollen, Kassettenrecordern oder Videokameras. Diese Dokumente werten die Fachkräfte – ähnlich wie in einem Forschungsprozeß – aus und bewerten sie, um ihr Handeln gegebenenfalls zu verändern.

Prinzipiell läßt sich ein Großteil der *Methoden und Verfahren*, die ohnehin in Supervision, Organisationsberatung und Evaluation zur Anwendung kommen, für selbstevaluative Zwecke nutzen. Meistens müssen die Fachkräfte sie zusammen mit ihren Beraterinnen für den jeweiligen Zweck umarbeiten. Brauchbar sind sowohl qualitative wie auch quantitative Forschungsmethoden, aber auch Methoden der Prozeßsteuerung und der Analyse von Arbeitsprozessen, also des methodischen Handelns, wie sie in diesem und in den anderen Beiträgen vorgestellt worden sind. Wichtig ist, daß ihre Handhabung so wenig aufwendig wie möglich ist, daß sie von den Fachkräften in der täglichen Arbeit eingesetzt werden können, ohne ihre Zuverlässigkeit und ihre Gültigkeit zu verlieren.

Für die Untersuchung der tatsächlichen Umsetzung der begründeten Ziele eignen sich z. B. Selbstbeobachtungen und Selbsteinschätzungen von Kindern oder Jugendlichen, Kolleginnen und Expertinnen (Schätzskalen, projektive Verfahren u. a.), die wiederum durch Vergleiche mit Urteilen und Begründungen anderer Personen abgesichert werden können. Auf der Grundlage von Situationsporträts [22] oder protokollierten Entscheidungssituationen können die Fachkräfte unter anderem nach den eigenen Anteilen im Prozeßverlauf suchen. Zur Untersuchung von Effekten einzelner pädagogischer Strategien oder Settings können sie Kontrastgruppen-Analysen vornehmen, indem sie beispielsweise Handlungsweisen, die besonders erfolgreich sind, mit eindeutig erfolglosen polarisieren. Eine Sammlung

---

[22] Gemeint ist eine komprimierte Beschreibung typischer, wiederkehrender Interaktionssituationen, die von Klientinnen oder Fachkräften als problematisch empfunden werden. Sie dienen der Fokussierung der Interventionen und werden in Abständen wiederholt (siehe Heiner 1987, 85 ff.).

brauchbarer und erprobter Methoden für selbstevaluative Zwecke habe ich im Anhang (S. 304 ff.) zusammengestellt.[23]

5.2. Auswertungsmöglichkeiten selbstevaluativer Methoden

Die Fachkräfte können entweder einzelne Prozesse oder Elemente untersuchen oder die dokumentierten Daten, Beobachtungen und Aussagen auf der Grundlage rekonstruierter Abläufe und Situationen und im Hinblick auf bestimmte Dimensionen miteinander vergleichen (z. B. Situationsporträts in Zeitreihe). Über den Vergleich kommen sie zu Bewertungen, über Bewertungen zur Revision und/oder Variation von Arbeitsprinzipien und Handlungsregeln. Sie können die Daten auch sammeln und beurteilen, um Entscheidungsalternativen herauszuarbeiten. Die Fachkräfte gewinnen dabei Veränderungswissen und Kenntnisse über die Wirkung ihrer eigenen Handlungsweisen. Selbstevaluation ist so gesehen eine Art „Binnenwahrnehmung" der Evaluation:

(a) Die Fachkräfte können die herausgearbeiteten eigenen und institutionellen Arbeitsprinzipien und Handlungsregeln im Hinblick auf vorher definierte, angemessene und konsensfähige Erfolgsindikatoren *bewerten*. Sie können diese Bewertungen im Hinblick auf Effekte der erfolgten Aktivitäten, ihre Effizienz und die Gültigkeit von Annahmen vornehmen. Ihre Bewertungsmaßstäbe können sie aus professionellen Konzepten und mit Bezug auf ihre eigene Biographie (selbstreferentiell) konstruieren. Einschränkend ist anzumerken, daß rein ergebnisorientierte Nachfragen („Was ist herausgekommen?") in den seltensten Fällen zu nachweisbaren positiven Befunden führen. „Erfolg" in der sozialpädagogischen Arbeit kommt ebenso wie alle anderen Faktoren situativ, subjektiv und prozeßhaft zustande. Wirkungen lassen sich überwiegend nicht als Verringerung des Abstandes zum wünschenswerten und dazu noch zuvor formulierten Ziel nachweisen. Besser ist es, den zurückgelegten Weg und den dazugehörigen Prozeß einschließlich der Deutungen und Wertungen der Beteiligten zu rekonstruieren („Was ist passiert?") (Heiner 1982); denn selbst, wenn sich der Abstand zwischen Ziel und Ausgangsposition „objektiv" vergrößert haben sollte, kann sich die Situation im Erleben der Beteiligten, also „subjektiv" gebessert haben.

---

[23] Zur Begründung und zu Untersuchungsplänen von Selbstevaluation siehe Hiltrud von Spiegel (1993); zusätzliche Hinweise zur systematischen Reflexion von Praxisberichten finden sich im Zusammenhang mit der Auswertung von Diplomarbeiten an einem Fachbereich Sozialwesen (von Spiegel/McDonald-Schlichting 1990).

(b) Die Fachkräfte können überschaubare, also abgrenzbare Handlungsweisen als unabhängige Variablen einführen und einzelne Handlungselemente *kontrolliert variieren (z. B.* bezogen auf den Nachdruck, den sie einer bestimmten Handlung verleihen, die Begleitumstände einer Intervention oder die nonverbalen Anteile einer Situation); denn wenn die Fähigkeit zur Variation der eigenen Interventionen als zentrales Qualifikationsmoment für Fachkräfte anzusehen ist, müssen diese lernen, mit ihren eigenen Handlungen kontrolliert und experimentell umzugehen und diese auch der Forschung aussetzen.

(c) Die Fachkräfte können auch – mit Einschränkungen – *Prozesse der Interaktion erforschen*, z. B. mit Netzwerkanalysen. Sie können mit Methoden der Selbstevaluation allerdings nicht die weitgehend unbewußte Beziehungsdynamik in einer Dyade oder Gruppe bearbeiten; dazu eignet sich eher die Supervision. Sie finden mit den hier besprochenen Methoden aber nicht bewußte und nicht reflektierte Aspekte und auch Lücken im Erklärungswissen, die ebenso gravierend wirken können.

(d) Ähnlich wie in der Praxisforschung können die Fachkräfte auch der *Wirkung von Rahmenbedingungen nachspüren* oder *den Verlauf von sozialen Prozessen beschreiben und erklären* und überlegen, wie sie diese beeinflussen können.

Die Fähigkeit zur Selbstevaluation hängt unter anderem vom professionellen Berufsbewußtsein der Fachkräfte ab sowie von ihren Grundkenntnissen in empirischer Sozialforschung. Diese *Voraussetzungen* bilden auch die Grenzen der selbstevaluativen Arbeit im *Studium* selbst. Hier kann und sollte meines Erachtens mit einer Einführung der „Grundstein" gelegt werden. Die Einführung und die Erprobung solcher Methoden würde ich eher in *Fortbildungen* oder im Zusammenhang mit einer Teamberatung vermitteln. Selbstevaluation ist das schwierigste und anspruchsvollste Element des methodischen Handelns und baut auf anderen Teilen (Konzeptionsentwicklung, Analyse der Rahmenbedingungen, Situationsanalyse, Zielexplikation, Handlungsplanung, siehe: von Spiegel 1993, 1997a) auf.

Diese Feststellung impliziert, daß die Fachkräfte wahrscheinlich nicht ohne eine fundierte und motivierende Begleitung auskommen: Beraterinnen, die bei der Selbstevaluation helfen wollen, unterstützen das Team oder einzelne Fachkräfte bei der Klärung von Ziel und Gegenstand der Untersuchung, bei der Konkretisierung der Untersuchungsfragen und suchen nach geeigneten Methoden. Eine ihrer wesentlichen Aufgaben ist es, Methoden der empirischen Sozialforschung für selbstevaluative Zwecke umzuarbeiten. Sie machen auf Wissenslücken aufmerksam und zeigen, wo und wie die Fachkräfte dieses Wissen erwerben können. Ihr Status gleicht dem einer wissenschaftlichen Begleitung.

6. Nachwort

Abschließend will ich noch einige Bemerkungen zum Umgang mit den vorgeschlagenen Arbeitshilfen zum methodischen Handeln machen:

(a) Keine dieser Arbeitshilfen läßt sich problemlos „anwenden", also einfach in die Praxis „übertragen".

(b) Nicht alle Raster und Checklisten eigenen sich gleichermaßen für jeden Arbeitsbereich. So ist eine arbeitsfeldspezifische Konkretisierung, die weitergeht, als ich sie hier vorgenommen habe, ein notwendiger Zwischenschritt für den Einsatz aller hier vorgestellten „Werkzeuge".

(c) Die Arbeitshilfen können immer nur zur Fokussierung der Diskussion auf Ausschnitte, niemals zur Erfassung der „gesamten" sozialpädagogischen Praxis benutzt werden.

(d) Sie wurden als Lernhilfe zur Vermittlung methodischen Handelns entwickelt, nicht zur Unterstützung bzw. Anleitung praktischen Handelns; denn situatives Handeln ist ein Teil der Sache, Reflexion und Beurteilung ein anderer.

Methodisches Handeln ermöglicht eine rationale Auseinandersetzung mit der beruflichen Arbeit. Sie eignen sich nur begrenzt dazu, komplexe emotionale Beziehungen zu durchleuchten, und überhaupt nicht zur Bearbeitung unbewußter Prozesse. Die Anwendung der hier vorgestellten Arbeitshilfen bietet auch keine Gewähr dafür, daß die Fachkräfte in der Folge ihr Handeln tatsächlich „verbessern". Sie klären sich selbst aber zwangsläufig darüber auf, welche Ziele und Interessen sie de facto verfolgen. Hier ist der Prozeß genauso wichtig wie die Ergebnisse: Der Prozeß verursacht die Distanzierung, die zur Professionalisierung beiträgt. Problematisch bleibt auch, daß sich die Sozialpädagoginnen selbst zu dieser Arbeit motivieren müssen und daß es kaum Anreize für diese Art der Qualifizierung der beruflichen Arbeit gibt. Studierende und Berufspraktikantinnen kann ich noch mit Projektbescheinigungen oder mit Noten für Fachprüfungen, Diplom- oder Abschlußarbeiten „locken"; in der Berufspraxis sind die Anreize, z. B. in Form beruflicher Aufstiegsmöglichkeiten, jedoch ausgesprochen begrenzt.

1. Journal

Kontext und Ziele: Bestimmte Formen des Journals/Teambuches sind in vielen Einrichtungen üblich, in denen Schichtarbeit geleistet wird. Sie dienen in solchen Fällen dazu, die Mitarbeiterinnen der nächsten Schicht über wichtige Ereignisse zu informieren, um eine Kontinuität im Einhalten von Regeln zu gewährleisten. Sie eignen sich aber auch gut für evaluative Zwecke, da sie am ehesten Abläufe dokumentieren.

Einsatzmöglichkeiten und Vorgehensweise: Zum einen können die Fachkräfte in eine Kladde täglich oder wöchentlich jede für sich oder in ein gemeinsames Tagebuch eintragen, was passiert ist, was erfreulich und problematisch war, was nicht vergessen werden darf usw. Sie können aber auch von vornherein strukturierte Tagesbögen entwerfen, in deren Spalten sie dann Stichworte eintragen können (Beispiel: anwesende Personen, Ereignisse, eigene Gefühle, Gedanken dazu, neue Informationen über Kinder/Jugendliche, vom Amt oder aus dem Stadtteil, Merkpunkte zum weiteren Vorgehen, Vorsätze, Ideen, Vorschläge, Anregungen). Oder in einer Heim-Gruppe wird für jede/n Jugendliche/n eine Spalte angelegt, eine für das Team, eine für das, was geschah, und eine für die Sozialpädagogin selbst.

Evaluationskriterien: Die Kriterien ergeben sich aus den zuvor festgelegten Zielen: Auf was soll in der nächsten Zeit schwerpunktmäßig geachtet werden? Entsprechend wird auch die Strukturierung der Journalbögen erfolgen.

Variationsmöglichkeiten: Ergänzend zum eigenen Journal können die Fachkräfte auch ein Tagebuch für Kinder/Jugendliche auslegen. Da diese aber oft Schreibhemmungen zeigen, ist dieser Methode nicht immer Erfolg beschieden. Hier wäre eine große Wandzeitung, die animativ bis provokativ gestaltet ist, sicherlich interessanter. Bewährt hat sich ein solches Gruppenbuch in einigen Fällen in der begrenzten und Ausnahmesituation „Ferienfreizeit". Wenn es angenommen wird, kann es für eine gewisse Zeit zum Ereignismittelpunkt werden: Selbstdarstellungen, Botschaften an andere Kinder/Jugendlichen sowie Rückmeldungen an die Fachkräfte zu Person und Programm können hier untergebracht werden. Sie finden aber nur Interesse, wenn gewährleistet ist, daß das Buch von allen gelesen wird.

Auswertungsmöglichkeiten: Strukturierte Journale haben den Vorteil der besseren Vergleichbarkeit. Die Fachkräfte können die Eintragungen unter bestimmten Spalten ausschneiden, nebeneinanderkleben und somit eine chronologische Ereignisabfolge zu einem bestimmten Sachverhalt rekonstruieren, die sie z. B. an einem Teamwochenende auswerten. Sie können die Unterschiede in der Wahrnehmung und der Einschätzung von Situationen vergleichen. Persönliche Aufzeichnungen ermöglichen eine Auswertung im Hinblick auf die Kontinuität der persönlichen Arbeitsprinzipien und Handlungsregeln. Tagebuchaufzeichnungen erleichtern überdies die Erstellung von Jahresberichten.

Mögliche Folgeaktionen: Die Fachkräfte können damit ihre pädagogische Arbeit legitimieren, oder sie können daraus konzeptionelle Umstellungen ableiten.

Bemerkungen, Besonderheiten: Jede Form von Journal ist zeitaufwendig. Es ist daher sinnvoll und realistisch, die Schreibzeit von vornherein auf einen bestimmten Zeitraum zu begrenzen (einen Monat im Hinblick auf bestimmte Fragen; jeden Monat eine andere Mitarbeiterin o. ä.)

2. Auswertung des dokumentierten Materials

Kontext und Ziele: Im beruflichen Alltag fällt quasi nebenbei eine Unmenge von Material an, das die Fachkräfte sammeln können: Terminkalender, den ausgehenden Schriftverkehr, Briefe von Außenstehenden, Aktennotizen über Telefonate und Alltagsgespräche mit Kolleginnen (auch anderer Institutionen), Bürgerinnen und Adressatinnen, Akten über „Klientinnen" und deren Familien, Zeitungsausschnitte, Sitzungsprotokolle des Teams, aber auch der politisch relevanten Gremien (Bezirksvertretung, Jugendhilfeausschuß) usw. Dieses Material können sie in gewissen Abständen auswerten, um Aufschlüsse über das zu erhalten, was tatsächlich in der Einrichtung geschieht, um es z. B. mit dem zu vergleichen, was konzeptionell angestrebt wird.

Einsatzmöglichkeiten und Vorgehensweise: Notwendig ist eine übersichtliche Aktenführung (geordnet nach Bereichen und chronologisch) und eine regelmäßige Dokumentationstätigkeit, denn häufig geschehen Absprachen mündlich und werden nicht aufgezeichnet. Zur Entkräftung des Arguments der mangelnden Zeit für Aufzeichnungen können die Fachkräfte das Diktiergerät einsetzen.

Evaluationskriterien: Die Kriterien werden möglicherweise erst bei der Sichtung des Materials gefunden. Die Fachkräfte sollten sich vielleicht auch in regelmäßigen Abständen über ihre unterschiedlichen (oder ähnlichen) Erfolgskriterien befragen.

Auswertungsmöglichkeiten: Zunächst sollten die Fachkräfte das gesammelte Material einfach sichten und mögliche Evaluationskriterien und Fragestellungen aufschreiben. In einem weiteren Schritt können sie aus den gesammelten Stichworten Kategorien bilden und Indikatoren für Erfolg zusammenstellen. Diese können sie z. B. mit den zuvor bei den Kolleginnen abgefragten und/oder mit den konzeptionell verankerten Zielen in Beziehung setzen. Eine weitere Möglichkeit ist, den Ablauf der Tätigkeiten z. B. mit Hilfe einer Zeitleiste zu visualisieren.

Mögliche Folgeaktionen: Die Fachkräfte können die gemeinsame Auswertungsdiskussion (auch unter Erfolgsgesichtspunkten) als Grundlage für eine neue Jahresplanung nutzen. Sie können ihre Arbeit in der Öffentlichkeit und in politischen Gremien gezielter darstellen.

Bemerkungen, Besonderheiten: Rollenspezialisierungen innerhalb eines Teams werden eventuell deutlich. Die Fachkräfte können sich bewußt dafür entscheiden oder über Entspezialisierung verhandeln.[24]

3. Analyse der Teamprotokolle

Kontext und Ziele: Wenn die Fachkräfte ihre Situationsanalysen und Aktionsplanungen, die sie in ihren Teamgesprächen sozusagen „naturwüchsig" durchführen, proto-

---

[24] Zur weiteren Vertiefung und zu Praxisbeispielen siehe C. W. Müller 1988.

kollieren, können sie diese Protokolle der Teamgespräche später im Hinblick auf die Problemformulierung und die anschließende Erledigung von Vorhaben auswerten.

Einsatzmöglichkeiten und Vorgehensweise: Die Fachkräfte können ihre gesammelten Teamprotokolle inhaltsanalytisch auswerten, indem sie diese zunächst paraphrasieren bzw. mit Zwischenübersichten versehen und/oder sogenannte „Signalsätze" (Heiner 1987) unterstreichen. Sie können z. B. eine „Aktionsgeschichte" der Teamarbeit erstellen: Was wurde wann beschlossen mit welchen Folgen? Sie können bestimmte Phasen der Teamarbeit (stimmungs- oder auch aktionsmäßig) und Zwischenbilanzen herausarbeiten. Und sie können abschließend und zusammenfassend die Ergebnisse sowie die Qualität der Arbeit beurteilen.

Evaluationskriterien: Die Qualität der Arbeit mißt sich an den konzeptionell festgelegten Arbeitsprinzipien bzw. den im Team festgelegten Kriterien. Welche Übereinstimmung ergibt sich zwischen Vorhaben/Beschlüssen und Realisierung? Eventuell: Welche Themen kommen in den Protokollen gar nicht vor?

Variationsmöglichkeiten: Die Möglichkeiten ergeben sich aus der Art der Protokollführung: Ergebnisprotokolle sind die Regel, Verlaufsprotokolle einer Diskussion finden sich schon seltener. Besonders gut für die Auswertung eignen sich Konsens-/Dissenz-Protokolle: Am Ende jeder Teamsitzung halten die Fachkräfte Konsense und Dissense gegenstandsbezogen protokollarisch fest und veröffentlichen sie in einem für alle zugänglichen Ordner oder an einer Pinnwand im Teambüro. Jedes Teammitglied notiert für sich in der Folge ergänzende Einfälle, Fragen und Kommentare, die ebenfalls veröffentlicht werden. Alle Kommentare werden gesammelt, um sie in größeren Abständen vertiefend aufarbeiten zu können.

Auswertungsmöglichkeiten: Wie steht es mit der Verbindlichkeit der Zusammenarbeit im Team? Welches sind die Gründe, warum bestimmte Vorhaben immer wieder verschoben wurden und bestimmte Konflikte nicht gelöst werden konnten? Die Fachkräfte können die Protokolle auf wiederkehrende Themen, auf ungeklärte Fragen, auf Erklärungsdefizite, auf Handlungs- und Konfliktmuster und institutionelle „Mythen" hin untersuchen.

Mögliche Folgeaktionen: Die Fachkräfte können Absprachen über mehr Verbindlichkeit treffen, thematische Schwerpunkte festlegen und gezieltere Protokolle führen. Sie können auch üben, wichtige Differenzen zu akzeptieren und die Beweggründe der anderen besser zu verstehen, indem sie die „gegnerischen" Argumente in Ruhe nachlesen, statt sie in einer kontroversen Diskussion niederzumachen.

Bemerkungen, Besonderheiten: Protokollschreiben ist eine sehr unbeliebte Aufgabe. Längst nicht immer protokollieren Fachkräfte ihre Teamgespräche, und sie lesen kaum einmal ihre Protokolle nach, darum können sie die Vorteile dieser Vorgehensweise meist nicht erkennen.[25]

4. Erhebung von Erfolgskriterien und Zielen

Kontext und Ziele: Es ist schwer, in anscheinend unstrukturierten, also offenen pädagogischen Arbeitsfeldern eine Veränderung auf bestimmte Faktoren beziehen. Was

---

[25] Zur weiteren Vertiefung und zu Praxisbeispielen siehe Heiner 1988a, 1988b.

z. B. Erfolg, was Zielerreichung ist, schätzen alle Beteiligten unterschiedlich ein. Fachkräfte streben meist für die von ihnen betreuten Kinder/Jugendlichen Ziele an, die sie selbst initiieren können; die Adressatinnen selbst stimmen diesen Zielen nicht immer zu, so daß auch „Erfolge" von allen Beteiligten anders gesehen werden. Meist beschreiben die Fachkräfte ihre Ziele nicht explizit, so daß eine „prospektive", also auf das Ziel bezogene Evaluation im Nachhinein schwer möglich ist. Die Fachkräfte können jedoch eine „retrospektive" Evaluation vornehmen, die sich auf den zurückgelegten Weg mithilfe der Deutungen und Bewertungen aller Betroffenen bezieht. Sie ist auch sinnvoll, weil alle Beteiligten ihren Erfolg selbstreferentiell beurteilen, also im Zusammenhang mit ihrer erlebten (und bewerteten) Vergangenheit und antizipierten Zukunft, die Ziele einschließt.

Einsatzmöglichkeiten und Vorgehensweise: Selbstreferentielle Bewertungen können die Fachkräfte am besten mit Hilfe von (narrativen) Interviews herausfinden. Sie sollten eine motivierende Einstiegsfrage stellen, die dazu anregt, die Entwicklung im Lichte erlebter Vergangenheit und antizipierter Zukunft zu betrachten.

Evaluationskriterien: Sie ergeben sich aus dem biografischen Zusammenhang der Befragten.

Variationsmöglichkeiten: Es können Leitfadeninterviews durchgeführt werden, wenn schon mehr über den biografischen Zusammenhang bekannt ist, etwa bei Teamkolleginnen.

Auswertungsmöglichkeiten: Möglich sind Inhaltsanalysen oder Auswertungen wie bei narrativen Interviews.

Mögliche Folgeaktionen: Die Fachkräfte können die selbstreferentiellen Erfolgskriterien von Mitarbeiterinnen und Kindern/Jugendlichen miteinander in Beziehung setzen und auf dieser Basis eine konzeptionelle Grundlagen sowie angemessenere Arbeitsformen entwickeln.

Bemerkungen, Besonderheiten: Dieses Verfahren ist sehr zeitaufwendig und wahrscheinlich nur in Begleitforschungsprojekten zu leisten.[26]

5. Einschätzung zur Realisierung der Arbeitsprinzipien

Kontext und Ziele: Da es in vielen Arbeitsbereichen nicht möglich ist, von jedem Einsatz, jeder Gruppenstunde ein ausführliches Arbeitsprotokoll herzustellen, können die Fachkräfte in regelmäßigen Abständen (drei Monate) Situationen beschreiben, in denen es ihnen gelungen ist, ihre zuvor erklärten Ziele zu erreichen bzw. ihre deklarierten Arbeitsprinzipien zu realisieren.

Einsatzmöglichkeiten und Vorgehensweise: Die Fachkräfte sollten je eine Situation suchen, in der es gelang und auch nicht gelang, das oder die Ziele bzw. Arbeitsprinzipien anzuwenden. In einer gemeinsamen Teambesprechung können sie ihre Beispiele austauschen und bewerten.

---

[26] Zur weiteren Vertiefung und zu Praxisbeispielen siehe Hermanns 1981; Südmersen 1983; Mayring 1985.

Evaluationskriterien: Kriterien sind die zuvor formulierten (selbst-initiierbaren) Ziele und Arbeitsprinzipien für die jeweils bearbeiteten Situationen.

Variationsmöglichkeiten: Die Fachkräfte können sich gegenseitig mit Hilfe eines im Team erarbeiteten Leitfadens befragen.

Auswertungsmöglichkeiten: Die Teammitglieder können die Beispiele auf Gründe für die Erreichung bzw. Nichterreichung der selbst-initiierbaren Ziele oder Arbeitsprinzipien durchgehen.

Mögliche Folgeaktionen: Die Auswertung sollte Folgen für die Konzeption, die Ziele und die Arbeitsformen haben; eventuell müssen sich die Fachkräfte auch um eine bessere materielle und personelle Ressourcenausstattung kümmern.[27]

6. Dokumentation der Handlungsregeln

Kontext und Ziele: Gerade in unstrukturierten Arbeitsgebieten kann es wichtig werden, die unterschiedlichen Handlungsregeln der Teamkolleginnen sichtbar zu machen. Die Fachkräfte könnten auch prüfen, ob ihre tatsächlich praktizierten Handlungsregeln mit ihren konzeptionell festgelegten Arbeitsprinzipien übereinstimmen.

Einsatzmöglichkeiten und Vorgehensweise: Jedes Teammitglied bekommt über einen bestimmten Zeitraum die Aufgabe, in regelmäßigen Abständen ganz alltägliche Entscheidungssituationen aufzuzeichnen und diese Situationen bezüglich der darin praktizierten Handlungsregeln zu analysieren.

Evaluationskriterien: Als Kriterien gelten die Übereinstimmung der praktizierten Handlungsregeln mit den konzeptionellen Arbeitsprinzipien; die Übereinstimmung der Regeln der verschiedenen Kolleginnen untereinander und die Kontinuität einzelner Handlungsregeln in der Zeit.

Variationsmöglichkeiten: Bei fehlendem Vertrauen im Team kann das auch jede Fachkraft für sich allein ausprobieren.

Auswertungsmöglichkeiten: Die Teamkolleginnen können ihre Handlungsregeln vergleichen und die Gründe der Nicht-Übereinstimmung reflektieren (unrealistische Konzeption, mangelnde Ressourcen, mangelnde Absprachen im Team, fehlende personelle Kompetenzen, besondere persönliche Noten usw.). Sie können nach Ursachen für eine Veränderung der Handlungsregeln suchen (Hat sich die Zielgruppe geändert? Sind Probleme gelöst? Sind Kompetenzen besser geworden?).

Mögliche Folgeaktionen: Die Fachkräfte können bessere Absprachen im Team treffen, Konzeptionen verändern, die Handlungsregeln gegenüber Träger und Öffentlichkeit darstellen und Überlegungen zur besseren Realisierung der Arbeitsprinzipien anstellen. Sie können auch für jede Kollegin ein Kompetenzprofil herausarbeiten (Welche Handlungsregeln und Arbeitsformen beherrscht welche Fachkraft gut?) und ihre Arbeitsteilung daraufhin ausrichten.

---

[27] Zur weiteren Vertiefung und zu Praxisbeispielen siehe Meinhold in diesem Band, S. 216 ff.

Bemerkungen, Besonderheiten: Dieses Vorgehen erfordert ein hohes Vertrauen im Team, wenn der Vergleich der Handlungsregeln untereinander nicht in Konkurrenz und in den Nachweis der Unfähigkeit ausarten soll. Das auf eine solche Weise gewonnene Material für die Außendarstellung kann aber von großem Wert sein.

7. Analyse der tatsächlichen Handlungen

Kontext und Ziele: Viele pädagogisch gemeinte Zielsetzungen und Arbeitsprinzipien verändern sich in der aktuellen Situation. Unabhängig davon, daß die Fachkräfte auf die anderen Beteiligten reagieren müssen, sind nonverbale Aktionen und Reaktionen ebenfalls sehr einflußreich: Mit welchem Gesichtsausdruck, welcher Körperhaltung eine Fachkraft z. B. ein Hausverbot durchsetzt, ist nicht unerheblich für die Wirkung der beabsichtigten Intervention. Eine Analyse der tatsächlichen Handlungen, inklusive nonverbaler Aktionen kann deshalb wesentliche Aufschlüsse über Erfolg und Mißerfolg in kleinen Handlungssequenzen bringen.

Einsatzmöglichkeiten und Vorgehensweise: Eine Mitarbeiterin erhält den Auftrag, während einer bestimmten Zeit des Tages oder in besonders schwierigen Situationen zu protokollieren, wie sich ihre Kollegin verhält. Vorher muß abgesprochen sein, was festgehalten werden soll: Situationscharakterisierung, verbale Äußerungen der Beteiligten, Körperhaltungen, Mimik, Gestik. Dabei sollte sie nicht zu viel gleichzeitig beobachten wollen und Ablauf und Deutungen auseinanderhalten. Da eine Beobachterin selten Gelegenheiten haben wird, sich in Ruhe mit einem Notizblock hinzusetzen und aufzuschreiben, was passiert, muß sie genau wissen, was sie beobachten will, und sich zwischendurch immer wieder (ins Büro) zurückziehen, um die Beobachtung aufzuschreiben oder auf Band zu sprechen.

Evaluationskriterien: Kriterien sind Übereinstimmung der erklärten Absicht und den tatsächlichen Handlungen; Einflüsse auf den Handlungsprozeß durch die Beteiligten.

Variationsmöglichkeiten: Die Fachkräfte können die Handlungssequenzen mit der Videokamera oder dem Kassettenrecorder aufzeichnen oder die Interaktionen durch den Einwegspiegel beobachten, sie können auch ein standardisiertes Beobachtungsprotokoll anfertigen.

Auswertungsmöglichkeiten: Die Fachkräfte können die Übereinstimmung von nonverbalen und verbalen Aktionen ihrer Kolleginnen untersuchen. Sie können die festgehaltenen Interaktionssequenzen auf ihre Interpunktion analysieren (siehe Heiner 1994b; Müller 1986), indem sie das Verhalten der einen Seite als Reaktion auf das Verhalten der anderen Seite deuten („Peter reagiert auf keine Ansprache, deshalb mußte ich ihn rauswerfen"). Sie können auch Signalsätze und Schlüsselszenen herausarbeiten, die zu Erfolg/Mißerfolg führten.

Mögliche Folgeaktionen: Die Fachkräfte können üben, ihre nonverbalen und verbalen Äußerungen besser miteinander zu vereinbaren; sie können (bei Nichtübereinstimmung) auch hinterfragen, ob die betreffenden Fachkräfte eventuell nicht von den konzeptionellen Arbeitsprinzipien und den abgesprochenen Zielen und Verhaltensweisen überzeugt sind oder ob ihnen vielleicht die persönliche Handlungskompetenz beispielsweise zur Durchsetzung bestimmter Regeln fehlt.

Bemerkungen, Besonderheiten: Solche Verfahren werden überwiegend im therapeutischen Bereich (Familientherapie) angewandt; gerade beim Durchsetzen umstrittener Regelungen gegenüber Klientinnen (Rauchverbot, Hausverbot, Schlichtung von Streit in schwierigen Situationen) können die Fachkräfte aber auch in anderen Arbeitsfeldern solche Beobachtungen durchführen. Die Videokamera ist hier eine wertvolle Hilfe.[28]

8. Zeitbudget-Analyse

Kontext und Ziele: Häufig äußern Fachkräfte den Eindruck, sie verbrauchten zuviel Zeit mit Administration und Organisation und kämen nicht zum eigentlichen pädagogischen Arbeiten. Manchmal wollen sie auch nachweisen, daß die politisch ausgehandelten Konzeptionen mit dem zur Verfügung stehenden Personal und/oder den Ressourcen nicht umzusetzen sind. In solchen Fällen sollten sie die quantitative Verteilung der täglichen Arbeit genauer ermitteln.

Einsatzmöglichkeiten und Vorgehensweise: Die Fachkräfte sollten einen Erhebungsbogen entwickeln, der in der Vertikalen eine Zeitstruktur (z. B. 15- bis 20minütige Intervalle) enthält. In der Horizontalen tragen sie jeweils ein, welche Tätigkeiten sie in der angegebenen Zeit ausführten. Zunächst sollten sie alle Tätigkeiten frei eintragen; später können sie diese kategorisieren (Einzelgespräch/-beratung, Kontaktarbeit, Teamgespräch, Kaffeetrinken/Rauchen, Gruppenarbeit usw.), so daß sie nur noch anzukreuzen brauchen. Diese Erhebung sollten sie über einen längeren Zeitraum durchführen (drei bis vier Wochen) und gegebenenfalls wiederholen.

Evaluationskriterien: Da viele Fachkräfte einen großen Spielraum zur Aufteilung ihrer Arbeitszeit haben, ergeben sich die Kriterien aus einer vorherigen Einschätzung, wieviel Zeit sie für was brauchen und für wie „wertvoll" sie die Tätigkeiten im einzelnen einschätzen (Rangordnung).

Variationsmöglichkeiten: Die Fachkräfte können das Zeitbudget auch verfeinern und so für die Erhebung ihrer Handlungsregeln benutzen, die sie z. B. im Verlauf einer Gruppenstunde anwendeten. Dafür müssen sie diese aber vorher schon benennen können.

Auswertungsmöglichkeiten: Die Fachkräfte können die verschiedenen Tätigkeiten kategorisieren (z. B. im Hinblick auf Tätigkeitsarten und Tätigkeitsadressatinnen; Klientinnen und deren Angehörige, Amt, Stadtteil, Kommunalpolitik, konzeptionelle Arbeit) und ihre Verteilung untersuchen. Wenn sie diese Verteilung mit Hilfe eines „Arbeitszeitverteilungskuchens" (Kreis-Segmente) visualisieren, gelangen sie vielleicht zu „Aha-Erlebnissen", da die tatsächliche Zeiteinteilung selten mit der geschätzten übereinstimmt. Die Fachkräfte können auch vergleichen, mit welchen Klientinnen sie viel und mit welchen sie wenig Zeit verbringen und damit etwas über ihre Selektionskriterien erfahren. Sie können auch Leistungsprofile (Heiner 1982) erstellen, die etwas über die Schwerpunkte einzelner Fachkräfte und der gesamtem Einrichtung aussagen.

Mögliche Folgeaktionen: Die Fachkräfte können aufgrund der Zeitbudgetanalyse über eine Umverteilung der Arbeitszeit verhandeln. Sie können Prioritäten setzen

---

[28] Zur weiteren Vertiefung und zu Praxisbeispielen siehe Heiner/Müller 1986; Watzlawik u. a. 1969.

und ihre Tätigkeiten „entrümpeln". Die Leistungsprofile geben ihnen Aufschluß darüber, ob sie ihre Schwerpunkte etwa zu einseitig setzen (nur Gruppenarbeit, nur Einzelarbeit, keine Stadtteilarbeit)? Sie können auch überlegen, ob sie für bestimmte Leistungen, die keine Kollegin kompetenzmäßig übernehmen kann, jemanden einstellen müssen. Eine weitere Frage ist, in welcher Relation der Erfolg, der Wert der Tätigkeit zum Aufwand steht. Kann sich das Team bestimmte „Hobbies" leisten? Was ist absolut nicht leistbar? Die Fachkräfte können auch herausfinden, daß bestimmte Arbeiten, die sie bisher nicht wertgeschätzt haben, nun in einem anderen Licht erscheinen (Verwaltungsarbeit ist doch nicht nur lästige Nebensache, sondern zentrale Tätigkeit und muß mit entsprechender „Leidenschaft" erledigt werden). Mit Zeitbudgets können die Fachkräfte ihre Arbeit auch legitimieren, vorausgesetzt, sie bereiten die Daten statistisch auf und visualisieren ihre Ergebnisse (unter strategischen Gesichtspunkten). Wenn sie deutlich machen können, daß sie dem, was sie eigentlich tun sollen, völlig überlastet sind, können sie vielleicht auch Vorgesetzte für einen Vorstoß im politischen Raum gewinnen – vorausgesetzt, sie stellen ihnen das aufbereitete Material und eine sachbezogene Argumentation zur Verfügung.

Bemerkungen, Besonderheiten: Unabdingbar ist die teaminterne Vertraulichkeit der Zeitbudgets, damit sie nicht zu Kontrollzwecken des Trägers eingesetzt werden können. Die Fachkräfte sollten auch die Stimmung im Team beachten, denn die Erhebung kann eine nicht zu unterschätzende Selbst- bzw. Teamkontrolle zur Folge haben. Darum sollten bei einer Neuverteilung der Arbeit auch die „persönlichen" Vorlieben, Kompetenzen und Ziele der Kolleginnen eine gewisse Beachtung finden (Bedürfnis nach Streßreduktion, Bedürfnis nach einem gewissen Anteil von Routine und Überschaubarkeit der Arbeit usw.).[29]

9. Lautes Denken – Zwiegespräch mit dem Diktiergerät

Kontext und Ziele: In schwierigen Situationen sollten sich die Fachkräfte im Nachhinein noch einmal vergewissern, was eigentlich passiert ist. In der gedanklichen Auseinandersetzung mit einem Einzelfall können sie exemplarisch eine bestimmte Grundproblematik durchdenken und auch eine Struktur in die Fallbetrachtung bringen, die sie in die Lage versetzt, perspektivische Beschlüsse zu fassen.

Einsatzmöglichkeiten und Vorgehensweise: Viele Fachkräfte verzeichnen bei sich eine „Schreibhemmung". Sie haben Angst, ihre Klientinnen zu etikettieren und/oder ihre einmal aufgezeichneten Äußerungen nicht mehr zurücknehmen zu können. Das „laute Denken" beispielsweise beim Diktieren verläuft ungehemmter, „unzensierter" als beim Aufschreiben. Das Denken und Sprechen geht außerdem schneller als das Schreiben; beim spontanen Reden kommt die emotionale Betroffenheit der Fachkräfte stärker zum Vorschein. Deshalb sollen sie möglichst ohne Konzept sprechen; in den meisten Fällen können sie sich – wie beim narrativen Interview – zunächst an der Chronologie des „Falles" orientieren, um dann assoziative Deutungen, Fragen und Perspektiven hinzuzufügen.

Evaluationskriterien: Die Kriterien ergeben sich während der Analyse des Tonbandprotokolls.

---

[29] Zur weiteren Vertiefung und zu Praxisbeispielen siehe Heiner 1982.

Variationsmöglichkeiten: Wenn die Fachkräfte den Kassettenrecorder (oder zumindest Stift und Notizzettel) im Badezimmer und im Auto deponieren, können sie spontane Einfälle, Punkte und Fragen, um die ihre Gedanken immer wieder kreisen, aufzeichnen.

Auswertungsmöglichkeiten: Die Fachkräfte können ihre Aufzeichnungen wiederum einer Inhaltsanalyse unterziehen, Signalsätze, Kreisprozesse, Schlüsselszenen und Widersprüche herausarbeiten oder ihre emotionale Betroffenheit und ihre Phantasien analysieren. Sie können auch Thesen aus dem Text entwickeln und Antithesen dazu aufstellen.

Mögliche Folgeaktionen: Das „laute Denken" ermöglicht ein Denken in Alternativen (Was wäre passiert, wenn ...? Wie hätte ich auch anders handeln können?). Die Fachkräfte können ein solches Protokoll zur Grundlage einer Fallbesprechung machen.

Bemerkungen, Besonderheiten: Diese Methode ist in erster Linie ein Dokumentations- und Analyseinstrument; zur Selbstevaluation wird sie, wenn die Fachkräfte Evaluationskriterien herausarbeiten und von Zeit zu Zeit solche Zwiegespräche wiederholen und auf Veränderungen untersuchen.[30]

10. Situationsporträt

Kontext und Ziele: Das Situationsporträt eignet sich besonders zur Erfassung individueller Entwicklungen. Es besteht aus einer Sammlung beispielhafter Verhaltensweisen (siehe Heiner 1987). Es beschreibt „typische", d. h. wiederkehrende soziale Situationen, die verändert werden sollen. Die Fachkräfte können Situationsporträts als Diagnose- und als Analysehilfe einsetzen. Sie können sie – wie Entscheidungssituationen – für die Herausarbeitung von Arbeitsprinzipien und für die Evaluation ihrer pädagogischen Arbeit benutzen. Ein erstes Situationsporträt dient meist einer „Bestandsaufnahme"; wenn die Fachkräfte in regelmäßigen Abständen weitere Situationsporträts anfertigen, können sie Veränderungen in vergleichbaren Situationen feststellen.

Einsatzmöglichkeiten und Vorgehensweise: Ein Situationsporträt entsteht nicht nur aus Gesprächen mit Betroffenen, sondern auch aus der Beobachtung ihres sozialen Umfeldes, aus Akten bzw. schriftlichen Berichten, autobiografischen Zeugnissen usw. Es schließt „Fakten", beobachtbare Verhaltensweisen und deren Deutungen durch die Beteiligten selbst sowie Gefühle ein. Im Interesse einer möglichst geringen Reduktion von Wirklichkeit sollten die Fachkräfte die wesentlichen Bestandteile nicht thesenartig, sondern in ganzen Sätzen (Wiedergabe wörtlicher Rede) porträtieren; darum sollten sie lieber eine kürzere Sequenz als eine Verkürzung des Inhalts wählen.

Evaluationskriterien: Die Kriterien ergeben sich je nach Zweck des Situationsporträts. Die Fachkräfte können fragen, ob sich ein bestimmtes Verhalten in vergleichbaren Situationen im Laufe der Zeit verändert hat. Sie können die Situationen typisieren („In welchen Situationen arbeite ich gut, in welchen nicht?") oder auch die Men-

---

[30] Zur weiteren Vertiefung und zu Praxisbeispielen siehe Holste 1988; Mayring 1985; Südmersen 1983.

schen, die in den Situationen vorkommen („Mit wem komme ich gut zurecht, mit wem nicht? Wen beachte ich, wen nicht?").

Variationsmöglichkeiten: Statt Situationsporträts können die Fachkräfte auch Signalsätze (siehe Heiner 1987) notieren, die bestimmte Entwicklungsetappen markieren. Ein Satz wie „Hier stinkt's nach Jute" erfaßt die graduellen Abstufungen des Umgangs zwischen Jugendlichen und Sozialpädagoginnen erheblich genauer als die Bezeichnung „Kontaktschwierigkeiten wegen unterschiedlicher Wertvorstellungen", die zusätzlich auch schon eine Interpretation enthält. Die Fachkräfte können solche Sätze durch kurze Schilderungen ergänzen, die den Kontext des Verhaltens erhellen. Situationsporträts können von den Fachkräfte selbst, von Klientinnen oder gemeinsam erarbeitet werden. Da mehrere Deutungen denkbar sind, kann es auch mehrere Sichtweisen des Situationsporträts geben. Situationsporträts eignen sich auch zur Klärung und Fokussierung eigener, als problematisch empfundener Situationen, z. B. im Team oder in Auseinandersetzung mit Vorgesetzten.

Auswertungsmöglichkeiten: Zur weiteren Bearbeitung des Situationsporträts sollten die Fachkräfte ihre Aufzeichnungen paraphrasieren, um ihr Material so zu reduziern, daß die wesentlichen Inhalte erhalten bleiben. Zusätzlich oder alternativ – je nach Umfang der Aufzeichnungen – können sie das Material auch (nachträglich) durch Unterüberschriften, Unterstreichungen wiederkehrender Leitbegriffe oder Randnotizen untergliedern. Die Fachkräfte können die Situationsporträts bezüglich der gleichbleibenden Elemente auswerten; sie können die Interpunktion der Kommunikation analysieren („wenn – dann", „wer mit wem" usw.) und auf Veränderungen untersuchen. Sie können Kreisprozesse, sich selbst verstärkende Sequenzen und Beziehungsregeln suchen. Sie können aber auch der Veränderung des Verhaltens bestimmter Personen über die Zeit nachspüren.

Mögliche Folgeaktionen: Die Fachkräfte können ihre eigenen Anteile (Haltungen, Verhaltensweisen) an den Situationen verändern und die pädagogische Arbeit mit Hilfe von Situationsporträts zu Informations- und Legitimationszwecken sichtbar machen.

Bemerkungen, Besonderheiten: Das Situationsporträt ist – wie alle Forschungsmethoden – ein Mittel zur Reduktion von Komplexität; es schließt aber die Dimensionen Bedingungsgefüge (Kontext), Bedeutungszuschreibungen (Sinnkonstitution) und Besonderheit (Individualität) (Heiner 1986) ein. Es zwingt die Beteiligten zu einer Fokussierung ihrer Sichtweise und im weitesten Sinne auch ihrer Handlungen. Indem es verschiedene Deutungsversuche zuläßt, ermöglicht es einen gedanklichen Rollentausch oder zumindest einen Perspektivenwechsel und schafft durch die so entstehende emotionale Distanzierung vom Gewohnten Raum für alternative Sichtweisen und Bewertungen.[31]

11. Arbeit mit Schätzskalen

Kontext und Ziele: In Situationen, in denen die Fachkräfte auf problematisches Verhalten einzelner Klientinnen einwirken wollen, sollten sie eine Bestandsaufnahme

---

[31] Zur weiteren Vertiefung und zu Praxisbeispielen siehe Heiner 1986, 1987; Mayring 1985; Watzlawik u. a. 1969.

dieses Verhaltens vornehmen. Damit fixieren sie den Ausgangspunkt der Bemühungen und können später einschätzen, ob und warum das Verhalten sich geändert hat. Das hat auch einen Entlastungseffekt: Die Fachkräfte brauchen sich nicht für Entwicklungen verantwortlich zu fühlen, die die Klientinnen schon „mitgebracht" haben.

Einsatzmöglichkeiten und Vorgehensweise: Die Fachkräfte zeichnen das problematische Verhalten in Form einiger typischer Situationsporträts auf. Dann schätzen sie die entsprechenden Verhaltensweisen mit Hilfe einer 5- bis 7stufigen Schätzskala bezüglich ihrer Intensität ein. Im Laufe der Zeit zeichnen sie immer wieder Situationen auf, in denen die problematischen Verhaltensweisen auftreten (könnten) und schätzen sie entsprechend neu ein.

Evaluationskriterien: Kriterien sind Intensität bzw. Verschwinden eines problematischen Verhaltens im Zusammenhang mit bestimmten pädagogischen Maßnahmen.

Variationsmöglichkeiten: Die Fachkräfte können eine Schätzskala auch zusammen mit den Klientinnen aufstellen und sie auf diese Weise als therapeutische Intervention einsetzen. Ausgangspunkt ist dann eine Selbsteinschätzung des problematischen Verhaltens durch die Klientin und eine gemeinsame Festlegung des zu erreichenden Zieles. Die Klientin kann dann in Abständen die Entfernung zum Ziel mit Hilfe einer Zahlenskala einschätzen. Die Feststellung, daß sie sich auf ihrer Skala dem Ziel genähert hat, wirkt wahrscheinlich gleichzeitig als Verstärker.

Auswertungsmöglichkeiten: Die Schätzskalen ermöglichen eine qualitative und quantitative Einschätzung des Fortschrittes. Die Fachkräfte können darüber hinaus nach Begründungen für Veränderungen (zum Besseren oder Schlechteren) forschen.

Mögliche Folgeaktionen: Die Klientinnen können lernen, sich selbst Ziele zu setzen und ihr Verhalten selbst zu beurteilen. Die Fachkräfte können die Selbsteinschätzungen ihrer Klientinnen mit Fremdeinschätzungen (von Fachkräften, Lehrerinnen, anderen Klientinnen konfrontieren, um ihnen eine Rückmeldung über ihr (problematisches) Verhalten zu geben.

Bemerkungen, Besonderheiten: Zahlen sind auch im Alltag Ausgangspunkte und Begründungen für Einschätzungen. Wir zählen ständig, ohne uns dessen bewußt zu sein („Jetzt hat sie schon zum vierten Male ..."). Das Zählen wird den Sozialpädagoginnen auch durch die vorgesetzten Stellen nahegelegt: Fall- bzw. Besucherinnenzahlen dokumentieren bekanntlich Erfolg. Mithilfe von Schätz-Skalen können die Fachkräfte auch die Intensität von Gefühlen (Wut, Angst, Aggression) einschätzen und sie auf diese Weise quantifizieren. Wahrscheinlich eignen sich Schätzverfahren, die mit Klientinnen durchgeführt werden, besser für therapeutische Arbeit oder langfristige pädagogische Arbeit (z. B. in der Erziehungshilfe). Nicht alle Klientinnen machen so etwas gerne, einige finden das „kindisch". In jedem Falle können aber die Fachkräfte selbst mit Schätzskalen den Ausgangspunkt ihrer Bemühungen fixieren.[32]

---

[32] Zur weiteren Vertiefung und zu Praxisbeispielen siehe Heiner 1989.

12. Bestandsaufnahme der Ausstattungsdefizite und -benefite (Kompetenzatlas)

Kontext und Ziele: Ein großer Teil Sozialer Arbeit bezieht sich auf die Aufarbeitung von Defiziten im Bereich der persönlichen Handlungskompetenz und sozialen Beziehungsfähigkeit von Klientinnen. Kinder haben Schwierigkeiten mit der Beherrschung der Kulturtechniken, stören die Gruppenarbeit durch Aggression oder mangelnde Konzentration usw. In solchen Fällen müssen Fachkräfte eine Bestandsaufnahme dessen vornehmen, was die Klientinnen (nicht) können (ihre Ausstattungsdefizite bzw. -benefite; siehe Staub-Bernasconi 1986).

Einsatzmöglichkeiten und Vorgehensweise: Die Fachkräfte sollten einen Erhebungsbogen entwickeln, der die Kompetenzen ihrer Klientinnen erfaßt. Er könnte z.B. folgende Kategorien enthalten: Sogenannte „lebenspraktische" Kompetenzen (sich kleiden, kochen, nähen, den eigenen Tag inklusive der Freizeit organisieren), die Beherrschung von Kulturtechniken (Briefe schreiben, lesen, anrufen, Pakete abschicken, öffentliche Verkehrsmittel benutzen), soziale Kompetenzen (sich in andere einfühlen, zuhören, gegenseitige Beziehungen und Freundschaften eingehen, sich im Gespräch artikulieren, etwas abgeben, verlieren, ungerechtes Handelns erkennen, Rollen übernehmen können) u.a. Die Fachkräfte könnten z.B. Spiele und Aktivitäten planen, die entsprechende Kompetenzen herausfordern und die Beobachtungen in einen Beobachtungsbogen eintragen. In die vertikale Spalte werden die Kompetenzen, in die horizontale die Klientinnen eingetragen.

Evaluationskriterien: Kriterium ist die Beherrschung der jeweils geforderten Kompetenzen.

Variationsmöglichkeiten: Die Fachkräfte können einen solchen „Kompetenzatlas" gemeinsam mit einzelnen Klientinnen erstellen.

Auswertungsmöglichkeiten: Dieses Verfahren erfordert eine genaue Beobachtung der Klientinnen und legt Defizite offen. Die Fachkräfte sollten im weiteren nach Gründen für die Defizite forschen, ohne die Klientinnen vorschnell zu etikettieren („Fehlt eine Förderung in Elternhaus oder Schule?", „Werden die Klientinnen in ihrer Bezugsgruppe unter Druck gesetzt?", „Tritt das Defizit durchgängig auf oder situativ?").

Mögliche Folgeaktionen: Je nach Verortung des Defizits können die Fachkräfte Interventionen in der eigenen Einrichtung planen; teilweise müssen sie Lehrerinnen- oder Elterngespräche führen oder ihre Klientinnen in eine spezielle therapeutische Förderung weitervermitteln. Sie sollten die persönlichen Kompetenzen ihrer Klientinnen in größeren Abständen (ein Jahr) neu erheben, damit sie Fortschritte feststellen können.

Bemerkungen, Besonderheiten: Diese Evaluationsmethode eignet sich für Einrichtungen, in denen die Klientinnen nicht so oft wechseln. Sie ist besonders empfehlenswert, weil viele Fachkräfte ihre Arbeit zwar recht häufig mit „gravierenden" Defiziten ihrer Klientinnen legitimieren, aber selten genau hinschauen. (Vielleicht ist der Sachverhalt gar nicht so erschreckend.) Dort, wo nach dem Kinder- und Jugendhilfegesetz ein Hilfeplan gefordert wird, können die Fachkräfte den Kompetenzatlas zum Ausgangspunkt ihrer weiteren Arbeit machen.[33]

13. Netzwerkanalyse

Kontext und Ziele: Die Netzwerkanalyse dient der Erkundung des Umfeldes und der sozialen Beziehungen. Sie ist ein Hilfsmittel der Aktivierung und Koordinierung von potentiellen Ressourcen in der sozialen Umgebung der KlientInnen (Nachbarschaft, Verwandschaft, Freundschaften).

Einsatzmöglichkeiten und Vorgehensweise: Die Ausgangsfrage für die Fachkräfte heißt in diesem Falle nicht: „Was kann ich tun?", sondern: „Wer kann was tun?". Zusammen mit einzelnen oder einer Gruppe (Familie) zeichnen sie die sozialen Beziehungen analog eines Spinnennetzes oder in Form eines Sternes auf. Sie tragen die Menschen je nach Einschätzung der Beziehung in unterschiedlicher Entfernung zum Mittelpunkt ein und verbinden sie mit mehr oder weniger dicken Linien, je nach Stärke, Zuverlässigkeit, Belastbarkeit, Verfügbarkeit der Beziehung. Für unzuverlässige Beziehungen können sie zerrissene, für konfliktreiche Beziehungen Zickzacklinien eintragen (siehe Heiner 1987, 87 f.).

Evaluationskriterien: Kriterium ist die zuverlässige Einbindung in ein Netz „natürlicher" (familialer, nachbarschaftlicher, freundschaftlicher – nicht institutioneller) Beziehungen.

Variationsmöglichkeiten: Der „Soziales-Atom-Test" (Kulenkampff 1982) erweitert die Netzwerkanalyse in ein Soziogramm, das mit einzelnen Klientinnen und auch mit sozialen Gruppen hergestellt werden kann. Die Fachkräfte können diese Methode benutzen, um zu überprüfen, inwieweit ihre eigene Arbeit in das Gemeinwesen eingebunden ist. Dann sollten sie ihre beruflichen Beziehungen und Kontakte zu Bürgerinnen, anderen Fachkräften, der Presse, Kommunalpolitikerinnen, Vorgesetzten usw. ebenfalls netzwerkartig darstellen. Das Netzwerk der sozialen Institutionen, die oftmals wiederum mit einem „Fall", einer Familie befaßt sind, gewinnt auf diese Weise manchmal eindrucksvolle Dimensionen.

Auswertungsmöglichkeiten: Die Fachkräfte sollten die Netzwerkanalyse in Zusammenarbeit mit den Betroffenen erstellen. Sie können anhand einzelner schwieriger Situationen erörtern, wo das Netz nicht trägt, was zur Gewinnung neuer Knotenpunkte wichtig wäre, auf welche Beziehungen und Ressourcen die Klientinnen zurückgreifen können usw. Bei der Erstellung eines institutionellen Netzwerkes können sie sehen, wo eine Überversorgung und wo eine mangelnde Koordination der Einrichtungen untereinander stattfindet.

Mögliche Folgeaktionen: In der Zusammenarbeit der Fachkräfte bietet eine Netzwerkanalyse der Institutionen Anlaß für Koordinationsgespräche auf Stadtteilebene oder in Bezug auf eine Familie. Einzelne Klientinnen sehen, wo sie Beziehungen neu aufnehmen, welche sie pflegen und welche sie erst suchen sollten.

Bemerkungen, Besonderheiten: Diese Methode ist am besten für eine Orientierung am Einzelfall (beraterischer, therapeutischer oder gruppendynamischer Art) geeignet.[34]

---

[33] Zur weiteren Vertiefung und zu Praxisbeispielen siehe Staub-Bernasconi 1986.

[34] Zur weiteren Vertiefung und zu Praxisbeispielen siehe Heiner 1987; Kulenkampff 1982.

14. Kartografische Evaluation (Aktionsradien)

Kontext und Ziele: Um die Grenzen einer Einrichtung zu überwinden, können die Fachkräfte in Erfahrung bringen, über welchen Aktionsradius ihre Klientinnen zu einem bestimmten Zeitpunkt (Beginn der stadtteilbezogenen Arbeit) verfügen.

Einsatzmöglichkeiten und Vorgehensweise: Sie können zusammen mit ihren Klientinnen Stadtpläne ausmalen oder mental maps anlegen.

Evaluationskriterien: Quantitative Ausweitung von Aktionsradien (Umfang der Mobilität), qualitative Ausweitung (sternförmig, wellenförmig).

Variationsmöglichkeiten: Die Fachkräfte können die Aktionsradien mit einzelnen Klientinnen und mit Gruppen vornehmen und gemeinsam in eine große Stadtkarte eintragen (verschiedene Farben für die KlientInnen). Wenn sie zusammen mit Jugendlichen und Erwachsenen deren „persönliche Landkarten" fortschreiben, können sie diese zu therapeutischen Zwecken nutzen.

Auswertungsmöglichkeiten: Die Fachkräfte können die Qualität und Gründe der Ausweitung beurteilen (Sind die Klientinnen auch ohne Hilfe der Fachkräfte mobiler geworden?) und geschlechtstypische und kulturelle Unterschiede suchen. Sie können fragen, ob ein Stadtteil Anreize schafft, ihn in Besitz zu nehmen, oder ob die Menschen auch aufgrund ihrer Umwelt (Verinselung der Lebensräume) stärker auf Institutionen angewiesen sind. Die Aktionsradien zeigen Orte, die als Brennpunkte der Aktivitäten gelten können und solche, die gemieden werden. Die Fachkräfte können so auch den Stellenwert der eigenen Einrichtung (und ihre „Konkurrenz") einschätzen. Sie können beobachten, was die Erweiterung des Aktionsradius hemmt oder fördert; sie können sich ein Bild über die Zumutbarkeit von Entfernungen zu verschiedenen Einrichtungen machen und entsprechende Maßnahmen planen. Die so gewonnene Datenbasis dient im weiteren für fundierte Planungen und Revisionen der bisherigen Arbeit.

Mögliche Folgeaktionen: Die Fachkräfte können mit ihren Klientinnen „Erkundungsvorhaben" anhand einer großen Karte besprechen und unbekannte Terrains erobern. Sie können ihre Konzeption umstellen und den Stadtteil stärker einbeziehen. Nach einer gewissen Zeit sollten sie die Aktionsradien neu erheben, um Veränderungen festzustellen.

Bemerkungen, Besonderheiten: Diese Evaluationsmethode kann als pädagogische oder therapeutische Methode direkt in der Arbeit mit Klientinnen eingesetzt und auch mit ihnen ausgewertet werden.[35]

15. Rollenspiel

Kontext und Ziele: In offenen Situationen (Selbsthilfegruppen, Kinder- und Jugendgruppen) können die Fachkräfte nicht so stark strukturieren und beobachten wie in Beratungssituationen mit vereinbartem Evaluationsauftrag. Aber auch hier wollen

---

[35] Zur weiteren Vertiefung und zu Praxisbeispielen siehe Harms u. a. 1983; Heiner 1987; von Spiegel 1991.

sie erfahren, was die Betroffenen selbst als Bedürfnis oder Problem empfinden, wo sie beides verorten, mit welchen Erklärungs- und Handlungsmustern und mit welchen Erfolgskriterien sie umgehen. Für solche Zwecke sind Rollenspiele geeignet. Sie thematisieren die Erfahrung und den subjektiven Kontext der Beteiligten. Die Fachkräfte können mit ihrer Hilfe Handlungs- und Erfahrungszusammenhänge thematisieren und bearbeiten. Die Spiele fördern neben einer verbalen Thematisierung auch emotionale und nonverbale Ausdrucksformen, sie fordern zu aktivem Handeln heraus und vermitteln durch ihre „Ganzheitlichkeit" umfassendere Erfahrungen, als dies langwierige Diskussionen vermögen.

Einsatzmöglichkeiten und Vorgehensweise: Rollenspiele können in der Arbeit mit Klientinnen und in Teamgesprächen zum Einsatz kommen. Die Fachkräfte können sie als „Anspiel" benutzen, um in schwierige Diskussionen oder Situationen hineinzuführen. Sie können auch eigene Berichte oder Fallschilderungen mit Rollenspielen nachvollziehen und analysieren. Die Handlungsregeln und Arbeitsformen treten besser hervor und können systematisch erfaßt werden.

Evaluationskriterien: Sie richten sich nach den Inhalten und Zwecken. Die Frage nach einem angemessenen Verhalten der Protagonistinnen verrät unter anderem auch etwas über die zugrundegelegten Indikatoren bzw. Erfolgskriterien einer Handlung, die auf Befragen nicht immer ohne weiteres genannt werden können; beispielsweise ist der Grad der Abhängigkeit von harmonischen Beziehungen meist nicht so bewußt.

Variationsmöglichkeiten: Das psychodramatische Rollenspiel kann als Supervisionsmethode benutzt werden.

Auswertungsmöglichkeiten: Rollenspiele müssen unmittelbar im Anschluß gemeinsam ausgewertet werden. Die Fachkräfte sollten den Schwerpunkt ihrer Experimente auf das emotionale Erleben der verschiedenen Beteiligten legen. Durch diesen Perspektivenwechsel können sie sich besser in die anderen Spielerinnen einfühlen. Sie können die Spiele auch mit der Videokamera aufzeichnen, um sie später inhaltsanalytisch zu betrachten (Herausarbeitung von Kreisprozessen, wiederkehrende Verhaltensweisen, typische Handlungsregeln).

Mögliche Folgeaktionen: Wenn die Fachkräfte festgestellt haben, welche Folgen ein bestimmtes Verhalten in bestimmten Situationen zeitigt, können sie auch alternative Verhaltensweisen einüben. Auch dazu eignet sich ein Rollenspiel.[36]

16. Projektive Verfahren

Kontext und Ziele: Es geht hier um die Möglichkeit, Aufschlüsse über die Wirkung von pädagogischer Arbeit durch Rückmeldungen von Klientinnen und auch Kolleginnen zu bekommen, die durch einfaches Befragen nicht zu haben sind. Dazu müssen die Fachkräfte Anreize zur möglichst zwanglosen Äußerung von Meinungen, Eindrücken und Phantasien schaffen.

Einsatzmöglichkeiten und Vorgehensweise: Die Fachkräfte können z. B. Comic-Zeichnungen oder ausgeschnittene Fotos in einer bestimmten Konstellation mit leeren Sprechblasen zusammenstellen, die ausgefüllt werden sollen. Sie können freie

---

[36] Zur weiteren Vertiefung und zu Praxisbeispielen siehe Sader 1986.

Assoziationen zu bestimmten Bildern oder Zukunftsvisionen anregen („Das Jugend-zentrum im Jahre 2000 hat ...") oder dazu, vom erwünschten Ziel aus rückwärts zu denken (z. B. aus der Perspektive des Jahres 2010: „Das waren noch Zeiten, als ..."), und die Phantasien mit den Kassettenrecorder oder auf einer Wandzeitung aufzeich-nen.

Evaluationskriterien: Die Kriterien ergeben sich aus dem gewünschten Thema.

Variationsmöglichkeiten: Die Fachkräfte können ein Gruppenbuch oder ein Mecker-buch anlegen, eine Litfaßsäule aufstellen oder eine Wandzeitung anbringen mit ani-mierenden, auffordernden Bildern, Überschriften, Fragen, einem Fortsetzungs-Foto-roman ohne Sprache.

Auswertungsmöglichkeiten: Alle Produkte sollten die Fachkräfte im Hinblick auf zentrale Themen, auf Rückmeldungen und Wünsche auswerten.

Mögliche Folgeaktionen: Möglich sind konzeptionelle Umstellungen.

Bemerkungen, Besonderheiten: Diese Methode kann Klientinnen aktivieren, mitzu-denken und sich selbst zu äußern. Für die Evaluation bietet sie lediglich Anhaltspunk-te.

17. Gutachterliche Einschätzung unabhängiger Expertinnen

Kontext und Ziele: Es stellt sich immer wieder heraus, daß bestimmte Sachverhalte wie z. B. die Lebensqualität in einem Stadtteil von verschiedenen Seiten unterschied-lich eingeschätzt werden. Um hier zu verläßlichen Einschätzungen zu kommen, soll-ten die Fachkräfte zunächst Daten erheben (Befragung zuständiger Fachkräfte, Be-fragung von Klientinnen und/oder deren Angehörigen, Akten über Klientinnen, Sammlung von Zeitungsartikeln und Fotos) und diese von unabhängigen Expertin-nen (z. B. anderen Fachkräften, die anderswo ähnliche Arbeit verrichten) verglei-chend einschätzen lassen.

Einsatzmöglichkeiten und Vorgehensweise: Die Fachkräfte stellen eine überschauba-re Anzahl von Daten und einen Fragebogen zusammen. In diesen Fragebogen sollen die Expertinnen Aussagen eintragen, die sie aufgrund der Daten für wesentlich halten (Beschreibung des Stadtteils und seiner Belastungen für die Klientinnen, Erwartun-gen an professionelle Helferinnen und ihre Verankerung im Stadtteil, Einschätzung ihrer bisherigen Arbeit und ihrer Fehler). Je nach Evaluationsfragen werden unter-schiedliche Auswertungsfragen formuliert; die offenen Fragen können durch Schätz-skalen vertieft werden.

Evaluationskriterien: Die Kriterien sind weitgehend offen und sollten sich auf Wir-kungen der Arbeit beziehen.

Variationsmöglichkeiten: Die Expertinnen können aus den verschiedenen Daten-quellen die Sichtweisen verschiedener Beteiligter heraus arbeiten. In einer weiteren Vergleichsspalte sollen sie dann Abweichungen und Übereinstimmungen der Sicht-weisen aufzeichnen, beurteilen und ihren eigenen Eindruck aus allen Informationen aufschreiben. Als Expertinnen können die Fachkräfte auch Politikerinnen gewinnen, Kolleginnen einer anderen Abteilung im Amt, Vorgesetzte, Pressevertreterinnen oder auch Klientinnen oder Bürgerinnen. Sie können – als aktivierendes Element – auch

Argumente der jeweiligen „Gegenseite" schriftlich oder mit Tonband aufzeichnen und hin- und hertragen mit der Bitte um gegenseitige Stellungnahme.

Auswertungsmöglichkeiten: Die Fachkräfte können die Einschätzungen kategorisieren, z. B. nach Ausgangslage im Stadtteil, Arbeitsformen der Fachkräfte, Wirkung der stadtteilbezogenen Arbeit, Gesamteinschätzung. Sie können die Sichtweisen anderer zu Korrekturen der eigenen Einschätzungen benutzen, denn auch ganze Teams können „blind" sein.

Mögliche Folgeaktionen: Die Fachkräfte können sich auf diese Weise mit Einschätzungen und Meinungen konfrontieren und sich so für kontroverse Bewertungen ihrer Arbeit sensibilisieren.

Bemerkungen, Besonderheiten: Wenn die Fachkräfte die unabhängigen Expertinnen nicht überfordern wollen, sollten sie den Fragebogen und das zu bearbeitende Material nicht zu umfangreich gestalten.

18. Zeitleiste

Kontext und Ziele: Diese Methode dient der Visualisierung von Ergebnissen der Selbstevaluation, also dem Festhalten von Prozessen der Diskussion, der Planung und auch dem Sichtbarmachen von Strukturen.

Einsatzmöglichkeiten und Vorgehensweise: Die Fachkräfte können mit der Zeitleiste Ergebnisse anderer Evaluationsmethoden auf einem großen Papier in Form eines Diagramms zeitlich strukturiert darstellen. Sie können so unterschiedliche Sachverhalte wie die Entwicklungsetappen einer bestimmten Gruppe, den zeitlichen Verlauf eines Projekts, die Häufung von bestimmten Aktivitäten zu bestimmten Zeiten, die Fluktuation von Besucherinnen und Kolleginnen (in der Vertikalen) mit Sachverhalten wie dem Fernsehprogramm, dem Wetter, den Schul- oder Arbeitszeiten usw. (in der Horizontalen) in Beziehung setzen. Dazu benutzen sie Aufzeichnungen, die sie im Zusammenhang mit anderen Vorhaben gewonnen haben (Zählungen und Schätzungen, Strichlisten, Journal usw.). Wichtig ist, die richtigen, d. h. aussagekräftigen Zusammenstellungen zu finden. Sie tragen die Ergebnisse ein und versehen sie mit Kommentaren, die die Erinnerung in Gang setzen.

Evaluationskriterien: Die Kriterien ergeben sich aus den gewählten Ereignissen; diese steuern implizit oder explizit die Auswahl der zusammengestellten Etappen.

Variationsmöglichkeiten: Die Fachkräfte sollten die Visualisierung möglichst einfallsreich vornehmen. Mit den Ereignissen zusammenhängende Fotos, Sprechblasen, Signalsätze, Zeichnungen und Verbindungslinien lockern die Skizzen auf und fordern zum Lesen heraus

Auswertungsmöglichkeiten: Die Fachkräfte sollten die Skizze mit den Beteiligten besprechen, die Höhen und Tiefen reflektieren und die wichtigen Etappen markieren. Die gemeinsame Beurteilung des Ergebnisses bildet dann die Basis für die weitere Planung. Mit der Zeitleiste können die Fachkräfte auch ihre Jahresberichte für die Öffentlichkeit visualisieren.

Mögliche Folgeaktionen: Es läßt sich eine Ausstellung zu den Aktivitäten und Entwicklungen der pädagogischen Arbeit in der Institution oder in der Gruppe arrangieren, oder die so markierten Entwicklungsetappen können in einem szenischen Spiel verdeutlicht werden.

Bemerkungen, Besonderheiten: Die Zeitleiste ist keine direkte Evalulationsmethode, sondern ein Hilfsmittel zur Visualisierung.[37]

---

37 Zur weiteren Vertiefung und zu Praxisbeispielen siehe Rieken 1988.

Anstelle eines Glossars
Diskussionsstand zur gemeinsamen Begrifflichkeit

Wenn vier Wissenschaftlerinnen mit unterschiedlichen Arbeitsschwerpunkten und verschiedenen Berufsgeschichten Handlungsorientierungen vorstellen, die zueinander passen und sich ergänzen (oder sich zumindest nicht widersprechen) sollen, dann müssen sie sich ein gemeinsames Verständnis für die jeweils verwendeten zentralen Begriffe erarbeiten. Ein gemeinsames Verständnis muß aber nicht auf eine Reduktion von Vielfalt und Widersprüchlichkeit hinauslaufen. Wenn die Begriffe zum Zwecke reibungsloser Übereinstimmung gewaltsam zurechtgestutzt werden, wird ein Grad an Eindeutigkeit und Klarheit vorgetäuscht, der weder dem Diskussionsprozeß noch dem Gegenstand angemessen ist. Wir meinen, daß ein produktiver Umgang mit den Handlungsorientierungen der Co-Autorinnen auch möglich ist, wenn die Formulierungen nicht in allen Details miteinander übereinstimmen. Dabei ist zu beachten, daß die Übereinstimmung im ersten Teil des „Glossars" größer ist als im zweiten Teil („Methodisches Handeln"). Gerade für diesen Teil verweisen wir auf die Beiträge und die Begrifflichkeit der einzelnen Autorinnen.

SOZIALE ARBEIT

Soziale Arbeit verwenden wir als Oberbegriff für Sozialarbeit und Sozialpädagogik. Er umfaßt alle beruflichen Tätigkeiten der Sozialarbeiterinnen und Sozialpädagoginnen, nämlich ressourcenerschließende, erziehende, beratende, bildende, partizipationsfördernde, sozial vernetzende, ermächtigende, alltagsbegleitende, pflegende, betreuende, verwaltende, planende, organisierende und auswertende Aktivitäten. Der Begriff bezieht sich sowohl auf Aktivitäten, die gegenwärtig im Arbeitsalltag der Fachkräfte zu erledigen sind, als auch auf mögliche andere, die sich aus theoretischen Entwürfen zur Sozialen Arbeit ergeben könnten. Diese Aktivitäten finden in unterschiedlich dichten Interaktionssituationen statt: Sie reichen von regelmäßigen, zeitlich begrenzten Gesprächen mit einzelnen, Familien, Gruppen und Gemeinwesenversammlungen sowie Institutionen und deren Vertreterinnen bis zur Alltagsgestaltung und -begleitung in Kommunikationszentren, Heimen oder Kliniken.

Leben heißt, Anforderungen gegenüberzustehen, sie zu begreifen, die damit verknüpften Empfindungen in Worte zu fassen, und die Anforderungen zu bewältigen versuchen. Je mehr sich die reale, zu erkennende wie zu verändernde Situation dem Bild nähert, das sich ein Mensch von ihr macht, umso größer ist die Chance einer Lösungsmöglichkeit – vorausgesetzt, daß die Ressourcen hierzu vorhanden sind. Soziale Probleme entstehen dort, wo diese Ressourcen fehlen. Oftmals umfassen soziale Probleme nicht vermeidbare ethisch-moralische Dilemmata,

(a) weil wir in einer Gesellschaft leben, in welcher mit der unterschiedlichen Verteilung von Ressourcen und entsprechenden Knappheiten umgegangen werden muß;

(b) weil die individuellen Wünsche grenzenlos sein können und darum deren Erfüllung die Befriedigung der Bedürfnisse und der Wünsche anderer Menschen beeinträchtigen kann;

(c) weil wir aber gleichzeitig die anderen Menschen für unser Überleben, die Befriedigung unserer Bedürfnisse und Wünsche brauchen;

(d) weil wir anderen Leid zufügen oder ihnen helfen, sie ausschließen oder mit ihnen kooperieren können;

(e) weil wir schließlich innerhalb bestimmter Grenzen frei sind, das zu wählen, was wir als richtig oder falsch erachten und hierfür behindernde oder begrenzende Regeln/Normen durchsetzen können.

Soziale Probleme sind in Sprache, Bildern und Konzepten erfaßtes, unter Umständen über lange Zeit hinweg stummes Leiden als Konsequenz

(a) nicht erfüllter Grundbedürfnisse und legitimer Wünsche und damit unzureichender Ausstattung von Menschen bei gleichzeitiger überdurchschnittlicher Ausstattung anderer Menschen und Gruppen;

(b) asymmetrischen Gebens und Nehmens und damit von Austauschbeziehungen, die nicht auf Gegenseitigkeit beruhen;

(c) behindernder Machtverhältnisse, und

(d) ethisch-moralischer Dilemmata und Asymmetrien im Hinblick auf die Ausbalancierung von Pflichten und Rechten gegenüber sich selbst und anderen Mitgliedern der Gesellschaft.

WISSENSBESTÄNDE

Die Wissensbestände, die im methodischen Handeln zur Geltung kommen, unterscheiden wir in Zustandswissen, Erklärungswissen, Wertwissen, und

Verfahrenswissen mit jeweils unterschiedlich gewichteten wissenschaftlichen und erfahrungsbezogenen Anteilen:

(a) *Zustandswissen:* Zustandswissen (oder auch Problem-, Situations- oder Gegenstandswissen) beschreibt Wissen über die aktuelle Situation, ohne es schon zu bewerten. Zur Erfassung schlagen wir vier Dimensionen vor: (1) Ausstattung (eines Individuums, einer Gruppe, eines Gemeinwesens, einer Organisation – und unterteilt in körperliche und soziomaterielle Ausstattung, Erkenntniskompetenzen, Bedeutungssysteme, Handlungskompetenzen, beziehungsmäßige Ausstattung); (2) Austausch, (3) Macht und (4) Kriterien (Staub-Bernasconi 1986, 53; siehe auch das Glossar S. 98 ff.).

(b) *Erklärungswissen:* Erklärungswissen dient zur Interpretation von beschriebenen Zuständen. Man kann diese Zustände vor dem Hintergrund der eigenen Erfahrungen interpretieren (erfahrungsbezogener Anteil). Professionelle Fachkräfte in der Sozialen Arbeit sollten ihre Interpretationen aber auch mit Theorien und wissenschaftlich überprüften Gesetzmäßigkeiten verknüpfen (wissenschaftlicher Anteil). Wissenschaftliches Erklärungswissen umfaßt Konzepte und Theorien der Grundlagendisziplinen zur Erfassung verschiedener Wirklichkeitsbereiche. Staub-Bernasconi zählt hierzu den anorganischen (Physik), den organischen bzw. biologisch-ökologischen (Biologie), den psychischen (Psychologie), den sozialen incl. des ökonomischen und des politischen (Soziologie) und den kulturellen (Anthropologie, Philosophie, Theologie, Ethik, Recht usw.) Wirklichkeitsbereich (Staub-Bernasconi 1986, 53). Erfahrungsbezogenes Erklärungswissen bezieht sich stärker auf Deutungen und Erklärungen alltäglicher Phänomene mithilfe des Alltagswissens bzw. des sog. common sense. D. h. man systematisiert und interpretiert Erlebnisse und Beobachtungen mithilfe ad hoc verfügbarer unterschiedlicher und emotional eingefärbter Wissensbestände und Analogieschlüsse, die einen hohen Verallgemeinerungsgrad aufweisen. Wissenschaftliches Erklärungswissen zeichnet sich durch die systematische Prüfung der Annahmen aus, die einer Erklärung zugrunde liegen, sowie durch die Offenlegung und Reflexion des Weges, der bei der Entwicklung und Prüfung der Erklärung eingeschlagen wurde. Die Reflexion und öffentliche Diskussion der Methoden des Erkenntnisgewinnes sichert einen nachvollziehbaren, überprüfbaren Zuwachs an Erklärungswissen. Da mit wissenschaftlichem Erklärungswissen nie alle bedeutsamen Aspekte einer Situation erfaßt werden können, ist eine Ergänzung der Begründungen durch erfahrungsbezogenes Erklärungswissen gerechtfertigt (Geißler/Hege 1991). Aber auch dieses weist große Lücken auf.

(c) *Wertwissen:* Wertwissen (oder auch Kriterienwissen) bezieht sich auf wünschbare Zustände und kann deshalb nicht im strengen Sinne wissenschaftlich sein. Denn Wissenschaft versucht die Welt zu erkennen, wie sie ist, nicht, wie sie sein sollte. Wertwissen bezieht seine Postulate aus überlieferten religiösen, philosophisch-ethischen, politischen Werthorizonten oder aus Vorstellungen über menschliche Bedürfnisse, die durch Werte und ethisches Verhalten geschützt werden müssen. Im Laufe der Professionalisierung Sozialer Arbeit hat sich ein „Code of Ethics" herausgebildet, der – mit zeitgenössischen Varianten – als fachliche Leitlinie für Zielentwicklungen und Entscheidungen gelten kann. Die Fachkräfte sollten diesen ethischen Code auch an die gängigen Konzepte zur Bearbeitung sozialer Probleme oder Situationen anlegen, um zu prüfen, ob die den Konzepten zugrundeliegenden Menschenbilder und Wertorientierungen damit vereinbar sind. Einen großen Teil ihres erfahrungsbezogenen Wertwissens haben die Fachkräfte jedoch im Laufe ihrer Biografie erworben. Es beruht auf ihrer persönlichen Moralentwicklung und schlägt sich in ethischen, sozialen und politischen Orientierungen nieder. Dazu zählen auch Erfahrungen mit Situationen, in denen man um der eigenen Selbstbehauptung willen normative Leitlinien verlassen hat. Wertwissen (Kriterienwissen) bildet in jedem Falle das Reservoir für die Rechtfertigung der Sinnhaftigkeit von Zielen und Aktivitäten in der Sozialen Arbeit (Geißler/Hege 1991).

(d) *Verfahrenswissen:* Verfahrenswissen bezeichnet die Verfügung über ein Set von Methoden, Fertigkeiten, Techniken, Strategien und Mittel für direkte Interventionen sowie auch Arrangements von Bedingungen. Dabei unterstellen wir, daß die Fachkräfte die Verfahren in ihrem Herstellungskontext, ihrer Reichweite, ihrer Angemessenheit und ihrer Wirksamkeit einschätzen und unterscheiden können (wissenschaftlicher Anteil). Der erfahrungsbezogene Anteil realisiert sich in einem situations- bzw. problemangemessenen Einsatz der Verfahren auf der Grundlage persönlicher und professionell entwickelter Wertvorstellungen, im Rahmen einer je individuellen Handlungskompetenz und mit Blick auf die institutionelle Eingebundenheit der beruflichen Arbeit.

METHODISCHES HANDELN

Als methodisches Handeln in der Sozialen Arbeit verstehen wir alle Tätigkeiten, mit versucht wird, sowohl Ereignisse und Strukturen in komplexen sozialen Situationen als auch Veränderungsabsichten in einen systematischen Zusammenhang gebracht werden. Methodisches Handeln strukturiert den gesamten Prozeß der Wahrnehmung und sprachlich-reflexiven Erfassung der Ausgangssituation, des Nachdenkens über Arbeitsaufträge, der Legitimation zum Handeln, des Entwerfens und Erprobens von Handlungsplänen und der Auswertung des Geschehens. Wir betrachten die Analyse,

Planung, Umsetzung, Auswertung und Reflexion des beruflichen Handelns auf fünf Ebenen: der Ebene der Konzepte, der Konzeptionen, der Handlungsanweisungen, der Arbeitsprinzipien und der Handlungsregeln:

(a) *Konzepte:* Professionelle Konzepte bringen Analysen gesellschaftlicher und sozialer Probleme (Drogenabhängigkeit und -kriminalität) oder Anforderungen (Suchtprävention) und wissenschaftlich und ethisch begründete Vorschläge zu deren Bearbeitung in einen Zusammenhang. Solche Konzepte können Handlungspläne für die Bearbeitung eines Problemes (Sucht) oder umfassender sozialer Aufgaben (stationäre und ambulante Behandlung von Suchtkranken) beschreiben. Sie können sich aber auch auf Teilbereiche eines sozialen Problems beschränken (nicht therapiemotivierte, verelendete Drogenabhängige). Professionelle Konzepte werden meist über die Fachliteratur diskutiert und verbreitet. Sie wurden oft in Modellvorhaben erprobt und dann verallgemeinert, d. h. ohne Berücksichtung von lokalen und institutionellen Rahmenbedingungen formuliert (Konzept der niedrigschwelligen Drogenarbeit). Daher müssen sie für die Anwendung in spezifischen Arbeitseinheiten konkretisiert und teilweise auch modifiziert werden.

(b) *Konzeptionen:* Ein professionelles Konzept wird zur (professionellen) Konzeption und damit zur Leitlinie des beruflichen Handelns, wenn die Fachkräfte dieses für ihren institutionellen Handlungszusammenhang konkretisieren. Zu diesem Zweck müssen sie ihre spezifische Organisationseinheit möglichst umfassend analysieren und Handlungsformen innerhalb eines sinnvollen Gesamtzusammenhanges entwickeln (etwa niedrigschwellige Arbeit mit nicht therapiemotivierten, verelendeten Drogenabhängigen durch Arbeitsformen wie Drogenbus, Street Work, Suppenküche, Wundversorgung, Sleep-in u. a.). Die Entwicklung einer Konzeption muß konkret, also unter Berücksichtigung der „offiziellen Arbeitsaufträge" (Meinhold) und der verfügbaren Ressourcen einer Arbeitseinheit geleistet werden. Im Unterschied zum Konzept umfaßt also die Konzeption zusätzlich zu wissenschaftlichem Erklärungswissen, Wertwissen und Verfahrenswissen auch das institutionelle Zustandswissen und das persönliche Erfahrungswissen der Fachkräfte vor Ort. Eine Konzeption hat die Aufgabe, das Verhalten von Organisationseinheiten (Abteilungen, Einzelpersonen) innerhalb einer Institution aufeinander abzustimmen bzw. zu steuern. Dazu bedarf es eines Minimalkonsensus zwischen den Beteiligten innerhalb einer Organisationseinheit (Kolleginnen) und nach außen (Zuwendungsgeberinnen, Politik), der als Ergebnis eines politischen Aushandlungsprozesses zustandekommt. Daher enthält eine Konzeption mehr oder minder differenzierte Arbeitsaufträge und Angaben über grundlegende Arbeitsprinzipien und Arbeitsformen, die die Fachkräfte berücksichtigen müssen. Eine professionelle (und politisch ausgehandelte) Konzeption bildet die Basis für das methodische Handeln.

Die Fachkräfte müssen die dort festgelegten Ziele, Inhalte und Verfahren im weiteren in Handlungsanweisungen und Handlungsregeln konkretisieren.

(c) *Arbeitsprinzipien:* Arbeitsprinzipien enthalten grundlegende und umfassende Aussagen über das Selbstverständnis und die Ziele der Fachkräfte. Sie können problemfeld- und institutionenübergreifend formuliert sein („Parteilichkeit", „Anfangen, wo die Klientin steht", „Hilfe zur Selbsthilfe", „Kontextbezogen denken") oder auch problem- und/oder institutionenspezifisch („Nutzungsbarrieren abbauen" bei der niedrigschwelligen Drogenarbeit oder „Drehtüreffekte verhindern" bei der Gemeindepsychiatrie). In Arbeitsprinzipien sind Aussagen und Ansätze zur Lösung sozialer Probleme auf einen prägnanten Begriff oder Satz hin komprimiert. Ihre besondere Wirkung ergibt sich aus der Suggestivkraft abstrakter Handlungsmaximen, die universale Werte und Zielvorstellungen berühren, ohne Festlegung auf einen bestimmten Lösungsweg, aber mit Bezug auf konkrete Handlungsalternativen. Arbeitsprinzipien enthalten zentrale Orientierungen und grundlegende Aussagen, die den Fachkräften jenseits aktueller Konzeptionsänderungen und institutioneller Anforderungen dauerhafte Identität vermitteln können. Sie sind in der Form einer (normativ begründeten) Aufforderung zum Handeln formuliert, die Klarheit darüber verschafft, wie dieser Maxime durch praktisches Handeln nachzukommen sei. Versuche der Konkretisierung von Arbeitsprinzipien können sehr unterschiedlich verlaufen, daher müssen Teams, die mit Arbeitsprinzipien arbeiten wollen, diese in jedem Fall gemeinsam problem- und situationsspezifisch operationalisieren.

(d) *Arbeitsformen:* Arbeitsformen sind einzelfall- und situationsübergreifende Vorschläge mit unterschiedlicher Reichweite zur Erreichung bestimmter Ziele. Sie sind konkreter als Konzepte und Arbeitsprinzipien, indem sie diese bereits mit Handlungsformen (Arbeitsweisen) verknüpfen. Sie sind weniger konkret als Handlungsanweisungen. Sie können ein ganzes Bündel von methodischen Empfehlungen und Regeln umfassen, die konzeptionell aufeinander abgestimmt sind („themenzentrierte Interaktion", „psychoanalytische Techniken") oder auch als Einzeltechniken formuliert sein. Neben einer Reihe spezifischer Arbeitsformen für soziale Berufe („nichtdirektive Gesprächsführung", „Aktivierung von Gemeinwesen") existieren zahlreiche Arbeitsformen, die auch in anderen Berufen verwendet werden können (Verfahren der Schuldenregulierung, der Durchsetzung von Rechtsansprüchen, Methoden der Verhandlungsführung und Sitzungsgestaltung, der Öffentlichkeitsarbeit und der empirischen Datensammlung). Konzeptionell begründete Arbeitsformen (Arbeitsweisen) enthalten immer auch Aussagen zu Zielen, Rahmenbedingungen und Konsequenzen ihres Einsatzes.

(e) *Handlungsanweisungen:* Handlungsanweisungen sind institutionenspezifische Konkretisierungen (bezogen auf eine oder mehrere Handlungen) professioneller Konzeptionen. Die entsprechenden Arbeitsformen und Arbeitsprinzipien („Eigenverantwortung fördern") werden in Bezug auf spezielle Handlungssituationen „kleingearbeitet" („Diese Woche soll die Klientin die Medikamente immer in Anwesenheit einer Betreuerin einnehmen") oder auch außer Kraft gesetzt. Handlungsanweisungen enthalten also auch die möglichen (und notwendigen) Variationen konzeptioneller Aussagen oder Arbeitsprinzipien. Als Reservoir für den Entwurf von Handlungsanweisungen können die vielen konzeptionell ausgearbeiteten, in der Fachliteratur beschriebenen Arbeitsformen, Arbeitsweisen, Verfahren und Techniken genutzt werden. Verfahren und Techniken sind aber auch dort, wo dies nicht explizit geschieht, nicht als inhaltsunabhängige, beliebig einsetzbare Werkzeuge zu verstehen. Die Fachkräfte müssen daher den Entstehungszusammenhang, die Funktion und die Reichweite ihrer Handlungsanweisungen kennen und diese immer mit den übergeordneten Zielen und Arbeitsprinzipien ihrer Konzeption abstimmen. Handlungsanweisungen sind also problem- und institutionsspezifisch konkretisiertes Verfahrenswissen. Sie können als Strukturelemente eines methodischen Handelns gelten, denn die Entscheidung für ganz bestimmte Angebote oder Strategien („Offene Arbeit mit Jugendlichen" statt „Angebotspädagogik", „Streetwork" statt „Komm-Struktur") hat Einfluß auf die Strukturierung der täglichen Arbeit.

(f) *Handlungsregeln:* Im Unterschied Handlungsanweisungen steuern die Handlungsregeln den Prozeß der beruflichen Arbeit im Einzelfall. Die Entscheidung für den Einsatz eines Verfahrens oder einer Arbeitsform verhilft den Fachkräften nicht immer zu situationsadäquatem Handeln, denn auch konzeptionell ausgearbeitete Verfahren können sehr unterschiedlich umgesetzt werden. Daher ist es sinnvoll, spezifische, situationsbezogene Anleitungen zu entwickeln, wie etwas gesagt oder gemacht werden soll. Handlungsregeln sind also weitere, auf die Gestaltung von Beziehungen und/oder typische, wiederkehrende Situationen zugeschnittene Konkretisierungen („Wir arbeiten in jedem Hilfeplangespräch darauf hin, daß jedes Familienmitglied seinen eignen Beitrag zur Zielerreichung formuliert und in die Zielplanung einbringt") von Arbeitsprinzipien, die sich ja meist auf einzelfall- und situationsübergreifende Aussagen beschränken (Ressourcen berücksichtigen). In ihnen kommen vor allem die erfahrungsbezogenen Anteile der Wissensbestände (Zustandswissen, Erklärungswissen, Wertwissen, auch Verfahrenswissen) zur Geltung.

(g) *Reflexion:* Ein zentrales Anliegen der Reflexion beruflichen Handelns ist die Frage, wieweit die einzelnen Entscheidungen auf den jeweiligen Ebenen zueinander passen. Diese Frage ist für jeden Arbeitskontext neu zu klären. Die Fachkräfte dürfen ihre Reflexion nicht auf die Handlungssituation beschränken, sie müssen auch die darüber hinausgehenden institutionellen und gesellschaftlichen Bedingungen und Konsequenzen berücksichtigen. Die (selbst-)kritische Reflexion kann als methodisches Handeln gelten, wenn sie – wie wissenschaftliches Erklärungswissen – transparent und intersubjektiv überprüfbar gehalten ist und somit dem Flair der nur intuitiv nachvollziehbaren „Kunst" oder der Beliebigkeit entgegenwirkt. Ein Ziel methodisches Handelns sollte sein, das erfahrungsbezogene Erklärungswissen mit wissenschaftlichem Erklärungswissen und begründeten Wertsetzungen zu konfrontieren und somit alle drei Dimensionen in ihrem Zusammenhang reflexiv zu qualifizieren.

Literatur

Addams, J. (1907): Democracy amd Social Ethics. New York
Addams, J. (1960): A Centennial Reader. New York
Alinsky, S. D. (1984): Anleitung zum Mächtigsein. Ausgewählte Schriften (hrsg. v. Rabe, K. K.). Bornheim-Merten
Althusser, L. (1973): Marxismus und Ideologie. Berlin
Arlt, I. (1921): Die Grundlagen der Fürsorge. Wien
Arlt, I. (1953): Wege zu einer Fürsorgewissenschaft. Wien
Auslander, G. K./Litwin, H. (1988): Social Networks and the Poor: Towards Effective Policy and Practice. In: Social Work, 2, S. 234 ff.
Bäcker, G. u. a. (1989): Sozialpolitik und soziale Lage in der Bundesrepublik Deutschland. (2 Bände) Köln
Bader, K. (1987): Viel Frust und wenig Hilfe. Die Entmystifizierung sozialer Arbeit. Weinheim, Basel, 2. Auflage
Bandler, R./Grinder, J. (1981): Metasprache und Psychotherapie. Paderborn
Bartoli, H. (1991): L'Economie Multidimensionelle. Paris
Bauer, R. (1996): „Hier geht es um Menschen, dort um Gegenstände" – Über Dienstleistungen, Qualität und Qualitätssicherung. In: Widersprüche, H. 61, S. 11–49 (siehe auch die weiteren Artikel in diesem Heft unter dem Titel „Abgeschaut und mitgebaut? Zum Einzug des Qualitätsmanagements in die Soziale Arbeit")
Beck, U./Bonß, W. (1989): Zum Strukturwandel von Sozialwissenschaft und Praxis. Ergebnisse und Perspektiven der Verwendungsforschung. In: Soziale Welt, 2, S. 196 ff.
Becker, E. (1989): Soziale Ökologie als Krisenwissenschaft. Frankfurt a. M., 2. Auflage
Bennholdt-Thomsen, V./Dokter, A./Firat, G. (1987): Frauen aus der Türkei kommen in die Bundesrepublik. CON Periferia. Bremen
Bertalanffy, L. v. (1968): General System Theory. New York
Bittner, U. (1981): Ein Klient wird ‚gemacht'. In: Kardorff, E. v./Koenen, E. (Hrsg.) (1981): Psyche in schlechter Gesellschaft. München, S. 103 ff.
Bitzan, M./Klöck, Th. (Hrsg.) (1994): Jahrbuch Gemeinwesenarbeit 5. München
Blanke, B. (1991): Staat und Stadt, Sonderheft der Politischen Vierteljahresschrift. Opladen
Bloom, M./Fischer, J. (1982): Evaluating Practice: Guidelines for the Accountable Professional. Englewood Cliffs, N. J.
Blosser, U. (1995): Projekt Sozialberatung 1998. Projektphase Januar bis Juni 1995. Vorprojekt. (Typoskript, Fürsorgeamt der Stadt Zürich) Zürich
Blunschi, M./Lehmann, A./Sommer, D. (1989): Feministische Sozialarbeit, Diplomarbeit an der Schule für Soziale Arbeit Zürich. Zürich
Böhnisch, L./Losch, H. (1973): Das Handlungsverständnis des Sozialarbeiters und seine institutionelle Determination. In: Otto, H.-U./Schneider, S. (Hrsg.): Gesellschaftliche Perspektiven der Sozialarbeit. (Band 2) Neuwied, Darmstadt, S. 21 ff.
Böhnisch, L. (1982): Der Sozialstaat und seine Pädagogik. Neuwied

Böhnisch, L./Schefold, W. (1985): Lebensbewältigung. Soziale und pädagogische Verständigung an den Grenzen der Wohlfahrtsgesellschaft. Weinheim

Bornschier, V. (1985): Eigentum und Verfügungsmacht. Zum korporativen Eigentum in: Holzhey H./Kohler G. (Hrsg.): Eigentum und seine Gründe – ein philosophischer Beitrag aus Anlasse der schweizerischen Verfassungsdiskussion. Bern, Stuttgart, S. 101 ff.

Bosch, E. M./Sagebiel, J. (1988): Sozialarbeit in Sozialstationen – Dokumentation eines Workshops. Berlin

Bösel, M. (1989): Nach dem Frauenhaus. Mißhandelte Frauen berichten. Frankfurt a. M.

Bott, E. (1971): Family and Social Network. London

Boulet, J. J./Krauss, E. J./Oelschlägel, D. (Hrsg.) (1980): Gemeinwesenarbeit – eine Grundlegung. Bielefeld

Bourdieu, P. (1983): Die feinen Unterschiede. Zur Kritik der gesellschaftlichen Urteilskraft. Frankfurt a. M.

Bourdieu, P. (1988): Homo Academicus. Frankfurt a. M.

Bourdieu, P. (1993): Sozialer Sinn. Kritik der theoretischen Vernunft. Frankfurt a. M.

Bourdieu, P. (1993): La misère du monde. Paris

Bourdieu, P. et al. (Hrsg.) (1997/1993): Das Elend der Welt. Konstanz

Brack, R. (1976): Methode – Fetisch oder Arbeitsinstrument? In: Sozialarbeit/Travail Social, 1, S. 1 ff.

Brack, R. (1993): Methoden der Sozialarbeit. In: Deutscher Verein (Hrsg.): Fachlexikon der Sozialen Arbeit, Frankfurt a. M., S. 645 ff.

Brack, R./Geiser, K. (Hrsg.) (1996): Aktenführung in der Sozialarbeit. Neue Perspektiven für die klientbezogene Dokumentation als Beitrag zur Qualitätssicherung. Bern/Stuttgart/Wien

Brander, S./Kompa, A./Peltzer, U. (1985): Denken und Problemlösen. Opladen

Brändle-Ströh, M. (1989): Gewalt, Macht und Herrschaft. Thesen und Handlungsanweisungen zum Thema. In: Sozialarbeit, 3, S. 14 ff.

Brändle-Ströh, M. (1992): Sozialpsychologie. Ein Handbuch für Studierende. Zürich

Bromme, R./Hömberg, E. (1977): Psychologie und Heuristik. Darmstadt

Brückner, M. (1984): Gemeinwesenarbeit. In: Eyferth H./Otto H.-U./Thiersch H. (Hrsg.): Handbuch der Sozialarbeit/Sozialpädagogik. Darmstadt, S. 415 ff.

Brückner, M. (1987): Die janusköpfige Frau. Lebensstärken und Beziehungsschwächen. Frankfurt a. M.

Brumlik, M./Brunkhorst, H. (Hrsg.) (1993): Gemeinschaft und Gerechtigkeit. Frankfurt a. M.

Bunge, M. (1967): Scientific Research. II: The Search for Truth. Vol 3/2. Heidelberg, New York, Berlin

Bunge, M. (1974–1989): Treatise on Basic Philosophy. Dordrecht, Boston

Bunge, M./Ardila, R. (1990): Philosophie der Psychologie. Heidelberg

Burkolter-Trachsel, V. (1976): Zur Theorie sozialer Macht. Konzeptionen, Grundlagen und Legitimierung. Theorien, Messung, Tiefenstrukturen und Modelle. Bern, Stuttgart

Burns, T./Stalker, G. M. (1968): Mechanistische und organische Systeme des Managements. In: Mayntz, R. (Hrsg.): Bürokratische Organisation. Köln, S. 147 ff.

Caplovitz, D. (1979): Making Ends Meet – How Families Cope with Inflation and Recession. Beverly Hills, London

Compton, B. R./Galaway B. (1989): Social Work Processes. Belmont, Cal.

De Hoyos, G. (1989): Person-in-Environment: A Tri-Level Practice Model. In: Social Casework, 1, S. 131 ff.

Demele, I. (1988): Abstraktes Denken und Entwicklung. Der unvermeidliche Bruch mit der Tradition. Frankfurt a. M.

Dewe, B./Radtke F.-O. (1983): Klinische Soziologie – eine Leitfigur der Verwendung sozialwissenshaftlichen Wissen. In: Beck, U./Bonss, W. (Hrsg.): Weder Sozialtechnologie noch Aufklärung? Frankfurt a. M., S. 46 ff.

Dewe, B./Ferchhoff, W. (1986): Altruismus, Expertentum oder Neue Fachlichkeit? – Strukturprobleme sozialarbeiterischen Handelns. In: Theorie und Praxis der sozialen Arbeit, 4, S. 148 ff.

Dewe, B. (1988): Wissensverwendung in der Fort- und Weiterbildung. Zur Transformation wissenschaftlicher Informationen in Praxisdeutungen. Baden-Baden

Dewe, B./Ferchhoff, W./Scherr, A./Stüwe, G. (1993): Professionelles soziales Handeln. Soziale Arbeit im Spannungsfeld zwischen Theorie und Praxis. Weinheim, München

Dietz, B. (1997): Soziologie der Armut. Eine Einführung. Frankfurt/M.

Dominelli, L. (1988): Racism in Social Work. London

Dominelli, L./McLeod, E. (1989): Feminist Social Work. London

Dörner, D. (1976): Problemlösen als Informationsverarbeitung. Stuttgart

Dörner, D./Reither, F./Stäudel, T. (1983): Emotion und problemlösendes Denken. In: Mandl, H./Huber, G. L. (Hrsg.): Emotion und Kognition. München, Wien, Baltimore, S. 61 ff.

Dörner, D. (1989): Die Logik des Mißlingens. Strategisches Denken in komplexen Situationen. Reinbek

Dörner, D. (1992): Die Logik des Mißlingens. Reinbek

Dörner, D. (1996/1989): Die Logik des Mißlingens. Strategisches Denken in komplexen Situationen. Hamburg

Düvell, F. (1992): England: Krise, Rassismus, Widerstand. Berlin

Dux, G. (1992): Die Spur der Macht im Verhältnis der Geschlechter. Über den Ursprung der Ungleichheit zwischen Frau und Mann. Frankfurt

D'Zurilla, T. J./Goldfried. M. R. (1971): Problem solving and behavior modification. In: Journal of Abnormal Psychology, 78, S. 107 ff.

Ebbe, K./Friese, P. (1989): Milieuarbeit. Grundlagen präventiver Sozialarbeit im lokalen Gemeinwesen. Stuttgart

Edwards, R. L./Yankey, J A. (eds.) (1991): Skills for Effective Human Services Management. Silver Springs, MD.

Eichler, A. (1989): Empfehlungen zur Personalbedarfsermittlung in Diakoniestationen. In: Informationsdienst der Arbeitsgemeinschaft der Diakoniestationen Berlin West, 12, S. 5 ff

Einsiedler, W. (1976): Lehrstrategien und Lernerfolg. Weinheim

Fisch, R./Boos, M. (Hrsg.) (1990): Vom Umgang mit Komplexität in Organisationen. Konzepte, Fallbeispiele, Strategien. Konstanz

Fisch, R. (1990): Was tun? Überlegungen und Hinweise zum Umgang mit komplexen Aufgaben. In: Fisch, R./Boos, M. (Hrsg.) (1990): Vom Umgang mit Komplexität in Organisationen. Konzepte, Fallbeispiele, Strategien. Konstanz, S. 329 ff.

Foerster, H. v. (1985): Sicht und Einsicht. Braunschweig

Foucault, M. (1976): Mikrophysik der Macht – Über Strafjustiz, Psychiatrie und Medizin. Berlin

Freire, P. (1980/1977): Erziehung als Praxis der Freiheit. Hamburg

Funk, A./Haupt, H. G./Narr, W.-D./Werkentin, F. (1984): Verrechtlichung und Verdrängung. Opladen

Gängler, H./Rauschenbach, Th. (1986): Sozialpädagogik in der Moderne. Vom Hilfe-Herrschafts-Problem zum Kolonialisierungstheorem. In: Müller, S./Otto, H.-U. (Hrsg.): Verstehen oder Kolonialisieren. Bielefeld 1986, 2. Auflage, S. 19 ff.

Galtung, J. (1987): Der Weg ist das Ziel. Ghandi und die Alternativbewegung. Wuppertal

Gamson, W. (1975): The Strategy of Social Protest. Homewood, Ill.

Gartner, A./Riessmann, F. (1978): Der aktive Konsument in der Dienstleistungsgesellschaft. Frankfurt a. M.

Gattella, R./Huguenin-Staub, R. (1992): Quellen der Macht. Bewusstseinsbildung und Verhaltensänderung bei Frauen am Beispiel von Wen-Do, Diplomarbeit Schule für Soziale Arbeit Zürich. Zürich

Gaudin, T. (1981): Die Innovationsbremse. Frankfurt a. M.

Geiser, K. (1990): Die prozessual-systemische Denkfigur als Arbeitsinstrument von Sozialarbeiterinnen und Sozialarbeitern. In: Sozialarbeit, H. 4, S. 15–37

Geiser, K. (1991): Armut in der Provinz Quebec, Kanada. (Schule für Soziale Arbeit Zürich) Zürich

Geiser, K. (1997): Zur Komplexität Sozialer Arbeit. Integration von Theorie und Praxis auf Fachhochschulniveau. In: Hochstrasser, F./von Matt, H.-K./Grossenbacher, S./Oetiker, H. (Hrsg.): Die Fachhochschule für Soziale Arbeit. Bern, S. 35–77

Geiser, K. (1998): Problem- und Ressourcenanalyse in der Sozialen Arbeit. Bern/Stuttgart/Wien (in Vorbereitung)

Geissler, K./Hege, M. (1991): Konzepte sozialpädagogischen Handelns. München, Wien, Baltimore, 5. Auflage (1. Auflage 1978)

Germain, C. B./Gittermann, A. (1983): Praktische Sozialarbeit. Das „Life Model" der sozialen Arbeit. Stuttgart

Gildemeister, R. (1983): Als Helfer überleben. Beruf und Identität in der Sozialarbeit/Sozialpädagogik. Neuwied, Darmstadt

Gildemeister, R. (1992): Neuere Aspekte der Professionalisierungsdebatte. In: Neue Praxis, 3, S. 207 ff.

Giovanelli-Blocher, J. (1981): Abriß der Geschichte von Problemanalyse und Problembehandlung im Laufe der Entwicklung der beruflichen Sozialarbeit in der Schweiz. In: Sozialarbeit, 6, S. 15–20

Girgensohn-Marchand, B. (1992): Der Mythos Watzlawick und die Folgen. Eine Streitschrift gegen systemisches und konstruktivistisches Dnken in pädagogischen Zusammenhängen. Weinheim

Glasersfeld, E. v. (1985): Konstruktion der Wirklichkeit und des Begriffs der Objektivität. In: Einführung in den Konstruktivismus. München, S. 16 ff.

Goll, C. (1988): Zerreissproben – Feministische Politik drinnen und draussen, In: Widerspruch, 16, S. 31 f.

Gouldner, A. W. (1984/1973): Reziprozität und Autonomie. Frankfurt a. M.

Gross, P./Badura, B. (1977): Sozialpolitik und soziale Dienste. Entwurf einer Theorie personenbezogener Dienstleistungen. In: Kölner Zeitschrift für Soziologie und Sozialpsychologie, Sonderheft 19, S. 361 ff.

Günter, J. (1983): Leben in Eisenheim – Arbeit, Kommunikation und Sozialisation in einer Arbeitersiedlung. Weinheim, Basel

Habersaat, E. (1989): Die Fixierung auf die Ohnmacht verschleiert den Blick für die Macht, In: Sozialarbeit, 3, S. 24 ff.

Harms, G./Preissing, Ch./Richtermeier, A. (1985): Kinder und Jugendliche in der Großstadt. Berlin

Harris, M. (1989/1987): Kulturanthropologie. Frankfurt a. M.

Hartmann, A. (1978): Diagrammatic assessment of family relationships. In: Social Casework, 5, S. 465 ff.

Heiner, M. (1982): Methodisches Handeln als Auswahl und Verteilung von Sozialleistungen. In: Archiv für Wissenschaft und Praxis in der sozialen Arbeit, 1, S. 116 ff.

Heiner, M. (1986): Evaluation und Effektivität in der sozialen Arbeit. Modelle, Methoden, Erfahrungen. In: Oppl, H./Tomaschek, A. (Hrsg.): Soziale Arbeit 2000. Band 2: Modernisierungskrise und Soziale Dienste. Freiburg i. Br., S. 71 ff.

Heiner, M./Müller, B. (1986): Materialien. In: Müller, B. u. a. (Hrsg.): Sozialpädagogische Kasuistik. Bielefeld, S. 157 ff.

Heiner, M. (1987): Evaluation in der sozialen Arbeit: Auf der Suche nach neuen Konzepten. In: Theorie und Praxis der Sozialen Arbeit, 3, S. 82 ff.

Heiner, M. (Hrsg.) (1988a): Selbstevaluation in der Sozialen Arbeit. Fallbeispiele zur Dokumentation und Reflexion beruflichen Handelns. Freiburg i. Br.

Heiner, M. (Hrsg.) (1988b): Praxisforschung in der Sozialen Arbeit. Freiburg i. Br.

Heiner, M. (1989): Selbstevaluation. Orientierung und Bilanz in der Sozialen Arbeit. In: Olk, Th./Otto, H.-U. (Hrsg.): Soziale Dienste im Wandel. Band 2: Entwürfe sozialpädagogischen Handelns. Neuwied, S. 169 ff.

Heiner, M. (1992): Evaluation und berufliche Handlungskompetenz. In: Blätter der Wohlfahrtspflege, 2, S. 123 ff.

Heiner, M. (1994a): Aufbau und Pflege politischer Netzwerke in der Gemeinwesenarbeit. In: Bitzan, M./Klöck, Th. (Hrsg.): Jahrbuch Gemeinwesenarbeit 5. München, S. 90 ff.

Heiner, M. (1994b): Selbstevaluation als Qualifizierung in der sozialen Arbeit. Fallstudien aus der Praxis. Freiburg i. Br.

Heiner, M. (1994c): Auf dem Weg zu einer Technologie methodischen Handelns? In: Sozialmagazin (im Druck)

Heiner, M. (in Vorbereitung): Nutzen und Grenzen einer systemtheoretischen Fundierung der sozialen Arbeit

Heinz, P. (1968): Macht und Prestige. Strukturelle und anomische Spannungen. In: ders.: Einführung in die soziologische Theorie. Stuttgart, S. 280 ff.

Heintz, P. (1982): Ungleiche Verteilung, Macht und Legitimität. Möglichkeiten und Grenzen der strukturtheoretischen Analyse. Diessenhofen

Herkner, W. (1991): Lehrbuch Sozialpsychologie. Bern, 5. Auflage

Hermanns, H. (1981): Das narrative Interview in berufsbiographisch orientierten Untersuchungen. Arbeitspapiere des Wissenschaftlichen Zentrums für Berufs- und Hochschulforschung an der Gesamthochschule Kassel. Kassel

Hinte, W. (1991a): Sollen Sozialarbeiter hexen? Die veränderte Funktion von Stadt-
teilarbeitern als intermediäre Instanz zwischen Bürokratie und Bewohneralltag.
In: Sozial Extra, 9, S. 17ff.

Hinte, W. (1991b): Vom Fallbezug zur Feldorientierung. In: Institut für Soziale
Arbeit (Hrsg.): Dokumentation zum Essener ASD-Konkress. Münster,
S. 62ff.

Höffe, O. (1987): Politische Gerechtigkeit. Grundlegung einer kritischen Philosophie von Recht und Staat. Frankfurt a. M.

Hollstein-Brinkman, H. (1993): Soziale Arbeit und Systemtheorien. Freiburg i. Br.

Holste, S. (1988a): „Zwiegespräch mit dem Diktiergerät" – lautes Denken und
Inhaltsanalyse eines Gedankenprotokolls. In: Heiner, M. (Hrsg.): Selbstevaluation in der Sozialen Arbeit. Fallbeipsiele zur Dokumentation und Reflexion
beruflichen Handelns. Freiburg i. Br.

Homans, G. C. (1968): Elementarformen sozialen Verhaltens. Köln, Opladen

Hondrich, K. O. (1973): Theorie der Herrschaft. Frankfurt a. M.

Hondrich, K. O./Vollmer R. (1983): Bedürfnisse. Stabilität und Wandel. Opladen

Hondrich, K. O./Koch-Arzberger, C. (1992): Solidarität in der modernen Gesellschaft. Frankfurt a. M.

Honig, M.-S. (1992/1968): Verhäuslichte Gewalt. Frankfurt a. M.

Hörmann, G./Nestmann, F. (Hrsg.) (1988): Handbuch der psychosozialen Intervention. Opladen

Hubbertz, K. P. (1984): Gemeinwesenarbeit in Neubauvierteln. Ansätze zu einem
integrativen Handlungsmodell. Münster

Illich, I. u. a. (Hrsg.) (1979): Entmündigung durch Experten. Zur Kritik der Dienst-
leistungsberufe. Reinbek

Imber-Black, E. (1992): Familien und größere Systeme. Heidelberg

Jahoda, M./Lazarsfeld, P. F./Zeisel, H. (1975/1933): Die Arbeitslosen von Marien-
thal. Frankfurt a. M.

Kagan, J. (1987): Die Natur des Kindes. München

Kamerman, S. B./Dolgoff R. u. a. (1973): Knowledge für Practice: Social Science
in Socal Work. In: Kahn, A. J. (Ed.): Shaping the New Social Work. New York,
London, S. 97ff.

Kardoff, E. v.: Intervention – Kritik und Perspektiven. In: Hörmann, G./Nest-
mann, F. (Hrsg.) (1988): Handbuch der psychosozialen Intervention. Opladen,
S. 306ff.

Kaufmann, F.-X. (Hrsg.) (1979): Bürgernahe Sozialpolitik. Planung, Organisation
und Vermittlung sozialer Leistungen auf lokaler Ebene. Frankfurt a. M., New
York

Kelly, H. H. (1972): Attribution in social interaction. In: Jones, E. E. et al. (eds.):
Attribution: Perceiving the causes of behavior. Morristown N. J.

Keupp, H. (1984): Psychosoziale Versorgung. In: Eyferth, H./Otto, H.-U./Thiersch,
H. (Hrsg.): Handbuch zur Sozialarbeit/Sozialpädagogik. Darmstadt, Neuwied,
S. 823ff.

Keupp, H./Röhrle, B. (Hrsg.) (1987): Soziale Netzwerke. Frankfurt a. M., New
York

Keupp, H. (1990): Riskante Chancen – Das Subjekt im gesellschaftlichen Wandel.
In: Universitas, 45, S. 838ff.

Kickbusch, I./Riedmüller, B. (1984): Die armen Frauen. Frauen und Sozialpolitik.
Frankfurt a. M.

Kiresuk, T. J. (1984): Wissenstransfer als Strategie in Programm-Management und Evaluierung. In: Hellstern, G.-M./Wollmann, H. (Hrsg.): Handbuch zur Evaluationsforschung. (Band 1) Opladen, S. 196ff.

Klumker, J. Ch. (1918): Fürsorgewesen. Einführung in das Verständnis der Armut und der Armenpflege. Leipzig

Koestler A. (1970): Jenseits von Atomismus und Holismus – Der Begriff des Holons, In: Koestler A./Smithies J. R. (Hrsg.): Das neue Menschenbild. Die Revolutionierung der Wissenschaften vom Leben. Zürich, S. 192ff.

Kögler A.: Die Entwicklung von Randgruppen in der BRD. Göttingen

Kondylis P. (Hrsg.) (1992): Der Philosoph und die Macht. Eine Anthologie. Hamburg

Kropotkin, P. (1920): Gegenseitige Hilfe in der Tier- und Menschenwelt. Leipzig

Kulenkampff, M. (1982): Der „Soziales-Atom-Test". Hamburg

Lange, H./Bäumer, G. (Hrsg.) (1901): Handbuch der Frauenbewegung, 2. Teil: Frauenbewegung und soziale Frauentätigkeit in Deutschland nach Einzelgebieten. Berlin

Laszlo, E. (1963): System, Stucture and Experience. Toward a Scientific Theory of Mind. In: Current Topics of Contemporary Thought. (Vol. 1) London

Laszlo, E. (1972): Introduction to Systems Philosophy. Toward a New Paradigm of Contemporary Thought. New York

Lau, Th./Wolff, S. (1982): Wer bestimmt hier eigentlich, wer kompetent ist? Eine Kritik an Modellen kompetenter Sozialarbeit. In: Müller, S. u. a. (Hrsg.): Handlungskompetenz in der Sozialarbeit/Sozialpädagogik. (Band 1) Bielefeld, S. 261ff.

Leder, H.-C. (1992): Professionalisierung als Schlüssel zu Identität und Prestige in der Sozialarbeit. Wann wird sie in Deutschland Realität? In: Soziale Arbeit, 11–12, S. 371ff.

Leibfried, S./Tennstedt, F. (Hrsg.) (1985): Politik der Armut und Die Spaltung des Sozialstaats. Frankfurt a. M.

Lenski, G. E. (1973/1966): Macht und Privileg. Frankfurt a. M.

Leu, R./Burri, S./Priester, T. (1997): Lebensqualität und Armut in der Schweiz. Bern/Stuttgart/Wien, 2. Auflage

Levy, R./Joye, D./Guye, O./Kaufmann, V. (1997): Tous égaux? De la stratification au représentations. Zürich

Lompe, K. (Hrsg.) (1987): Die Realität der neuen Armut. Analysen der Beziehungen zwischen Arbeitslosigkeit und Armut in einer Problemregion. Regensburg

Lowy, L. (1988): Case Management in der Sozialarbeit. In: Brennpunkte Sozialer Arbeit: Soziale Einzelhilfe. Frankfurt a. M.

Luhmann, N. (1984): Soziale Systeme. Frankfurt a. M.

Luhmann, N. (1985): Die Autopoiesis des Bewußtseins. In: Soziale Welt, 4, S. 402ff.

Lukas, H. (1979): Sozialpädagogik/Sozialarbeitswissenschaft. Berlin

Lukas, H. (1993): Verwissenschaftlichung des sozialpädagogischen Berufes. In: Pfaffenberg, H./Schenk, M. (Hrsg.): Sozialarbeit zwischen Berufung und Beruf. Münster, Hamburg, S. 53ff.

Lüssi, P. (1991): Systemische Sozialarbeit. Praktisches Lehrbuch der Sozialberatung. Bern, Stuttgart

Maas, U. (1996): Soziale Arbeit als Verwaltungshandeln. Weinheim

Mader, W. (1976): Alltagswissen, Diagnose, Deutung. Zur Wirksamkeit von Wissensbeständen in Beratungssituationen. In: Zeitschrift für Pädagogik, 5, S. 699ff.

Mäder, A./Neff, U. (1990): Vom Bittgang zum Recht. Bern, 2. Auflage

Malik, F. (1984/1989): Strategie des Managements komplexer Systeme. Bern, Stuttgart/Bern

Mandl, H./Huber, G. (Hrsg.) (1983): Emotion und Kognition. München

Mandler, G. (1975): Mind and emotion. New York

Mandela, W. (1985): Ein Stück meiner Seele ging mit ihm. Hamburg

Marshall, Th. H. (1992/1981): Bürgerrechte und soziale Klassen. Zur Soziologie des Wohlfahrtsstaates. Frankfurt/New York

Martin, E. (1989): Didaktik der sozialpädagogischen Arbeit. Eine Einführung in die Probleme und Möglichkeiten. Weinheim, München

Marquard, A./Runde, P./Westphal, G. (1993): Psychische Belastung in helfenden Berufen. Opladen

Mattille, N./Maurer, K. (1988): Frauen, Macht und Sozialarbeit. (Diplomarbeit Schule für Soziale Arbeit Zürich) Zürich

Maturana, H. R. (1982): Erkennen: Die Organisation und Verkörperung von Wirklichkeit. Braunschweig

Maturana, H. R./Varela, F. J. (1987): Der Baum der Erkenntnis. Bern, München, Wien

Mayring, Ph. (1985): Qualitative Inhaltsanalyse. In: Jüttemann, G.: Qualitative Forschung in der Psychologie. Weinheim

Mayr-Kleffel, V. (1991): Frauen und ihre sozialen Netzwerke. Auf der Suche nach einer verlorenen Ressource. Opladen

McKinlay, J. B. (1975): Processing People. Cases in Organisational Behaviour. London, New York

Meier-Seethaler, C. (1992/1988): Ursprünge und Befreiungen. Die sexistischen Wurzeln der Kultur. Frankfurt a. M.

Meinhold, M./Guski, E. (1984): Einzelfallhilfe. In: Eyferth, H./Otto, H.-U./Thiersch, H. (Hrsg.): Handbuch der Sozialarbeit/Sozialpädagogik. Darmstadt, S. 271ff.

Meinhold, M. (1984): „Wir behandeln Situationen – nicht Personen". Über Möglichkeiten, situationsbezogene Verfahren anzuwenden am Beispiel des Familienzentrums Melbourne. In: Müller, S. (Hrsg.): Handlungskompetenz in der Sozialarbeit/Sozialpädagogik. (Band 1) Bielefeld, S. 165ff.

Meinhold, M. (1988): Generative Regeln in einem Modell zum methodischen Handeln in der Sozialarbeit. Arbeitspapier zur Tagung: „Methodenentwicklung als Forschungsaufgabe" 10./11. Juni 1988 in Berlin. Berlin

Meinhold, M. (1988a): Sozioökologische Konzepte – eine „alternative" Grundlage für die Familienarbeit. In: Hörmann, G./Körner, W./Buer, F. (Hrsg.): Familie und Familientherapie. Opladen, S. 252ff.

Meinhold, M. (1988b): Intervention in der Sozialarbeit. In: Hörmann, G./Nestmann, F. (Hrsg.): Handbuch der psychosozialen Intervention. Opladen, S. 170f.

Meinhold, M. (1996): Qualitätssicherung und Qualitätsmanagement in der Sozialen Arbeit. Freiburg i. Br.

Merchel, J. (1990): Wohlfahrtsverbände müssen sich ändern. In: Neue Praxis, 4, S. 283ff.

Mernissi, F. (1989): Der Harem ist nicht die Welt. Elf Berichte aus dem Leben marokkanischer Frauen. Frankfurt a. M.

Merton, R. K./Nisbet, R. (Eds.) (1971): Contemporary Social Problems. New York, 3. Auflage (1. Auflage 1961)

Meulenbelt, A. (1988a): Scheidelinien. Über Sexismus, Rassismus und Klassismus. Hamburg

Meulenbelt, A. (1988b): Zwischen zwei Stühlen. Standortbestimmung einer kritischen Feministin. Hamburg

Minuchin, S. (1973): Familie und Familientherapie. Freiburg i. Br.

Moore, B. Jr. (1985): Ungerechtigkeit – Die sozialen Ursachen von Unterordnung und Widerstand. Zürich

Most, J. (1972): Kapital und Arbeit. Das „Kapital" in einer handlichen Zusammenfassung. Von Marx und Engels selbst revidiert und überarbeitet. Frankfurt a. M.

Müller, B. (1978): Berufsalltag des Sozialarbeiters – Thesen über „Leidensdruck" und „Krankheitsgewinn". In: Neue Praxis, 1, S. 26 ff.

Müller, B. (1985/1991): Die Last der großen Hoffnungen. Methodisches Handeln und Selbstkontrolle in sozialen Berufen. Weinheim, München/München

Müller, B. (1988): Sozialpädagogisches Können. Ein Lehrbuch der multiperspektivischen Fallarbeit. Freiburg i. Br.

Müller, B. (1993): Wissenschaftlich denken – laienhaft handeln? Zum Stellenwert der Diskussion über sozialpädagogische Methoden. In: Rauschenbach, Th./Ortmann, F./Karsten, M.-E. (Hrsg.): Der sozialpädagogische Blick. Weinheim, München, S. 45 ff.

Müller, C. W. (1988): Kann ein Täter auch sein Richter sein? Praktische Überlegungen zur Selbst-Evaluation innovatorischer Projekte in der Sozialen Arbeit. (Unveröffentlichtes Skript) Berlin

Müller, C. W. (1988): Wie Helfen zum Beruf wurde (Band 1 und 2). Weinheim, 2. Auflage

Müller, C. W. (1993): Soziale Arbeit zwischen Größenwahn und Scham. In: Rauschenbach, Th./Ortmann, F./Karsten, M.-E. (Hrsg.): Der sozialpädagogische Blick. Weinheim, München, S. 83 ff.

Müller, S. (1978): Sozialarbeiterisches Alltagshandeln zwischen Hilfe und Kontrolle. In: Neue Praxis, 3, S. 342 ff.

Müller, S./Olk, Th./Otto, H.-U. (Hrsg.) (1981): Sozialarbeit als soziale Kommunalpolitik. In: Neue Praxis, Sonderheft 6, S. 87 ff.

Müller, S./Otto, H.-U. (1986): Verstehen oder Kolonialisieren? Grundprobleme sozialpädagogischen Handelns und Forschens. Bielefeld, 2. Auflage

Nestmann, F. (1989): Förderung sozialer Netzwerke – eine Perspektive pädagogischer Handlungskompetenz? In: Neue Praxis, 1, S. 107 ff.

Neuberger, O./Conradi, W./Maier, W. (1985): Individuelles Handeln und sozialer Einfluß. Opladen

Nowak, J. (1988): Soziale Probleme und soziale Bewegungen. Weinheim, Basel

Nüse, R./Groeben, N./Freitag, B./Schreier, M.(1991): Kritische Gegenargumente aus psychologischer Sicht: Über die Erfindungen des Radikalen Konstruktivismus. Weinheim

Nussbaum, M. C. (1993): Menschliches Tun und soziale Gerechtigkeit. In: Brumlik M./Brunkhorst H. (Hrsg.): Gemeinschaft und Gerechtigkeit. Frankfurt a. M., S. 323 ff.

Obrecht, W. (1991): Zur Kritik des Radikalen Konstruktivismus oder: Eine andere Art, systemisch zu denken. In: Zeitschrift für systemische Therapie, 4, S. 281 ff.

Obrecht, W. (1993): Sozialarbeit und Wissenschaft. Ein Beitrag zur Theorie der Sozialen Arbeit. In: Sozialarbeit, Nr. 9, S. 23–38

Obrecht, W. (1994): Kulturelle Codes und Soziale Systeme. Ein metatheoretischer Bezugsrahmen für die Sozialwissenschaften. Unter besonderer Berücksichtigung der Soziologie. (Unveröffentlichtes Typoskript) Zürich

Obrecht, W. (1995): Umrisse einer biopsychosozialen Theorie menschlicher Bedürfnisse. Geschichte, Stand, Probleme, Struktur, Funktion. Interdisziplinärer Universitätslehrgang für Sozialwirtschaft, Management und Organisation sozialer Dienste (ISMOS). Wien (Druckfassung in Vorbereitung)

Obrecht, W. (1996): Sozialarbeitswissenschaft als integrative Handlungswissenschaft. Ein metawissenschaftlicher Bezugsrahmen für eine Wissenschaft der Sozialen Arbeit. In: Merten, R./Sommerfeld, P./Koditek, T. (Hrsg.): Sozialarbeit zwischen Profession und Disziplin. Neuwied/Berlin, S. 121–160

Olk, Th. (1986): Abschied vom Experten. Weinheim, München

Ostner, I. (1989): Am Staat vorbei? Sozialarbeit mit armen Frauen. In: Widersprüche, 31, S. 69 ff.

Ostner, I. (1990): Der Sozialstaat – eine Verabredung gegen Frauen? Eigentum, Arbeitsvertrag und Familie als Existenzsicherung. In: Blätter der Wohlfahrtspflege, 1, S. 14 ff.

Otto, H.-U./Sünker, H. (Hrsg.) (1986): Soziale Arbeit und Faschismus. Bielefeld

Parsons, T. (1986): Aktor, Situation und normative Muster. Ein Essay zur Theorie sozialen Handelns. Frankfurt a. M.

Penn, P. (1983): Zirkuläres Fragen. In: Familiendynamik, 1, S. 198 ff.

Perlman, H. H. (1969): Soziale Einzelhilfe als problemlösender Prozeß. Freiburg i. Br.

Peters, H. (1968): Moderne Fürsorge und ihre Legitimation. Eine soziologische Analyse der Sozialarbeit. Köln, Opladen

Peters, H./Cremer-Schäfer, H. (1975): Die sanften Kontrolleure. Wie Sozialarbeiter mit Devianten umgehen. Stuttgart

Pfaffenberger, H./Friedländer, W. A. (Hrsg.) (1974): Grundbegriffe und Methoden der Sozialarbeit. Neuwied

Pfaffenberger, H./Schenk, M. (Hrsg.) (1993): Sozialarbeit zwischen Berufung und Beruf. Professionalisierungs- und Verwissenschaftlichungsprobleme der Sozialarbeit/Sozialpädagogik. Münster, Hamburg

Pfeifer-Schaupp, H.-U. (1992): Zirkuläre Fragen in der Sozialarbeit. In: Soziale Arbeit, 5, S. 418 ff.

Pfeifer-Schaupp, H.-U. (1994): Zirkuläre Fragen als Instrument der Evaluation. In: Heiner, M. (Hrsg.): Selbstevaluation als Qualifizierung in der Sozialen Arbeit. Freiburg i. Br.

Pincus, A./Minahan, A. (1980): Ein Praxismodell der Sozialarbeit. In: Specht, H./Vickery, A. (Hrsg.): Methodenintegration in der Sozialarbeit. Zur Entwicklung eines einheitlichen Praxismodells. München, S. 96 ff.

Pincus, A./Minahan, A. (1983): Social Work Practice. Model and Method. Itasca, Ill.

Piven, F. F./Cloward, R. A. (1986/1977): Aufstand der Armen. Frankfurt a. M.

Popitz, H. (1976): Prozesse der Machtbildung. Tübingen

PPT-Partner (M. Brändle-Ströh, J. Frauenfelder, Ch. Häfeli u. a.) (1986): Programmplanungstechnik. Handbuch. Zürich
Prieler-Woldan, M. (1988): Selbstverwaltet oder fremdbestimmt? Das Linzer Frauenhaus, seine Entstehung und Konfliktgeschichte aus der Sicht einer Mitarbeiterin. Linz
Priestley, P. (1978): Social Skills and Personal Problem Solving. A handbook of methods. Cambridge
Rappaport, J. (1987): Terms of empowerment – exemplars of prevention: toward a theory for community psychology. In: American Journal of Community Psychology, 15, S. 121 ff.
Rauschenbach, Th./Treptow, R. (1984): Sozialpädagogische Reflexivität und gesellschaftliche Rationalität. In: Müller, S. u. a. (Hrsg.): Handlungskompetenz in der Sozialarbeit/Sozialpädagogik. (Band 2) Bielefeld, S. 21 ff.
Rauschenbach, Th./Ortmann, F./Karsten, M.-E. (Hrsg.) (1993): Der sozialpädagogische Blick. Lebensweltorientierte Methoden der Sozialen Arbeit. München
Reich, R. B. (1992): The Work of Nations. New York
Reichertz, J. (1993): Das Dilemma des „klinischen Sozialwissenschaftlers und Sozialpädagogen". Kritische Randnotizen zur Nutzung der Oevermannschen Professionstheorie im sozialpädagogschen Diskurs. In: Pfaffenberger, H./Schenk M. (Hrsg.): Sozialarbeit zwischen Berufung und Beruf. Münster, Hamburg, S. 189 ff.
Riedl, R. (1990/1975): Die Ordnung des Lebendigen. Systembedingungen der Evolution. München, Zürich
Rieken, I. (1988a): Die Zeitleiste. Ein Visualisierungsverfahren zur Selbstevaluation in Selbsthilfegruppen. In: Heiner, M. (Hrsg.): Selbstevaluation in der Sozialen Arbeit. Fallbeispiele zur Dokumentation und Reflexion beruflichen Handelns. Freiburg i. Br., S. 206 ff.
Rogers, C. F. (1951): Client-centered Therapy: its Current Practice, Implications, and Theory. Boston
Rosenfeld, J. M. (1989): Emergence from Extreme Poverty. The International Movement ATD Fourth World and its Work with and behalf of the Poorest Families. Paris
Rothman, J. (1974): Planning and Organizing for Social Change – Action Principles from Social Science Research. New York, London
Rubin, L. (1992): Worlds of Pain – Life in the Working-Class Family. New York
Sachße, Ch. (1986): Mütterlichkeit als Beruf. Sozialarbeit, Sozialreform und Frauenbewegung 1871–1929. Frankfurt a. M.
Sachße, Ch./Tennstedt, F. (Hrsg.) (1983): Jahrbuch der Sozialarbeit. Band 4: Geschichte und Geschichten. Reinbek
Sader, M. (1986): Rollenspiel als Forschungsmethode. Opladen
Sahle, R. (1987): Fallstudien zu Struktur und Deutung der Sozialarbeiter-Klient-Beziehung. Opladen
Scheinhardt, S. (1983): Frauen, die sterben, ohne dass sie gelebt hätten. Berlin
Scherpner, H. (1962): Theorie der Fürsorge. Göttingen
Schön, D. A. (1982): The reflective practioner. New York
Schulz v. Thun, F. (1992): Miteinander reden. (2 Bände) Hamburg
Schunter-Kleemann, S. (Hrsg.) (1992): Herrenhaus Europa – Geschlechterverhältnisse im Wohlfahrtsstaat. Berlin

Selvini-Palazzoli, M. L. u. a. (1981a): Hypothetisieren – Zirkularität – Neutralität: drei Richtlinien für den Leiter der Sitzung. In: Familiendynamik, 1, S. 123 ff.

Selvini-Palazzoli, M.L. u.a. (1981b): Paradoxon und Gegenparadoxon. Stuttgart

Sennett, R. (1985): Autorität. München

Specht, H./Courtney, M. E. (1994): Unfaithful Angels. How Social Work Has Abandoned Its Mission. New York, Toronto, Oxford

Spiegel, H. v. (1988): Teenies. Aufzeichnungen zur Lebenswelt 10–14jähriger in pädagogischer Absicht. Unna (ABA Fachverband für die offene Arbeit mit Kindern, Buschei 30, Dortmund)

Spiegel, H. v./McDonald-Schlichting, U. (1990): Abschlußarbeiten mit ausgewiesenen Projekt/Praxis/Berichten. In: McDonald-Schlichting, U./Spiegel, H. v.: Wissenschaftliche Ausbildung mit Praxisbezug. Zur Veränderung der Fachhochschulstudiengänge Sozialwesen. Bielefeld, S. 92 ff.

Spiegel, H. v. (1991): Methodenset zur Lebensweltanalyse mit Kindern. In: Jugendamt der Stadt Bielefeld, Fachhochschule Bielefeld: Spielraumanalyse dreier Bielefelder Stadtteile, S. 94 ff.

Spiegel, H. v. (1993): Aus Erfahrung lernen. Qualifizierung durch Selbstevaluation. Münster

Spörri, B. (1989): Macht – vermeintliche Sicherheit und Freiheit am Beispiel von binationalen Ehen zwischen Schweizer Männern und Frauen aus Drittweltländern. (Diplomarbeit der Höheren Fachschule für Soziale Arbeit Luzern), Luzern

Spörri, D. (1980): Selbsthilfebestrebungen und berufliche Soziale Arbeit, gemeinsame oder getrennte Wege? In: Sozialarbeit, 4, S. 256 ff.

Stahl, T. (1988): Triffst du 'nen Frosch unterwegs... NLP für die Praxis. Paderborn

Stallberg, F. W./Springer, W. (1983): Soziale Probleme. Grundlegende Beiträge zu ihrer Theorie und Analyse. Neuwied, Darmstadt

Staub-Bernasconi, S. (1983): Soziale Probleme – Dimensionen ihrer Artikulation. Diessenhofen

Staub-Bernasconi, S. (1986): Soziale Arbeit als eine besondere Art des Umgangs mit Menschen, Dingen und Ideen. In: Sozialarbeit, 10, S. 4 ff.

Staub-Bernasconi, S. (1989): Soziale Arbeit und Ökologie – 100 Jahre vor der ökologischen Wende. In: Neue Praxis, 2, S. 283 ff.

Staub-Bernasconi, S. (1991): Stellen Sie sich vor: Markt, Ökologie und Management wären Konzepte einer Theorie und Wissenschaft Sozialer Arbeit. In: Lewkowicz, U. (Hrsg.): Neues Denken in der Sozialen Arbeit: Mehr Ökologie, mehr Markt, mehr Management. Freiburg i. Br., S. 12 ff.

Staub-Bernasconi, S. (1993): Ist soziale Arbeit zu einfach oder zu komplex, um theorie- und wissenschaftswürdig zu sein? In: Pfaffenberger, H./Schenk, M. (Hrsg.): Sozialarbeit zwischen Berufung und Beruf. Münster, Hamburg, S. 131 ff.

Staub-Bernasconi, S. (1994a): Systemtheorie und Sozialarbeit/Sozialpädagogik. In: Stimmer, F. (Hrsg.): Lexikon der Sozialpädagogik und der Sozialarbeit. München, Wien, S. 356 ff.

Staub-Bernasconi, S. (1994b): Soziale Arbeit. In: Stimmer, F. (Hrsg.): Lexikon der Sozialpädagogik und der Sozialarbeit. München, Wien, S. 387 ff.

Staub-Bernasconi, S. (1994c): Systemtheorie, Soziale Probleme und Soziale Arbeit: lokal – national – internal. Oder: Vom Ende der Bescheidenheit. Bern, Stuttgart

Staub-Bernasconi, S. (1994d): Soziale Arbeit als Gegenstand von Theorie und Wissenschaft – Was können Theorie und Wissenschaft zur Praxis der Sozialen Arbeit beitragen? In: Wendt, W. R. (Hrsg.): Wissenschaftlich und sozial arbeiten. Positionen der Sozialarbeitswissenschaft. Freiburg i. Br. (im Druck)

Staub-Bernasconi, S. (1995): Systemtheorie, soziale Probleme und Soziale Arbeit: lokal, national, international. Bern/Stuttgart/Wien

Staub-Bernasconi, S. (1997): Soziale Arbeit als Menschenrechtsprofession. In: Hochstrasser, F./von Matt, H.-K./Grossenbacher, S./Oetiker, H. (Hrsg.): Die Fachhochschule für Soziale Arbeit. Bildungspolitische Antwort auf soziale Entwicklungen. Bern, S. 313–340

Staub-Bernasconi, S. (1998): Ökonomie und Soziale Arbeit – neu-altes Thema. Ein Qualitätssicherungsinstrument mit kleinen und (vielleicht) grossen Wirkungen. In: Blätter der Wohlfahrtspflege, Nr. 12 (im Druck)

(Stocker-)Meier, M. (1971): Zur mehrdimensionalen Ausrichtung von Problembeschreibung und Problembehandlung. Eine Auseinandersetzung mit der bisherigen Sozialarbeit für ledige Mütter. (Diplomarbeit Heilpädagogisches Institut der Universität Freiburg) Freiburg i. Ü.

Strate, U. (1986): Abgrenzen oder Ausgrenzen? Über den Umgang von Frauen mit Kritik. In: Autonomes Frauenreferat im AStA der TU Berlin (Hrsg.): Macht – Ohn-Macht – Frauenmacht. Facetten einer schwierigen Beziehung. Berlin, S. 76 ff.

Südmersen, I. (1983): Hilfe, ich ersticke in Texten. Eine Anleitung zur Aufarbeitung narrativer Interviews. In: Neue Praxis, 3, S. 294 ff.

Taylor, E. D. (1987): From Issue to Action. An Advocacy Program Model, Family and Children's Service. Lancaster/PA

Thiersch, H. (1978): Zum Verhältnis von Sozialarbeit und Therapie. In: Neue Praxis, Sonderheft „Sozialarbeit und Therapie", S. 6 ff.

Thiersch, H. (1986): Die Erfahrung der Wirklichkeit. Perspektiven einer alltagsorientierten Pädagogik. Weinheim, München

Thiersch, H. (1992): Lebensweltorientierte Jugendhilfe – Zum Konzept des 8. Jugendberichts. In: ders. (Hrsg.): Lebensweltorientierte Soziale Arbeit. Weinheim, München, S. 37 ff.

Thiersch, H. (1993): Strukturierte Offenheit. Zur Methodenfrage einer lebensweltorientierten Sozialen Arbeit, In: Rauschenbach, Th./Ortmann, F./Karsten, M.-E. (Hrsg.): Der sozialpädagogische Blick, Weinheim, München, S. 11 ff.

Tobias, G./Boettner, J. (Hrsg.) (1992): Von der Hand in den Mund. Armut und Armutsbewältigung in einer westdeutschen Großstadt. Essen

Towle, C. (1956): Die emotionalen Grundbedürfnisse von Kindern und Erwachsenen in ihrer Bedeutung für die Soziale Arbeit. Bonn

Tracy, E. M./Whittacker, J. K. (1990): The Social Network Map: Assessing Social Support in Clinical Practice. In: Families in Society – The Journal of Contemporary Human Services. 5, S. 461 ff.

Ulrich, W. (1982): Die Qualität medizinischer Leistungen – konkrete Möglichkeiten der Qualitätsmessung, -kontrolle und -förderung. In: Gutzwiller, F./ Kocher, G. (Hrsg.): Die Qualität medizinischer Leistungen – konkrete Möglichkeiten der Qualitätsmessung, -kontrolle und -förderung. (Mitteilungen der Schweizer Gesellschaft für Gesundheitspolitik, Nr. 5), S. 61 ff.

United Nations (1992): Human Rights. Teaching and Learning about Human Rights. A Manual for Schools of Social Work and the Social Work Profession. Geneva

van Beugen, M. (1972): Agogische Intervention. Planung und Strategie. Freiburg i. Br.

van Stolk, B./Wouters, C. (1987/1983): Frauen im Zwiespalt. Beziehungsprobleme im Wohlfahrtsstaat. Eine Modellstudie. Frankfurt a. M.

Wagner, A. (1979): Selbstbehauptung und Geschlechtsrolle an der Hochschule: Praktische Trainingsanleitung nebst einigen allgemeinen Gedanken. In: Metz-Göckel, X. (Hrsg.): Frauenstudium. Zur alternativen Wissenschaftsaneignung von Frauen. Hamburg, S. 163 ff.

Watzlawick, P./Weakland, J. H./Fisch, R. (1969/1974): Lösungen. Bern, Stuttgart/ Bern, Stuttgart

Watzlawik, P. u. a. (1969): Menschliche Kommunikation. Formen, Störungen, Paradoxien. Bern

Weber, M. (1972): Wirtschaft und Gesellschaft. Grundriß der verstehenden Soziologie. Tübingen

Wendt, W. R. (1982): Ökologie und soziale Arbeit. Stuttgart

Wendt, W. R. (1990): ökosozial denken und handeln. Freiburg i. Br.

Westerlund, G./Sjöstrand, S.-E. (1981): Organisationsmythen. Stuttgart

Willke, H. (1987): Systemtheorie – Eine Einführung in die Grundprobleme. Stuttgart, New York, 2. Auflage

Winkler, M. (1988): Eine Theorie der Sozialpädagogik. Stuttgart

Wirth, W. (1982): Inanspruchnahme sozialer Dienste, Bedingungen und Barrieren. Frankfurt a. M., New York.

Autorinnen

Maja Heiner, geb. 1944, Dr. phil., seit 1992 Professorin für Sozialpädagogik (Schwerpunkt „Beratung und Hilfe") am Institut für Erziehungswissenschaft I der Universität Tübingen. Arbeits- und Forschungsschwerpunkte: Evaluation Sozialer Dienste und Einrichtungen; Methodisches Handeln in der Sozialen Arbeit; Gemeinwesenarbeit/Stadtteilarbeit; Institutionalisierung von Beratung und Hilfe. Verschiedene Veröffentlichungen zu den genannten Themenbereichen.

Marianne Meinhold, geb. 1941, Dr. phil., Professorin für die psychologischen und pädagogischen Grundlagen der Sozialarbeit/Sozialpädagogik an der Evangelischen Fachhochschule Berlin. Arbeits-, Forschungs- und Publikationsschwerpunkte: Sozialpädagogische Angebote für Familien; Methodisches Handeln; Organisationsberatung; Qualitätssicherung; Fort- und Weiterbildung für Führungskräfte. Verschiedene Veröffentlichungen zu den genannten Themenbereichen.

Hiltrud v. Spiegel, geb. 1951, Dr. phil., Professorin für methodisches Handeln in der Sozialen Arbeit im Fachbereich „Sozialwesen" der Fachhochschule Münster. Arbeitsschwerpunkte: Methodisches Arbeiten, Selbstevaluation und Qualitätsmanagement in den Arbeitsfeldern der Jugendhilfe. Verschiedene Veröffentlichungen zu den genannten Themenbereichen.

Silvia Staub-Bernasconi, geb. 1936, Dr. phil. I. Technische Universität Berlin, Institut für Sozialpädagogik und Universität Freiburg/CH; 1967–1997 Dozentin für Soziale Arbeit an der Fachhochschule für Soziale Arbeit Zürich; Leitungsteammitglied und Dozentin des Interdisziplinären Universitätslehrgangs für Sozialwirtschaft, Management und Organisation Sozialer Dienste (ISMOS) der Wissenschaftsuniversität Wien; stellvertretende Vorsitzende der Deutschen Gesellschaft für Soziale Arbeit, Vorsitzende des Arbeitskreises „Theorie- und Wissenschaftsentwicklung in der Sozialen Arbeit"; Gründungs- und Redaktionsmitglied von „OLYMPE" – Feministische Arbeitshefte zur Politik. Arbeits- und Publikationsschwerpunkte: Soziale Probleme, Soziale Arbeit als Gegenstand von Theorie, Wissenschaft und Handlungstheorie; Soziale Arbeit und Systemtheorie; Theorie- und Methodengeschichte der Sozialen Arbeit; Menschen- bzw. Sozialrecht in ihrer Bedeutung für die Soziale Arbeit; Geschlechterverhältnisse in der Sozialen Arbeit; professionsbezogene Qualitätssicherung; Armut, Erwerbslosigkeit, Geschlechterdifferenz und kulturelle Differenz als Themen sozialer Ungleichheit; Machtstrukturen und Ermächtigung; Wirtschaftsverträglichkeit der Sozialen Arbeit – Sozialverträglichkeit der Wirtschaft.

Wolf Rainer Wendt (Hrsg.)

Case Management – Bibliographie

Literaturdatenbank mit Recherchemöglichkeit
auf Diskette
Stand: Juli 1998
Grundversion 2/98
DM 25,–/öS 183,–/sFr 24,–
ISBN 3-7841-1133-5
Updateversion 2/98
DM 10,–/öS 73,–/sFr 10,–
ISBN 3-7841-1132-7

Das Case Management soll helfen, das methodische Arbeiten verstärkt daraufhin auszurich-
ten, daß die Hilfemöglichkeiten unter komplexen Bedingungen aufeinander abgestimmt und
im Gemeinwesen die vorhandenen Dienste und
Einrichtungen zur fallweisen Unterstützung ko-
ordiniert werden. Die Diskussion dieses methodischen Konzeptes findet ihren Niederschlag in
zahlreichen Zeitschriften, Sammelbänden und
Monographien.
Die Diskette enthält eine Bibliographie mit den
deutschsprachigen und fremdsprachigen, vor
allem im angloamerikanischen Sprachraum
vorzufindenden Publikationen zum Unterstüt-
zungsmanagement sowie die zur Anwendung
des Literaturverwaltungsprogramms (Recher-
che-, Auswahl- und Druckfunktionen) erforderliche Software (für Windows). Die Bibliographie wird halbjährlich aktualisiert.

Wolf Rainer Wendt

**Case Management im Sozial- und
Gesundheitswesen**
Eine Einführung
1997, 240 Seiten, kart.lam.,
DM 36,–/öS 263,–/sFr 34,–
ISBN 3-7841-0961-6

Kostendruck – Effizienzsteigerung – Rationali-
sierung – Qualitätssicherung: dies sind nur einige der Schlagworte, die die Veränderungen im
Praxisfeld des Sozial- und Gesundheitswesens
kennzeichnen. Der Ruf nach neuen Arbeitsweisen wird lauter. Als einer der Reformvorschlä-
ge steht das Konzept „Case Management" als
einzelfallbezogene Steuerung von Humandien-
sten zur Diskussion. Die bislang vorherrschenden Formen des persönlich-fürsorglichen Einsatzes sollen damit weiterentwickelt werden. Es
gilt, die Zusammenarbeit aller Beteiligten, die
Koordination der Leistungserbringung und das
Zusammenführen der Ressourcen zu fördern.
Nach einem Blick auf die historischen und aktuellen fachpolitischen Zusammenhänge legt
der Autor die Grundlagen des Case Managements dar. Dazu diskutiert er Fragen des Verhältnisses von Menschlichkeit und Management und der Möglichkeiten, Verfahren (Methoden) und Organisation enger als bisher zu
verbinden. Anschließend geht es um die An-
wendungen dieses Konzepts. Vorgestellt werden
das Verfahrensrepertoire in seinen einzelnen
Komponenten, Modelle der Ausübung und die
verschiedenen Einsatzgebiete im Sozial- und
Gesundheitswesen. Ein didaktisch aufbereitetes
Buch, das Studierenden wie Praktikern der Sozialen Arbeit wertvolles methodisches Handlungswissen vermittelt.

Lambertus-Verlag GmbH, Postfach 1026, D-79010 Freiburg

Peter Pantuček

Lebensweltorientierte
Individualhilfe

Eine Einführung für soziale Berufe
1998, 316 Seiten, mit Abbildungen,
DM 39,80/öS 291,–/sFr 38,–
ISBN 3-7841-0714-1

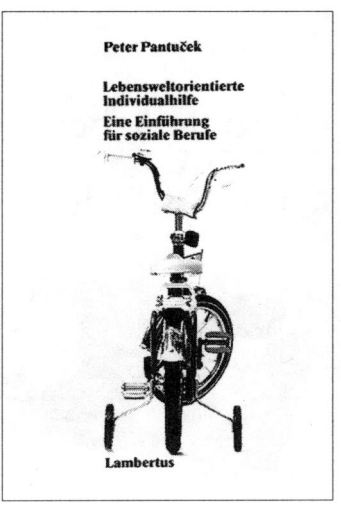

Peter Pantuček

Lebensweltorientierte
Individualhilfe

Eine Einführung
für soziale Berufe

Lambertus

Die Konzepte der Einzelfallarbeit haben in der Theorie wie auch in der
Praxis der Sozialarbeit einen schweren Stand. Bildeten sie in den 50er
und 60er Jahren geradezu den Kernpunkt des professionellen Selbst-
verständnisses, so haben sie mit der Kritik im Gefolge der 68er Bewegung und durch die Erfolge der verschiedenen therapeutischen
Ansätze massiv an Bedeutung und Einfluß verloren.

Diese Einführung vermittelt Studierenden einen Überblick über die
Geschichte der Einzelfallhilfe und beschreibt ausführlich die damit
gegebenen, spezifisch sozialarbeiterischen Herangehensweisen an Problemlagen einzelner Menschen. Der Autor entfaltet – in Abgrenzung
und Weiterentwicklung des klassischen Casework-Konzepts – ausführlich und praxisnah die Grundlagen seines Konzeptes der lebensweltorientierten Individualhilfe.

Lambertus-Verlag GmbH, Postfach 1026, D-79010 Freiburg

Marianne Schmidt-Grunert

Soziale Arbeit mit Gruppen

Eine Einführung
1997, 312 Seiten, kart.lam.,
DM 46,–/öS 336,–/sFr 43,50
ISBN 3-7841-0925-X

Bis in die späten 60er Jahre prägte eine „Kunstlehre" aus Gruppenarbeit, Gemeinwesenarbeit und Einzelfallarbeit die Soziale Arbeit in der Bundesrepublik Deutschland. Die gesellschaftstheoretisch motivierte Kritik an dieser Trias der klassischen Arbeitsformen in den 70er Jahren beseitigte jedoch nicht die reklamierten Probleme, sondern verfestigte sogar zentrale Schwachstellen: die fehlende wissenschaftliche Fundierung, die Trennung von theoretischer Grundlegung und praktischem Handeln sowie die Präferenz individualisierender, sozialtechnologisch-expertokratischer Ansätze.

Die Autorin greift mit ihrer Einführung in die Gruppenarbeit die unterbrochene Tradition und die Kritik an der Methodenlehre auf. Sie skizziert im ersten Teil des Buches die Genese der Gruppenarbeit, ihre theoretischen Grundlagen und ihre methodische Ausgestaltung. Das Handlungswissen ist Gegenstand des Hauptteils: das Verstehen und Umgehen mit der Struktur und Dynamik von Gruppen in der Sozialen Arbeit. Weiterführende Materialien ergänzen in jedem Kapitel die nach didaktischen Gesichtspunkten aufbereitete Darstellung.

Lambertus-Verlag GmbH, Postfach 1026, D-79010 Freiburg